A onda corporativa

António Costa Pinto
Francisco Palomanes Martinho
ORGANIZADORES

A onda corporativa
Corporativismo e ditaduras na Europa
e na América Latina

Copyright © 2016 António Costa Pinto, Francisco Palomanes Martinho

Direitos desta edição reservados à
EDITORA FGV
Rua Jornalista Orlando Dantas, 37
22231-010 | Rio de Janeiro, RJ | Brasil
Tels.: 0800-021-7777 | 21-3799-4427
Fax: 21-3799-4430
editora@fgv.br | pedidoseditora@fgv.br
www.fgv.br/editora

Impresso no Brasil | *Printed in Brazil*

Todos os direitos reservados. A reprodução não autorizada desta publicação, no todo ou em parte, constitui violação do copyright (Lei nº 9.610/98).

Os conceitos emitidos neste livro são de inteira responsabilidade dos autores.

1ª edição — 2016

Capa: Letra e Imagem

Foto da capa: Aspecto da concentração trabalhista de 1º de maio, no estádio municipal do Pacaembú, 1944. São Paulo (SP). (Cpdoc/ CDA Vargas, FGV).

Ficha catalográfica elaborada pela Biblioteca Mario Henrique Simonsen/FGV

A onda corporativa: corporativismo e ditaduras na Europa e na América Latina / António Costa Pinto, Francisco Palomanes Martinho (organizadores). – Rio de Janeiro : FGV Editora, 2016.
344 p.

Inclui bibliografia.
ISBN: 978-85-225-1890-6

1. Corporativismo. 2. Ditadura. 3. Autoritarismo. 4. Fascismo. I. Pinto, António Costa, 1953- . II. Martinho, Francisco Carlos Palomanes. III. Fundação Getulio Vargas.

CDD – 321.94

Índice

Os autores 13

Apresentação 19

Capítulo 1
Corporativismo, ditaduras e representação política autoritária ... 27
António Costa Pinto

Parte I
As experiências europeias

Capítulo 2
O corporativismo na ditadura fascista italiana 41
Goffredo Adinolfi

Capítulo 3
«Estado corporativo» e ditadura autoritária: a Áustria
de Dollfuss e Schuschnigg (1933-1938) 61
Gerhard Botz

Capítulo 4
A Câmara Corporativa e o Estado Novo em Portugal (1935-1974):
competências, interesses e políticas públicas 101
Nuno Estêvão Ferreira e José Luís Cardoso

Capítulo 5
O corporativismo na ditadura franquista 129
Glicerio Sanchez Recio

Capítulo 6
O corporativismo na França de Vichy 147
Olivier Dard

Parte II
Brasil e a América Latina

Capítulo 7
Estado corporativo e organização do trabalho no Brasil
e em Portugal (1930-1945) 173
Francisco Palomanes Martinho

Capítulo 8
A representação profissional na Constituição de 1934
e as origens do corporativismo no Brasil 199
Cláudia Maria Ribeiro Viscardi

Capítulo 9
Uma apropriação criativa. Fascismo e corporativismo
no pensamento de Oliveira Vianna 223
Fabio Gentile

Capítulo 10
O integralismo de Plínio Salgado e a busca de uma proposta
corporativista para o Brasil 255
Leandro Gonçalves

Capítulo 11
Ditadura e corporativismo na Constituição de 1937: o projeto
centralizador e antiliberal de Francisco Campos 285
Rogério Dultra dos Santos

Capítulo 12
Corporativismo, ditadura e populismo na Argentina 307
Federico Finchelstein

Capítulo13
Um projeto corporativo na Colômbia: Laureano Gómez
entre os grémios económicos e o clero (1934-1952) 327
Helwar Hernando Figueroa Salamanca

Índice de quadros e figura

Quadros

3.1 Representantes no *Bundeswirtschaftsrat* (Conselho Federal da Economia) e seus equivalentes na força de trabalho do conjunto da sociedade austríaca em 1934 83
4.1 Classificação geral dos pareceres 112
4.2 Classificação dos pareceres sobre Regime Político e Organização Administrativa 113
4.3 Classificação dos pareceres de Economia e Finanças 118
8.1 Síntese da resolução 211

Figura

3.1 Estrutura da constituição do *Ständestaat* austríaco de 1 de maio de 1934 (segundo Odo Neustädter-Stürmer)......... 81

Os autores

Autores organizadores

António Costa Pinto é investigador coordenador no Instituto de Ciências Sociais da Universidade de Lisboa e professor catedrático convidado no ISCTE, Lisboa. Foi professor convidado nas Universidades de Stanford (1993) e Georgetown (2004), e investigador visitante na Universidade de Princeton (1996) e na Universidade da California-Berkeley (2000 e 2010). Em 2014 foi professor convidado na Univerdade de São Paulo. Entre 1999 e 2003 foi regularmente professor convidado no Institut D'Études Politiques de Paris. Foi presidente da Associação Portuguesa de Ciência Política. As suas obras têm incidido sobretudo sobre o autoritarismo e o fascismo, as transições democráticas e a «justiça de transição». Foi consultor científico do Museu da Presidência da República portuguesa. Publicou recentemente no Brasil *O Passado que não Passa* (Civilização Brasileira, 2013, com Francisco Martinho) e em inglês, *The Nature of Fascism Revisited* (Columbia University Press, 2012); *Rethinking the Nature of Fascism* (Palgrave, 2011); e *Rethinking Fascism and Dictatorship in Europe* (Palgrave, 2014).

Francisco Palomanes Martinho é professor do Departamento de História da USP desde março de 2010. Professor livre-docente do mesmo Departamento desde novembro de 2012. Foi professor do Departamento de História da UERJ entre 1995 e 2010. Doutor em História Social pela Universidade Federal do Rio de Janeiro (2000) e mestre em História Contemporânea pela Universidade Federal Fluminense (1994). Em 2006 realizou o seu pós-doutorado junto à Universidade de São Paulo e à Universidade de Lisboa. Pesquisador do CNPq, desenvolve atualmente o

A Vaga Corporativa

estudo da relação entre os intelectuais portugueses e o Estado. Tem uma extensa obra sobre o tema dos corporativismos brasileiro e português, nomeadamente, *A Bem da Nação: O Sindicalismo Português entre a Tradição e a Modernidade (1933-1945)*, Rio de Janeiro: Civilização Brasileira, 2002 e *O Corporativismo em Português*, Rio de Janeiro, Civilização Brasileira, 2007 (com António Costa Pinto).

Autores

Goffredo Adinolfi é atualmente investigador no Instituto Superior de Ciências do Trabalho e da Empresa (ISCTE), Lisboa. Licenciou-se em Ciência Política na Universidade de Milão onde também se doutorou em História da Sociedade e das Instituições da Europa contemporânea com uma tese sobre a propaganda e o consenso no Portugal salazarista. Tem trabalhado sobre elites políticas, democratização, e o fascismo. É autor do livro, *Ai confini del fascismo: Propaganda e consenso nel Portogallo salazarista* (1932-1944), Milão, Franco Angeli, 2007.

Gerhard Botz é professor jubilado de História Contemporânea na Universdade de Viena e diretor do Ludwig Boltzmann Institute for Historical Social Science da mesma Universidade. Foi professor visitante na Universidade de Minneapolis, Stanford, e na EHESS, Paris. Publicou entre outras as obras: *Politische Gewalt in Österreich 1918-1938* (2.ª ed. 1983); *Jews, Antisemitism and Culture in Vienna*, coed. (1987, 3.ª ed. 2002); *Reden und Schweigen einer Generation* (2.ª ed. 2007); *Kontroversen um Österreichs Vergangenheit* (2.ª ed. 2008); *Nationalsozialismus in Wien* (5.ª ed. 2011).

José Luís Cardoso é investigador coordenador e diretor do Instituto de Ciências Sociais da Universidade de Lisboa. É autor de várias obras sobre história do pensamento económico, com especial incidência no estudo do caso português em perspetiva comparada. Os seus ensaios históricos cruzam perspetivas interdisciplinares de Economia, Sociologia e Ciência Política. Coordenou a coleção Obras Clássicas do Pensamento Económico Português (20 obras em 30 volumes), publicadas pelo Banco de Portugal entre 1990 e 1998. Foi cofundador e é codiretor das revistas *The European Journal of the History of Economic Thought* e *e-journal of Portuguese History*. Publicou recentemente: *Paying for the Liberal State. The Rise of Public Finance in Nineteenth-Century Europe*, Cambridge e Nova Iorque: Cambridge University Press, 2010 (coeditado com Pedro Lains).

Os autores

Olivier Dard é professor de História Contemporânea na Universidade de Paris-Sorbonne. Publicou extensivamente sobre a direita em França, o corporativismo e o regime de Vichy, nomeadamente: *Le corporatisme dans l'aire francophone au XXème siècle*, Bruxelas, Peter Lang, 2011; *Charles Maurras. Le maître et l'action*, Armand Colin, 2013.

Nuno Estêvão Ferreira é investigador do CEHR-Universidade Católica Portuguesa. Os seus interesses de investigação incluem os sistemas políticos autoritários, na perspetiva da decisão política em articulação com os modelos de organização corporativa e dos processos de secularização. Publicou: «O corporativismo e as instituições do salazarismo: a Câmara Corporativa (1935-1945)», in *O Corporativismo em Português: Estado, Política e Sociedade no Salazarismo e no Varguismo*, eds. Francisco Carlos Palomanes Martinho e António Costa Pinto (Rio de Janeiro: Civilização Brasileira, 2007); «Political decision-making in the Portuguese New State (1933-39): The dictator, the council of ministers and the inner-circle». *Portuguese Journal of Social Science*, 1, coautoria, 2009.

Federico Finchelstein é professor de História da América Latina na New School for Social Research, Nova Iorque. É autor de vários livros sobre o fascismo, o populismo e sobre a Argentina contemporânea, incluindo, *Transatlantic Fascism* (Duke University Press, 2010) e *Fascism, Populism and Dictatorship in Twentieth Century Argentina* (Nova Iorque, Oxford University Press, 2014).

Fabio Gentile é professor adjunto II no departamento de Ciências Sociais da Universidade Federal do Ceará. Possui graduação em Letras Modernas – Università degli Studi «L'Orientale» di Napoli (1998), doutorado em Filosofia e Política na mesma universidade (2004) e pós-doutorado na USP e no Cedec (2009-2012). Atualmente trabalha sobre a influência do fascismo e do corporativismo italianos no Brasil e ainda sobre Oliveira Vianna. Publicou recentemente *La rinascita della destra. Il laboratorio politico-sindacale napoletano da Salò ad Achille Lauro*, Nápoles: ESI, 2013 e «Il Brasile e il modello del corporativismo fascista», *Passato e Presente* (2014).

Leandro Pereira Gonçalves é professor adjunto do Programa de Pós--Graduação em História da Pontifícia Universidade Católica do Rio Grande do Sul (PUCRS). Doutor em História pela Pontifícia Universidade Católica de São Paulo (PUC-SP) com estágio *(Junior Visiting Fellow)* no Instituto de Ciências Sociais da Universidade de Lisboa (ICS-UL) e

A Vaga Corporativa

com pós-doutoramento pela Universidad Nacional de Córdoba (Centro de Estudios Avanzados/Argentina). É investigador estrangeiro associado ao Centro de Estudos de História Religiosa da Universidade Católica Portuguesa (CEHR/UCP). Líder do Grupo de Pesquisa (CNPq), Portugal e Brasil no Mundo Contemporâneo: identidade e memória, e coordenador da rede de investigação Direitas, História e Memória. Publicará em 2017 o livro *Plínio Salgado. Um Católico Integralista entre Portugal e o Brasil (1895-1975)*, que é resultado da premiada tese de doutoramento «Entre Brasil e Portugal: trajetória e pensamento de Plínio Salgado e a influência do conservadorismo português». É autor de diversos artigos científicos, além de ser autor e organizador de vários livros académicos, com destaque para *Presos Políticos e Perseguidos Estrangeiros na Era Vargas* (Mauad X, 2014) e *Entre Tipos e Recortes: Histórias da Imprensa Integralista* (2 vols.) (Sob Medida, 2011-2012).

Glicerio Sanchez Recio é professor de História Contemporânea na Universidade de Alicante. Tem-se dedicado ao estudo da Guerra Civil espanhola, do regime franquista e das ideologias autoritárias. Publicou recentemente *Los Empresarios de Franco. Política y Economia en España*, Barcelona: Critica, 2003; e *Sobre Todos Franco, Coalición reaccionaria y Grupos Políticos en el Franquismo*, Madrid: Flor del Viento, 2008.

Helwar Hernando Figueroa Salamanca é professor associado da Universidad Industrial de Santander, UIS. Historiador da Universidade Nacional da Colômbia, mestre e doutor em Estudos Latino-Americanos da Universidade de Toulouse-Le Mirail, França. Membro do grupo de investigacão sobre o facto religioso: Sagrado e Profano. Publicou sobre este tema *Tradicionalismo, Hispanismo y Corporativismo. Una Aproximación a las Relaciones non Sanctas Entre Religión y Política en Colombia* (1930-1952) (Bogotá, 2007).

Rogério Dultra dos Santos possui graduação em Direito pela Universidade Católica do Salvador (1997), mestrado em Direito pela Universidade Federal de Santa Catarina (2000), e é doutorado em Ciência Política pelo antigo Instituto Universitário de Pesquisas do Rio de Janeiro, IUPERJ (2006). Atualmente é professor adjunto III do Departamento de Direito Público e professor do Programa de Pós-Graduação *Stricto Sensu* em Direito Constitucional da Universidade Federal Fluminense (UFF). Tem experiência nas áreas de Direito e Ciência Política, atuando principalmente nos seguintes temas: teoria constitucional, pensamento polí-

Os autores

tico-jurídico brasileiro. Tem uma extensa obra sobre Francisco Campos, Azevedo Amaral e o constitucionalismo antiliberal no Estado Novo.

Cláudia M. R. Viscardi é doutora em História Social. Professora titular do Programa de Pós-Graduação em História da Universidade Federal de Juiz de Fora (Minas Gerais, Brasil). Pesquisadora do CNPq. Foi investigadora visitante na Manchester Metropolitan University (Reino Unido), Fundação Casa de Rui Barbosa (Rio de Janeiro) e Universidade de Lisboa. Autora do livro *O Teatro das Oligarquias: Uma Revisão da Política do Café com Leite* (Ed. Fino Traço, 2012), bem como de variados capítulos e artigos sobre a história política e social do Brasil republicano.

Apresentação

Este livro tem como objetivo a análise da relação entre corporativismo e ditaduras, tema de estudo antigo no Brasil e em Portugal, dada a sua forte implantação, mas subestimado nos estudos comparados sobre as ditaduras do século XX. Com uma enorme difusão nas culturas políticas de elites intelectuais e políticas autoritárias na Europa e na América Latina dos anos 30, o corporativismo social e político foi a mais conseguida alternativa conservadora à democracia liberal na primeira metade do século XX. De facto ainda que os seus polos de irradiação ideológica e política tenham sido diversos e nem sempre autoritários, foram as experiências ditatoriais que institucionalizaram o corporativismo, fazendo dele não só um pilar da sua legitimação política como também um instrumento de intervenção económica e social.

Institucionalizadas no despertar de democratizações polarizadas, as ditaduras do Entre Guerras tenderam a escolher o corporativismo, tanto como um processo capaz de reprimir, quanto de cooptar o movimento trabalhista, os grupos de interesse e as elites, por meio dos legislativos «orgânicos». É a partir dessa perspetiva que este livro analisa os processos de adoção de instituições corporativas sociais e políticas em alguns países da Europa e da América Latina na primeira metade do século XX.

Assim, no capítulo 1, António Costa Pinto examina o papel do corporativismo como um dispositivo social e político contra a democracia liberal e que permeou a direita durante a primeira onda de democratizações. Processos poderosos de transferências institucionais marcaram as ditaduras do Entre Guerras e o autor demonstra como o corporativismo esteve na vanguarda desse processo de difusão transnacional, tanto como uma nova forma de representação de interesses organizados, quanto como alternativa autoritária à democracia.

Na Europa dos anos 30 os modelos de institucionalização do corporativismo pelo regime fascista italiano, pelo Estado Novo de Salazar, e pela Ditadura de Dollfuss, na Áustria, foram os modelos mais marcantes que se difundiram em muitas ditaduras no período entre as duas guerras mundiais. Ainda que os regimes de Sidónio Pais em Portugal (1918) e de

A Vaga Corporativa

Primo de Rivera em Espanha (1923-1931) tenham sido pioneiros, foi o fascismo italiano o grande motor da difusão a partir da *Carta del Lavoro* e da tentativa de superação da representação liberal.

Goffredo Adinolfi analisa o percurso de formação do sistema político fascista, procurando evidenciar as suas congruências e incongruências com o modelo de Estado corporativo e orgânico. Definindo o corporativismo orgânico como a tipologia de regime na qual a relação entre indivíduo e Estado deixa de basear-se numa relação voluntarista, princípio instituído pelas teorias contratualistas de matriz liberal, para uma relação na qual o indivíduo é parte de um único corpo físico, Adinolfi estuda as tensões da institucionalização dos corporativismos social e político no regime fascista, concluindo com a tese de que o fascismo italiano não foi, como alguns sublinharam, «a história de uma irremediável e profundíssima distância entre projetos e realizações» mas a concreta e plena atuação de uma das suas possíveis versões.

No capítulo seguinte, Gerhard Botz estuda a institucionalização do corporativismo na Áustria de Dollfuss. Com uma das escolas corporativas católicas mais influentes na Europa Central e Oriental, a ditadura de Dollfuss começou por ser uma coligação entre partidos conservadores que sempre tinham olhado com relativo ceticismo a democracia parlamentar e um grupo de fascistas declarados, que foi conquistando cada vez mais influência dentro do regime. Na Áustria, as propostas corporativistas para a reforma antissocialista, antiliberal e antidemocrática da sociedade e da política foram diversas. No entanto, a construção ideológica criada pelo regime Dollfuss-Schuschnigg foi a mais abrangente e sistemática jamais desenvolvida por um Estado seguidor do corporativismo. A Constituição de 1934 foi acompanhada por diversas leis e decretos que deviam ser implementados de modo gradual, e a constituição corporativa permaneceu por implementar, dada a curta duração da ditadura que em 1938 sofre a anexação pela Alemanha nazi. Não obstante, representou a mais clara expressão de um sistema de pensamento corporativo jamais aplicado a um Estado, ainda que fosse um compromisso entre as propostas conservadoras e cristãs de corporativismo social e o corporativismo político mais explicitamente ditatorial dos fascistas e dos seguidores de Otmar Spann.

O Estado Novo português de Oliveira Salazar constituiu a mais longa experiência ditatorial do século XX que se legitimou política e socialmente no corporativismo. Teve um «Estatuto do Trabalho Nacional» que se inspirou no fascismo italiano mas temperado pelo catolicismo social, e declarou-se um Estado «Unitário e Corporativo» pela Constituição de 1933. Ainda que as corporações só tenham sido criadas nos anos 50, a ditadura

Apresentação

de Salazar institucionalizou ao lado de um parlamento ocupado pelo partido único uma Câmara Corporativa, cujas funções são analisadas no capítulo 4, da autoria de José Luís Cardoso e Nuno Estêvão Ferreira. À Câmara Corporativa ficou reservada uma função de representação orgânica «de autarquias locais e de interesses sociais, considerados estes nos seus ramos fundamentais de ordem administrativa, moral, cultural e económica», que funcionava como segunda câmara não eletiva em que prevalecia o princípio de uma suposta consagração do reconhecimento atribuído a sectores-chave da sociedade, retoricamente apelidados de «forças vivas da nação». Os autores concluem que esta contribuiu de forma decisiva para a criação de bases técnicas e de suportes ideológicos ao funcionamento do regime.

O corporativismo social e político marcou profundamente também a Espanha, e as suas duas experiências autoritárias no século XX foram ilustrativas de uma precoce adopção das duas faces do corporativismo, com a ditadura de Primo de Rivera (1923-1930), a partir do campo conservador, e depois com o franquismo, bem mais próximo do fascismo. No capítulo 5, Glicerio Sanchez Recio analisa a primeira tentativa de implantar um regime corporativo em Espanha durante a ditadura do general Primo de Rivera, a partir de 1926, com a publicação do decreto-lei sobre a *organização corporativa do trabalho*, obra do ministro do Trabalho, Eduardo Aunós, e depois com o franquismo que, para além da do *Fuero del Trabajo*, versão franquista da *Carta del Lavoro* do fascismo italiano, vai criar um «parlamento corporativo», as Cortes, com voto «orgânico» e representação corporativa.

O capítulo 6 é dedicado aos debates sobre o corporativismo em França que culminaram na publicação da *Charte du Travail* pelo regime de Vichy. Os intelectuais e os movimentos políticos franceses estão entre os mais influentes polos de difusão do corporativismo junto das elites europeias e latino-americanas. A *Action Française* foi apenas um deles, que marcou grupos que vão do Integralismo Lusitano, à *Accion Española*, e aos nacionalistas argentinos. Mas este polo tradicionalista é apenas um de entre vários e Vichy será marcado por uma tensão entre estes e sectores mais modernizadores como aliás acontecerá em outros regimes como o Estado Novo de Getúlio Vargas. Como sublinha Olivier Dard na conclusão, foi com Vichy que o corporativismo se institucionalizou em França, passando do projeto à realização. Mas foi também com Vichy que o corporativismo em França caiu num descrédito do qual não mais recuperou.

No capítulo 7, Francisco Palomanes Martinho elabora uma comparação entre os modelos sindicais e corporativos do Brasil e de Portugal.

A Vaga Corporativa

No Brasil como em Portugal os agentes do Estado foram entendidos pelos trabalhadores como aliados em favor de suas demandas. Nos dois países a recusa patronal em aceitar as novas regras e os limites impostos pelos respetivos governos foi uma constante. A despeito das evidentes semelhanças, diferenças entre os casos português e brasileiro também lhe merecem observação. No Brasil pode-se dizer que o processo legislativo foi mais amplo, na medida que o Estado desde o início adotou regras que em parte se mantiveram por décadas a seguir à queda do Estado Novo. Além disso, a tendência no Brasil foi fazer com que as leis aprovadas pelo Estado fossem, guardadas as especificidades, as mesmas para todas as categorias profissionais. Em Portugal a implantação da legislação sobre os sindicatos sofreu um processo mais experimental, permitindo alterações que mudavam as conceções originais. Por outro lado, a oposição renhida das classes proprietárias ao corporativismo e a crise decorrente da guerra determinaram novos rumos à política social portuguesa, mas não a queda do ditador. Em outras palavras, enquanto no Brasil houve continuidade sem Vargas, em Portugal temos a descontinuidade apesar da permanência de Salazar. Os quatro capítulos seguintes são aliás dedicados exclusivamente à experiência brasileira.

A difusão do corporativismo no Brasil teve como agentes partidos, instituições estatais, técnicos e intelectuais, mas as primeiras experiências corporativas ocorreram a partir da década de 1930 e tornaram-se constitucionais em 1934. A Carta de 1934 representou a introdução da representação corporativa e a ampliação dos direitos sociais na Constituição. No capítulo 8, Claudia Viscardi aprofunda o primeiro aspeto, o da proposição e encaminhamento da representação corporativa, o que marca a origem das primeiras experiências brasileiras neste campo. O seu objetivo é compreender como a representação corporativa ocorreu e tentar delimitar os principais atores envolvidos com a proposição, seus interesses e suas vinculações teóricas.

No caso do Brasil é também impossível falar de corporativismo sem falar de Oliveira Vianna, o seu principal ideólogo e simultaneamente o seu mais importante legislador. No capítulo 9, Fabio Gentile, analisa a apropriação das ideias fascistas e corporativas no pensamento de Oliveira Vianna pensado como processo de «circulação-compartilhada» de ideias em nível global entre as duas guerras mundiais, de forma a compreender como, a partir do modelo italiano, ele foi recebido e reelaborado no pensamento nacionalista autoritário de Oliveira Vianna. Como e em que medida na sua qualidade de consultor jurídico do Ministério do Trabalho durante a década de 30 este se apropriou do modelo de Alfredo Rocco,

Apresentação

modificando e adaptando-o de forma compatível com a realidade brasileira? A sua resposta passa pela revisão do conceito de «autoritarismo instrumental» de Oliveira Vianna, teorizado pelo cientista brasileiro W. G. dos Santos. Em outras palavras, a questão central que o autor coloca neste trabalho é como foi possível no pensamento de Oliveira Vianna, ideólogo do Estado autoritário, adaptar para a sociedade brasileira o Estado corporativo, pensado como o melhor e mais moderno «instrumento» para pôr ordem na crise do estado liberal, sem necessariamente cair na teoria da «ditadura permanente» do fascismo.

Os partidos fascistas da Europa Ocidental e do Sul fizeram do corporativismo um ponto central dos seus programas políticos, muitas vezes radicalizando a sua componente mais totalizante perante os conservadores e católicos sociais. No caso da Ação Integralista Brasileira, a formação católica de Plínio Salgado, as ligações antigas aos Integralistas Lusitanos e a influência do fascismo italiano não entraram em tensão. Como demonstra Leandro Pereira Gonçalves no capítulo seguinte, Salgado concebia o corporativismo sob a ótica católica, e com esse pensamento, aliado a fatores ligados à circularidade cultural na qual estava inserido, traçou o modelo de Estado corporativo baseado no Estado integral, e por ser o chefe nacional, detentor do maior posto dentro da hierarquia integralista, a sua doutrinação católica em defesa da revolução espiritual de base orgânica, em defesa do revigoramento da alma brasileira e com a pretensão de resgatar as raízes nacionais, foi um elemento hegemónico no contexto integralista. O integralismo colocava-se como um movimento que deveria unir todas as esferas da sociedade em uma estrutura única instituída no Estado integral. A ordem normalizadora da AIB suprimia as vontades individuais em prol de um bem maior: a unidade do Brasil sob um Estado integral, que representava a organização do Estado corporativo.

Chegamos então a um tema que atravessa quase todo este livro, as constituições autoritárias e a maior ou menor consagração do corporativismo nos sistemas políticos autoritários. No caso do Brasil, a Constituição de 1937, da autoria de Francisco Campos, ministro do Estado Novo de Getúlio Vargas, ainda que não tivesse entrado em vigor, é o tema do capítulo 11, da autoria de Rogério Dultra dos Santos. Francisco Campos é um intelectual e político que provém do liberalismo crítico e que vai evoluindo para a defesa do autoritarismo, mas, ao mesmo tempo, não ignorando a existência de suas instituições enquanto ainda não é possível desfazer-se delas. A Constituição de 1937 é monoliticamente antiliberal, elimina o funcionamento de partidos políticos, restringe o sufrágio, atribui

A Vaga Corporativa

poder legislativo à administração e submete-se a si própria e ao Judiciário ao Chefe do Executivo. Como salienta o autor, Campos concebe o corporativismo como o resultado de um Estado protetor e árbitro, capaz de conduzir o domínio da economia sob a lógica do bem comum e não do interesse individual. Mas o Estado Novo não representou nem somente uma centralização dos poderes no Executivo, nem uma mera organização política de carácter corporativo. A incorporação social e cultural das massas, a crítica pormenorizada das instituições liberais, e a oposição entre democracia liberal e democracia orgânica são elementos constitutivos do discurso legitimador do Estado Novo brasileiro.

Finalmente os dois últimos capítulos abordam dois casos-fronteira na relação entre corporativismo e ditaduras na América Latina. A Argentina de Uriburo e Perón e a Colômbia de Laureano Gómez.

Na Argentina, o período entre 1930 e 1946 foi marcado por profundas transformações que incluíram a lenta agonia do liberalismo e a emergência de uma nova Argentina cada vez mais alicerçada em ideias corporativistas antiliberais e anticomunistas. Para Federico Finchelstein, o golpe militar do general José Felix Uriburu, em 1930, inicia o período em causa, que termina com a eleição como presidente do general Juan Domingo Perón. Em termos de corporativismo, o período começa com uma ditadura corporativista e termina com a emergência de uma democracia autoritária corporativista. Durante estes anos, o movimento nacionalista – a versão argentina do fascismo – foi o principal paladino do corporativismo no país. Mas, esta é a principal conclusão do autor, na Argentina, apesar de surgido como uma resposta de direita à derrota global do fascismo, o populismo iria reformular o corporativismo ao longo dos anos que se seguiram, adquirindo com Perón «uma forma de antipolítica transcendental».

Para terminar, como que encerrando um ciclo de ascensão e queda do corporativismo associado a ditaduras e/ou a reformas autoritárias da representação liberal da primeira metade do século XX, Helwar Hernando Figueroa Salamanca analisa a proposta de criação de um Estado corporativo na Colômbia. Uma iniciativa falhada do presidente Laureano Gómez, num contexto no qual as associações económicas encontraram o apoio de importantes sectores do clero católico, que viam na ideia corporativa a melhor arma contra o liberalismo, económico e político, sem esquecer o seu papel de ferramenta ideológica para utilizar contra as ideias de um socialismo de Estado. Laureano Gómez quis então eclipsar os moderados e sentiu-se com a força suficiente para pôr em prática um corporativismo político e social de cariz autoritário e que era conforme

Apresentação

ao seu pensamento tomista e tradicionalista, tendo a singularidade de o fazer nos anos 50 do século XX.

***

Este livro é produto de alguns encontros académicos no Brasil e em Portugal, de Conferências Internacionais, nomeadamente na European Social Science History Conference, num painel coorganizado por António Costa Pinto e Gerhard Botz, em Viena, e da Associação de Historiadores Latino-Americanistas (AHILA), realizada em Berlim em 2014, num painel dirigido pelos organizadores desta obra, mas sobretudo é produto de um interesse comum e antigo no tema do corporativismo entre os seus coordenadores.[1] É difícil estudar a longa experiência autoritária portuguesa sem estudar a sua relação com as ideologias e as instituições corporativas, e dificilmente se pode estudar o Estado Novo de Getúlio Vargas sem a mesma relação. E a relação entre Portugal e o Brasil da primeira metade do século XX, sobretudo entre os «Estados Novos» de Vargas e Salazar, passou por uma fertilização constante à volta do tema do corporativismo. As semelhanças mas também as diferenças entre os corporativismos português e brasileiro levaram vários estudiosos a atravessar o Atlântico nas décadas de 1960 e 70, nomeadamente os protagonistas de vários debates sobre o corporativismo e (sobretudo) o neocorporativismo. Foi este o caso de Philippe C. Schmitter, mentor de um dos coordenadores deste livro, que após um estudo sobre os interesses organizados na ditadura militar brasileira veio a Portugal no final dos anos 1960 estudar a «única experiência viva de corporativismo autoritário».[2] E seria também o caso de Howard Wiarda, autor destacado e polémico de uma tese «culturalista histórica» que viu no corporativismo societal a grande exportação ibérica para a cultura latino-americana desde o século XVIII.[3] Nos últimos anos também uma nova geração de historiadores e

---

[1] Francisco C. P. Martinho e António Costa Pinto (orgs.). *O Corporativismo em Português. Estado, Política e Sociedade no Salazarismo e no Varguismo* (Rio de Janeiro: Civilização Brasileira, 2007).

[2] Philippe C. Schmitter, *Portugal, do Autoritarismo à Democracia* (Lisboa: Imprensa de Ciências Sociais, 1999).

[3] Ver Howard Wiarda, *Corporatism and Development. The Portuguese Experience*. Boston: University of Massachusetts Press, 2007. Este conta a história da sua travessia do Atlântico para estudar o corporativismo português, in Howard Wiarda *Estado, Regimes e Revoluções. Estudos em Homenagem a Manuel de Lucena*, «O corporativismo em Portugal e no mundo moderno», Carlos Gaspar, Fátima Patricarca e Luís Salgado de Matos (orgs.) (Lisboa: Imprensa de Ciências Sociais, 2012), 263-265.

cientistas políticos regressaram ao tema numa perspetiva quer de história comparada quer mesmo transnacional.[4]

Os organizadores gostariam de agradecer o apoio financeiro da Universidade de Saragoça, através do projeto HAR2012-32020, Ministerio de Economía y Competitividad. Gobierno de España, dirigido por Julian Casanova, e ao Instituto de Ciências Sociais da Universidade de Lisboa, para as traduções de vários capítulos deste livro do espanhol, do francês e do inglês para português. Eliana Brites Rosa e Jani Maurício, doutorandas do ICS, deram também uma excelente colaboração para a finalização do livro. Finalmente, os organizadores gostariam de salientar que este livro é publicado quase em simultâneo no Brasil, mantendo as opções de estílo e de ortografia dos autores.

---

[4] Simbolizada pela criação em 2015 do International Network for Studies on Corporatism and the Organized Interests (NETCOR). Ver também Fernando Rosas e Álvaro Garrido, coords., *Corporativismo, Fascismo, Estado Novo* (Coimbra: Almedina, 2012).

António Costa Pinto

Capítulo 1
Corporativismo, ditaduras e representação política autoritária

Quando em 1952 o Presidente da Colômbia Laureano Gómez tentou (e falhou) a reorganização corporativa e autoritária da representação política não se apercebeu de que encerrava tardiamente um ciclo, provavelmente aberto pela curta ditadura de Sidónio Pais (1917-1918), em Portugal, e sobretudo, pela ditadura do general Primo de Rivera em Espanha (1923-1931). Um católico corporativo de tendências autoritárias, próximas do franquismo espanhol, e dirigente do Partido Conservador colombiano, Gómez inspirou uma reforma constitucional que o teria transformado no Presidente de um Estado autoritário, paternalista e mais confessional, com um executivo mais autónomo do legislativo e com um senado corporativo.[1] Esta experiência falhada encerrou tardiamente um ciclo de reformas e ruturas políticas ditatoriais inspiradas no corporativismo, um dos mais poderosos modelos autoritários de representação social e política da primeira metade do século XX.

O corporativismo imprimiu uma marca indelével nas primeiras décadas do século XX, tanto como um conjunto de instituições criadas pela integração forçada de interesses organizados (principalmente sindicatos independentes) no Estado, quanto como um tipo «orgânico-estatista» de representação política alternativa à democracia liberal.[2] As variantes do

---

[1] James D. Henderson, *Conservative Thought in Twentieth Century Latin America. The Ideas of Laureano Gómez* (Athens: Center For Latin American Studies, 1988); Diego Nicolás Motta, *Laureano Gómez Castro y su Proyeto de Reforma Constitucional (1951-1973)* (Bogotá: Editorial Universidad de Rosário, 2008).

[2] Como Alfred Stepan e Juan Linz, usamos esta expressão para nos referirmos à «visão de comunidade política, na qual as partes componentes da sociedade combinam harmoniosamente [...] e também por causa da suposição de que tal harmonia requer poder

A Vaga Corporativa

corporativismo inspiraram partidos conservadores, radicais de direita e fascistas, sem mencionar a Igreja Católica e as opções de «terceira via» de segmentos das elites tecnocráticas e modernizadoras. Também inspiraram ditaduras – desde o Estado Novo português, de António de Oliveira Salazar, até a Itália, de Benito Mussolini, e a Áustria, de Engelbert Dollfuss. As ideologias corporativas marcaram também a América Latina na década de 1930 influenciando o Brasil de Getúlio Vargas, mas também a Argentina e outras repúblicas sul-americanas.[3]

Quando olhamos para as ditaduras do século XX, percebemos algum grau de variação institucional. Partidos, governos, parlamentos, assembleias corporativas, juntas e todo um conjunto de «estruturas paralelas e auxiliares de dominação, mobilização e controle» tornaram-se símbolos da (muitas vezes tensa) diversidade característica dos regimes autoritários.[4] Essas instituições autoritárias, criadas no laboratório político da Europa do Entre Guerras, expandiram-se por todo o mundo, após o fim da II Guerra Mundial: principalmente a personalização da liderança, o partido único e os legislativos «orgânico-estatistas». Alguns contemporâneos já tinham percebido que algumas das instituições criadas pelas ditaduras do Entre Guerras poderiam ser duráveis. Como escreveu um observador comprometido do início do século XX, o académico romeno Mihail Manoilescu, «de todas as criações políticas e sociais do nosso século – o qual para o historiador começou em 1918 – há duas que têm enriquecido de forma definitiva o património da humanidade [...] o corporativismo e o partido único».[5] Manoilescu dedicou um estudo para cada uma dessas instituições políticas, sem saber, em 1936, que alguns aspetos destas seriam de longa duração e que o partido único se tornaria um dos instrumentos políticos mais duráveis das ditaduras.[6]

---

e a unidade da sociedade civil, pela ação arquitetónica de autoridades públicas, portanto orgânica-estatista». Ver Alfred Stepan, *The State and Society: Peru in Comparative Perspective* (Princeton: Princeton University Press, 1978); Juan J. Linz, *Totalitarian and Authoritarian Regimes* (Boulder: Lynne Rienner, 2000), 215-217. Para uma introdução ao tema, ver António Costa Pinto, «O corporativismo nas ditaduras da época do fascismo», *Varia Historia*, vol. 30, n.º 52 (2014), 17-49.

[3] Ver Paul H. Lewis, *Authoritarian Regimes in Latin America: Dictators, Despots, and Tyrants* (Lanham: Rowman & Littlefield, 2006), 129-154; Didier Musiedlak, ed., *Les experiences corporatives dans l'aire latine* (Berna: Peter Lang, 2010).

[4] Amos Perlmutter, *Modern Authoritarianism: A Comparative Institutional Analysis* (New Haven: Yale University Press, 1981), 10.

[5] Mihael Manoilescu, *Le parti unique: institution politique des regimes nouveaux* (Paris: Les Oeuvres Françaises, 1936), VIII.

[6] Manoilescu, Mihael, *Le siècle du corporatisme* Paris: (Librairie Felix Alcan, 1934); Mihael Manoilescu, *Le parti unique*, 3.

As ditaduras do período Entre Guerras eram regimes autoritários personalistas.[7] Mesmo os regimes que foram institucionalizados por golpes militares ou as ditaduras militares deram origem a regimes personalistas e tentaram criar partidos únicos ou dominantes. A personalização da liderança dentro dos regimes ditatoriais tornou-se uma característica dominante da era fascista e transformou-se na norma nas ditaduras do século XX.[8] No entanto, os ditadores precisavam das instituições e das elites para exercerem o seu poder e o seu papel tem sido muitas vezes subestimado, uma vez que foi dado como certo que a tomada de decisão estava centralizado nos ditadores.[9] Para evitar o enfraquecimento da sua legitimidade e a usurpação da sua autoridade, os ditadores precisavam de cooptar as elites e criar ou adaptar as instituições para serem o *locus* da cooptação, da negociação e (às vezes) da tomada de decisões: «sem as instituições eles não podem fazer concessões políticas».[10] Por outro lado, como Amos Perlmutter observou, nenhum regime autoritário pode sobreviver politicamente sem o apoio fundamental de sectores das elites modernas, tais como os burocratas, os gestores, os tecnocratas e os militares.[11]

Se os regimes fascistas da Itália e da Alemanha foram baseados na tomada de poder por um partido, muitos governantes civis e militares da Europa do Entre Guerras não tiveram uma «organização já feita na qual confiar».[12] Para contrabalançar a sua posição precária, os ditadores tenderam a criar partidos que sustentassem o regime. Os ditadores do Entre Guerras também estabeleceram parlamentos controlados, assembleias corporativas ou outros órgãos consultivos burocráticos e autoritários. As instituições políticas das ditaduras, mesmo aqueles legislativos que alguns autores descreveram como «nominalmente democráticos», não eram apenas uma fachada: eles foram capazes de afetar a formulação de políticas.[13]

---

[7] Pinto, Antonio Costa, Roger Eatwell e Stein U. Larsen, eds., *Charisma and Fascism in Interwar Europe* (Londres: Routledge, 2007).

[8] Mais de metade de todos os regimes autoritários do século XX «iniciados por militares, partidos, ou por uma combinação dos dois, tinha sido parcial ou totalmente personalizado após três anos da tomada inicial de poder». Ver Barbara Geddes, «Stages of development in authoritarian regimes», in *World Order after Leninism,* Vladimir Tismaneanu, Marc M. Howard e Rudra Sil, eds. (Seattle, Washington e Londres: The University of Washington Press, 2006), 164.

[9] Antonio Costa Pinto, ed., *Ruling Elites and Decision-Making in Fascist-Era Dictatorships* (Nova Iorque: Columbia University Press, 2009).

[10] Barbara Geddes, «Stages of development in authoritarian regimes», 185.

[11] Amos Perlmutter, *Modern Authoritarianism*, 11.

[12] Jennifer Ghandi, *Political Institutions under Dictatorship* (Cambridge: Cambridge University Press, 2008), 29.

[13] Jennifer Ghandi, *Political Institutions under Dictatorship*, VII.

A Vaga Corporativa

Os autocratas também precisavam da complacência e da cooperação e, em alguns casos, a fim de «organizar compromissos políticos, os ditadores também precisaram de instituições nominalmente democráticas», que pudessem servir como fóruns nos quais as facções, e até mesmo o regime e sua oposição, pudessem forjar acordos.[14] «Instituições nominalmente democráticas podem ajudar os governantes autoritários a manter coalizões e a sobreviver no poder»,[15] e os «parlamentos corporativos» são instituições legitimadoras das ditaduras e também são, algumas vezes, o *locus* desse processo.

Neste livro examinamos o papel do corporativismo como um dispositivo social e político contra a democracia liberal e que permeou a direita durante a primeira onda de democratização. Processos poderosos de transferências institucionais marcaram as ditaduras do Entre Guerras e o objetivo deste livro é demonstrar que o corporativismo esteve na vanguarda desse processo de difusão transnacional, tanto como uma nova forma de representação de interesses organizados, quanto como alternativa autoritária à democracia.[16]

Corporativismo social e político durante a primeira vaga de democratização

O corporativismo, enquanto ideologia e como um tipo de representação de interesses organizados, foi, a partir do final do século XIX até meados do século XX, inicialmente promovido pela Igreja Católica como uma «terceira via», em oposição ao socialismo e ao capitalismo liberal.[17] A maior parte desse modelo foi construída anteriormente à encíclica papal, *Rerum Novarum* (1891), o que se deveu à romantização das sociedades feudais da Europa medieval encetada pelos conservadores do século XIX, que se viram, ao mesmo tempo, desiludidos com o liberalismo e inimigos do socialismo e da democracia. No entanto, «o endosso explícito da Igreja certamente deslocou o corporativismo das salas dos se-

---

[14] Jennifer Ghandi, *Political Institutions under Dictatorship*, VIII.
[15] Barbara Geddes, «Stages of development in authoritarian regimes», 164.
[16] Para uma tipologia de resultados da difusão neste período, ver Kurt Weyland, «The diffusion of regime contention in European democratization, 1830-1940», *Comparative Political Studies*, vol. 43 (2010): 1148-1176.
[17] Martin Conway, «Catholic politics or christian democracy? The evolution of interwar political Catholicism», in *Political Catholicism in Europe, 1918-1945*, vol. 1, Wolfram Kaiser e Helmut Wohnout, eds. (Londres: Routledge, 2004), 235–251.

minários para os palácios presidenciais», especialmente após a publicação da encíclica *Quadragesimo Anno* (1931).[18]

Durante a primeira metade do século XX, o corporativismo tornou-se um poderoso dispositivo ideológico e institucional contra a democracia liberal, mas as práticas neocorporativistas de algumas democracias, durante a segunda metade desse século – para não falar do uso mais recente da palavra no âmbito das Ciências Sociais[19] –, exigem uma definição mais clara do fenómeno a ser estudado e a separação entre corporativismo social e político, seguindo a opção conceitual apresentada em trabalhos anteriores:[20]

> O corporativismo social pode ser definido como um sistema de representação de interesses no qual as unidades constituintes são organizadas num número limitado de categorias singulares, compulsórias, não competitivas, hierarquicamente ordenadas e funcionalmente diferenciadas, reconhecidas ou licenciadas (se não criadas) pelo Estado e concedidas, enquanto um monopólio deliberadamente representacional, dentro das suas respetivas categorias, em troca da supervisão da seleção de líderes e da articulação de demandas e apoios.[21]

Enquanto

> o corporativismo político pode ser definido como um sistema de representação política, baseado numa visão «orgânica-estatista» da sociedade, em que as suas unidades «orgânicas» (famílias, poderes locais, associações e organizações profissionais e de interesses) substituem o modelo eleitoral, centrado na representação individual da cidadania e na legitimidade parlamentar, tornando-se o principal e/ou complementar órgão legislativo ou consultivo do governo executivo.[22]

---

[18] Randal Morck e Bernard Yeung, «Corporatism and the ghost of the third way», *Capitalism and Society*, vol. 5, n.º 3 (2010): 4.

[19] José L. Cardoso e Pedro Mendonça, «Corporatism and beyond: an assessment of recent literature», *ICS Working papers,* n.º 1 (2012).

[20] António Costa Pinto, *The Nature of Fascism Revisited* (Nova Iorque: Columbia University Press, 2012), 119-149.

[21] Philippe C.Schmitter, «Still the century of corporatism?», in *The New Corporatism: Social-Political Structures in the Iberian World,* Frederick B. Pike e Thomas Stritch, eds. (Notre Dame: Notre Dame University Press, 1974), 94.

[22] António Costa Pinto, «Fascism, corporatism, and the crafting of authoritarian institutions in interwar European dictatorships, in *Rethinking Fascism and Dictatorship in Europe*, António Costa Pinto e Aristotle Kallis, eds. (Londres: Palgrave, 2014), 87-120.

Uma ideia central para os pensadores corporativistas foi a natureza orgânica da sociedade, tanto na esfera política, quanto na económica, baseada numa crítica do que Ugo Spirito chamou egoísta e individualista *homo economicus* do capitalismo liberal, o qual deveria ser substituído pelo *homo corporativus*, que seria motivado pelo interesse nacional e por valores e objetivos comuns.[23]

Durante a primeira metade do século XX, o corporativismo permeou as principais famílias políticas da direita conservadora e autoritária: desde os partidos católicos e o catolicismo social, até os monárquicos, fascistas e radicais de direita, para não falar dos solidaristas durkheimianos e dos partidários dos governos tecnocráticos.[24] Monárquicos, republicanos, tecnocratas, fascistas e católicos sociais compartilharam «uma quantidade notável de pontos de vista em comum sobre a democracia e a representação» e sobre o projeto de uma representação funcional enquanto alternativa à democracia liberal, isto é, como constituinte das câmaras ou dos conselhos legislativos, que haviam sido estabelecidos em muitos regimes autoritários, durante a primeira metade do século XX.[25] No entanto, havia diferenças entre as formulações corporativas católicas do final do século XIX e as propostas corporativas típicas de alguns partidos fascistas e radicais de direita. Quando olhamos para os programas e para os segmentos dos partidos fascistas e radicais de direita, como os movimentos de inspiração da Action Française, o retrato é mais claro ainda, com muitos deles reforçando o «corporativismo integral», *vis-à-vis* ao catolicismo social.

Por outro lado, embora parte do mesmo magma ideológico, o corporativismo social e o político não seguiram, necessariamente, o mesmo caminho político no século XX. A experiência histórica do corporativismo não esteve confinada às ditaduras e, nas democracias liberais, «tendências implícitas de caminharem em direção às estruturas corporativas desenvolveram-se tanto antes, quanto simultaneamente à emergência do fascismo».[26] Na verdade, a representação ocupacional não se limitou ao mundo das ditaduras, pois várias democracias descobriram complemen-

---

[23] Carlos Bastien e José L. Cardoso, «From *homo economicus* to *homo corporativus*: a neglected critique of neo-classical economics», *The Journal of Social Economics*, vol. 36 (2007): 118-27.

[24] Olivier Dard, «Le corporatisme entre traditionalistes et modenisateurs: des groupements aux cercles du pouvoir», in *Les experiences corporatives dans l'aire latine*, ed. D. Musiedlak, 67-102.

[25] Paul J. Williamson, *Corporatism in Perspective* (Londres: Sage, 1989), 32.

[26] Leo Panitch, «The development of corporatism in liberal democracies», *Comparative Political Studies*, vol. 10, n.º 1 (1977): 629.

tos à típica representação parlamentar e algumas democracias bicamerais do Entre Guerras introduziram representações corporativas nas suas câmaras superiores.[27]

Muitos ideólogos do corporativismo social – especialmente nos círculos católicos – defenderam um corporativismo social sem um Estado omnipresente, mas a práxis dos padrões corporativos de representação foi, principalmente, o resultado de uma imposição por parte das elites políticas autoritárias «sobre a sociedade civil».[28] Sob as ditaduras do Entre Guerras, o corporativismo tornou-se sinónimo do processo de unificação forçado dos interesses organizados, englobados em unidades individuais de empregadores e empregados, que passaram a ser estritamente controlados pelo Estado, o que eliminou a sua independência: especialmente a dos sindicatos. O corporativismo social ofereceu aos ditadores um sistema formal de representação de interesses, capaz de gerir as relações de trabalho, legitimando a repressão ao sindicalismo livre, pela cooptação de alguns dos seus segmentos por meio de sindicatos controlados pelo Estado, frequentemente com filiação obrigatória. Por fim, mas não menos importante, os arranjos corporativistas também procuraram «permitir que o Estado, o trabalho e os empresários expressassem seus interesses e chegassem a resultados que eram, em primeiro lugar, satisfatórios ao regime».[29]

No entanto, durante este período, o corporativismo também foi (e, em alguns casos, principalmente) usado para se referir à organização abrangente da sociedade política, para além dos grupos sedimentados na relação Estado-sociais, que procuravam substituir a democracia liberal por um sistema de representação anti-individualista.[30] De facto, em muitos casos, o corporativismo, ou os «parlamentos económicos», ou coexistiram e assistiram os parlamentos, ou os substituíram por um novo legislativo, com funções consultivas, que forneceu assistência técnica aos governos. O teórico mais influente do *Quadragesimo Anno*, o jesuíta Heinrich Pesch, referiu-se ao «parlamento económico», como uma «câmara de compensação central» na sua visão orgânica, mas deixou a sua estrutura

---

[27] Karl Lowenstein, «Occupational representation and the idea of an economic parliament», *Social Science*, vol. 12, n.º 1 (1937): 426.
[28] Alfred Stepan, *The State and Society*, 47.
[29] Wonik Kim e Jennifer Gandhi, «Co-opting workers under dictatorship», *The Journal of Politics*, vol. 72, n.º 3 (2010): 648.
[30] Douglas A. Chalmers, «Corporatism and comparative politics», in *New Directions in Comparative Politics*, ed. Howard J. Wiarda (Boulder: Westview Press, 1991), 63.

A Vaga Corporativa

para o futuro.[31] Com a *Rerum Novarum*, sob o primado do papa Pio XII, a estrutura do corporativismo tornou-se mais clara, com a reorganização corporativista da sociedade contra a democracia parlamentar. Em 1937, Karl Loewenstein viu «esse conceito romântico de representação orgânica» em novos legislativos, que tentavam ser o «verdadeiro espelho das forças sociais da nação e uma verdadeira réplica de sua estrutura económica».[32] No entanto, o papel dos órgãos corporativos dentro das ditaduras era certamente muito menos romântico.

George Valois, o ideólogo sindicalista da Action Française e fundador de um dos primeiros movimentos fascistas franceses, resumiu as funções dos parlamentos corporativos, quando ele propôs a substituição do Parlamento pelos Estados Gerais *(États Géneraux)*. «Este órgão não era para ser uma assembleia em que as decisões fossem tomadas com base na maioria dos votos ou onde a maioria seria capaz de esmagar a minoria; mas sim, era para ser uma assembleia em que as corporações ajustariam os seus interesses em favor do interesse nacional».[33] Em 1926, o general espanhol Miguel Primo de Rivera não se estava a engajar no romantismo intelectual quando introduziu os princípios corporativistas na sua ditadura, proclamando: «O sistema parlamentar falhou e ninguém é louco o suficiente para restabelecê-lo na Espanha. O governo e a União Patriótica pediram a construção de um Estado baseado numa nova estrutura. A primeira célula da nação será a municipalidade, em torno da qual está a família com as suas antigas virtudes e o seu conceito moderno de cidadania.»[34] Na Áustria, em 1934, o chanceler Englebert Dollfuss reafirmou as palavras do general espanhol, palavras que muitos ditadores estavam pensando particularmente ou repetindo publicamente: «este Parlamento [...] não vai nunca, e não deve nunca, voltar novamente».[35] Nessa pers-

---

[31] Paul Misner, «Christian democratic social policy: precedents for third-way thinking», in *European Christian Democracy: Historical Legacies and Comparative Perspectives*, eds., Thomas Kaselman e Joseph A Buttigieg (Notre Dame: Notre Dame University Press, 2003), 77.

[32] Karl Loewenstein, «Occupational representation and the idea of an economic parliament», 423.

[33] Ver Alain Chatriot, «Georges Valois, la representation professionelle et le syndicalisme», in *Georges Valois, intinéraire et receptions*, ed. Olivier Dard (Berna: Peter Lang, 2011), 65.

[34] Citado *in* José L. Gómez Navarro, *El Regimen de Primo de Rivera* (Madrid: Catedra, 1991), 34.

[35] Helmut Wohnout, «Middle-class governmental party and secular arm of the Catholic Church: the christian socials in Austria», in *Political Catholicism in Europe*, eds. Wolfram Kaiser e Helmut Wohnout, 184.

petiva, o corporativismo era um agente poderoso para a hibridação institucional das ditaduras do Entre Guerras, ultrapassando largamente o lugar onde nasceu.

Uma vez que a representação era um elemento essencial dos sistemas políticos modernos, os regimes autoritários tenderam a criar instituições políticas nas quais a função do corporativismo foi dar legitimidade à representação «orgânica» e garantir a cooptação e o controle de secções da elite e dos interesses organizados. «Planear concessões exige um ambiente institucional: algum fórum cujo acesso possa ser controlado, onde as demandas possam ser reveladas sem parecerem atos de resistência, onde compromissos possam ser firmados sem escrutínio público indevido e onde os acordos resultantes possam ser abordados de forma legalista e divulgados como tal.»[36] A tendência das ditaduras do Entre Guerras para a criação de legislativos «orgânicos» não deve ser separada da criação dos partidos de regime – seja único ou dominante –, que forneceram a legitimação para a abolição do pluralismo político, forçando a coalizão autoritária a fundir-se num partido único ou dominante, sob um regime personalizado.

Outra meta implícita da adoção da representação corporativa, conforme observou Max Weber, era marginalizar largos sectores da sociedade.[37] Como observou Juan Linz, «o corporativismo incentiva a apolitização básica da população e transforma as questões em decisões técnicas, ou em problemas de administração».[38] Institucionalizadas no despertar das democratizações polarizadas, as ditaduras do Entre Guerras tendiam a escolher o corporativismo, tanto como um processo capaz de reprimir, quanto de cooptar o movimento trabalhista, os grupos de interesse e as elites, por meio dos legislativos «orgânicos».

O corporativismo tem, frequente e legitimamente, sido associado à cultura política católica do início do século XX, embora o fascismo também o tenha codificado como uma alternativa autoritária para a demo-

---

[36] Jennifer Gandhi e Adam Przeworski, «Authoritarian institutions and the survival of authocrats», *Comparative Political Studies*, vol. 40, n.º 11 (2007): 1282.

[37] Max Weber, *Economy and Society: An Outline of Interpretive Sociology* (Berkeley: University of California Press, 1968), 1-298.

[38] E «aquelas câmaras são apenas componentes nos seus regimes [...] nenhum legislativo num regime autoritário tem o poder formal ou de facto para questionar a autoridade máxima de um governante ou do grupo dominante». Ver Juan J. Linz, «Legislatures in organic-statist-authoritarian regimes: the case of Spain», in *Legislatures in Development: Dynamics of Change in New and Old States*, eds. Joel Smith e Lloyd D. Musolf (Durham: Duke University Press, 1979), 91-95.

A Vaga Corporativa

cracia liberal. Apesar de ele ter estado presente nas instituições de alguns regimes democráticos, apenas nas ditaduras foi feito um esforço sério para organizar regimes políticos de acordo com a ideologia corporativista.[39] O sucesso deste efeito de hibridação nas instituições políticas autoritárias durante a primeira metade do século XX é um bom exemplo de como a codificação das instituições corporativas se generalizou. Essas experiências não apenas ilustraram a adoção pragmática de instituições autoritárias na Europa do Entre Guerras, como elas também ilustram a sua utilização por ditadores, sem qualquer vínculo com o pano de fundo cultural do corporativismo católico ou fascista do Sul da Europa, o que sugere que elas foram, na verdade, resultado de um processo de difusão no período do Entre Guerras. Embora tenha havido algumas variações, a ideologia do interesse nacional único, típico da feição apolítica do pensamento militar e das elites conservadoras antidemocráticas, era muito compatível com o núcleo «orgânico estatista» da representação corporativista, e a «experiência prática bem-sucedida» de alguns regimes levou à sua rápida difusão.[40]

Como se observou atrás, a transferência institucional foi uma marca das ditaduras do Entre Guerras, mas as formas de difusão foram diferenciadas. No caso do corporativismo social a influência do fascismo italiano desempenhou um papel central. No seu totalitarismo aparente, o primeiro princípio da *Carta del Lavoro*, fascista italiana, foi replicado em várias ditaduras no período do Entre Guerras: «A nação italiana [...] é uma união moral, política e económica que é realizada globalmente no Estado fascista.» Os projetos de constituições autoritárias e as *Cartas del Lavoro*, ainda que em versões menos estatistas, geralmente começaram com o princípio «orgânico». O corporativismo social, como uma forma de integração forçada dos interesses organizados em estruturas para-estatais e de decapitação de movimentos sindicais autónomos, transcende largamente o período do Entre Guerras.[41] No entanto, o processo de engenharia política, através do qual essas ditaduras forneceram um canal para a cooptação de interesses organizados e seu discurso legitimador, tornou-se um modelo da década de 1930.

Apesar da primazia do corporativismo social, a constituição de uma representação política «orgânica» como uma alternativa para a democra-

---

[39] Juan J. Linz, *Totalitarian and Authoritarian Regimes...*, 214.
[40] Alfred, Stepan, *The State and Society...*, 34; Kurt Weyland, *The Diffusion of Regime Contention in European Democratization...*, 1167.
[41] James M. Malloy, ed., *Authoritarian and Corporatism in Latin America* (Pittsburgh: Pittsburgh University Press, 1977).

cia parlamentar também desempenhou papel central nos processos de hibridização do desenvolvimento institucional das ditaduras do Entre Guerras e nesse quadro não devemos subestimar as constituições autoritárias, uma vez que elas serviram para consolidar coligações autocráticas no poder. A incerteza é muito grande no início de um novo regime autoritário e as constituições representam «um mecanismo-chave através do qual outros agentes políticos, além do ditador, podem codificar os seus direitos e interesses».[42]

A diversidade dos órgãos legislativos concebidos pelas constituições autoritárias sugere o domínio de sistemas mistos de legislativos, com câmaras corporativas com partidos únicos ou dominantes. Poucos ditadores do Entre Guerras tiveram, no início, a concentração de poder que o general Franco tinha em 1939, e a maioria deles teve grande dificuldade com a institucionalização dos seus regimes e eles tiveram de acomodar os membros mais proeminentes das coalizões que os trouxeram ao poder, em novas instituições. A «interação institucionalizada entre o ditador e os seus aliados resulta em maior transparência entre eles e, em virtude da sua estrutura formal, as instituições fornecem um sinal publicamente observável do compromisso do ditador com a partilha de poder».[43] Entretanto, por mais atraente que o princípio da representação corporativista pode ter sido para os governantes autoritários, a criação de legislativos corporativistas foi muito mais difícil de implementar em várias ditaduras, mesmo quando eles faziam parte do programa dos ditadores.

A difusão do corporativismo político e social desafia assim algumas interpretações dicotómicas rígidas das ditaduras da chamada Era do Fascismo.[44] De facto, o corporativismo, juntamente com o partido único, são exemplos de importantes transferências institucionais entre as ditaduras deste período, e o sucesso e a expansão dos regimes «orgânicos estatistas» no mundo das ditaduras ilustram bem a importância dos processos de emulação e difusão. É a partir dessa perspectiva que à frente se analisam os processos de adoção de instituições corporativas sociais e políticas na Europa, no Brasil, e na América Latina na primeira metade do século XX.

---

[42] Michael Albertus e Victor Menaldo, «Dictators as Founding Fathers? The role of constitutions under autocracy. 2011, 5. Disponível em: <http://ssrn.com/abstract= 1794281>. Acesso em 18 out. 2013.
[43] Milan W. Svolik, *The Politics of Authoritarian Rule* (Nova Iorque: Cambridge University Press, 2012), 11.
[44] António Costa Pinto, ed., *Rethinking the Nature of Fascism* (Londres: Palgrave, 2011).

Parte I
As experiências europeias

Goffredo Adinolfi

Capítulo 2
O corporativismo na ditadura fascista italiana

Falar de corporativismo de matriz orgânica significa falar de um novo tipo de relação entre o Estado e os seus cidadãos e falar, assim, de como os Estados autoritários procuraram resolver o problema da representação. Este é, de facto, o ponto fundamental de parte das ditaduras nascidas na sequência da I Guerra Mundial, porque, deve recordar-se, muitas delas não se viam apenas como simples parêntesis destinados a resolver um problema contingente, como tinha acontecido com as ditaduras que até então se tinham sucedido, mas como uma concreta e radical alternativa ao modelo demoliberal, como já foi recordado por Giovanni Sartori.[1] Eram fundamentalmente duas as alternativas ao regime demo-liberal na sequência da I Guerra Mundial: por um lado, a soviética, baseada na superação do sistema capitalista, e por outro lado as ditaduras da chamada terceira via, alternativas tanto ao capitalismo selvagem de matriz demo--liberal, como ao coletivismo socialista.[2]

Alternativas credíveis requerem instituições de tipo novo que permitam aos novos regimes de «partido único»[3] funcionar. A questão da institucionalização não foi, portanto, secundária na construção destes novos regimes e, como tal, também do regime fascista.

A institucionalização e a criação de organismos específicos de governo, explica de forma muito eficaz Jennifer Gandhi,[4] devem ser consideradas como a consequência de um modo específico de entender a relação entre

---

[1] Cf. Giovanni Sartori, «Dittatura», in *Elementi di teoria politica* (Bolonha: Il Mulino, 1995), 57-94.
[2] Para um aprofundamento, ver Gianpasquale Santomassimo, *La terza via fascista, Il mito del corporativismo* (Roma: Carocci, 2006), 57-94.
[3] Oreste Ranelletti, *Gli stati europei a partito politico unico* (Milão: Panorama, 1936).
[4] Jennifer Gandhi, *Political Institutions under Dictatorship* (Cambridge: Cambridge University Press, 2008), XVII.

A Vaga Corporativa

cidadão/Estado e, no que concerne aos regimes autoritários, não devem ser vistas como meros ornamentos destituídos de qualquer utilidade. Isto ocorre sobretudo porque, ainda que possa parecer paradoxal, o tema da representação e do consenso, mesmo na ausência da legitimação eleitoral, permanecia um ponto central. Dito de outra forma, a relação entre o Estado e as massas está na base da construção de um Estado corporativo e orgânico no qual, no entanto, as mesmas massas deviam atuar no interior de uma rede construída e controlada diretamente pelo Estado. Substancialmente inverte-se a relação que vigorara durante o liberalismo na qual era a soberania popular, centrada no indivíduo, a base de toda a legitimidade. E, de facto, Sabino Cassese[5] sublinha como as doutrinas do corporativismo devem ser inscritas nas correntes definidas como «participativas» ou destinadas a colmatar, na teoria, a distância entre país legal e país real e entre sociedade e governo.

A literatura sobre o corporativismo é imensa, assim como muitas são as suas interpretações. Aqui, limitar-nos-emos a reconstruir o percurso de formação do sistema político fascista, procurando evidenciar as suas congruências ou incongruências com o modelo de Estado corporativo e orgânico[6] ou, para retomar uma definição de Virgilio Feroci, do Estado que se considera «como um verdadeiro organismo semelhante aos organismos físicos» e que se distingue do Estado liberal e contratualista no qual o Estado «é considerado como uma entidade voluntária e artificial formada pelo acordo dos homens singulares que o compõem».[7]

A crise da ordem liberal

A história dos regimes políticos é certamente uma história de persistências, mas o que interessa ressaltar são os fundamentos em que se baseia

---

[5] Cassese, *Lo Stato fascista* (Bolonha: Il Mulino, 2010).

[6] António Costa Pinto faz a distinção entre corporativismo social, que pode ser definido como um sistema de representação de interesses no qual as unidades constitutivas estão organizadas num limitado número de unidades singulares, obrigatórias, não competitivas e hierarquicamente ordenadas, unidades rigorosamente reconhecidas pelo Estado; e corporativismo político, entendido como um sistema político de representação baseado numa visão estatal e orgânica no qual as unidades orgânicas se substituem ao modelo individualista e eleitoralista de representação. António Costa Pinto, «Fascism, corporatism and the crafting of authoritarian institutions», in *Inter-War European Dictatorships*, António Costa Pinto e Aristotle Kallis, eds., *Rethinking Fascism and Dictatorship in Europe* (Londres: Palgrave, 2014), 89.

[7] «Come un vero e próprio organismo símile agli organismi fisici», «è considerato come un ente volontario e artificiale formato dall'accordo dei singoli uomini che lo compongono», Virgilio Feroci, *Istituzioni di diritto pubblico* (Milão: Ulrico Hoepli, 1939), 63.

a construção de um regime, e o fascista, como já referimos, afasta o eixo das teorias contratualistas, baseadas na adesão voluntária do indivíduo, para as orgânicas, nas quais o indivíduo é visto como simples átomo de um corpo que lhe é preexistente.

Dito isto deve ser também sublinhado que existia uma unanimidade de juízo no facto, que, na sequência da I Guerra Mundial, o regime liberal vivia uma fase de profunda transformação e de grande crise. Se, por um lado, havia consenso no facto de que o sistema institucional liberal não era mais capaz de responder às mudanças de uma sociedade que se tinha massificado substancialmente, as respostas e as soluções para a crise não eram unívocas. Eram quatro, em síntese, as correntes do constitucionalismo que propunham reformas no sentido oposto a uma maior democratização do sistema que a Itália estava a viver naquele período: os elitistas, entre os quais Mosca era seguramente o maior representante, os nacionalistas (Alfredo Rocco, Giacomo Acerbo e Giovanni Gentile), os fascistas, entre os quais Sergio Panunzio foi um dos maiores teóricos e, por fim, os liberais como Santi Romano, um dos expoentes máximos do constitucionalismo liberal italiano.

Na base da «crise do Estado moderno»,[8] escreve Santi Romano, está a multiplicação de associações – sindicatos e confederações patronais – verdadeiros centros de soberania fora do controlo do Estado e que em relação ao Estado se colocam em modo antagónico. A «decomposição do Estado moderno» evidencia a fraqueza da representação política, que não consegue refletir a sociedade no Estado.[9] É necessário, conclui Romano, salvaguardar pelo menos um princípio: o de uma organização superior que reconcilie e harmonize as mais pequenas, representando o interesse geral.

A estabilidade do Estado era uma coisa demasiado importante para ser submetido à influência das contradições sociais, sobretudo numa Itália que se tinha unido fisicamente, mas que era também um país profundamente dilacerado a nível social.[10] Neste sentido, mesmo o sufrágio universal era uma experiência errada, demasiado apressado, ou talvez,

---

[8] Santi Romano, «Lo Stato moderno e la sua crisi», in *Prolusioni e discorsi accademici* (Módena: Società Tipografica Modenese, 1931).
[9] Cf. Sabino Cassese, «La prolusione romaniana sulla crisi dello Stato moderno e il suo tempo», in *Consiglio di Stato; Associazione Italiana dei Costituzionalisti. Conclusioni alla Giornata di studio su «Lo Stato moderno e la sua crisi» a un secolo dalla prolusione pisana di Santi Romano* (Roma, 2011).
[10] Cf. Salvatore Bonfiglio, *Forme di governo e partiti politici* (Milão: Giuffrè Editore, 1993), 2.

visto como não compatível com as vicissitudes do reino dos Sabóia. A monarquia, num sistema de partidos pouco coesos, como nos recorda Gaetano Mosca,[11] podia ter um grande papel na escolha da elite governativa, mas tal espaço de manobra reduziu-se drasticamente com o nascimento dos partidos de massa, socialistas e populares, que se transformaram, também eles, em verdadeiras instituições para-constitucionais ou pré-constitucionais. Assim, uma ulterior lacuna da representação, tal como se fora configurando na sequência da introdução da lei eleitoral proporcional, encontrava-se na instabilidade dos executivos. O parlamentarismo era visto pelo pensador de Palermo como fonte principal da crise italiana. A forma de governo parlamentar, segundo Mosca, estava errada e determinava não uma crise no sistema, mas sim uma crise de sistema da qual só se poderia sair com profundas mudanças do próprio sistema.[12] Quais? A solução era, também neste caso, um regresso à carta da Constituição e portanto restituir ao rei a plena faculdade para determinar a vida dos executivos que deviam ser retirados do controlo da Câmara dos Deputados.[13]

Por fim, entre as correntes antidemocráticas, a de inspiração maurassiana e nacionalista será a que maior peso jogará na definição do sistema político do fascismo. Neste caso, encontramo-nos perante uma corrente de pensamento que sai completamente da ideia de *check and balances* de cunho liberal à qual é substituída e contraposta a ideia de colaboração entre os vários componentes do Estado.[14]

Assim, não mais Montesquieu, não mais tripartição dos poderes que se controlam um ao outro e controlando-se entre si garantem equilíbrio e democracia. Alfredo Rocco, um dos dirigentes máximos da Associazione Nazionalista Italiana (ANI), propõe uma autêntica contrarrevolução, pondo em discussão a própria ideia de soberania popular e de contrato social. Se, no pensamento liberal, o povo é a base da existência da nação, no pensamento de Rocco, o povo não pode existir sem que exista a nação.

---

[11] Cf. A. Gaetano Mosca, *Appunti di diritto costituzionale* (Milão: Società Editrice Libraria, 1921).
[12] A. Gaetano Mosca, *Teoria dei governi e governo parlamentare* (Turim: UTET, 1982), 43.
[13] *Ibid.*
[14] Enrico Corradini: a nação como «un consentimento di generazioni che seguono generazioni, per una missione da compiere attraverso i secoli la virtù nazionale è lo sforzo di volontà di cui è capace un popolo a creare la sua storia. La nazione è una moltitudine che ha per sé la forza delle moltitudini di generazioni È la legge della continuità della vita diventata fatto in tutta la sua estensione», *La virtù nazionale. Il Regno*, II, n.º 6, 1905.

O Estado não pode ser «seccionado» em partidos e o sindicato deve ser orgânico ao Estado e não contraposto a este. No centro da construção orgânica da sociedade, o indivíduo deve cessar de estar, como na tradição liberal, na base da construção social.[15] Tudo deve ser subordinado às necessidades de um Estado organizado de forma orgânica; o indivíduo, certamente, mas também a economia deve ser organizada em sentido nacional.[16] Isto significa que a livre concorrência[17] deve ter como limite o bem-estar da nação e, assim, é sempre de privilegiar a colaboração interna por parte das empresas. Para que exista colaboração e desenvolvimento económico, indivíduo e empresas devem ser controlados e regulamentados, também para evitar desequilíbrios bruscos dificilmente reabsorvíveis em pouco tempo.[18]

O conflito num Estado orgânico não deve existir, porque todas as energias do único corpo pensante, a nação, devem ser empregues para aumentar a sua capacidade de projeção no exterior.[19] Em síntese, é necessário passar do liberalismo ao corporativismo, dos sindicatos de classe aos sindicatos nacionais já não defensores dos interesses dos trabalhadores mas organizações necessárias para o controlo da produção.[20]

Os nacionalistas estavam bem conscientes do facto de que os sindicatos não podiam ser anulados *ipso facto*. O caminho a percorrer era o de constituir sindicatos industriais cuja principal função devia ser a de desenvolver a solidariedade entre os produtores e entre os produtores e os

---

[15] Alfredo Rocco, *Nazionalismo Economico*, «I principi fondamentali del nazionalismo economico», Relazioni del III congresso dell'Associazione Nazionalista Italiana (Bolonha: Neri, 1914).
[16] «Il primo e fondamentale atteggiamento dell'economia nazionale deve essere quello di violenta, assoluta, irreconciliabile opposizione all'economia individualistica, liberale e socialista. L'economia individualista si asside su tutti i principi antagonistici del movimento nazionalista: l'individualismo, il materialismo, l'internazionalismo», *ibid.*, 23.
[17] «La disciplina delle concorrenze conduce ad una produzione più tecnicamente perfetta perché conduce alla grande industria che ha a sua disposizione i mezzi di ricerca più perfezionati. In sostanza il sindacato industriale è un organismo [...] che porta seco tutti i benefici della concentrazione industriale e commerciale», *ibid.*, 42.
[18] «Operai addetti alle industrie tendono verso l'urbanesimo e, raccolti in città, rappresentano presto un elemento invecchiato dell'organismo sociale, che ha tutti i vizi degli elementi vecchi: egoismo individualistico, natalità bassa, alcoolismo, scarsa capacità di risparmio», *ibid.*, 63.
[19] «L'iniziativa privata debba essere limitata ed anche eliminata tutte le volte che essa non serve o serve imperfettamente all'interesse nazionale», *ibid.*, 64.
[20] «Noi affermiamo che si può creare un sindacalismo nazionale, come vi è un sindacalismo antinazionale. [...] Occorre che il nazionalismo si ponga risolutamente su questa via e crei il movimento corporativista come la forma più pura e più perfetta del sindacalismo nazionale», *ibid.*, 66.

trabalhadores. Se, no novo Estado corporativo, os sindicatos deviam ser regulados de forma rígida e controlados, os partidos, enquanto representantes de uma parte, deviam ser simplesmente abolidos, substituídos exatamente pelos sindicatos nacionais,[21] já não de cunho revolucionário e de classe.[22] No Parlamento, não se devem já sentar os representantes da soberania popular, mas devia ser composto pelas forças vivas da nação, produtores e representantes dos sindicatos. Era necessário, conclui Rocco, potenciar a Câmara dos Deputados e transformar o senado numa câmara corporativa.[23]

30 de outubro de 1922, do liberalismo à ditadura

Na sequência da marcha fascista sobre Roma de outubro de 1922, o rei Vittorio Emanuele III encarregou Mussolini de formar um novo governo. Apesar de a história do regime fascista ter começado com um governo de coligação, inscrevendo-se na tradição liberal, o carácter subversivo do fascismo foi desde logo evidente. A 15 de dezembro de 1922, Mussolini e algumas das suas hierarquias estabeleceram parte das linhas de ação que caracterizariam a estratégia do Partito Nazionale Fascista (PNF) no futuro imediato: instituição do Gran Consiglio del Fascismo (GC) e reforma em sentido maioritário da lei eleitoral.

O GC, órgão naquele momento ainda informal, reuniu-se pela primeira vez a 12 de janeiro de 1923 e, por estatuto, devia reunir-se todos os meses, no dia 12 às 12 horas. Entidade a meio caminho entre instituição estatal e aparelho de partido, o GC propôs-se como o motor da re-

---

[21] Para Corradini, «I sindacati avrebbero dovuto sostituirsi ai partiti politici: 'il terreno fermo, l'unità delle leggi di produzione alle quali né capitale né lavoro possono sottrarsi, se non a patto di distruggersi l'un altro' ritrovando 'quell'unità degli interessi particolari che comunemente si chiama interesse generale'», Enrico Corradini, *La marcia dei produttori* (Roma, 1916), 12.

[22] «Noi intendiamo che il sindacato possa costituire la base di una organizzazione anche politica il giorno in cui abbia perso il suo carattere antistatale e rivoluzionario. Il principio corporativo non deve intendersi in senso ristretto come sinonimo di sindacalismo operaio. L'organizzazione sindacale deve comprendere anche gli imprenditori, anche i capi, i tecnici dell'industria», Enrico Corradini, «Il nazionalismo e i problemi del lavoro e della scuola», in *Atti del secondo convegno nazionalista di Roma* (Roma, 1919), 97.

[23] Assim conclui Rocco: «E allora senza aver sparato un colpo di fucile avremo fatto una grande rivoluzione, perché avremo eliminato il potere oppressivo e demagogico della Camera dei Deputati», «Il nazionalismo e i problemi del lavoro e della scuola», in *Atti del secondo convegno nazionalista di Roma* (Roma, 1919), 37.

volução fascista. Dele faziam parte, entre outros: os ministros fascistas do governo, os membros da direção do partido, o diretor-geral de segurança pública, o estado-maior da milícia e o diretor do gabinete de imprensa da presidência do conselho. De facto, o GC apresentava-se como um órgão bastante ambíguo: por um lado, tinha nascido para melhor controlar as múltiplas e conflituosas tendências no interior do PNF, por outro lado, apresentava-se como o instrumento principal para a demolição do Estado liberal.

É também este o momento no qual os nacionalistas decidem fundir--se com o partido fascista. Várias foram as razões na base da decisão de formar um único grupo: por um lado, a necessidade de controlar os processos de recrutamento da nova elite [24] e, por outro, colocar uma barreira aos contínuos confrontos entre nacionalistas e fascistas, controláveis a nível central, mas caóticos ao nível periférico.[25]

Na realidade, a união não mudava muito a substância das coisas. Afinal, é o mesmo Rocco a reconstruir, num texto ao qual Mussolini apõe o seu prefácio, os pontos comuns do percurso formativo do pensamento fascista e nacionalista [26] e da posição semelhante acerca da sacralidade do Estado.[27] Duas partes do mesmo corpo na qual o nacionalismo é a cabeça pensante [28]

---

[24] Para uma análise mais detalhada sobre a questão do recrutamento das elites no período fascista, ver Goffredo Adinolfi, «Political elite and decision-making in Mussolini's Italy», in António Costa Pinto, org., *Ruling Elites and Decision-Making in Fascist-Era Dictatorships* (Nova Iorque: Columbia University Press, 2009), 19-54.

[25] Assim se pode ler nas páginas da *Idea Nazionale*: «Si tratta di ambizioni locali, di fenomeni amministrativi, di uomini esacerbati da rancori personali, di sotto-sfere che antepongono privati interessi e personali vendette alla direttiva di affiatamento affettuoso che regna in alto. È avvenuto, in realtà, che qualche organizzazione rossa abbia cercato una via di scampo col passaggio ai fasci e che qualche amministrazione democratica abbia fatto lo stesso passando al nazionalismo. È chiaro che queste conversioni improvvise alla sesta giornata sono la principale ragione che alimenta i superstiti rancori e le apparenti divergenze. L'attuale situazione politica stringe in un fatale amplesso la destra, lo sfaldamento dell'uno o dell'altro partito trarrebbe seco in rovina inevitabile il governo e la nazione», cf. *Idea Nazionale*, 18 de novembro de 1922.

[26] Alfredo Rocco, *Scritti e discorsi politici* (Milão: Giuffré Editore, 1938), 732.

[27] «A questo punto può dirsi veramente che ogni differenza tra nazionalismo e fascismo sia sparita. Il fascismo è nazionalismo, un nazionalismo di masse, un nazionalismo di azione, ma nazionalismo», *ibid.*, 732.

[28] Giovanni Gentile escreveu assim sobre a relação entre cidadão e Estado: «facendo coincidere lo stato con la nazione e di questa facendo un'entità già esistente aveva bisogno di una classe dirigente, a carattere soprattutto intellettuale, la quale sentisse questa entità, che doveva prima essere conosciuta, intesa, apprezzata, esaltata. Del resto, l'autorità dello Stato non era un prodotto, ma un presupposto. Non poteva dipendere dal popolo, anzi il popolo dipendeva dallo stato. Lo stato nazionalista era perciò uno stato aristocratico che aveva bisogno di costituirsi nella forza conferitagli dalla sua origine, per quindi

A Vaga Corporativa

e o fascismo o órgão capaz de dar uma estrutura de massa a um pensamento elitista.[29]

A reforma eleitoral elaborada no seio do GC foi central no primeiro período de governo de Mussolini. Uma comissão especial tinha apresentado duas moções. A primeira, de Michele Bianchi, previa um forte bónus para a maioria com 2/3 dos lugares da Câmara – o Senado continuava a não ser electivo – para o partido, ou coligação de partidos, que tivesse vencido as eleições, enquanto o terço restante deveria ser distribuído de forma proporcional. A segunda, apresentada por Roberto Farinacci, pretendia reintroduzir o colégio maioritário uninominal.

Prevaleceu a primeira hipótese que foi apresentada à Câmara pelo subsecretário da presidência Giacomo Acerbo, também ele, como Rocco, nacionalista. A Câmara, na qual se sentavam 35 deputados do PNF, aprovou a reforma a 21 de julho de 1923 com uma maioria de 223 votos contra 123 e o Senado com 165 votos favoráveis e 41 contra. Esta lei visava subtrair poder ao parlamento conforme este fora configurado com as eleições de 1919 e de 1921 e, na visão de Arrigo Solmi,[30] realizava o desejo dos que esperavam um retorno aos ditames do Statuto Albertino que, formalmente, colocava o executivo na órbita dos poderes da Monarquia. Embora não sendo uma reforma constitucional *tout court*, a nova lei eleitoral destabilizava os equilíbrios precedentes entre Governo, Parlamento e Monarquia, pondo desta vez a tónica no primeiro. Nas novas eleições convocadas para 6 de abril de 1924, o *Listone*, Lista Nazionale, ou seja, a lista de candidatos ao Parlamento no qual ao lado dos fascistas confluíram alguns liberais, obteve mais de 60% dos votos e, portanto, a grande maioria dos assentos na Câmara.

Os primeiros passos em direção ao Estado corporativo

O biénio de 1925-1926 marcou o final da colaboração do PNF com os outros partidos e a viragem para a criação de um regime mais decidi-

---

farsi valere sulla massa. Lo stato fascista è invece lo stato popolare; e in tal senso Stato democratico per eccellenza. Lo stato esiste in quanto e per quanto lo fa esistere il cittadino», Giovanni Gentile, *Origini e dottrina del Fascismo* (Roma, 1934), 48-49.

[29] «L'Associazione Nazionalista, forse per le sue origini riflesse ed intellettuali, sembrava dovesse operare più nel campo del pensiero e della propaganda che dell'azione politica. Al contrario, il Partito Nazionale Fascista, per le sue origini più popolari e più determinate dalle necessità della lotta quotidiana contro gli elementi antinazionali, sembrava dovesse rimanere più nel campo dell'azione», *ibid.*, 732.

[30] Arrigo Solmi, *La riforma costituzionale* (Milão: Alpes, 1924).

O corporativismo na ditadura fascista italiana

damente fascista e corporativo.[31] Rocco foi nomeado ministro da Justiça por Mussolini e desempenhou esse cargo durante o período de 5 de janeiro de 1925 a 20 de julho de 1932: os anos centrais da construção do novo regime.

A comissão dos 15 foi substituída pela comissão dos 18. Era necessário, após o discurso de 3 de janeiro de 1925, dar aplicação prática à nova orientação imposta pelo Presidente del Consiglio.[32] A comissão, composta por liberais, fascistas e nacionalistas, refletia as contradições do regime em construção. Se não existiam dúvidas em relação à necessidade de reforçar os poderes do executivo e na crítica ao sufrágio universal, e como tal, ao parlamentarismo, as divergências mais duras diziam respeito às instituições corporativas.

Um conflito que divide não só corporativistas e anticorporativistas – ou entre os que queriam uma mais rápida transformação no sentido corporativo, e aqueles que, pelo contrário, defendiam que seria necessário manter-se no campo da tradição liberal, ainda que corrigida num sentido fortemente autoritário –, mas também no interior dos próprios corporativistas as fracturas eram particularmente profundas. À orientação mais tradicionalista, a da escola maurassiana, contrapunha-se o Estado sindical de Sergio Panunzio.[33]

Em outubro de 1925, o GC decide prosseguir o processo de reforma do Estado liberal prescindindo dos trabalhos da comissão. A 24 de dezembro de 1925 é introduzida no ordenamento a figura do chefe de governo, primeiro-ministro e secretário de Estado, resolvendo assim a questão da forma de governo e conferindo à Itália uma espécie de governo constitucional. O chefe de governo era agora unicamente responsável perante o rei, enquanto o Parlamento perdia não apenas o importante papel de lhe controlar a atividade, mas também o poder de fixar a ordem do dia, faculdade exclusiva do chefe de governo. Alfredo Rocco, em 1927, era claramente entusiasta: a revolução tinha chegado e após um

---

[31] Assim se pode ler nas actas das reuniões do Gran Consiglio del Fascismo de outubro de 1925: «La sera dell'8 ottobre 1925-III alle ore 22, ha avuto luogo l'ultima seduta della Sessione del Gran Consiglio Nazionale Fascista. È continuata e si è conclusa la discussione sull'ordinamento corporativo dello Stato e sulla rappresentanza corporativa», Partito Nazionale Fascista. *Il Gran Consiglio del Fascismo nei primi quindici anni dell'era Fascista* (Bolonha: Il Resto del Carlino, 1938), 208.

[32] «Studiare i problemi oggi presenti nella coscienza nazionale e attinenti ai rapporti fondamentali tra lo Stato e tutte le forze che esso deve contenere e garantire», citado em Alberto Aquarone, *op. cit.*, 360-376.

[33] Francesco Perfetti, *La Camera dei fasci e delle coporazioni* (Roma: Bonacci Editore, 1991), 63-64.

A Vaga Corporativa

século de liberalismo tinha-se finalmente submetido o indivíduo à nação.[34]

Para a definição das atribuições do chefe de governo contribui a lei 100 de 31 de janeiro de 1926, a qual instituía a possibilidade de o governo emanar normas jurídicas. Esta lei, se por um lado pretendia ampliar o poder do governo, por outro, tinha como objetivo limitar o problema dos decretos-leis, usados abundantemente – e autonomamente – por ministros e burocracia.[35] De facto, a Mussolini escapava o controlo completo sobre os atos dos seus ministros e esta norma introduzia um complexo mecanismo pelo qual cada proposta, para ser aceite, devia ser primeiramente votada pelo Conselho de Ministros. Rocco sublinhava como o governo adquirira, graças a esta norma, a faculdade de emanar leis em sentido formal assumindo sobre si poderes próprios do parlamento e, portanto, corroendo profundamente as bases do Estado de direito.[36]

O Parlamento, exonerado de quase todas as suas principais funções, mantinha-se formalmente o órgão fundamental de formação das leis. Iam nessa mesma direção os comentários de Santi Romano, segundo o qual a lei 100 não renegava necessariamente o princípio da divisão de poderes, mas moderava-o, procurando não mutilar a unidade orgânica do Estado.[37] Aparentemente, a idolatria do Estado expressa por Romano parecia contrastar com a sua teoria do pluralismo dos ordenamentos jurídicos. Todavia, como evidencia Norberto Bobbio, se tal teoria por um lado podia ser interpretada no sentido de uma progressiva libertação dos indivíduos e dos grupos da opressão do Estado, por outro lado manifestava o temor de uma sua possível desagregação.

Além disso, com a reforma de abril de 1926, é atribuído aos sindicatos reconhecimento jurídico e, portanto, faculdade para estipular acordos colectivos válidos *erga omnes* para a inteira categoria de representação dos mesmos sindicatos. Assim explica Santi Romano no seu *Corso di diritto pubblico* o funcionamento da estrutura sindical: «para cada categoria dessas pessoas pode ser legalmente reconhecido, na circunscrição, apenas

---

[34] Alfredo Rocco, *La Trasformazione dello stato, dallo stato liberale allo stato fascista* (Roma: Anonima Editrice la Voce, 1927).
[35] Alberto Aquarone, *L'organizzazione dello Stato totalitario* (Turim: Einaudi, 1995).
[36] Cf. Prefácio de Alfredo Rocco, in Carlo Saltelli, *Potere esecutivo e norme giuridiche* (Roma: Tipografia delle Mantellate, 1926).
[37] Santi Romano, *Il consiglio di Stato, studi in occasione del centenario* (Roma: Istituto Poligrafico dello Stato, 1932), 21-23.

O corporativismo na ditadura fascista italiana

um sindicato. [...] Essas associações podem depois reunir-se em federações e as federações em confederações».[38]

Em julho de 1926 é, além disso, instituído tanto o Ministero delle Corporazioni – com competências no exercício das funções representativas reservadas às associações profissionais legalmente reconhecidas – como o Consiglio nazionale delle Corporazioni, primeiramente com funções consultivas, depois parcialmente legislativas.[39] O Consiglio Nazionale delle Corporazioni tem, segundo Virgilio Feroci, poderes muito extensos e funções de relevo tais, que deve ser considerado no âmbito sindical/corporativo comparável ao que detém o GC[40] no âmbito político. O Consiglio Nazionale delle Corporazioni é presidido pelo chefe do governo e é composto por cerca de uma centena de membros, entre os quais o ministro para as Corporações, Interior, Justiça, Finanças, Obras Públicas e Agricultura, o secretário do PNF, os presidentes das corporações nacionais e os representantes designados das confederações sindicais dos empregadores e dos trabalhadores pelas secções correspondentes.[41]

O Estado corporativo que Rocco construía passo a passo era um Estado que, contrariamente à tradição liberal, não tinha «cedido em nada nem ao indivíduo nem às espontâneas associações de interesses»[42] mas efectivamente mostrava a plena afirmação do princípio de autoridade do Estado para a melhor defesa de si mesmo.[43] Com o reconhecimento jurídico, os sindicatos não só se tornam organismos de direito público, mas a inteira vida sindical é subordinada aos princípios e à finalidade do Estado fascista[44] e o monopólio da representação é adquirido de forma exclusiva pelos sindicatos fascistas. Como sublinha Irene Stolzi, este era um elemento fundamental no processo de reestruturação das relações de equilíbrio entre Estado e cidadão num sentido decididamente totalitário, não apenas baseado na centralização do poder e da repressão mas tam-

---

[38] «Per ciascuna categoria di tali persone può essere legalmente riconosciuto, nella circoscrizione, soltanto un sindacato. [...] Tali associazioni possono poi riunirsi in federazioni e le federazioni», *in* Romano Santi, *Corso di Diritto Costituzionale* confederazioni». (Pádua: CEDAM, 1933), 216.
[39] Virgilio Feroci, *Istituzioni di diritto pubblico* (Milão: Ulrico Hoepli), 1939.
[40] Cf. *ibid.*, 460-461.
[41] *Ibid.*, 465.
[42] Antonio Navarra, «L'ordinamento corporativo nel diritto pubblico», in *Il diritto del lavoro*, II, 1928, 192. Citado por Irene Stolzi em *L'ordine corporativo, Poteri organizzati e organizzazione del potere nella riflessione giuridica dell'Italia fascista* (Milão: Giuffré Editore, 2007), 50.
[43] *Ibid.*, 51.
[44] Alessio Gagliardi, *Il corporativismo fascista* (Bari: Laterza, Kindle edition, 2010), 2105.

A Vaga Corporativa

bém na organização vertical e hierárquica das próprias massas,[45] um Estado que assim substituía a representação e a participação a partir de baixo pela corporativa e orgânica a partir de cima. Uma estrutura que, no decurso dos anos, chegará a reunir 12 milhões de inscritos e 230 mil dirigentes.[46]

Para completar o quadro da nova legislação, foi emanado o Decreto Régio de 6 de novembro de 1926 com o qual é dada faculdade aos prefeitos de dissolver todas as associações contrárias ao ordenamento nacional e que, ao mesmo tempo, introduzia o internamento para delitos de carácter político. Essencialmente, o único partido autorizado a sobreviver foi o PNF, que enquanto único deixava de ser «parte» e foi introduzido o delito de reconstituição de associações e organizações dissolvidas por ordem da autoridade pública.[47]

Os fundamentos do Estado corporativo (1928-1939)

Concluídas as etapas descritas de reorganização das instituições, a que se abre no biénio de 1928-1929 era, pelo contrário, a fase de introdução do «partido único» no interior do Estado através da reforma do GC e a atribuição do estatuto de ministro ao secretário do PNF, sistematizando juridicamente, como releva Nicola Macedonio,[48] uma situação de facto.

Consequência implícita da ideia de Estado orgânico e corporativo, ou de não conceber a existência de corpos fora do Estado, o GC e o PNF deixaram de ser órgãos de direito privado e tornaram-se, para todos os efeitos, órgãos de relevância constitucional. Ao GC, órgão supremo da revolução fascista, competia exprimir-se sobre tudo aquilo que dizia respeito à vida do partido único e, portanto, sobre tudo aquilo que envolvia a vida do Estado, sendo o partido único a principal fonte de elites políticas e, ainda para mais, dada a coincidência entre o cargo de chefe do governo e de presidente do GC.

Assim, depois da abolição dos partidos e da institucionalização dos sindicatos nacionais, a etapa seguinte no processo de corporativização

---

[45] Irene Stolzi, *L'ordine corporativo, Poteri organizzati e organizzazione del potere nella riflessione giuridica dell'Italia fascista* (Milão: Giuffré Editore, 2007), 40.
[46] Cassese, *cit.*
[47] Cf. Alberto Aquarone, *L'organizzazione dello Stato totalitario* (Turim: Einaudi, 1995), 100-103.
[48] Cf. Nicola Macedonio, *Il Gran Consiglio del Fascismo, organo della costituzione* (Roma: Angelo Signorelli, 1937).

do Estado foi a radical mudança dos critérios de formação da Câmara dos Deputados. A reforma eleitoral tinha já, de facto, abalado profundamente a representatividade da Câmara, mas, com a reforma de 17 de maio de 1928, é introduzido um regime de tipo plebiscitário.

Na realidade, como já acontecera em 1925, o regime não tem a coragem de levar adiante até ao fundo a reforma da representação corporativa. Os contrastes são bastante profundos, desde os projetos mais radicais de Giuseppe Bottai, segundo o qual as instituições da Câmara e do Senado são ilógicas e privadas de sentido num Estado corporativo,[49] e as mais moderadas, segundo as quais o parlamento, e mais especificamente a câmara alta, o Senado, deviam ser transformados com base nos novos princípios de representação sectorial e não individual. Em novembro de 1927, o GC discute um projeto de reforma que deveria ter fechado definitivamente a questão do Estado corporativo e uma vez mais o resultado é fruto de uma mediação entre corporativistas e anticorporativistas.[50] O regime continua substancialmente híbrido, com princípios liberais e outros corporativos.

Com a passagem à fase plebiscitária, a faculdade de propor candidatos à Câmara dos Deputados pertence em primeiro lugar às confederações nacionais dos sindicatos legalmente reconhecidos em número duplo ao dos deputados a eleger (800). Outros 200 nomes deviam ser propostos por instituições de caridade legalmente reconhecidas ou por associações existentes que tivessem importância nacional. Era tarefa do GC escolher as 400 figuras que deveriam fazer parte da lista a submeter a plebiscito à qual podia, além disso, adicionar candidatos de sua feição, escolhidos entre figuras de «clara fama».[51]

Por uma espécie de circularidade, o projetado era um ulterior passo em frente no processo de corporativização do país que levará, em 1939, à formação da Camera dei Fasci e delle Corporazioni. Isto devia-se a várias razões: em primeiro lugar porque quem devia escolher o GC era já parte integrante, como vimos, das forças vivas do país; em segundo lugar porque, na compilação da lista, os membros do GC deviam ter em consideração o parecer dos vários sindicatos e de outras entidades corporativas; por último porque o direito de voto era acordado aos homens que demonstravam pagar um contributo sindical.

---

[49] Francesco Perfetti, *cit.*, 86-87
[50] Para uma discussão mais aprofundada sobre aqueles a que Renzo De Felice chama «gli anticoporativisti», ver Renzo De Felice, *Mussolini il fascista*, vol. 2, *L'organizzazione dello Stato fascista 1925-1929* (Turim: Einaudi, 2005), 323-324.
[51] Cf. Santi Romano, *Corso di diritto costituzionale* (Milão: CEDAM, 1933), 209.

A Vaga Corporativa

A consulta plebiscitária que seguiu a reforma, a 24 de março de 1929, representou simultaneamente um início e um fim. O início oficial do novo regime corporativo e o fim do processo de liquidação do Estado liberal, assim como também sublinhou Antonio Giolitti: «esta lei, que confiando a escolha dos deputados ao Gran Consiglio fascista exclui da câmara qualquer oposição de carácter político, marca o afastamento decisivo do regime fascista do regime regido pelo estatuto e um momento inicial no sentido de uma fascistização do Estado».[52]

Os novos equilíbrios constituíam efetivamente o paradoxo pelo qual parte da estrutura do Estado liberal ainda se mantinha de pé, com a não pequena exceção de que apenas o partido único podia participar na vida do Estado. A Câmara dos Deputados continuava, na visão de Romano, a ser o elemento de unificação entre o Estado e a nação, ou seja, entre o Estado e o povo. A grande mudança decorrida com as novas reformas constitucionais residia no facto de que à soberania popular se substituiria a soberania do Estado. O povo, no novo sistema, não era já chamado a expressar a sua própria vontade, a não ser para dar o seu assentimento à lista única proposta pelo GC e, afinal, a vontade do povo devia coincidir com a vontade do Estado.[53]

Outra grande reforma foi elaborada com a lei de 9 de dezembro de 1928 e depois atualizada a 14 de dezembro de 1929, com a qual o GC deixava de ser órgão do partido, para se tornar um órgão constitucional. Faziam parte do GC, entre outros, o chefe do governo, os presidentes das duas Câmaras, os principais ministros do governo (deve notar-se que, como definido precedentemente, a qualificação de fascista não era já *conditio sine qua non* para fazer parte do GC), o secretário do PNF, o presidente do Tribunale Speciale per la Sicurezza dello Stato e os presidentes das confederações nacionais dos sindicatos fascistas. A função era reconhecida mediante um decreto real sob proposta do chefe do governo.

As funções atribuídas ao GC iam em duas direções principais. Antes de tudo, o novo órgão devia desempenhar um papel de carácter consultivo em relação ao governo em matéria de orientação económica e política e em matéria de revisão do Statuto Albertino. Em segundo lugar, o GC devia: ter uma lista atualizada de possíveis sucessores ao posto de chefe do governo, redigir a lista dos deputados e, por fim, organizar tudo o que dizia respeito à vida do partido.

---

[52] Ver Salvatore Bonfiglio, *Forme di governo e partiti politici*, 68.
[53] *Ibid.*, 210-212.

A mesma lei de 14 de dezembro inovava profundamente até pelo tocante à vida do PNF, cujo estatuto era aprovado mediante decreto real sob proposta do chefe do governo e do Conselho de Ministros, um procedimento similar ao que era previsto para a nomeação do secretário. Essencialmente, o PNF tornava-se num órgão subordinado ao Estado em tudo e para tudo, cuja finalidade era, através das suas organizações, a de aproximar o Estado das massas.[54]

A constitucionalização do GC foi uma etapa fundamental no processo de fascistização do Estado e da construção de um regime sob o qual os jurisconsultos tiveram muito para discutir e muitas dificuldades em encontrar uma síntese, sempre divididos entre as três correntes até aqui delineadas: continuadores, fascistas e nacionalistas. Panunzio, por exemplo, irritou-se com a subvalorização que o seu colega Romano fez do poder ordinário do PNF que, em seu entender, deveria ter ocupado os primeiros capítulos dos manuais de direito constitucional, sendo ele próprio um «Estado em potência», ou um «Estado em miniatura».[55] Na visão de Panunzio, o apogeu desta construção era o GC, que reunia num único órgão a hierarquis do Estado e a do partido, sem todavia as fundir numa única categoria.

Rocco, por fim, sublinhava que dos seis anos de governo de Mussolini tinha saído uma nova configuração da sociedade e um novo tipo de Estado, neste sentido contradizendo a posição de Romano que tinha tendência a sublinhar mais a continuidade.[56]

Tem certamente razão Aquarone quando diz que o partido e o GC eram colocados sob observação do chefe do governo, cujo objetivo era o de consolidar as próprias posições no interior do regime e liquidar duas instituições possivelmente incómodas,[57] mas também é verdade que num regime no qual todos os partidos foram abolidos à exceção de um, a ideologia deste transforma-se no construtor ideológico exclusivo no qual o partido perde necessariamente a sua razão de ser.

A Camera dei Fasci e delle Corporazioni

Como vimos, o caminho que conduz à instituição do Estado corporativo é longo, conflituoso e extremamente tortuoso. Quase vinte anos

---

[54] Santi Romano, *Corso di diritto costituzionale*, cit., 123-128.
[55] «Il Partito crea lo Stato, e lo Stato, creato dal Partito, si asside, a sua volta, nel Partito», Sergio Panunzio, «Il Partito», in *Revoluzione e costituzione* (Milão: Trevers, 1933).
[56] Alfredo Rocco, *Scritti e discorsi politici*, «Ordinamento e attribuzioni del Gran Consiglio del Fascismo», discurso pronunciado perante o Senado a 6 novembro de 1928.
[57] Cf. Alberto Aquarone, *cit.*, 230-235.

A Vaga Corporativa

depois da tomada de poder por Mussolini, Virgilio Feroci comenta eufemisticamente como o caminho de corporativização do Estado italiano não fora «fácil»[58] mas tinha sido levado para diante com «cautelosa prudência».[59] As corporações verdadeiras são, de facto, constituídas somente em fevereiro de 1934, isto, é quase 10 anos depois da instituição dos sindicatos nacionais.[60] As corporações são, contrariamente aos sindicatos, órgãos de Estado, destituídos de personalidade jurídica, dependentes directamente do Ministero delle Corporazioni. São compostas pelo chefe do governo ou pelo ministro das Corporações e por membros escolhidos dentro das associações coligadas. Têm funções consultivas concernentes aos seus ramos de atividade de conciliação das convenções coletivas de trabalho e funções normativas.

Em 1936 é constituída uma ulterior comissão, a Solmi, e uma vez mais as divisões são, aparentemente, insolúveis. A opor-se à corporativização do Estado não se encontram apenas os defensores da versão antiparlamentar do Estado liberal como Santi Romano, mas também no campo dos corporativistas as contradições e as contraposições são de difícil solução. Ugo Spirito, por um lado, defende a ideia de que a ligação entre indivíduo e Estado devia ser caracterizada por uma identidade indissociável e, portanto, a corporação devia ser única sem que trabalhadores e patrões fossem sub-repticiamente separados.[61] Contrariamente a Spirito, Panunzio parte do pressuposto oposto, ou seja, que entre o indivíduo e o Estado exista sim uma separação mas que esta poderia ser colmatada no interior de um parlamento já não baseado no sufrágio universal, mas de tipo corporativo e, portanto, por inerência.[62]

Após dois anos de discussões, a comissão Solmi conclui os seus trabalhos e em outubro de 1938 o GC ratifica sancionando de facto o nascimento da Camera dei Fasci e delle Corporazioni e a manutenção do Senado de nomeação régia, herança do passado liberal.

A 7 de outubro de 1938, o GC aprovou o esquema de esboço de lei sobre a instituição da Camera dei Fasci e delle Corporazioni que, no-

---

[58] Virgilio Feroci, *cit.*, 454.
[59] *Ibid.*
[60] «Esse sono organi che riuniscono e collegano le organizzazioni sindacali dei vari fattori della produzione; non rappresentano né un superamento né l'abolizione dei sindacati, ma « una sintesi rappresentativa delle categorie inquadrate nelle associazioni, la forza coordinatrice di tutte le attività ad un fine superiore»; sono degli organi per mezzo dei quali « rientra nello Stato anche il mondo fin qui estraneo e disordinato della economia», *ibid*.
[61] Francesco Perfetti, *cit.*, 126.
[62] Sergio Panunzio, «La corporazione parlamentare», *Critica Fascista*, 1 de setembro de 1933.

meadamente, sancionava a união entre partido e corporação, que seria depois de forma definitiva aprovado pelo Parlamento em janeiro de 1939.[63] A inauguração ocorre a 23 de março de 1939 na presença de 682 conselheiros nacionais entre os quais 18 membros do GC, 139 do Consiglio Nazionale del PNF e 525 provenientes do Consiglio Nazionale delle Corporazioni.[64]

Uma característica fundamental da nova Câmara era que os seus membros se tornavam automaticamente como tais pelo facto de pertencerem a outros órgãos do regime, entre os quais os mais importantes eram: conselho nacional do partido, secretarias federais e conselho nacional das corporações. Implícito na carta da reforma estava também o fim do conceito de legislatura, visto que a Câmara existia em permanência: cada um dos seus membros deixava de ser «conselheiro nacional» de acordo com a perda da sua posição num órgão do regime.

Com a assunção do poder legislativo de modo praticamente exclusivo por parte do próprio executivo, Mussolini tentava demolir aquela que se pode definir como uma das bases da constituição do Estado moderno, a separação dos poderes. Com a reforma de 19 de janeiro de 1939, o governo passava a deter o poder legislativo exclusivo e, com a conclusão da XXIX Legislatura, é introduzida a nova Câmara que, juntamente com o senado, tinha poderes meramente consultivos.

Com a instituição da nova Câmara, o princípio da organização tinha, na opinião de Sergio Panunzio, substituído definitivamente e de forma irreversível o da representação. Isto através de um bicameralismo permanente no qual a um ramo da assembleia, a Camera dei Fasci e delle Corporazioni, correspondiam deveres económicos e ao outro, o Senado, deveres políticos.[65] Uma vez que não tinha sido modificado o artigo 3 do Statuto Albertino, deixando inalterado o princípio de origem liberal que atribuía o poder legislativo às Câmaras, Panunzio sublinhou como o processo de formação das leis se devia deduzir não da norma mas da tradição, em virtude da qual o poder supremo de legislação era uma incumbência do governo.[66] Uma posição não de todo incorreta se se pensar

---

[63] Oreste Ranelletti, *Istituzioni di diritto pubblico* (Pádua: CEDAM, 1940), 275.
[64] Francesco Perfetti, *cit.*, 210.
[65] Sergio Panunzio, *La Camera dei fasci e delle corporazioni* (Roma: Arti Grafiche Trinacria, 1939), 11.
[66] «Non ci si può intendere nemmeno sui caratteri e i limiti della funzione legislativa secondo il nuovo sistema, se non si parte dal presupposto costituzionale che l'indirizzo politico o la funzione di governo sono superiori e prima della funzione legislativa, e che gli organi di governo: il Capo di governo; il gran consiglio; il comitato corporativo centrale, sono superiori gerarchicamente agli organi legislativi», *ibid.*, 13-15.

A Vaga Corporativa

que, afinal, desde 1926 que as Câmaras não tinham qualquer tipo de autonomia, ou seja, desde o momento em que a ordem do dia começou a ser estabelecida pelo governo.

Mortati, por sua parte, era mais prudente, confirmava que à teoria da separação de poderes, ainda atual, não se devia dar um sentido absoluto ou conflituoso, mas que era necessário mitigá-la com o princípio da harmonização dos poderes introduzido pelo fascismo.[67] Também Ranelletti mantém fixo o conceito do Estado de direito próprio do Estado constitucional moderno; o que mudava era o conceito de representação. Todas as relações entre indivíduo e Estado – explica – eram reguladas pelas normas jurídicas e o Estado fascista efectuava, por seu turno, a separação clássica dos poderes executivo, legislativo e judicial.[68]

Conclusão

No início do capítulo, definiu-se o corporativismo orgânico como a tipologia de regime na qual a relação entre indivíduo e Estado deixa de basear-se numa relação voluntarista, princípio instituído pelas teorias contratualistas de matriz liberal, para uma relação na qual o indivíduo é parte de um único corpo físico. Neste sentido, a ideia corporativa não era nada mais do que monopólio fascista e, recorda-nos Matteo Pasetti, frente às grandes convulsões da massificação da sociedade, caracterizava-se como opinião comum.[69]

A questão que colocámos era, então, se efetivamente o regime fascista tinha conseguido derrubar esta relação típica da doutrina democrática e liberal, se o tinha feito com coerência e convicção ou se, pelo contrário,

---

[67] «Elemento caratteristico della concezione fascista consiste nella conciliazione, che essa tende ad attuare fra l'esigenza del mantenimento di questa sfera di autonomia e quella della subordinazione della medesima all'interesse generale, conciliazione, che si cerca di raggiungere non attraverso una regolazione del comportamento, che sopprima l'autonomia stessa, ma prevalentemente con la formazione, specie attraverso l'opera del partito, e con l'ausilio di sanzioni indirette, di regole del costume, rivolte a disciplinare lo spontaneo esercizio dei diritti subbiettivi, nelle varie esplicazioni in cui queste possono presentarsi», Costantino Mortati, «Esecutivo e legislativo nell'attuale fase del diritto costituzionale italiano», *Annali della Regia Università di Macerata*, vol. 14, 1940, 45-47.
[68] Oreste Ranelletti, *Istituzioni di diritto pubblico* (Pádua: CEDAM, 1940).
[69] «Benché tutte queste ipotesi, oltre a presentare quozienti diversi diconciliabilità, fossero destinate al fallimento di fronte all'esasperazione della conflittualità sociale e all'incipiente crisi dello Stato liberale, lo sviluppo del discorso corporativo fascista – maturato ben prima del crollo economico mondiale del 1929 – appare insomma profondamente radicato nello *spirito del tempo*», Matteo Pasetti, «Alle origini del corporativismo fascista: sulla circolazione di idee corporative nel primo dopoguerra», in *Progetti corporativi tra le due guerre mondiali* (Roma: Carocci, 2006), 16.

o percurso tinha sido determinado exclusivamente por urgências ditadas pela contingência.

O problema da representação era uma questão muito debatida na Itália liberal, que vivia um período de profunda crise de identidade e de legitimidade, sobretudo por quanto respeita à formação de novos corpos, os partidos de massa e os sindicatos, que disputavam soberania ao próprio Estado.

Precisamente a crise do Estado favorece duas reações que terão grande importância na construção do regime: a liberal próxima de Santi Romano e a nacionalista de Rocco. A construção do regime corporativo seguiu de facto um percurso que, embora lento, seguiu etapas.

Iniciou-se com a adoção de um partido único, e portanto do monopólio da ideologia, e por outro lado de um único sindicato que, além disso, devia também ele inspirar-se nas doutrinas de um PNF unificado desde 1923 com o nacionalismo de Rocco. A etapa seguinte foi a de abolir a representação eleitoral para a transformar em representação corporativa e orgânica. Desde 1928, a Câmara, que ainda se definia como sendo dos deputados, passa a ser formada predominantemente numa base sindical. Eram os sindicatos nacionais, de facto, que tinham a obrigação de propor ao GC a lista dos candidatos, na qual, todavia, o GC tinha uma ampla margem discricionária na escolha. Por fim, uma lista única era submetida ao escrutínio eleitoral para ser aprovada ou rejeitada num colégio único.

Entre 1926 e 1936 constituem-se o Consiglio Nazionale delle Corporazioni, o Ministero delle Corporazioni, as corporações em 1934 e, em 1939, é lançada a lei sobre a instituição da Camera dei Fasci e delle Corporazioni. Mussolini, ao inaugurar a nova Câmara, fala de representação direta, de proximidade elite/cidadão e de renovação constante da classe política.[70] É certo que é um paradoxo falar de representação num con-

---

[70] «Il sistema adottato varrà a garantire al popolo una rappresentanza diretta, attraverso gli uomini che sono con esso in più immediato contatto e che si trovano, quindi in grado di conoscerne più sicuramente i bisogni e le aspirazioni e di operare per indicarne e provvederne la soddisfazione. Finalmente il sistema adottato per tale rappresentanza, che si determina attraverso la funzione, consente un permanente processo di rinnovazione dell'organo legislativo, mediante la rotazione dei singoli chiamati alle cariche del partito o delle corporazioni e quindi impedisce la burocratizzazione della Camera e la monopolizzazione demagogica delle funzioni. Così la crisi della rappresentanza politica trova un naturale rimedio nella stessa costituzione degli organi politici nazionali, soluzione che garantisce la vitalità dell'istituzione attraverso le funzioni essenziali della vita politica ed economica della nazione», cf. Relazione presentata dal duce alla Camera e al Senato sull'istituzione della Camera dei Fasci e delle Corporazioni, *L'Economia Italiana*, jan./fev. 1939, *in* Francesco Perfetti, *cit.*, 197.

A Vaga Corporativa

texto de um regime autoritário, mas tal era a conceção que dela se tinha. O regime corporativo e orgânico concebia-se, sem querer renunciar à ideia de representação, como meio eficaz para colmatar a distância que por sua vez o regime liberal não tinha conseguido colmatar entre representantes e representados ou entre Estado e sociedade.

O ponto central do regime fascista e da sua dicotomia com o liberalismo que o precede reside na totalidade que se pretende instaurar na relação entre Estado e indivíduo. O corporativismo fascista não é dissociável do conceito de Estado orgânico e do de Estado ético ou de um Estado no qual a representação não é mais a partir de baixo, na qual os seus organismos colaboram e não colidem nem se controlam uns aos outros como na ordem liberal e no qual todos os corpos são impregnados por uma única ideologia. Neste sentido pode-se dizer que a descontinuidade do fascismo na história italiana é clara.

A nova estrutura corporativa nunca se consolidará por completo e é assim impossível compreender hoje qual teria podido ser o epílogo se o regime não tivesse caído. Todavia «o Estado corporativo de Rocco era o Estado que tinha sabido esconjurar o perigo – amplamente sentido, como se mostra pela insistência dos desmentidos – de um novo jusnaturalismo, de uma renegociação das condições de existência do poder a partir das reivindicações do social organizado».[71] E, de facto, a construção do regime corporativo não deve aparecer como «a história de uma irremediável e profundíssima distância entre projetos e realizações, de um inequívoco falhanço, mas a concreta e plena atuação de uma das suas possíveis versões. Pelo menos no que se refere à interpretação de corporativismo de Rocco é, de facto, possível falar de coerência entre intenções declaradas, intenções normativamente formalizadas e resultados conseguidos».[72]

---

[71] Irene Stolzi, *cit.*, p. 49.
[72] Alessio Gagliardi, *cit.* (Kindle edition), 3843.

Gerhard Botz

Capítulo 3
«Estado corporativo» e ditadura autoritária reforçada: a Áustria de Dollfuss e Schuschnigg (1933-1938)

Após a I Guerra Mundial, o colapso de quatro grandes impérios e as transformações e revoluções nacionais e sociais na Europa conduziram à construção ou remodelação de diversos estados e regimes que se propunham dar resposta (o que cumpriram em parte) às já antigas exigências étnicas e/ou políticas das suas populações e elites.[1] Um grupo de pelo menos doze pequenos ou médios estados da Europa Central, Meridional e Oriental constituía uma ampla área geopolítica de agitação e violência apenas temporariamente estabilizada pelos tratados de paz assinados após a guerra. A leste emergiu a União Soviética, no centro uma Alemanha derrotada mas não verdadeiramente enfraquecida, porém ferida e profundamente humilhada, e no Sul uma Itália que deplorava a sua «vitória perdida». Era, pois, o ambiente ideal para o eclodir de todo o tipo de acesos conflitos sociais e étnicos, levantamentos políticos, tendências revisionistas, movimentos fascistas, autoritarismos e ditaduras. As potências ocidentais vitoriosas e seus aliados aderiram à democracia, mas não puderam ou não souberam contrabalançar diretamente os perigos que as afetariam vinte anos mais tarde.[2]

---

[1] O autor está grato a Lucile Dreidemy (Toulouse), António Costa Pinto (Lisboa), Heinrich Berger, Kurt Bauer, Walter Kissling e Otmar Binder (Viena) e ao Instituto Ludwig Boltzmann de Ciências Sociais e Históricas (LBIHS), Viena, pelo seu apoio intelectual, financeiro e material, respectivamente.
[2] R. Gerwarth e J. Horne, eds., *War in Peace: Paramilitary Violence in Europe after the Great War* (Oxford: Oxford University Press, 2012); J. Dülffer e G. Krumeich, eds., *Der verlorene Frieden: Politik und Kriegskultur nach 1918* (Essen: Klartext, 2002).

A Vaga Corporativa

No centro deste caldeirão encontrava-se a Áustria, o antigo coração do império desintegrado dos Habsburgos, com os seus seis milhões e meio de habitantes, na sua maioria de língua alemã. Em novembro de 1918, este novo Estado foi proclamado uma república democrática e tentou adotar o nome de Áustria Alemã, já que a maioria da população e dos seus líderes políticos almejava unir-se ao país vizinho do Norte. Os principais defensores políticos desta unificação eram um grupo de partidos de classe média que em 1920 se coligaram para formar o Partido Popular da Grande Alemanha (GDVP – Großdeutsche Volkspartei) e a Liga dos Camponeses, um pequeno grupo de interesse pró-alemão. O liberalismo era frágil e depressa desapareceu enquanto partido autónomo. Os mais fervorosos nacionalistas pró-alemães eram os nacional-socialistas do NSDAP (Nationalsozialistische Deutsche Arbeiterpartei), um pequeno partido dissidente de raízes genuinamente austríacas que, no contexto de crise da década de 1930, evoluiria para um partido de massas. Uma vez que os nacional-socialistas se sentiam alemães, se bem que ligeiramente diferentes dos alemães do Reich Alemão e da República de Weimar, isto resultou numa identificação dividida com o frágil e oportunista patriotismo austríaco. Os austríacos pró-alemães ansiavam pela *Anschluss* (unificação com a Alemanha) que lhes era negada pelos tratados de paz de Paris e que fora proibida em diversas outras ocasiões. Na Áustria do período de entre as guerras, esta questão constituía uma duradoura divisão política que acabaria por conduzir ao fim da I República, em março de 1938.

Outra clivagem profunda resultava do contraste social e político entre as zonas alpinas rurais tradicionais do Oeste e do Sul e as regiões orientais industrializadas e Viena, onde se concentrava um quarto da população do país e onde persistiam as características sociais e económicas da antiga metrópole da Áustria-Hungria multinacional. Aqui, e por todo o país, as consequências da dissolução do império continuariam a fazer-se sentir ao longo de duas décadas.[3]

Durante a (em grande medida) pacífica Revolução Austríaca de 1918--1920, a classe trabalhadora mobilizou-se em torno de um forte Partido Social-Democrata (SDAPÖ – Sozialdemokratische Arbeiterpartei Deutsch-

---

[3] Sobre este tema e os seguintes, ver E. Hanisch, *Der lange Schatten des Staates: Österreichische Gesellschaftsgeschichte im 20. Jahrhundert* (Viena: Ueberreuter, 1994); G. Botz, «The short- and long-term effects of the authoritarian regime and of Nazism in Austria: The burden of a 'second dictatorship'», in *Totalitarian and Authoritarian Regimes in Europe. Legacies and Lessons from the Twentieth Century*, eds. J. W. Borejsza e K. Ziemer (Nova Iorque e Oxford: Berghahn Books, 2006), 188-208.

-Österreichs). Os austro-marxistas adoptaram um programa radical de esquerda, mas defendiam políticas reformistas e tornaram-se os paladinos do Estado republicano e de profundas reformas sociais. Distanciando-se das tendências soviéticas que emanavam da Hungria revolucionária, não permitiram o avanço dos comunistas após 1919. Com o declínio da onda revolucionária à escala europeia e o seu afastamento do governo austríaco, o SDAPÖ dispôs-se a pôr em prática os seus ideais sociais e culturais na chamada «Viena Vermelha». Em consequência disto, e da sua retórica radical, o SDAPÖ causou ansiedade entre os partidos da burguesia e os católicos, o que alimentou um antimarxismo crescente, que constituía o principal foco do poderoso Partido Social-Cristão (CSP – Christilchsoziale) liderado pelo político e padre católico Ignaz Seipel. Apoiados sobretudo pelo campesinato, a classe média urbana e uma parte dos trabalhadores católicos, o CSP e as organizações eclesiásticas permaneciam fiéis às crenças e aos estilos de vida tradicionais, ao mesmo tempo que defendiam veementemente a ideia de um Estado austríaco independente. Muitos simpatizavam com a velha aristocracia e o último monarca habsburgo, enquanto os seus seguidores nas regiões ocidentais favoreciam uma espécie de democracia camponesa. Durante a década de 1920, o CSP aliou-se ao GDVP e à Liga dos Camponeses numa coligação antimarxista que haveria de dominar a política austríaca.

Durante a I República, os principais partidos políticos – SDAPÖ, CSP e os nacionalistas alemães – reuniram à sua volta sindicatos, redes sociais e associações culturais, tornando-se hostis aos grupos políticos que mantinham organizações paramilitares. Esta hostilidade resultava da sua desconfiança relativamente à posição antidemocrática dos seus adversários e à capacidade do frágil aparelho estatal para garantir os procedimentos democráticos. Os partidos de centro e direita e o campesinato conservador criaram a *Heimwehr* (Guarda Nacional), que se tornou o núcleo do fascismo austríaco, enquanto o SDAPÖ estabelecia as suas quasi-militares unidades de defesa. Com o agudizar das dificuldades económicas, as falências de bancos e empresas e o desemprego maciço, os conflitos políticos intensificaram-se e os atos de violência redundaram numa guerra civil de início latente e por fim aberta,[4] que abriu caminho ao fascismo e a duas ditaduras: o regime de Dollfuss-Schuschnigg de 1933-1938 e o regime nazi de 1938-1945.

---

[4] G. Botz, *Gewalt in der Politik: Attentate, Zusammenstöße, Putschversuche, Unruhen in Österreich 1918-1938*, 2.ª ed. (Munique: Fink, 1983); D. Bloxham, e R. Gerwarth, eds., *Political Violence in Twentieth-Century Europe* (Cambridge: Cambridge University Press, 2011).

A Vaga Corporativa

O presente capítulo aborda o governo ditatorial de Engelbert Dollfuss e Kurt Schuschnigg – o autointitulado «Estado Corporativo Cristão» (Christlicher Ständestaat). Não obstante a existência de numerosos estudos e publicações abrangentes e detalhados, a natureza do regime de Dollfuss-Schuschnigg continua a ser alvo de discussão entre os estudiosos e os seguidores das principais *Weltanschauungen* (ideologias) na Áustria.[5] Não se trata de uma mera questão de palavras: são também os conceitos e as simpatias ou antipatias políticas que determinam o uso das expressões *berufsständisch* (corporativista) ou austro-fascista. Esta última – à semelhança de clérigo-fascista – foi comummente utilizada por autores sociais-democratas e esquerdistas pré-1938 e pós-1945, e por vezes é ainda utilizada hoje em dia,[6] ao passo que os historiadores conservadores, entre outros, preferem os termos *ständisch* ou *Ständestaat*.[7] Até mesmo diversos estudiosos não austríacos têm utilizado terminologia controversa nas suas tantas vezes esclarecedoras análises do regime em causa.[8] No entanto, muitos dos autores menos tendenciosos e importantes editores de fontes têm usado os nomes dos dois governantes para designarem o seu regime ou para o classificarem como autoritário.[9]

---

[5] Ainda «clássicos»: F. L. Carsten, *Fascist Movements in Austria: From Schönerer to Hitler* (Londres: Sage, 1977); W. Wiltschegg, *Die Heimwehr: Eine unwiderstehliche Volksbewegung?*. (Viena: Geschichte und Politik, 1985); B. F. Pauley, *Der Weg in den Nationalsozialismus: Ursprünge und Entwicklung in Österreich* (Viena: Österreichischer Bundesverlag, 1988); «Varieties of fascism in Austria», ed. G. Botz, in *Who Were the Fascists? Social Roots of European Fascism*, eds. S. U. Larsen, B. Hagtvet e J. P. Myklebust (Bergen: Universitetsforlaget, 1980), 92-256; F. Wenninger e L. Dreidemy, eds., *Das Dollfuss-Schuschnigg-Regime 1933--1938: Vermessung eines Forschungsfeldes* (Viena: Böhlau, 2013); I. Reiter-Zatloukal, C. Rothländer e P. Schölnberger, eds., *Österreich 1933-1938: Interdisziplinäre Annäherungen an das Dollfuß-Schuschnigg-Regime* (Viena: Böhlau, 2012); G. Bischof, A. Pelinka e A. Lassner, eds., *The Dollfuss-Schuschnigg Era in Austria: A Reassessment* (New Brunswick, NJ: Transaction, 2003).

[6] Um estudo abrangente: E. Tálos, *Das austrofaschistische Herrschaftssystem: Österreich 1933-1938* (Viena: Lit, 2013). Uma antologia de diversos ensaios clássicos: E. Tálos e W. Neugebauer, eds., *Austrofaschismus: Politik, Ökonomie, Kultur 1933-1938*, 5.ª ed. (Viena: Lit, 2005). Um estudo equilibrado: T. Kirk, «Ideology and politics in the state that nobody wanted: Austro-Marxism, Austrofascism, and the First Austrian Republic», *Contemporary Austrian Studies*, vol. 20 (2011): 81-98.

[7] G. Jagschitz, «Der Österreichische Ständestaat 1934-1938», *in* E. Weinzierl e K. Skalnik, eds., *Österreich 1918-1938: Geschichte der Ersten Republik*, vol. 1 (Graz: Styria, 1983), 497-515; H. Wohnout, *Regierungsdiktatur* (Viena: Böhlau, 1993; U. Kluge, *Der Österreichische Ständestaat 1934-1938* (Munique: Geschichte u. Politik, 1984).

[8] J. Thorpe, «Austrofascism: Revisiting the 'authoritarian state' 40 years on». *Journal of Contemporary History*, vol. 45, n.º 2 (2010): 315-343.

[9] G. Enderle-Burcel, ed., *Protokolle des Ministerrates der Ersten Republik, 1918-1938*. secções 8-9 (Viena: Verlag Österreich, 1982-2013); A. Suppan, ed., *Österreich: Außenpolitische Dokumente der Republik Österreich 1918-1938*, vol. 6-10 (Viena: Verlag Österreich Akademie

«Estado corporativo» e ditadura autoritária reforçada: a Áustria de Dollfuss e Schuschnigg

Ao invés de desenvolverem uma perspetiva individualizadora, alguns estudos comparativos recentes situam o regime austríaco na categoria das ditaduras e movimentos de extrema-direita que marcaram a Europa de entre as guerras.[10] Acontece que estes foram fenómenos transnacionais que copiaram e amalgamaram diferentes elementos e modos de governação não democrática, desde democracias presidencialistas e ditaduras militares ou monárquicas, passando por todo o tipo de governos autoritários, até regimes fascistas e totalitários propriamente ditos.[11] António Costa Pinto e Aristotle Kallis enfatizaram o carácter híbrido e em contínua mutação da práxis ditatorial do regime.[12] Assim, em linha com o meu anterior conceito de heterogeneidade fluida do regime de Dollfuss-Schuschnigg,[13] o propósito do presente capítulo é destrinçar os diferentes elementos e modos de governação não democrática da ditadura austríaca, e, particularmente, definir em que medida tal regime foi fascista, corporativista e/ou autoritário e até que ponto as suas práticas foram conformes com as suas teorias e promessas corporativistas.

Wissenschaften, 2006-2014); W. Goldinger, ed., *Christlichsoziale Partei: Protokolle des Klubvorstandes der Christlichsozialen Partei: 1932-1934* (Viena: Geschichte Politik, 1977); W. Maderthaner e M. Maier, eds., *«Der Führer bin ich selbst»: Engelbert Dollfuß – Benito Mussolini, Briefwechsle* (Viena: Löcker, 2004); R. Kriechbaumer, ed., *Österreich! Und Front Heil!* (Viena: Böhlau, 2005); ver também: K. Schuschnigg, *Im Kampf gegen Hitler: Die Überwindung der Anschlußidee*. Viena: Molden, 1969; K. Schuschnigg, *The Brutal Takeover: The Austrian Ex-Chancellor's Account of the Anschluss of Austria by Hitler* (Londres: Weidenfeld and Nicolson, 1971); os estudos de R. J. Rath sobre «O ministério de Dollfuss», in *Austrian History Yearbook*, vol. 29 (1998), 161-184; vol. 30 (1999), 65-101; vol. 32 (2001), 125-147; E. Holtmann, *Zwischen Unterdrückung und Befriedung: Sozialistische Arbeiterbewegung und autoritäres Regime in Österreich 1933-38* (Viena: Geschichte und Politik, 1978); P. Pasteur, *Les états autoritaires* (Paris: Armand Colin, 2007).

[10] S. G. Payne, *A History of Fascism, 1914-1945* (Londres: UCL, 1995); R. O. Paxton, *The Anatomy of Fascism* (Londres: Allen Lane, 2004); M. Mann, *Fascists* (Cambridge: Cambridge University Press, 2004).

[11] A. Bauerkämper, «Transnational fascism: Cross-border relations between regimes and movements in Europe, 1922-1939», in *East Central Europe*, vol. 37, n.os 2-3 (2010), 214-246; M. Durham e M. Power, eds., *New Perspectives on the Transnational Right* (Nova Iorque: Palgrave Macmillan, 2010); J. J. Linz, «Totalitarian and authoritarian regimes», in *Handbook of Political Science*, vol. 3: *Macropolitical Theory*, eds. F. I. Greenstein e N. W. Polsby (Reading, MA: Addison-Wesley, 1975), 175-411.

[12] A. C. Pinto, e A. Kallis, eds., *Rethinking the Nature of Fascism: Comparative Perspectives* (Londres: Palgrave, 2011), 1-9 e 272-282; R. Griffin, *The Nature of Fascism* (Londres: Routledge), 1993.

[13] Para o meu modelo de quatro fases, ver G. Botz, *Gewalt in der Politik*, 234-246; G. Botz, «The coming of the Dollfuss-Schuschnigg regime and the stages of its development», in *Rethinking Fascism and Dictatorship in Europe*, eds. A. C. Pinto e A. Kallis (Londres: Palgrave, 2014), 121-153.

A Vaga Corporativa

Rumo à ditadura autoritária

Em maio de 1932, com apenas 40 anos, Engelbert Dollfuss subiu ao poder com a intenção de resolver a crise política e económica emergente, se necessário de modo extrademocrático.[14] À semelhança dos extremistas de direita e fascistas de diversas sociedades do pós-guerra, Dollfuss possuía a célebre «experiência da frente». Durante a década de 1920 conquistara reconhecimento enquanto tecnocrata do sector agrícola, fazendo pressão em prol dos interesses do campesinato.[15] O seu governo baseava-se no CSP, à época o segundo maior partido no Parlamento *(Nationalrat)*, em aliança com a Liga Camponesa e um grupo de representantes da *Heimwehr* fascista. Este governo de coligação era instável e muitas vezes contava apenas com uma maioria de um único voto. Dollfuss e o seu principal adversário, o SDAPÖ, o maior partido no Parlamento desde 1930, recusavam coligar-se: a distância tática e ideológica que os separava era demasiado ampla.

O NSDAP alcançou algum sucesso antes da Grande Depressão, e tinha dois anos de atraso em relação ao seu congénere alemão. Em 1930 obteve apenas 111 mil votos (3%) a nível nacional, mas nas eleições regionais de três *Länder* (regiões ou estados federais), em abril de 1932, alcançou 16% dos votos. Este significativo avanço nazi foi em grande medida conseguido às custas dos partidos burgueses governantes, e em menor medida do SDAPÖ. A situação do governo complicou-se ainda mais no inverno de 1933, com a convicção geral de que as eleições parlamentares seguintes confirmariam o avanço do NSDAP. Hitler acabara de obter os seus sucessos eleitorais na Alemanha, fornecendo um verdadeiro estímulo aos nazis austríacos.[16]

A 4 de março de 1933, Dollfuss aproveitou uma medida processual do Parlamento e um erro tático do SDAPÖ para declarar o encerramento do Parlamento, o que lhe permitia governar por decreto de emergência. A decisão agradou à *Heimwehr* e a Mussolini na Itália, bem como a diversos membros do CSP.

---

[14] F. Schausberger, *Letzte Chance für die Demokratie: Die Bildung der Regierung Dollfuß I im Mai 1932* (Viena: Böhlau, 1993).

[15] J. W. Miller, *Engelbert Dollfuss als Agrarfachmann* (Viena: Böhlau, 1989), 72-115.

[16] G. Botz, «Changing patterns of social support for Austrian National Socialism (1918--1945)», in *Who Were the Fascists*, eds. S. U. Larsen, B. Hagtvet e J. P. Myklebust, 202--224; D. Hänisch, *Die Österreichischen NSDAP-Wähler: Eine Empirische Analyse ihrer Politischen Herkunft und ihres Sozialprofils* (Viena: Böhlau, 1998), 72-76.

«Estado corporativo» e ditadura autoritária reforçada: a Áustria de Dollfuss e Schuschnigg

O ministro da Justiça de Dollfuss, Kurt von Schuschnigg, à semelhança de outros políticos de direita nacionais e estrangeiros, tinha já defendido a suspensão do *Nationalrat* (com a sua forte oposição maioritariamente social-democrata), bem como a governação sem parlamento em determinadas circunstâncias.[17] Nisto fora influenciado pelo exemplo dos governos presidenciais de Heinrich Brüning na Alemanha. Em outubro de 1932, a Lei de Estímulo à Economia de Guerra (KWEG – Kriegswirtschaftliches Ermächtigungsgesetz) de 1917 foi utilizada para testar a governação extra-parlamentar no célebre caso da punição dos diretores do Credit-Anstalt, acusados de serem responsáveis pelo colapso deste banco em 1931. Os membros das elites políticas tradicionais da Áustria,[18] e não apenas aqueles que pertenciam ao CSP, conheciam bem o princípio da governação sem parlamento dos Habsburgos, baseado na alínea 14 da constituição austríaca de 1867. A governação por legislação de emergência e decretos policiais tinha sido comum durante a I Guerra Mundial, o que preparou o terreno para as atitudes autoritárias da década de 1930.[19]

Assim, a KWEG tornou-se o instrumento legal, ou quase, para abolir direitos constitucionais e garantias de ação política e de liberdade de imprensa, bem como para estrangular os social-democratas. Embora Dollfuss, no receio de um avanço nazi, desejasse evitar eleições gerais, o seu principal objetivo continuava a ser o de eliminar a oposição do SDAPÖ às políticas de austeridade defendidas pelos conservadores, os industriais e os políticos de direita austríacos, bem como pelos supervisores da Sociedade das Nações, com vista à reconstrução financeira (e a uma reorientação política).

Com este silencioso «golpe de Estado por etapas»,[20] Dollfuss bloqueou o *Nationalrat* e neutralizou o tribunal constitucional que se preparava para declarar ilegais tais medidas. As tentativas do SDAPÖ para travar Dollfuss através de medidas constitucionais e legais revelar-se-iam infru-

---

[17] Uma vez que a república austríaca tinha proibido os títulos nobiliárquicos, Schuschnigg só pôde usar o «von» depois de 1934. Ver E. Tálos, e W. Manoschek, «Zum Konstituierungsprozeß des Austrofaschismus», in *Austrofaschismus,* eds. E. Tálos e W. Neugebauer, 13-14.

[18] G. Stimmer, *Eliten in Österreich: 1848-1970,* vol. 1 (Viena: Böhlau, 1997), 442-454; vol. 2, 668-732.

[19] E. Wiederin, «Christliche Bundesstaatlichkeit aufständischer Grundlage», in *Österreich 1933–1938: Interdisziplinäre Annäherungen an das Dollfuß-/Schuschnigg-Regime,* eds. I. Reiter-Zatloukal, C. Rothländer e P. Schölnberger (Viena: Böhlau, 2012), 31-41.

[20] P. Huemer, *Sektionschef Robert Hecht und die Zerstörung der Demokratie in Österreich* (Munique: Oldenbourg, 1975), 157 e segs.

A Vaga Corporativa

tíferas. A ameaça de convocação de uma greve geral poderia ter restaurado o equilíbrio em circunstâncias normais, mas foi embotada pelo desemprego maciço. Contudo, o SDAPÖ, que tinha alertado para o perigo de uma ditadura burguesa no seu programa partidário de 1926, hesitou em recorrer a medidas de violência defensiva através da sua Liga de Defesa Republicana *(Republikanischer Schutzbund)*. Esta organização paramilitar acabou por ser proibida, enquanto os sindicatos eram cada vez mais empurrados para segundo plano e a representação dos social-democratas nos governos regionais e locais enfraquecia. O pequeno partido comunista austríaco fora igualmente ilegalizado.

A partir da década de 1920, os nazis austríacos orquestraram uma série de atentados mortíferos contra social-democratas, judeus e membros da *Heimwehr* e de organizações católicas conservadoras.[21] Apoiados pela Alemanha, tornaram-se os mais perigosos adversários da Áustria de Dollfuss. Este implementou uma série de contramedidas policiais e diplomáticas, o que levou Hitler a impor a sanção da «taxa de mil marcos» *(Tausend-Mark-Sperre)* contra o turismo e a indústria da Áustria em maio de 1933. No mês seguinte, nos seus esforços de combate ao nacional-socialismo, o governo austríaco ilegalizou o NSDAP, a SS, a SA e a ala estíria pró-nazi radical da *Heimwehr*.

O governo de coligação de Dollfuss era instável e propenso à partilha do poder. A Liga Camponesa, cada vez mais desconfortável com o curso autoritário e antialemão que Dollfuss seguia, abandonou a coligação em 1933, enquanto a *Heimwehr*, que constituía o seu principal aliado e rival, ganhava influência. A liderança da *Heimwehr*, composta sobretudo por intelectuais e aristocratas de província (que empregavam trabalhadores rurais e pequenos agricultores), fornecia ao regime um elemento socialmente novo e mais jovem. Dollfuss entregou a diversos líderes da *Heimwehr* cargos importantes no governo, na polícia e no aparelho de segurança do Estado. Emil Fey tornou-se o principal homem forte da *Heimwehr*. Outra figura em ascensão era o inconstante Rüdiger von Starhemberg, descendente da velha aristocracia austríaca.

Havia muito que a *Heimwehr* adoptara a teoria do verdadeiro Estado proposta por Othmar Spann e o seu círculo de Viena. As ideias de Spann aliavam uma imagem idealizada da Idade Média ao romantismo político oitocentista de Adam Müller, autor célebre que se tornara uma fonte de inspiração para conceitos católicos de ordem e sociedade corporativos.

---

[21] G. Botz, *Gewalt in der Politik...*, 215-218.

«Estado corporativo» e ditadura autoritária reforçada: a Áustria de Dollfuss e Schuschnigg

Estabelecendo uma ponte intelectual com os conservadores católicos austríacos, Spann inspirou gerações de estudantes de todas as tendências antimarxistas, incluindo diversos pioneiros do nacional-socialismo, os alemães dos Sudetas de Konran Henlein e os propagandistas alemães da revolução conservadora.[22] (Mesmo depois de 1945 e da morte de Spann, as suas ideias continuaram a exercer uma problemática influência sobre as universidades austríacas e os políticos de centro-direita.)

Othmar Spann afirmou que o Estado corporativo *(Ständestaat)* era a materialização da sua conceção universalista de sociedade, e procurou sistematizar as estruturas corporativistas de Mussolini numa variante que se adequasse à realidade austríaca;[23] porém, não reconheceu a Constituição corporativa de 1934 como fruto das suas ideias, e raramente concordou em pleno com as posições contemporâneas de direita diretamente influenciadas pelas suas teorias (crê-se que Dollfuss tenha assistido às suas preleções na Universidade de Viena).

Ao assumir o poder, Dollfuss foi saudado pelo doente terminal Ignaz Seipel, o padre-chanceler que tinha dirigido a viragem antidemocrática dos cristãos sociais desde 1927, quando, no seguimento de um levantamento operário em Viena e do incêndio do Palácio da Justiça,[24] começara a explorar sistematicamente os receios antimarxistas. No seu percurso antidemocrático, Dollfuss contou também com a boa vontade da hierarquia católica e das muitas organizações católicas laicas, como a *Azione Cattolica* e as associações de estudantes católicos (CV – *Cartellverband*), tradicionalmente avessas à democracia.[25] A concordata assinada com a Santa Sé em 5 de junho de 1933 concedia à Igreja Católica da Áustria amplos privilégios, sobretudo nas áreas da educação e da família, e tornar-se-ia um elemento integrante do vindouro *Ständestaat* cristão.

A pedra angular da teoria católica de corporativismo social era a encíclica *Quadragesimo Anno* de Pio XI, de maio de 1931. As suas formulações faziam eco das de Mussolini, embora estivessem mais próximas das con-

---

[22] E. von Salomon, *Der Fragebogen* (Estugarda: Europäischer Buchklub, 1951), 295-320; R. Urbach, «Romatische Theorie und politische Praxis in Österreich zwischen Restauration und Ständestaat», in *Ungleichzeitigkeiten der Europäischen Romantik*, ed. A. von Bormann (Würzburg: Königshausen, 2006), 365-394.

[23] O. Spann, *Der wahre Staat: Vorlesungen über Abbruch und Neubau der Gesellschaft*, 2.ª ed. (Leipzig: Quelle & Meyer, 1923), 215; R. Eatwell, *Fascism: A History* (Londres: Penguin, 1997,) 74-80.

[24] K. von Klemperer, *Christian Statesman in a Time of Crisis* (Princeton, NJ: Princeton University Press, 1972).

[25] E. Hanisch, *Die Ideologie des politischen Katholizismus in Österreich, 1918-1938* (Viena: Geyer, 1977).

A Vaga Corporativa

ceções católicas de corporativismo. O corporativismo político adotado por Mussolini na Itália e promovido na Áustria por Spann e pela *Heimwehr* era abertamente ditatorial. Pio XI estava sobretudo preocupado em promover uma ordem social católica corporativa e sem classes, capaz de harmonizar os interesses do capital e dos trabalhadores, dos patrões e dos assalariados. Estas ideias tinham sido originariamente formuladas pelo social-catolicismo do século XIX e na encíclica *Rerum Novarum* de Leão XIII, em 1891. As encíclicas papais apelavam a uma resolução da questão social mediante o princípio da subsidiariedade e a superação das divisões de classes.[26] Acreditava-se que a implementação deste modelo seria possível sem recurso à força, o que era altamente problemático dadas as circunstâncias. Assim, muitos teólogos e políticos católicos coibiam-se de apoiar abertamente as ditaduras que se afirmavam corporativos (cristãs). A encíclica de 1931 foi particularmente influente entre os católicos de toda a Europa, mas sobretudo os da Áustria, do Sul da Alemanha, da Polónia e do Sudoeste europeu.

Na prática, contudo, o corporativismo social católico fundiu-se com o corporativismo político, abrindo caminho à sua implementação forçada. Aspetos de ambas as versões de corporativismo estão presentes no discurso que Dollfuss proferiu na Trabrennplatz de Viena a 11 de setembro de 1933, véspera do 250.º aniversário da libertação do cerco turco.[27] Dollfuss apontou a ordem *berufsständisch* como a sua linha de orientação fundamental, caracterizando-a com uma série de atributos que passariam a marcar a linguagem oficial do seu regime: «Queremos uma Áustria germânica, cristã, social com uma ordem corporativa baseada em grupos profissionais e sob uma liderança forte e autoritária.» E, antes de apelar a uma nova cruzada contra o liberalismo, a democracia, o capitalismo e o marxismo, Dollfuss exaltou a história grandiosa, a cultura cristã e a liderança autoritária austríacas, enfatizando o estilo de vida tradicional que ele e muitos dos seus contemporâneos tinham conhecido durante os seus anos de formação: «Na casa da quinta, onde, ao serão, o agricultor e os seus criados comem a sopa à mesma mesa e da mesma tigela após o trabalho partilhado, existe uma união corporativa, um pensamento cor-

---

[26] K. Ebner, «Politische Katholizismen in Österreich 1933-1938: Aspekte und Desiderate der Forschungslage», in *Das Dollfuss-Schuschnigg-Regime*, eds. F. Wenninger e L. Dreidemy, 174.

[27] G. Botz, «Dollfuß' Trabrennplatzrede, 'harmonische Bauernfamilie' und die Fiktion des 'Ständestaats'», in *Das Vorgefundene und das Mögliche: Beiträge zur Gesellschafts- und Sozialpolitik zwischen Moral und Ökonomie. Festschrift für Josef Weidenholzer*, eds. H. Seckauer, H. C. Stelzer-Orthofer e B. Kepplinger (Viena: Mandelbaum, 2015).

porativista. Ademais, tal relação é reforçada quando todos se ajoelham depois do trabalho para rezarem o rosário.»[28]

Dollfuss estava certamente ciente das dificuldades de construir o seu *Ständestaat* sobre um modelo idealizado da família camponesa pré-moderna: uma tão retrógrada utopia só em parte seria compatível com a plena realização do corporativismo. Consequentemente, a sua implementação teria de ser dividida em etapas preparatórias e impulsionada por um autoritarismo inequívoco.[29]

Ao longo dos meses seguintes, Dollfuss lançou mãos à principal tarefa: a eliminação do seu principal inimigo, ou seja, o socialismo. Em vez de se voltar para as potências democráticas ocidentais, Dollfuss procurou em Mussolini um aliado que garantisse a independência da Áustria relativamente à Alemanha nazi. A *Heimwehr*, de tendência pró-italiana, aumentou a pressão sobre Dollfuss com vista à abolição do que restava da constituição democrática de 1920-1929 e ao esmagamento das derradeiras bases de poder do SDAPÖ. Em desespero de causa, a organização paramilitar socialista insurgiu-se. Uma série de escaramuças nas ruas e o bombardeamento de bairros operários vienenses e de zonas industriais de todo o país puseram fim à revolta desesperada dos trabalhadores. Os confrontos de 12-15 de fevereiro de 1936 saldaram-se em 126 mortos do lado das forças governamentais e em quase o dobro desse número do lado dos insurrectos e da população civil. Seguiu-se a ilegalização do SDAPÖ e o encarceramento de milhares de socialistas em Wöllersdorf e outros campos de detenção recém-construídos.[30] Estes incidentes marcaram o fim da democracia na Áustria e o fortalecimento da ditadura de Dollfuss.

A base política do regime: a Frente Patriótica

As forças militares e policiais, assistidas pela *Heimwehr*, tinham desempenhado um papel decisivo no esmagamento da revolta de fevereiro.

---

[28] In M. Weber, *Dollfuß an Österreich: Eines Mannes Wort und Ziel* (Viena: Reimhold, 1935), 19-45. (A gravação de partes do discurso de Dollfuss está disponível no *site* www.oesterreich-am-wort.at/treffer/atom/ 015C5D1D-222-002CE-00000D00-015B7F64/ [2015-0501].)

[29] Ver O. Neustädter-Stürmer, *Die berufständische Gesetzgebung in Österreich* (Viena: Österreichischer Bundesverlag, 1936), 6-7.

[30] W. R. Garscha, «Opferzahlen als Tabu: Totengedenken und Propaganda nach Februaraufstand und Juliputsch 1934», in Reiter-Zatloukal *et al.*, *Österreich* 111-128; W. Neugebauer, «Repressionsapparat und -maßnahmen 1933-1938», in *Austrofaschismus*, eds. E. Tálos e W. Neugebauer, 314; G. Jagschitz, «Die Anhaltelager in Österreich», in *Vom Justizpalast zum Heldenplatz*, eds. L. Jedlicka e R. Neck (Viena: Österreich Staatsdruckerei, 1975), 128-151.

A Vaga Corporativa

Assim, a *Heimwehr* foi devidamente recompensada com cargos governamentais de maior influência. Ao longo dos meses que se seguiram verificou-se uma notável mudança no equilíbrio interno do regime e na distribuição do poder entre Dollfuss, Schuschnigg, Fey e Starhemberg. Emil Fey, o aclamado vencedor de fevereiro, seria em breve substituído por Starhemberg, que lhe sucedeu como vice-chanceler. Odo Neustädter-Stürmer, o ideólogo da *Heimwehr*, foi igualmente recompensado com um cargo governamental. Não obstante, em meados de 1934, as rivalidades no interior da *Heimwehr* deram a Dollfuss a oportunidade de pôr fim a quaisquer novos avanços por parte dos fascistas radicais da Guarda Nacional.

Em maio de 1934, Dollfuss assinou os Protocolos de Roma com Mussolini e o líder húngaro Miklós Horthy. Esta aliança visava fortalecer a ditadura austríaca e encorajar a sua estreita cooperação com a Itália e a Hungria de modo a manter os britânicos e os franceses afastados da bacia do Danúbio. Visava também proteger a Áustria da crescente influência dos nazis, tanto nacionais como alemães.[31] A propaganda nazi da *Anschluss* tinha minado política e culturalmente a Áustria, tirando proveito da sua ambígua identidade nacional que, não obstante os esforços de Dollfuss em prol do patriotismo austríaco, continuava a ser fortemente pró-alemã.

De modo a sustentar o seu programa e a fornecer ao regime uma base política, Dollfuss, que não podia contar com o apoio unânime do seu antigo CSP (que ele considerava ultrapassado), fundou a Frente Patriótica (VF – Vaterländische Front) em Maio de 1933. No discurso que proferiu na Trabrennplatz, Dollfuss referiu-se à VF como um movimento unificador que deveria mobilizar «toda a Áustria num esforço organizacional». A VF obteve estatuto formal em maio de 1934, no mesmo dia em que a Constituição corporativa entrou em vigor, e dois anos depois foi institucionalizada como o único partido legal. O seu emblema, a cruz potenteia *(Kruckenkreuz)*, provavelmente inspirada na cruz dos cruzados, tornar-se-ia – assim como a reintroduzida águia bicéfala da monarquia dos Habsburgos – um símbolo oficial do Estado.[32] Na sua semelhança com a suás-

---

[31] L. Kerekes, *Abenddämmerung einer Demokratie: Mussolini, Gömbös und die Heimwehr* (Viena: Europa, 1966); K. Haas, «Die Römische Allianz 1934», *in* E. Fröschl e H. Zoitl, *Der 4. März 1933: Vom Verfassungsbruch zur Diktatur* (Viena: Europa, 1984), 69-91; K. Stuhlpfarrer, «Austrofaschistische Außenpolitik – ihre Rahmenbedingungen und ihre Auswirkungen», in *Austrofaschismus*, eds, E. Tálos e W. Neugebauer, 322-336.

[32] C. Böhm-Ermolli, «Die Symbole Österreichs: Politische Symbole im Austrofaschismus und Nationalsozialismus: 1934-1938», in *Österreichs politische Symbole*, eds. L. Leser e M. Wagner (Viena: Böhlau, 1994), 65-80; P. Diem, *Die Symbole Österreichs: Zeit und Geschichte in Zeichen* (Viena: Kremayr & Scheriau, 1995), 273-276.

tica, a cruz potenteia refletia a competição simbólica do regime austríaco com a Alemanha nazi.

Dollfuss autoproclamou-se líder da VF e nomeou Rüdiger Starhemberg como vice-chanceler. Starhemberg manteve o cargo após o assassinato de Dollfuss, em Julho de 1934, até ser substituído em 1936 por Schuschnigg, que acumularia o comando da VF com o mais alto cargo do Estado.[33]

A adesão à VF era aberta a todos os indivíduos e organizações que se declarassem leais aos ideais patrióticos, à falta de um programa escrito. Dollfuss dissolvera o CSP, bem como os restantes partidos políticos, transferindo os seus seguidores e as suas redes de apoio para a Frente Patriótica. Os líderes da VF e os mais altos funcionários do Estado pertenciam à CV, a elitista associação católica que dominara a política, a burocracia e a hierarquia estatal conservadora durante a I República. A VF foi pois estabelecida como partido único, seguindo o exemplo dos regimes da Itália fascista e da Alemanha nazi. O seu órgão directivo, o *Führerrat*, era similar ao Grande Conselho Fascista (Gran Consiglio del Fascismo) de Mussolini, embora cinco dos seus sete membros pertencessem à CV, atestando a continuidade no poder dos altos quadros do CSP.[34]

Contrariamente ao que afirmava, a VF mantinha o monopólio das atividades políticas e propagandísticas oficiais, se bem que de um modo um tanto improvisado. Na prática, a sua real capacidade de influenciar os processos políticos era bastante fraca, sendo exercida sobre a burocracia governamental e estatal através das velhas elites católicas e, indiretamente, das redes intermediárias católicas tradicionais.

A VF prometia criar um espaço comum para todos os apoiantes de um Estado austríaco independente, corporativo e cristão, o ideal partilhado pela maior parte do meio católico tradicional. Teoricamente, isto excluía os marxistas e os ateus, bem como os nacionalistas pró-alemães e nazis; na prática, porém, qualquer exclusivismo inicial não tardaria a desaparecer. Todos os funcionários do estado eram obrigados a filiar-se na organização, e qualquer austríaco que precisasse de alguma coisa das autoridades ou do seu líder era veementemente aconselhado a aderir. Os hesitantes e os opositores do regime (em particular os nacional-socialistas) que desejassem aderir,[35] eram autorizados a fazê-lo desde que não divulgassem publicamente as suas convicções políticas. A VF não encorajava

---

[33] I. Bohunovsky-Bärnthaler, *Die Vaterländische Front: Geschichte und Organisation* (Viena: Europa, 1971).
[34] G. Hartmann, «Eliten im 'Ständestaat': Versuche einer Einordnung», in *Das Dollfuss-Schuschnigg-Regime*, eds. F. Wenninger e L. Dreidemy, 223-240.
[35] R. Kriechbaumer, *Die großen Erzählungen der Politik* (Viena: Böhlau, 2001), 645-647.

a adesão de antigos membros do SDAPÖ, mas aceitava a sua integração em suborganizações especiais; também não barrava a entrada a judeus, protestantes ou indivíduos sem filiação religiosa, mas nada fazia para os proteger contra os preconceitos, o antissemitismo e a discriminação social.[36] Desde a sua fundação como partido único controlado pelo Estado, a VF foi vendo crescer o seu número de membros, que alcançou os 2 milhões em 1936 e (talvez) os 3,3 milhões – quase metade da população do país – em março de 1938.[37]

Durante os seus cinco anos de existência, a VF criou uma série de departamentos internos e organizações afiliadas para grupos de interesses sociais e económicos particulares, muitos dos quais gozavam de monopólios ou quase.[38] Estes organismos entravam fatalmente em competição com organizações preexistentes, católicas ou ligadas ao antigo CSP. A Juventude Austríaca *(Österreichisches Jungvolk)*, inspirada pela italiana Balilla e pela Juventude Hitleriana, mantinha um conflito latente com a Concordata de 1933 e as organizações laicas e juvenis católicas. Na questão do monopólio sobre a educação, verificava-se uma disputa secreta pelo espírito da juventude austríaca entre a Igreja Católica e o Estado corporativo católico;[39] não obstante, a Igreja Católica, que tinha recebido de Dollfuss amplos privilégios, manteve o seu firme apoio a Schuschnigg.

A Itália tinha o seu *Dopolavoro*, e a Alemanha o seu *Kraft durch Freude*, pelo que a VF não tardou a estabelecer uma organização a que chamou *Neues Leben* (Nova Vida), com vista à promoção de atividades lúdicas, excursões e férias. De acordo com os seus estatutos, a *Neues Leben* visava também ensinar e divulgar as estruturas corporativistas que, como o próprio Schuschnigg admitiu em 1934, não eram compreendidas nem aceites pela maioria dos jovens.[40] Relativamente à «comunidade rural (agricultor, artesão, médico e padre)», a organização procurava demonstrar de que modo «as diferentes corporações podem trabalhar em conjunto no seio da comunidade popular».[41]

---

[36] A. Königseder, «Antisemitismus 1933-1938», in *Austrofaschismus*, eds. E. Tálos e W. Neugebauer, 54-66.
[37] E. Tálos, *Herrschaftssystem...*, 172 e 462-463.
[38] *Ibid*, 166-169 e 404-420.
[39] M. Liebmann, «*Heil Hitler*» *– pastoral bedingt: Vom Politischen Katholizismus zum Pastoralkatholizismus* (Viena: Böhlau, 2009), 28-169.
[40] Schuschnigg, junho de 1934: «É muito triste ver como na nova geração, que é influenciável e à qual não podem ser exigidas responsabilidades pessoais, a compreensão do novo estado e da Áustria cristã não quer de modo nenhum despertar», K. von Schuschnigg, «Der neue Staat», in *Die Grundlagen des neuen Staates*, ed. V. F. Oberösterreichs (Linz: Preßverein, 1934), 92.
[41] R. Kriechbaumer, *Ein Vaterländisches Bilderbuch* (Viena: Böhlau, 2002), 33-34.

As mulheres estavam praticamente ausentes da liderança da VF ou da legislatura estatal. Mas a vida doméstica e familiar, os cuidados com as crianças e as ideias pró-natalistas, entre outras questões tradicionais, estavam sob a alçada da Agência de Protecção à Maternidade *(Mutterschutzwerk)* e do departamento para os Assuntos das Mulheres da VF. Ambas as organizações visavam sobretudo atrair as mulheres à VF e promover uma imagem antimoderna da mulher católica,[42] mas pretendiam também sublinhar o facto de que a Áustria acompanhava os desenvolvimentos sociais em curso nos regimes ditatoriais vizinhos do Sul e do Oeste.

Mais complexa era a situação criada pela aliada, mas simultaneamente rival, *Heimwehr*. Liderada por Starhemberg, a Guarda Nacional logrou manter alguma independência durante pelo menos dois anos. Recorrendo a tácticas dilatórias, procurou libertar-se da opressiva influência da VF, ao mesmo tempo que competia com outras organizações paramilitares patrióticas oficiais, como as Tropas de Assalto Austríacas *(Ostmärkische Sturmscharen)*, criadas por Schuschnigg, ou a União de Libertação dos Operários Cristãos *(Freiheitsbund)*. Todas estas organizações quasi--políticas ou paramilitares, bem como os grupos da *Heimwehr*, estavam unidas sob a inicialmente chamada Frente de Defesa *(Wehrfront)* e mais tarde rebaptizada Frente Miliciana *(Frontmiliz)*, que permaneceu sob o comando de Schuschnigg até 1936, data em que foi incorporada no exército.[43] A partir de então, a componente fascista do regime de Dollfuss--Schuschnigg começaria a diluir-se.

Outras suborganizações da VF, como as Comunidades Laborais *(Werkgemeinschaften)* e o Grupo de Trabalho Social (SAG – Soziale Arbeitsgemeinschaft), foram criadas para lidar com o problema da dissidência política para a esquerda.[44] A unificada e estatalmente controlada Confederação

---

[42] I. Bandhauer-Schöffmann, «Der 'Christliche Ständestaat' als Männerstaat?», in *Austrofaschismus*, eds. E. Tálos e W. Neugebauer, 254-280; G. Hauch, «Vom Androzentrismus in der Geschichtsschreibung: Geschlecht und Politik im autoritären Christlichen Ständestaat», in *Das Dollfuss-Schuschnigg-Regime*, eds. F. Wenninger e L. Dreidemy, 351-379.

[43] E. Tálos, *Herrschaftssystem*, 190-212, 380-392, 407-409 e 522-529. Para uma descrição da multiplicidade de agentes de (potencial) violência física, ver também F. Wenninger, «Dimensionen organisierter Gewalt: Zum militärhistorischen Forschungsstand über die Österreichische Zwischenkriegszeit», in *Das Dollfuss-Schuschnigg-Regime*, eds. F. Wenninger e L. Dreidemy, 517-530.

[44] E. Holtmann, *Zwischen Unterdrückung und Befriedung: Sozialistische Arbeiterbewegung und autoritäres Regime in Österreich 1933-38* (Viena: Geschichte und Politik, 1978); D. Binder, «Der 'Christliche Ständestaat Österreich', 1934-1938», in *Österreich im 20. Jahrhundert*, eds. R. Steininger e M. Gehler, vol. 1 (Viena: Böhlau, 1997), 203-343; G. Senft, *Im Vorfeld der Katastrophe: Die Wirtschaftspolitik des Ständestaates, Österreich 1934-1938* (Viena: Braumüller, 2002).

dos Sindicatos de Trabalhadores e Empregadores *(Gewerkschaftsbund)* tinha 401 000 membros oficiais em 1938. O propósito da Confederação era representar a classe trabalhadora, bem como integrar os trabalhadores na planeada corporação industrial. Com quadros nomeados e eleitos, esta organização não obedecia minimamente ao princípio corporativo, e funcionava como um instrumento de integração no regime, mais do que como um órgão para dar voz às necessidades e exigências dos trabalhadores.[45] A efémera *Aktion Winter*, lançada pelo (terceiro) vice-presidente da câmara de Viena, Ernst Karl Winter, foi a única tentativa não tendenciosa de explorar o exíguo – senão mesmo inexistente – terreno comum que os antigos trabalhadores social-democratas partilhavam com o regime.

Em junho de 1937, quando o regime austríaco começava já a ceder perante os avanços da Alemanha nazi, a VF estabeleceu as Unidades Políticas Nacionais *(Volkspolitische Referate)*, num esforço para integrar os chamados «Nacionais Católicos» que desejavam fundir a ideologia corporativista com o nacional-socialismo. Assente na dupla identidade cultural da Áustria, a organização tentava atrair os oficialmente ilegalizados nacionalistas pró-alemães moderados.[46] A tentativa fracassou. Partilhando a ambiguidade natural dos restantes instrumentos de integração da VF, as *Volkspolitische Referate* foram exploradas pelos nazis como uma plataforma semi-legal para actividades antirregime.

A VF estava longe de possuir a estrutura e a força de uma verdadeira base de apoio ao Estado. Esperava-se que funcionasse como uma correia de transmissão entre a sociedade e as suas organizações corporativistas ocultas e o Estado (uma questão que tinha sido ignorada no Vaticano e excluída de outros programas corporativos católicos, mas que era central ao corporativismo político de Mussolini e de Spann). Enquanto elo de ligação entre o Estado e a sociedade, a VF funcionava em grande medida de um modo improvisado; porém, enquanto herdeira do extinto CSP, logrou reunificar as redes sociais cristãs e organizações associadas que tinham sobrevivido às fracturas do regime de 1933-1934. Neste sentido, as redes subpolíticas constituem um bom exemplo daquilo a que chamamos corporativismo societal.[47]

---

[45] P. Pasteur, *Être syndiqué(e) à l ombre de la croix potencée: Corporatisme, syndicalisme, résistance en Autriche, 1934-1938* (Rouen: CERA, 2002), 89-139. Ver também A. Pelinka, *Stand oder Klasse? Die christliche Arbeiterbewegung Österreichs 1933 bis 1938* (Viena: Europa, 1972).
[46] A. Wandruszka, «Österreichs politische Struktur: Die Entwicklung der Parteien und politischen Bewegungen», in *Geschichte der Republik Österreich*., 2.ª ed., ed. H. Benedikt (Viena: Geschichte und Politik, 1977), 411-417.
[47] A. C. Pinto, *Salazar's Dictatorship and European Fascism: Problems of Interpretation* (Nova Iorque: Columbia University Press, 1995), 170.

Mas há poucos sinais de que as verdadeiras relações sociais entre os operários fabris e o patronato tenham sido reformuladas segundo o modelo do benevolente patriarca na sua quinta, uma figura comum nos discursos e nas publicações de propaganda *ständisch*. As estruturas de classe permaneceram em grande medida inalteradas (quanto a isto, o fascismo italiano e o nacional-socialismo revelaram-se mais eficazes, pelo menos na criação de um mito funcional de comunidade popular.) Mas tais características, por frágeis que fossem, impediram o colapso imediato do edifício do corporativismo político tal como era definido na Constituição.

Este perigo iminente era em grande medida suplantado pela ameaça do nacional-socialismo dentro e fora da Áustria. O crescente terrorismo nazi, clandestinamente apoiado pela Alemanha, culminou na tentativa de *putsch* de Julho de 1934. A SS austríaca assaltou e ocupou temporariamente edifícios governamentais em Viena, assassinando Dollfuss no seu gabinete. De seguida, a SA lançou uma sublevação, sobretudo nas províncias do Sul. Após diversos dias de acesos combates, e de cerca de 220 baixas de ambos os lados, as forças armadas e a polícia austríacas – com algum apoio da *Heimwehr* – saíram vitoriosas. O momento decisivo ocorreu quando Mussolini declarou o seu apoio à Áustria e destacou tropas italianas para a fronteira. Este fracasso de uma tomada de poder violenta enfureceu o *Führer*, que tinha ordenado o ataque.[48] No período que se seguiu, surpreendentemente, Schuschnigg ultrapassou Starhemberg e tornou-se chanceler federal. Ainda assim, a *Heimwehr* exigiu – e obteve – um maior quinhão de poder, o qual porém não logrou manter por muito tempo.

A constituição corporativa de 1934 e a liderança forte

Dollfuss não viveu o suficiente para colher os benefícios da Constituição de 1934, que concentravam o poder na sua pessoa. Alguns anos antes, o principal ideólogo da *Heimwehr* e conselheiro de Starhemberg, Odo Neustädter-Stürmer, que se tornara ministro dos Assuntos Constitucionais, e o seu homólogo católico, o teólogo austríaco Johannes Mes-

---

[48] Com base na descoberta recente de novas fontes: K. Bauer, «Hitler und der Juliputsch 1934 in Österreich». *Vierteljahrshefte für Zeitgeschichte*, vol. 59, n.º 2, 2011, 193-227; W. R. Garscha, *Opferzahlen*, 124-128; ainda relevante: G. Jagschitz, *Der Putsch: Die Nationalsozialisten 1934 in Österreich*. Graz: Estíria, 1976.

A Vaga Corporativa

sner,[49] tinham traçado propostas divergentes. Vingou o primeiro, ainda que tivesse de se submeter à forte influência de Schuschnigg e do presidente da Câmara de Viena, o autoritário Richard Schmitz.[50] Dollfuss interferiu com frequência, mas parece ter preferido uma abordagem pragmática e soube manter um equilíbrio de poder que lhe era favorável.[51] O governador de Vorarlberg, Otto Ender,[52] anteriormente um ardoroso defensor do federalismo, limitou-se a formular o texto final da Constituição,[53] que não era propriamente da sua autoria.[54]

A nova constituição foi rapidamente aprovada em finais de abril de 1934,[55] recorrendo-se a dois métodos legalizadores para conferir ao processo uma aparência de constitucionalidade. Em primeiro lugar, Dollfuss usou uma vez mais a célebre KWEG de 1917, sobre a qual assentava, desde março de 1933, o governo autoritário. Paradoxalmente, de modo a reforçar a impressão de continuidade legal, foi necessário ressuscitar temporariamente uma versão fantoche do *Nationalrat* (sem os social-democratas), o que seria alcançado a 30 de abril através da Lei Federal de Medidas Extraordinárias Relativas à Constituição.[56] As suas três alíneas revogavam a constituição democrática em vigor, permitindo ao governo

---

[49] H. Bußhoff, *Das Dollfuß-Regime in Österreich: In geistesgeschichtlicher Perspektive unter besonderer Berücksichtigung der «Schöneren Zukunft» und «Reichspost»* (Berlim: Duncker & Humblodt, 1968).
[50] H. Wohnout, «Die Verfassung 1934 im Widerstreit der unterschiedlichen Kräfte im Regierungslager», in *Österreich 1933-1938: Interdisziplinäre Annäherungen an das Dollfuß-/Schuschnigg-Regime*, eds. I. Reiter-Zatloukal, C. Rothländer e P. Schölnberger (Viena: Böhlau, 2012), 24-28.
[51] Ver o editorial de Dollfuss em *Reichspost*, 24 dez. 1933, in *Dollfuß an Österreich*, M. Weber, ed., 51.
[52] H. Rumpler, «Der Ständestaat ohne Stände», in *Der Forschende Blick: Beiträge zur Geschichte Österreichs im 20. Jahrhundert*, eds. R. Krammer, C. Kühberger e F. Schausberger (Viena: Böhlau, 2010), 229-245; P. Melichar, «Ein Fall für die Mikrogeschichte? Otto Enders Schreibtischarbeit», in *Im Kleinen das Große suchen: Mikrogeschichte in Theorie und Praxis*, E. Hiebl e E. Langthaler, eds. (Innsbruck: Studienverlag, 2012), 185-205.
[53] *Verordnung vom 24.4.1934 über die Verfassung des Bundestaates Österreich*. Disponível em: <http://www.verfassungen.de/at/at34-38/oesterreich 34.htm>. Acesso em 14 março de 2015.
[54] Um facto que os comentários do próprio tornaram óbvio. Ver O. Ender, ed., *Österreich: Die neue österreichische Verfassung: Mit dem Text des Konkordates* (Viena: Österr. Bundesverlag, 1934). O papel desempenhado por Johannes Hollnsteiner, padre católico e amigo de Alma Mahler-Werfel e de Schuschnigg, é pouco claro; ver G. Hartmann, «Eliten im 'Ständestaat': Versuche einer Einordnung», in *Das Dollfuss-Schuschnigg-Regime*, eds. F. Wenninger e L. Dreidemy, 223-240.
[55] G. Enderle-Burcel, «Historische Einleitung», in *Protokolle des Ministerrates der Ersten Republik: 1918-1938*, Abt. 8, Kabinett Dr. Engelbert Dollfuß: 20. Mai 1932 bis 25. Juli 1934, vol. 7 (Viena: Verlag Österreich, 1986), XIV e segs.
[56] *Bundesverfassungsgesetz über außerordentliche Maßnahmen im Bereich der Verfassung*, 30.4.1934. Disponível em: <http://www.verfassungen.de/at/ at34-38/bvg34.htm>. Acesso em 14 março de 2015.

decretar uma nova Constituição algumas horas depois. Concebida segundo o modelo da Lei de Concessão de Plenos Poderes de 1933, de Hitler, esta lei operou nada menos do que a transferência das competências das duas câmaras parlamentares para o governo federal, ainda entendido como um coletivo de dez ministros. Isto representava uma nova rutura da continuidade legal, promulgada pelo presidente federal: uma verdadeira revolução efetivada pela figura cimeira do Estado.[57]

A 1 de maio de 1934, a Constituição corporativa, que invocava «Deus Todo-Poderoso», proclamou a Áustria como um Estado federal germânico cristão. O texto remetia com frequência para a lei constitucional, e de certa forma mantinha as suas estruturas formais pré-1933, ao mesmo tempo que desvirtuava por completo o seu significado democrático. Embora as regulações corporativistas permanecessem em grande medida vagas, a constituição traía as suas intenções corporativistas. Isto era particularmente evidente na secção onde se especificavam os direitos gerais (capítulo II, §§55-33), que incluíam: igualdade de todos os cidadãos, igualdade entre os sexos, liberdade individual, liberdade de expressão e de imprensa (a qual era despudoradamente pré-censurada), garantia dos direitos de propriedade, de segurança doméstica, de reunião (não política) e de associação; o documento garantia além disso a observância de determinadas regras a nível dos procedimentos administrativos, policiais e judiciais – a própria administração do Estado deveria ser exercida em conformidade com a lei [§ 9 (1)]. Não obstante, estes direitos eram restringidos pela inclusão de cláusulas como «desde que a lei não prescreva nada em contrário» e por outras ressalvas que contrariavam a democracia liberal. Tanto na teoria como na prática, os (reduzidos) direitos políticos, civis e jurídicos ostensivamente garantidos pela Constituição eram exclusivamente reservados aos cidadãos patriotas. Excluídos por definição estavam, pois, os social-democratas e restantes esquerdistas e, pelo menos ao início, os nazis. Todas as comunidades religiosas legalmente aceites, como os protestantes, os judeus e os católicos, eram publicamente reconhecidas, se bem que estes últimos obtivessem privilégios especiais. A constituição incorporava a Concordata de 1933 entre a Áustria e o Vaticano.[58]

---

[57] A. Merkl. A., *Die ständisch-autoritäre Verfassung Österreichs: Ein kritisch-systematischer Grundriß* (Viena: Springer, 1935), 11-12; E. Voegelin, *Der autoritäre Staat: Ein Versuch über das österreichische Staatsproblem* (Viena: Springer, 1936), 150-151 e 171-181; L. Adamovich, «Bestimmende Faktoren einer dramatischen Entwicklung», in *Kulturkongress der Österreichischen Kulturvereinigung*. Viena, 4 novembro de 2014. Estou grato ao autor pelo acesso ao artigo original, a ser publicado no *Journal für Rechtspolitik*, Viena.

[58] E. Wiederin, «Christliche Bundesstaatlichkeit aufständischer Grundlage», 39-40.

A Vaga Corporativa

Este código de direitos fundamentais era melhor do que nada. Apresentando diferenças relativamente ao absolutismo pré-moderno ou aos regimes totalitários da década de 30, parecia ser uma imitação da lei fundamental introduzida na Áustria através da constituição de dezembro de 1867. É notável até que ponto o pensamento jurídico liberal continuava enraizado no país: aparentemente, os defensores do autoritarismo antiliberal hesitavam em erradicá-lo e continuavam preocupados com a opinião pública das democracias ocidentais, que tinham concedido à Áustria o empréstimo de Lausana de 1932. No entanto, apesar de todo o seu ilusório legalismo, abriram caminho à limitação dos direitos humanos e à emergência da governação não democrática.

Outro princípio publicamente declarado era o do autogoverno dos nove *Länder* (os antigos estados federais), incluindo Viena, e de subdivisões territoriais como as autarquias (capítulos VI-IX). O federalismo, como característica duradoura da cultura política austríaca, estava firmemente enraizado no pensamento da classe política conservadora.[59] À primeira vista, a proclamação da Áustria como Estado federal parecia dar continuidade ao projeto de federalismo que constituíra uma exigência permanente do CSP e seus seguidores nas províncias exteriores a Viena e que deveria materializar-se na constituição de um *Länderrat* de 18 membros. O resultado foi o oposto: todas as autoridades locais e regionais e todos os anteriores corpos de autogoverno perderam poder, sendo em última instância directamente controlados pela chancelaria federal. Isto suscitou desagrado, mas não uma verdadeira resistência, entre os antigos membros do CSP. Os danos infligidos à «Viena Vermelha», que havia muito vinha sendo atacada com crescente ferocidade pelos antimarxistas e por Mussolini, foram particularmente graves. Embora mantendo o título de capital federal, a cidade passou a estar dependente do governo federal. A Constituição de 1934 tinha efetivamente transformado a Áustria federal num Estado centralizado.

Alegadamente, no âmago da constituição estava a promessa de reorganizar a Áustria de acordo com os princípios básicos do corporativismo. Prometia-se a todas as corporações sociais o direito a administrarem autonomamente os seus assuntos profissionais, ainda que sob a supervisão do Estado (§ 32); contudo, não se esclarecia ao certo o que eram as *Berufsstände* (corporações de grupos profissionais), nem se definia de que modo estas podiam exercer a sua influência aos diversos níveis da hierarquia política.

---

[59] E. Bruckmüller, *Nation Österreich: Kulturelles Bewußtsein und gesellschaftlich-politische Prozesse*, 2.ª ed. (Viena: Böhlau, 1996), 155-199.

«*Estado corporativo*» *e ditadura autoritária reforçada: a Áustria de Dollfuss e Schuschnigg*

Figura 3.1 – Estrutura da constituição do *Ständestaat* austríaco
de 1 de maio de 1934 (segundo Odo Neustädter-Stürmer)

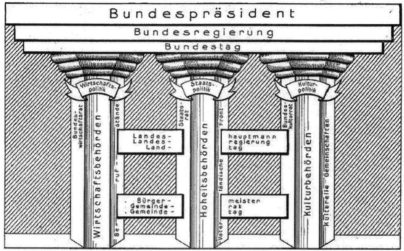

Explanação dos termos alemães:

Estruturas horizontais:
Presidente federal
Governo federal
Conselho federal
Governadores, governos e conselhos regionais *(Land)*
Presidentes da Câmara, conselhos municipais e conselhos paroquiais

Coluna esquerda/Política económica (consistindo em:)
Bundeswirtschaftsrat (Conselho Federal da Economia)
Wirtschaftsbehörden (órgãos económicos): os Ministérios das Finanças, da Agricultura, do Comércio, dos Assuntos Sociais e respetivos aparelhos burocráticos
Berufsstände (corporações)

Coluna central/Política estatal (consistindo em:)
Staatsrat (Conselho de Estado)
Hoheitsbehörden (órgãos estatais): os Ministérios dos Assuntos Estrangeiros, da Defesa, da Segurança Nacional, da Justiça e respetivos aparelhos burocráticos
Frente Patriótica

Coluna direita/Política cultural (consistindo em:)
Bundeskulturrat (Conselho Federal da Cultura)
Kulturbehörden = Ministério da Educação e autoridades escolares
Kulturelle Gemeinschaften (comunidades culturais = religiosas)

A Vaga Corporativa

A figura 3.1 esquematiza visualmente a (projetada) estrutura legislativa do novo Estado.[60] As três colunas representam as estruturas de autogovernação nas áreas económica, estatal e cultural, as quais funcionavam apenas como órgãos consultivos. Assim, tinham como função emitir pareceres sobre medidas legislativas sempre que o governo o solicitasse. Estes órgãos eram:

- O Conselho de Estado *(Staatsrat)*,[61] que era uma espécie de câmara superior composta por 40 a 50 elementos de mérito e idoneidade nomeados pelo presidente federal. O Conselho lidava sobretudo com questões estatais e sociais. O princípio *berufsständisch* (corporativo) propriamente dito ocupava um lugar especial na esfera política, daí a posição central do *Staatsrat*.
- O Conselho Federal da Cultura *(Bundeskulturrat)*[62] tinha 40 membros, dois dos quais do sexo feminino,[63] nomeados pelo presidente federal para períodos de seis anos. O seu número era determinado por uma lei especial, e incluía oito representantes da Igreja Católica, um protestante, um membro da comunidade judaica, vinte e dois representantes de escolas e de outras instituições educativas, quatro representantes das ciências e quatro representantes das artes.[64]
- O Conselho Federal da Economia *(Bundeswirtschaftsrat)*,[65] constituído (no final) por 80 membros [§ 48 (4)],[66] era o único órgão cuja descrição, na Constituição, incluía os nomes das sete corporações profissionais. Talvez não fosse acidental o facto de estes grupos surgirem também como categorias sociais nos censos de 22 de março de 1934. No início dos anos 30, a sociedade austríaca fora estatisticamente organizada de acordo com grupos socioeconómicos que correspondiam em grande medida às coporações profissioanais de 1934 (a maioria dos social-democratas também as aceitara como instrumentos estatísticos, ainda que constassem nas primeiras pro-

---

[60] O. Neustädter-Stürmer, *Die berufsständische Gesetzgebung in Österreich* (Viena: Österreichischer Bundesverlag, 1936), 261.
[61] A coluna central da figura.
[62] Representado pela coluna direita da figura.
[63] Os membros do sexo feminino dos três órgãos consultivos são analisados em E. März, *Bundesstaat Österreich: Die Verfassung und der Aufbau des autoritären Staates* (Viena: Selbstverlag, n. d.), 10.
[64] § 1 do Bundesgesetzblatt (B. G. Bl.) II, n.os 284/34, in *Gesetzgebung*, Neustädter-Stürmer, 63.
[65] A coluna esquerda da figura.
[66] E. März, *Bundesstaat*, 10, refere 83 membros.

**Quadro 3.1 – Representantes no *Bundeswirtschaftsrat*
(Conselho Federal da Economia) e seus equivalentes
na força de trabalho do conjunto da sociedade
austríaca em 1934**

	Representantes das *Berufsstände* no Conselho Federal da Economia em números (e percentagem)	Força de trabalho *(Berufsträger)* na sociedade em milhares [e percentagem]
Agricultura e silvicultura	29 (36)	1004 [35]
Indústria e minas	15 (19)	1100 [38] (incluindo comércio)
Comércio	12 (15)	(incluído na categoria anterior)
Negócios e transportes	9 (11)	495 [17]
Banca, crédito e seguros	4 (5)	32 [1]
Profissões liberais	4 (5)	146 [5]
Funcionalismo público	7 (9)	120 [4]
Totais	60 (100)	2897 [100]

postas corporativistas da *Heimwehr* tirolesa conservadora[67] – podemos, pois, concluir que o conceito específico de *Berufsstände* existia já na sociedade austríaca antes de ser proclamado por Dollfuss). No texto constitucional, as corporações profissionais permaneciam um tanto vagas, e o número de representantes de cada uma delas só seria determinado cinco meses mais tarde.[68]

A dimensão dos sete principais grupos corporativos profissionais em termos de representantes (veja-se o quadro acima) corresponde *grosso modo* à proporção de tais grupos dentro da população austríaca; contudo, esses representantes eram frequentemente escolhidos de entre os funcionários e burocratas de topo.[69] O sector da função pública a todos os níveis administrativos, e sobretudo o sector financeiro, estavam claramente sobrerrepresentados,[70] facto que reflete o poder de *lobbying* des-

---

[67] N. Hofinger, «'Unsere Losung ist: Tirol den Tirolern!': Antisemitismus in Tirol 1918--1938». Disponível em: <http://www.uibk.ac.at/zeitgeschichte/turteltaub/down/antisemitismus_tirol.pdf>. Acesso em 14 de março de 2015.
[68] § 1 do B. G. Bl. II, n.º 284/34, in *Die berufständische Gesetzgebung*, Neustädter-Stürmer, 64.
[69] Em 22 de março de 1934, a população da Áustria era de 6,7 milhões, dos quais 3,17 milhões tinham uma profissão definida. Estes números constituem a nossa base de referência.
[70] Estimativa do autor com base no B. G. Bl. II, n.º 284/34 e in *Statistisches Handbuch für den Bundesstaat Österreich, Bundesamt für Statistik*, vol. 35 (Viena: Österreichische Staatsdruckerei, 1935), 15.

ses grupos e a vontade do governo de procurar o apoio das classes financeira e administrativa. Surpreendentemente, a corporação da agricultura e da silvicultura não estava sobrerrepresentada, mas os verdadeiros proprietários e trabalhadores agrícolas eram escassos dentro deste grupo, do qual estavam também ausentes as mulheres e outros familiares dos agricultores.[71]

De acordo com a teoria do *Ständestaat*, apenas seis das *Berufsstände* (excluindo a função pública) apresentavam um número igual de empregadores e trabalhadores entre os seus representantes. O facto estava em vincado contraste com a proporção das duas classes antagónicas (patrões e trabalhadores) na sociedade (33% contra 67%, respetivamente);[72] a classe dos trabalhadores era esmagadoramente suplantada pelos seus oponentes de classe neste sistema corporativo. Se bem que isto representasse um contraste significativo entre a realidade sociopolítica e o ideal corporativo propriamente dito, não era caso único. No *Bundeskulturrat*, os critérios de representação não coincidiam com o esquema das corporações profissionais, por uma simples razão: havia apenas funcionários de alto nível e nenhum empregador. O esquema geral da Constituição corporativa estava longe de ser um sistema funcional com regras próprias em termos de processo sociopolítico.

Os elementos corporativos presentes nas três colunas (com os respetivos conselhos) eram dominados por organismos públicos preexistentes (como os ministérios), ilustrados pelas secções mais largas ao centro de cada coluna, o que refletia uma tendência em favor da tomada de decisões burocrática-autoritária. Neste edifício ideal, o papel da VF parece ser bastante menos importante do que o prometido. A mesma ausência de verdadeira autoadministração corporativista pode ser igualmente observada no quarto órgão consultivo, o *Länderrat*, que era formado por governadores e delegados dos nove *Länder* federais (§§ 49) e que funcionava como um meio de mitigar o desgaste do federalismo.

Acima destas colunas, no topo do edifício constitucional, encontrava-se o *Bundestag* (a Dieta ou Assembleia Federal, o equivalente formal do *Nationalrat* ou da *Bundesversammlung*). A figura concebida por Neustädter-Stürmer e frequentemente utilizada por outros autores assemelhava-se a um templo grego, que era o modelo arquitetónico original do

---

[71] I. Bandhauer-Schöffmann, *Der «Christliche Ständestaat» als Männerstaat?...*, 258-261.

[72] Estimativa do autor com base em *Statistisches Handbuch*, 35, 18-19, com a inclusão de «familiares coadjuvantes» no grupo dos proprietários. Excluídos esses, a proporção seria de 23,77%.

Parlamento de Viena e devia por isso suscitar associações com a democracia. Este corpo parlamentar fictício era constituído por 20 delegados do Conselho de Estado, 10 do Conselho Federal da Cultura e 20 do Concelho Federal da Economia. Todos estes membros deviam ser eleitos pelos seus respetivos conselhos, mas, a partir de 1934, passavam a ser diretamente nomeados pelo presidente federal. O poder de decisão do *Bundestag* sobre as medidas do governo federal era limitado. Não era um substituto do abolido *Nationalrat*, e tem sido comparado a uma forma incipiente de parlamento *Stände*, com menos poder ainda do que o *Reichstag* do regime neoabsolutista do *Kaiser* Francisco José I, na década de 1850.[73]

A par desta frágil instituição, havia também a Convenção Federal *(Bundesversammlung)*, que raramente era chamada a intervir. Era constituída por 188 membros dos quatro conselhos. Em 1935, a *Bundesversammlung* era composta por 61 altos funcionários e oficiais, 22 lentes universitários, 21 professores e 13 clérigos, e apenas dois deles eram do sexo feminino. Os restantes estratos sociais estavam extremamente sub-representados.[74] Este tipo de composição garantia uma firme lealdade às posições conservadoras, afastando o perigo de qualquer oposição ao regime[75] e, simultaneamente, impedindo os fascistas da Heimwehr de dominarem a arena política. A principal função deste órgão era ratificar a legislação governamental relativamente à eleição do presidente federal ou a declarações de guerra, que não ocorreram até 1938.

A única instituição que preservava um mínimo de princípios democráticos era o plebiscito, que podia ser convocado pelos níveis superiores, a mando do presidente federal ou por decisão do governo federal (§ 65);[76] porém, tal plebiscito jamais chegou a ser convocado.

Na prática, nunca chegou a existir qualquer tipo de autogovernação corporativista, mas apenas um rígido e variado poder autoritário, situado nos pináculos gémeos da pirâmide institucional formal. Um dos pináculos era o presidente federal e o outro o governo federal, ou, mais precisamente, o chanceler.

No papel, a figura do presidente federal respondia aos já antigos apelos da *Heimwehr* a uma presidência forte e a um regime presidencial populista. De acordo com a nova constituição, o presidente devia ser eleito

---

[73] A. Merkl, *Die ständisch-autoritäre Verfassung Österreichs...*, 75.
[74] E. März, *Bundesstaat...*, 11.
[75] *Ibid.*, 72.
[76] Ver A. Merkl, *Die ständisch-autoritäre Verfassung Österreichs...*, 73-80.

A Vaga Corporativa

por uma assembleia federal composta pela maioria dos presidentes das 4396 autarquias do país (em representação de comunidades cuja dimensão variava entre a de uma cidade como Viena até à da mais pequena aldeia) por um período de sete anos. Esta assembleia devia escolher o presidente federal de uma lista de três candidatos nomeados pelo *Bundestag* (a Dieta Federal). Há que lembrar que os presidentes das autarquias e todos os membros do *Bundestag* eram eles próprios nomeados e não eleitos, e que a nomeação de cada um deles dependia da aprovação do presidente federal e do chanceler. Assim se garantia que o segmento rural tradicionalmente conservador da sociedade permanecesse estável e politicamente dominante. Embora um terço dos autarcas em funções tivesse sido eleito antes de 1934, este sistema recursivo excluía da arena política qualquer indivíduo que não gozasse do favor dos mais altos funcionários do Estado.[77]

Wilhelm Miklas, um membro submisso do CSP e uma geração mais velho do que Dollfuss e Schuschnigg, foi nomeado presidente em 1928 e uma vez mais em 1931, permanecendo no cargo até ao fim do *Ständestaat*. As suas anteriores reservas relativamente à república, o seu entusiasmo pela encíclica *Quadragesimo Anno* e o seu autoritarismo inato levaram-no a aceitar a abolição da democracia, ainda que por vezes hesitasse em infringir a lei e o seu juramento (original) de tomada de posse, ou mostrasse relutância em aprovar a execução de penas capitais por crimes políticos. Miklas gostava de representar o papel de primeira figura do Estado, mas jamais exerceu os seus plenos poderes constitucionais. Formalmente munido de poderes equivalentes aos do chanceler, o presidente possuía também poderes de emergência (§§ 147-149) a que podia recorrer caso a segurança do Estado estivesse em risco. Porém, Miklas limitava-se a seguir obediente e relutantemente as instruções de Dollfuss. Pouco mais era do que um fantoche, e, em privado, declarou diversas vezes que era «prisioneiro de Dollfuss».[78] Sobreviveu ao período nazi da Áustria numa situação de relativo conforto e morreu em 1956 sem jamais ter respondido pelas suas ações.

Se bem que, na representação gráfica de Neustädter-Stürmer, o presidente federal estivesse acima do chanceler, na realidade era este último quem ocupava a posição cimeira. No início do seu período no cargo, Dollfuss não tinha ainda o poder de dar ordens aos seus ministros como

---

[77] *Ibid.*, 82-85; E. März, *Bundesstaat...*, 9 e segs.
[78] E. Wiederin, «Christliche Bundesstaatlichkeit aufständischer Grundlage...», 38.

na República de Weimar: de acordo com a constituição democrática da Áustria, o chanceler presidia às reuniões do governo, que era (e ainda é) um legislador coletivo. Mas a situação mudou abruptamente com a publicação da nova Constituição. Dissimuladamente, na alínea 81, relativa à composição do governo federal, declarava-se – como que de passagem – que «o governo federal no seu conjunto [opera] sob a liderança do chanceler federal». Este princípio era reforçado numa outra alínea da Constituição que atribuía ao chanceler o direito e o dever de determinar a orientação da política governamental, declarando ainda que aos ministros era apenas permitido operar dentro desta moldura (§ 93).

Assim, era Dollfuss quem nomeava formalmente os mais altos funcionários do aparelho do Estado, muitas vezes em oposição às disposições de Miklas. Cada uma das medidas do governo, cada uma das decisões ministeriais, passava pelas mãos do chanceler. E, como se isto não bastasse, o governo autocrático tinha também poder executivo de emergência (§ 147). Em caso de risco para a ordem e a segurança públicas, ou para a estabilidade económica e financeira do país, o chanceler podia decretar alterações na lei sem a aprovação do *Bundestag*. Tais decretos eram válidos por um período inicial de três anos, que podia ser prolongado indefinidamente. Esta extraordinária acumulação de poderes nas mãos de Dollfuss era gerida mediante uma perfeita sincronização entre os seus decretos e a legislação acordada com a autoridade presidencial.

Dollfuss estava pois munido de pleno poder (quasi-legislativo e executivo) autoritário: em primeiro lugar, porque podia determinar a política do governo; em segundo lugar, mediante a possibilidade de emissão de decretos de emergência; e, finalmente, através da sua capacidade de recorrer à KWEG, que permaneceu em vigor após maio de 1934. No seu papel como líder do país não era designado «Führer», um termo a que Hitler dera uma conotação negativa; tal título estava reservado à sua posição dentro da VF. Ainda que formalmente fosse um ditador poderoso, Dollfuss, ao contrário de Hitler, não possuía verdadeiro carisma. O seu poder de atração estava em grande medida limitado a um sector particular da sociedade: os católicos austríacos com antecedentes sociais semelhantes aos dele. De facto, para a maioria dos austríacos, a mais alta instituição política era a do velho *Kaiser*, o «Sacro-Imperador». Uma figura de tal modo intocável que não podia ser imitada ou deposta sem o risco de suscitar uma reação violenta das massas, que tendiam a ser retrógradas e que continuavam a venerar a antiga ordem monárquica.

A Vaga Corporativa

O regime de Schuschnigg

Morto Engelbert Dollfuss, sucedeu-lhe o seu vice-chanceler, Kurt von Schuschnigg, com apenas 34 anos, o mais jovem chefe de Estado da história da Áustria. Nascido numa pequena cidade alpina no Oeste do país, no seio de uma família militar aristocrática ligada aos Habsburgos, Schuschnigg recebeu uma educação católica antes de enveredar pelo Direito e de exercer advocacia. Como membro da CV, estava naturalmente predestinado a uma carreira no CSP, embora se sentisse mais próximo da *Heimwehr* tirolesa conservadora e tivesse fundado a força paramilitar Tropas de Assalto Austríacas *(Ostmärkischen Sturmscharen)*. Foi ministro da Justiça antes de Dollfuss ter tomado posse como chanceler, e de seguida, em 1933, assumiu também a pasta ministerial da Educação. É visto como um dos mais influentes arquitetos do *Ständestaat* e considerado responsável pelas execuções que se seguiram às revoltas de 1934, o que lhe tornou particularmente difícil estabelecer pontes com os socialistas proscritos. Ideologicamente, Schuschnigg aliava crenças religiosas e um patriotismo austro-alemão centrado na Áustria com simpatias pelo sonho católico da reconstrução do antigo Sacro Império. Embora a sua imagem pública de intelectual católico contrastasse fortemente com os antecedentes de classe popular camponesa de Dollfuss, Schuschnigg deu continuidade à política do seu antecessor, procurando governar de modo antidemocrático e alcançar um equilíbrio entre as diferentes facções no interior do regime. No entanto, tendia a favorecer os chefes militares do antigo exército habsburgo em detrimento dos políticos social-cristãos e evitava cuidadosamente o novo e estridente patriotismo austríaco de Dollfuss.[79] Embora recusasse dar primazia cultural a Berlim – pois considerava que a Áustria era o melhor dos dois Estados germânicos –, as simpatias pangermânicas *(gesamtdeutsch)* de Schuschnigg tornavam-no mais permeável às pressões de Hitler, o que se tornou evidente durante o célebre encontro de Berchtesgaden, em 12 de fevereiro de 1938.[80]

Dollfuss e os outros defensores do autoritarismo tinham declarado repetidas vezes que a sua acumulação de poderes era provisória e cessaria

---

[79] K. von Schuschnigg, *The Brutal Takeover* (Worthing: Littlehampton Book Services). Ver também W. Goldinger, «Kurt Schuschnigg», in *Die Österreichischen Bundeskanzler: Leben und Werk*, eds. F. Weissensteiner e E. Weinzierl (Viena: Österreichischer Bundesverlag, 1983); M. Gehler, «Schuschnigg, Kurt», in *Neue Deutsche Biographie*, vol. 23 (Berlim: Historischen Kommission, 2007), 766-767.

[80] F. Heer, *Der Kampf um die Österreichische Identität*, 3.ª ed. (Viena: Böhlau, 2001), 370--421.

«Estado corporativo» e ditadura autoritária reforçada: a Áustria de Dollfuss e Schuschnigg

assim que o Estado corporativo estivesse finalmente implantado. Continuar a construir e a desenvolver o edifício do *Ständestaat* tornou-se uma das principais tarefas do governo de Schuschnigg; porém, tal objetivo não chegou a ser cumprido e só em parte foi tentado. De acordo com o verdadeiro arquiteto da Constituição corporativa, Neustädter-Stürmer, e outros, a realização deste grandioso projeto teria de ser conseguida em três etapas.[81]

Em primeiro lugar, a vasta e diversificada classe dos trabalhadores e dos assalariados – à exceção dos que trabalhavam nos sectores da agricultura, da silvicultura e da função pública – devia ser unificada numa única organização, a Confederação dos Sindicatos. Isto concretizou-se mediante um decreto especial de março de 1934, imediatamente após a derrota dos sindicatos social-democratas. Muitos dos antigos trabalhadores socialistas abstiveram-se de aderir, ou fizeram-no com relutância, e foi igualmente difícil convencer os sindicatos de trabalhadores cristãos a abrirem mão da sua organização autónoma e dos seus objetivos políticos tradicionais. O regime acabou por conseguir forçá-los a aderir ao sindicato controlado pelo Estado, mas apenas como representação apolítica das suas atividades profissionais. Tal era entendido como um pré-requisito para a sua fusão com a futura confederação de empregadores, a qual deveria liderar, no fim do processo, a criação de uma *Berufsstand* homogénea no sector industrial e mineiro.

O contrário aconteceu com a arregimentação das organizações de empregadores, que constituía o objetivo da segunda fase do projeto. Os patrões tinham estado desde sempre divididos numa série de associações, confederações ou sindicatos especiais, cada um deles servindo os seus interesses específicos e egoístas. Não tinham sido derrotados na guerra civil (com a exceção parcial dos comerciantes e mercadores, que haviam sido infiltrados pelo nazismo), tornando-se cúmplices e beneficiários das políticas antissocialistas do regime Dollfuss-Schuschnigg. Porém, até 1935, apenas quatro confederações de empregadores *(Bünde)* tinham sido estabelecidas: as confederações da indústria, do comércio, das finanças e dos negócios e transportes. A adesão a esta última era obrigatória. Todos eles tinham pertencido, desde meados do século XIX, às bem estabelecidas câmaras do comércio, e muitos não viam com bons olhos a perda de independência e a sujeição à ideologia dos «católicos patriotas». As profissões liberais, fortemente individualistas e pró-nazis, resistiam a unir-se

---

[81] Ver O. Neustädter-Stürmer, *Die berufständische Gesetzgebung*, em particular 11-19; H. Bayer, *Der Berufständische Aufbau in Österreich* (Innsbruck: Tyrolia, 1935).

A Vaga Corporativa

numa única confederação permanente, revelando-se uma oposição inabalável aos princípios corporativos.[82]

A terceira etapa deveria efetivar a fusão das organizações que representavam os trabalhadores dependentes e independentes em corporações unificadas e em iguais proporções. Tal promessa permaneceu por cumprir, tanto mais que já tinha sido traída com a constituição da *Berufsstand* do sector industrial e mineiro. Neste caso, a representação de patrões e trabalhadores favorecia os primeiros numa proporção de 2:1.

Assim, a tentativa de implementar a ordem corporativa bloqueou em cinco das sete corporações projetadas, avançando apenas nos sectores da agricultura e silvicultura e da função pública.

Os funcionários públicos foram agrupados sem dificuldade numa associação pré-corporativa, a *Beamtenbund*. A estrutura equivalente do lado dos patrões era um corpo coletivo fictício: o Estado. A tarefa de construção de uma corporação profissional neste sector fracassou, resultando numa *Stand* falsa e incompleta.[83] Esta fora estabelecida em outubro de 1934, e deveriam celebrar-se eleições para escolher os seus representantes; porém, o ato eleitoral foi adiado até que se pudesse garantir um resultado favorável ao regime, o que, como admitiu Neustädter-Stürmer,[84] nunca chegou a acontecer.

A corporação da agricultura e silvicultura tinha sido criada em 1935 com base nas confederações de agricultores *(Bauernbünde)* e das câmaras agrícolas *(Landwirtschaftskammern)* que haviam sido estabelecidas na Baixa Áustria e noutros estados federais a partir de 1922. Não é acidental o facto de Dollfuss ter emergido do poderoso aparelho burocrático da Baixa Áustria. Nesta região existiam já características sociais que permitiam uma fácil adaptação ao ideal da sociedade corporativista;[85] havia muito que os trabalhadores agrícolas e domésticos eram coagidos a aderir a confederações unitárias e a formar organizações que espelhavam as do patronato rural. Estabeleceram-se comités e comissões corporativas para facilitar as fusões e a negociação dos conflitos internos que envolviam a

---

[82] K. Haas, «Zum Problemkomplex 'Wirtschaftsverbände und Ständestaat'», in *Das Juliabkommen von 1936: Vorgeschichte, Hintergründe und Folgen, Protokoll des Symposiums in Wien am 10. und 11.Juni 1976,* eds., L. Jedlicka e R. Neck (Viena: Geschichte u. Politik, 1977), 97-126; S. Eminger, *Das Gewerbe in Österreich 1930-1938: Organisationsformen, Interessenpolitik und politische Mobilität* (Innsbruck: Studienverlag, 2005); O. Neustädter-Stürmer, *Die berufständische Gesetzgebung...,* 14-15.

[83] *Ibid,* 49; F. Krehbiel, *Der Ständestaatsgedanke in der letzten österreichischen Verfassung* (Eisenberg: Heilmann, 1938), 45-52.

[84] O. Neustädter-Stürmer, *Die berufständische Gesetzgebung...,* 138.

[85] E. Bruckmüller, *Sozialgeschichte Österreichs* (Viena/Munique: Herold, 1985), 485-487.

VF e as suas suborganizações. Neste meio social existiam poderosas estruturas societais corporativas tradicionais que favoreciam o desenvolvimento de organizações corporativas e facilitavam a aproximação de patrões e trabalhadores em associações agrícolas de nível local e estatal. No entanto, a mentalidade camponesa de aceitação das relações patriarcais tradicionais assegurava também a predominância dos patrões e dos proprietários rurais. As orientações políticas e sociais desta *Berufsstand* permaneceram bastante homogéneas. A partir de 1936, as eleições para as câmaras resultavam sempre na vitória dos candidatos pró-Pátria.[86]

Ainda assim, o desenvolvimento gradual da ordem corporativa revelar-se-ia uma tarefa mais árdua do que Schuschnigg e os outros principais actores políticos tinham previsto. O processo envolveu um grande número de dificuldades e oposições inesperadas, como admitiu, surpreendentemente, o próprio Neustädter-Stürmer:

> Existiam em toda a Áustria as bases rudimentares e autóctones do corporativismo, como as câmaras, os sindicatos, as confederações comerciais e agrícolas, as associações profissionais nos sectores da indústria, do comércio, das profissões liberais e do funcionalismo público. Estas associações profissionais tiveram de ser remodeladas, ainda que delas se preservasse tudo o que pudesse ser útil; foi necessário converter a ausência de um sistema e a fragmentação destas organizações independentes num edifício claramente unificado de modo a transformar a estrutura político-partidária do Estado numa estrutura corporativa [...] realizar a pouco e pouco esta gigantesca tarefa continuou a ser um imperativo dos estadistas.[87]

Estes traços de corporativismo pré e subpolítico estavam profundamente enraizados na sociedade pré-liberal do século XIX e nas organizações de quase parceria social de inícios do século XX; não tinham sido dissolvidos, mas apenas ligeiramente modificados durante a Revolução Austríaca de 1918-1919. Tais características de um tradicional corporativismo societal latente facilitavam a adesão à ideologia corporativa (fosse a do Vaticano, da *Heimwehr* ou do *Ständestaat* cristão), e foram revitalizadas depois de 1945 para dar à concertação social na Áustria uma base cultural e social sólida.

Outro problema inerente resultou da necessidade de preservar, durante o período de transição, o antigo *status* social, o que interferia com as tentativas de introdução das novas instituições e organizações. Além disso,

---

[86] E. Tálos, *Das austrofaschistische...*, 138-143.
[87] O. Neustädter-Stürmer, *Die berufständische Gesetzgebung...*, 12-13.

A Vaga Corporativa

as decisões sobre os detalhes do sistema corporativo foram mantidas em aberto durante demasiado tempo e sofreram alterações de acordo com a distribuição interna do poder e com a necessidade de retificação das vulnerabilidades do projeto e de adaptação às exigências de grupos específicos. O uso maciço de regulamentação burocrática e o exercício de poder autoritário por parte dos níveis cimeiros do Estado parecem ter estabilizado o regime no outono de 1935, e Schuschnigg afastou Neustädter-Stürmer e limitou os seus esforços de implantação do corporativismo. Porém, o autoritarismo não logrou resolver o crescente problema das tensões e dos conflitos internos do sistema, chegando mesmo a agravá-los, enquanto a frágil e internamente dividida VF pouco podia fazer para ajudar. Falando em termos gerais, a cacofonia interna degenerou em caos assim que foram exercidas novas pressões externas, em 1936. Neustädter-Stürmer foi reconduzido ao seu antigo cargo, que acumulou com a pasta ministerial da Administração Interna até março de 1937.[88] Contudo, o *Ständestaat* continuou a revelar-se incapaz de recuperar a estabilidade que alcançara durante os dois anos anteriores.[89] Até 1936, o *Ständestaat* austríaco manteve-se firme na sua intenção de concretizar uma versão germânica do Estado Novo de Salazar,[90] o que jamais viria a acontecer. Aparentemente, Dollfuss, Schuschnigg e os católicos conservadores austríacos viam-se a si mesmos como estando no centro do mundo católico, e sentiam-se no dever de realizar uma nova contrarreforma política no mundo católico da Europa central e oriental, como sugerira o próprio Dollfuss no seu discurso na Trabrennplatz. Por outro lado, não evidenciavam grande interesse por regiões geograficamente distantes, exceção feita aos tradicionais focos de Berlim e Roma, além de Budapeste, Praga, Munique e Varsóvia.

Em 1935, Schuschnigg começou a afastar as organizações paramilitares, incluindo a *Heimwehr*, das posições-chave que ocupavam dentro do regime, transferindo o que delas restava para as milícias da VF e posteriormente, em 1937, para o exército austríaco.[91] Assim, o elemento quasi-revolucionário do fascismo, a *Heimwehr*, foi enfraquecido e por fim eli-

---

[88] H. Wohnout, *Regierungsdiktatur...*, 357 e segs.
[89] E. Tálos, *Das austrofaschistische...*, 63 e segs.
[90] Tais esforços foram precedidos por uma indagação diplomática por parte de Viena; ver P. Pasteur, «Der Ständestaat», in *Das Österreich der dreißiger Jahre und seine Stellung in Europa: Materialien der internationalen Tagung in Neapel, Salerno und Taurasi (5-8 Juni 2007)*, eds., F. S. Festa, E. Fröschl, T. La Rocca, L. Parente e G. Zanas (Viena: Lang, 2012), 118.
[91] Surpreendentemente não há muita investigação substancial sobre o regime de Schuschnigg em geral, mas ver Kluge, *Ständestaat*, 67-135 e W. Reich, *Die Ostmärkischen Sturmscharen: Für Gott und Ständestaat* (Frankfurt-am-Main: Lang, 2000). Ver também G. Jagschitz, «Der Österreichische Ständestaat...», 505-507 e 510-513; E. Tálos, *Das austrofaschistische...*, 152-156.

minado da estrutura do poder político, enquanto a militância patriótica pró-austríaca, que mostrara grande vitalidade nos últimos anos do governo de Dollfuss, declinava ao mesmo ritmo. Como se verificou noutras ditaduras europeias de finais da década de 1930, a influência dos militares tornou-se muito evidente na hierarquia governamental, no uso de uniformes e nos rituais públicos.[92] Observava-se uma mutação a nível dos símbolos do regime, e as questões constitucionais internas eram secundarizadas e substituídas por preocupações de armamento e outras prioridades militares desencadeadas pela iminência da guerra e as consequentes mudanças a nível da diplomacia internacional.

O crescimento não controlado de corporações, organizações, associações e grupos semioficiais intensificou o «pluralismo limitado» no interior do regime, um aspeto apontado por Juan Linz como típico das etapas finais do autoritarismo.[93] A criação de uma multiplicidade de quasi-burocracias corporativas conduziu a uma ineficaz amálgama e sobreposição de organizações e instituições, e não à proclamada nova realidade corporativista. Isto tornou-se evidente no «pluralismo limitado» e na crescente militarização e burocratização da Áustria sob Schuschnigg. Sem pretender de modo algum negar o carácter ditatorial do regime de Schuschnigg e as perseguições que moveu aos seus opositores políticos, particularmente os de esquerda, interpreto este processo interno como o início da diluição da influência da *Heimwehr* no regime híbrido de Dollfuss-Schuschnigg: uma espécie de *des-fascização*, ou, pelo menos, de dissolução do seu componente austro-fascista.[94] Não se tratou de uma nazificação, mas antes de uma involuntária preparação para tal, já que permitiu aos nazis minarem o Estado e a sociedade e prepararem as estruturas autoritárias de que se serviriam para efetuarem a fácil transferência de poder em março de 1938.[95]

As incursões de Mussolini no Estado independente da Etiópia tinham posto em marcha amplas mudanças externas e internas. Em primeiro

---

[92] R. Kriechbaumer, *Ein Vaterländisches Bilderbuch*...

[93] J. J. Linz, «Totalitarian and authoritarian regimes», in *Handbook of Political Science*, vol. 3, *Macropolitical Theory*, eds. F. I. Greenstein e N. W. Polsby, eds. (Reading, MA: Addison-Wesley, 1975), 175-411; S. G. Payne, «The concept of fascism», in *Who were the Fascists?*, eds. S. U. Larsen, B. Hagtvet e J. P. Myklebust, 14-25.

[94] Defendi esta ideia pela primeira vez em 1984; ver G. Botz, «Faschismus und 'Ständestaat' vor und nach dem 12. Februar 1934», in *Krisenzonen einer Demokratie. Gewalt, Streik und Konfliktunterdrückung in Österreich seit 1918* (Frankfurt-am-Main: Campus, 1987), 220-236 e 325-327. Também adotada por E. Hanisch, *Der lange Schatten des Staates*..., 314.

[95] G. Botz, *Nationalsozialismus in Wien: Machtübernahme, Herrschaftssicherung, Radikalisierung 1938-39* (Viena: Mandelbaum, 2008), 55-151.

A Vaga Corporativa

lugar, levaram a Sociedade das Nações a impor sanções à Itália, além de suscitarem a reavaliação das alianças europeias. Tendo perdido o apoio da França e do Reino Unido, Mussolini voltou-se para a Alemanha de Hitler. Ao mesmo tempo, a Alemanha nazi tinha começado a fletir os músculos e a intensificar esforços no sentido de uma revisão do Tratado de Versalhes. Isto resultou em crescentes pressões sobre a Áustria com vista à concretização da *Anschluss*. A Áustria de Schuschnigg, permanecendo leal ao seu protetor do Sul, deitava a perder qualquer hipótese de receber apoio por parte das democracias ocidentais e dos Estados vizinhos da Pequena Entente. E, como se este erro não fosse o bastante, Schuschnigg, ao contrário de Dollfuss, entretinha a ideia de dar a Otto Habsburg – o pretendente ao trono do *Kaiser* – um papel político na Áustria. Otto Habsburg foi feito cidadão honorário de muitas localidades austríacas, e a lei anti-Habsburg de 1919 foi revogada. A hipótese de o legitimismo ter começado a desempenhar um papel de maior influência durante o governo de Schuschnigg,[96] ou de ter gozado do apoio da maioria dos austríacos, continua a ser uma questão em aberto; o certo, porém, é que esta situação suscitou sinais de alarme na França, na Checoslováquia e, sobretudo, na Alemanha nazi.

As mudanças no seio do regime austríaco coincidiram com a consignação do país e da bacia do Danúbio à esfera de interesse germânica por parte do *Duce*, no seguimento da sua guerra de conquista neocolonialista na Abissínia. Mussolini forçou Schuschnigg a assinar o acordo austro-alemão de julho de 1936, um documento que marcou o início do estreitamento de relações entre a Áustria e a Alemanha[97] e que conduziu ao acordo de Berchtesgaden com Hitler, a 12 de fevereiro de 1938. Quatro semanas mais tarde, a *Anschluss* era oficialmente anunciada pela Alemanha. Esgotara-se o tempo de Schuschnigg para implementar medidas alternativas viáveis (se bem que bastante irrealistas) que pudessem garantir a independência da Áustria, fosse através de alianças com as potências da Europa Ocidental, fosse procurando o apoio da oprimida oposição interna de esquerda.[98]

---

[96] J. Thaler, «Legitimismus: Ein unterschätzter Baustein des autoritären Österreich», in *Das Dollfuss-Schuschnigg-Regime*, eds. F. Wenninger e L. Dreidemy, 69-85; Schuschnigg, *Im Kampf gegen Hitler...*, 18-25.

[97] K. Stuhlpfarrer, «Zum Problem der deutschen Penetration Österreichs», in *Das Juliabkommen von 1936*, eds. L. Jedlicka e R. Neck, 315-327.

[98] H. Haas, «Die Okkupation Österreichs in den internationalen Beziehungen», in *Anschluß 1938: Protokoll des Symposiums in Wien am 14. und 15. März 1978* (Viena: Verlag Geschichte Politik, 1981), 16-43.

Conclusão

O regime Dollfuss-Schuschnigg não foi um sistema homogéneo, nem permaneceu inalterado ao longo do tempo. Começou por ser uma coligação entre partidos burgueses que sempre tinham olhado com relativo ceticismo a democracia parlamentar e um grupo de fascistas declarados que foi conquistando cada vez mais influência dentro do regime. O partido conservador dominante, o CSP, adotou uma atitude abertamente antidemocrática que marcou a etapa central do regime em 1934-1935 e o definiu como uma ditadura autoritária semifascista adornada com elementos e promessas corporativistas.[99] Estes dois polos funcionavam a par, disputando preponderância um ao outro no interior do regime. Para colocar a questão em termos simples: um dos polos era autoritário-corporativo, e o outro fascista.

O polo em torno de Dollfuss e Schuschnigg era composto pelas elites do antigo CSP e do mundo empresarial, pela forte burocracia estatal e pelas instáveis forças militares que tinham sido imbuídas de valores autoritários, além dos antigos apoiantes do CSP, a maioria dos quais tinha adotado ideias cada vez mais antidemocráticas; contudo, incluía também uma minoria que não olhava com bons olhos as tendências antidemocráticas de Dollfuss, mas que, ainda assim, o seguia relutantemente. Este polo era apoiado pela Igreja Católica e representava a versão católica do corporativismo, que viria a exercer uma forte influência sobre o ideal da constituição corporativa e sobre a propaganda do regime. Tais elementos assumiriam um papel preponderante durante os últimos anos do regime.

O outro polo era formado por sectores da *Heimwehr* fascista e antinazi radical, que se fazia passar por um movimento irresistível sem o ser de facto, e que conquistou temporariamente algum poder por via do combate aos socialistas. A *Heimwehr* apoiava-se em diferentes organizações regionais e era liderada por uma nova geração de aristocratas terratenentes e intelectuais de província e respetiva clientela. Fey e Starhemberg emergiram temporariamente como líderes nacionais da *Heimwehr*, mais como rivais do que como companheiros de armas. Subscreviam um rigoroso corporativismo político do género proposto por Othmar

---

[99] G. Botz, «Der 'Christliche Ständestaat': Weder System noch Faschismus, sondern berufsständisch verbrämte 'halb-faschistisch'-autoritäre Diktatur im Wandel», in *Bananen. Cola. Zeitgeschichte: Oliver Rathkolb und das lange 20. Jahrhundert*, eds. L. Dreidemy *et al.* (Viena: Böhlau, 2015), 211-213.

A Vaga Corporativa

Spann e Mussolini. Depois de 1935-1936, este polo desagregou-se, acabando por se diluir na burocracia estatal.

Os polos da estrutura de poder do regime Dollfuss-Schuschnigg eram análogos aos do início do regime nazi, no qual emergira uma polaridade similar em torno do modelo de «Estado duplo» de Ernst Fraenkel, resultante da simbiose entre o Estado normativo burocrático tradicional e o novo Estado prerrogativo fascista e genuinamente nacional-socialista.[100] De facto, o regime Dollfuss-Schuschnigg foi uma ditadura desmobilizadora mais do que uma verdadeira variante de um fascismo mobilizador de massas capaz de uma radicalização virulenta das políticas internas e externas.[101] Limitava-se a imitar ou a adotar alguns dos elementos da organização, estilo e propaganda do fascismo italiano e do nacional-socialismo alemão. A liderança de Dollfuss e Schuschnigg surgia, pois, como uma mera imitação das de Mussolini e Hitler.

O regime austríaco, e particularmente o seu sector católico-conservador, carecia de um movimento de massas forte e ideologicamente motivado, não obstante o facto de a VF contar com um número de membros muito maior do que o Partido Nazi – pelos menos em teoria. Na realidade, porém, a VF e as suas suborganizações – ligadas, por exemplo, às organizações corporativas, pré-corporativas e ao sindicato unitário dos trabalhadores – eram maioritariamente constituídas por patriotas relutantes e oportunistas e por membros que tinham sido coagidos a aderir.

Na sua maioria, os grupos que dirigiam o regime e a VF não representavam um novo estrato social, mais jovem e radical, maioritariamente composto por homens de classe média, como era típico do perfil social dos verdadeiros movimentos fascistas. É certo que Dollfuss, Schuschnigg e alguns outros altos funcionários estatais e corporativistas pertenciam à geração mais jovem dos que combateram na I Guerra Mundial – porém, na sua grande maioria, os cargos altos e médios eram ocupados por homens mais velhos que tinham já servido no antigo CSP.

Assim se explica a ausência de uma verdadeira ideologia nacionalista de pendor revolucionário.[102] Ainda que o *Ständestaat* cristão aspirasse a regressar a um passado pré-moderno de equívoca conceção, simbolicamente representado pela família camponesa idealizada, tal promessa e outros conceitos corporativos jamais poderiam ser concretizados, como

---

[100] E. Fraenkel, *Der Doppelstaat* (Frankfurt-am-Main: Europa, 1974), 233–241.

[101] R. O. Paxton, *The Anatomy of Fascism*, 148-171.

[102] Do tipo a que Roger Griffin chamou «ultranacionalismo palingenético». Ver R. Griffin, *The Nature of Fascism...*

muito bem sabiam os líderes do regime. Os apelos a uma contrarrevolução religiosa, ideológica e política eram apoiados por amplos segmentos da Áustria conservadora, mas a aderência destes ao catolicismo constituía um travão a perseguições baseadas em razões biológicas e raciais.

Na Áustria, assim como noutros Estados que embarcaram numa viagem similar, as ideias e propostas corporativistas para uma futura reforma antissocialista, antiliberal e antidemocrática da sociedade e da política eram diversas e difusas. No entanto, a construção ideológica criada pelo regime Dollfuss-Schuschnigg foi a mais abrangente e sistemática jamais desenvolvida por um Estado seguidor do corporativismo. A Constituição de 1934, em grande parte redigida por um virtualmente desconhecido político e jurista ligado à *Heimwehr*, Odo Neustädter-Stürmer, foi acompanhada por diversas leis e decretos que deviam ser implementados de modo gradual, mas não chegaram a sê-lo. Consequentemente, a Constituição corporativa permaneceu por implementar. Não obstante, representava a mais clara expressão de um sistema de pensamento corporativo jamais aplicado a um Estado, ainda que fosse um compromisso entre as propostas conservadoras e cristãs de corporativismo social e o corporativismo político mais explicitamente ditatorial dos fascistas e dos seguidores de Spann.

Em termos de lógica política própria, o projeto da Constituição corporativa era coerente, mas incluía concessões às características políticas e sociais incontornáveis da Áustria. Isto é particularmente verdadeiro no caso das organizações pré-políticas e de interesses preexistentes, que passariam a desenvolver estruturas de parceria social, um forte federalismo e referências ao catálogo dos direitos políticos e liberais fundamentais da segunda metade do século XIX. À exceção dos privilégios reservados à Igreja Católica, quase todos os prometidos direitos civis foram limitados por cláusulas restritivas e serviram como falsas justificações da governação ditatorial, ao mesmo tempo que funcionavam como um travão a quaisquer excessos e à violência de massas.

Na práxis política, particularmente tendo em conta as brutalidades das forças policiais e da *Heimwehr*, mas também em termos de sentenças judiciais, penas de prisão e outras medidas punitivas, a perseguição e a repressão eram praticadas com base em atos administrativos ou *ad personam* (prerrogativos). Em termos gerais, porém, o regime Dollfuss-Schuschnigg soube manter uma certa noção da incompatibilidade entre tais práticas repressivas e um Estado constitucional.

O mais eficiente princípio do regime foi o seu consequente autoritarismo. A partir de março de 1933, o governo de Dollfuss recorreu a medidas legislativas de emergência extraparlamentares, as quais foram legitimadas por meio de maus argumentos e outras provisões pseudolegais. Com o pleno estabelecimento do poder ditatorial do chanceler, foi implantado um sistema constitucionalmente justificado de governação autoritária reforçada que contornava as instituições corporativas recém-estabelecidas. Investiu-se muita energia a mascarar medidas contrárias à lei e violações dos princípios constitucionais, o que pode ser visto como uma consequência das estruturas da lei constitucional e da tradição de uma burocracia eficiente na Áustria.

Vale a pena salientar que tanto Dollfuss como Schuschnigg, enquanto chanceleres, foram formalmente instalados como líderes fortes à cabeça de um sistema político altamente centralizado num Estado pequeno e frágil. Enquanto chefes de Estado, podiam dominar o seu homólogo constitucional, o presidente, e usá-lo como um fantoche. No entanto, sem o apoio de um aparelho administrativo funcional, que permanecia em grande medida inalterado desde os tempos da Monarquia e da democracia, Dollfuss e Schuschnigg teriam provavelmente sucumbido ao peso das suas funções enquanto decisores políticos.

Embora o constante autoritarismo deixasse pouco espaço às instituições corporativas e aos procedimentos legais, não invadiu por completo certas áreas, que permaneceram para além do controlo do Estado e da VF. Não sendo totalitário, o regime abria a possibilidade a atividades apolíticas ou mesmo subversivas. Esta característica era facilitada pelas inconsistências entre as antigas instituições e as novas estruturas corporativas, mais do que pela proverbial atitude de «desmazelo» que se dizia ser prevalecente na Áustria. A história da resistência e da clandestinidade nazi entre 1933 e 1938 está cheia de exemplos disso.

É difícil definir a influência que o *Ständestaat* austríaco exerceu sobre os outros regimes antidemocráticos da Europa. Como sublinha o historiador francês Paul Pasteur, Konstantin Päts na Estónia e Kärlis Ulmanis na Letónia seguiram uma rota similar à de Dollfuss, além de que a Letónia adotou claramente o modelo corporativo do regime austríaco através da concentração de poderes. Também a VF teve uma imitação póstuma na Frente Húngara de Béla Imrédy e no Estado corporativo autoritário católico de Monsenhor Tiso na Eslováquia, em 1938.[103] Como em outras ditaduras da Europa de entre as guerras e, temporalmente deslocadas, da América Latina, o regime Dollfuss-Schuschnigg foi sobretudo um regime

---

[103] P. Pasteur, *Les états autoritaires...*, 140-204.

fortemente autoritário e híbrido,[104] no qual tradições pré e antidemocráticas específicas da Áustria, bem como uma série de movimentos, tendências e conceitos autoritários, corporativistas e fascistas típicos da época, entraram num processo de simbiose em constante mutação.

---

[104] A. C. Pinto e A. Kallis. *Rethinking the Nature of Fascism...*, 275. Para um termo similar, «a névoa da conceptualização» *(Nebel der Begrifflichkeit)*, ver R. Kriechbaumer, *Österreich! Front Heil!*, 9-49.

José Luís Cardoso
Nuno Estêvão Ferreira

Capítulo 4

A Câmara Corporativa e o Estado Novo em Portugal (1935-1974): competências, interesses e políticas públicas

Este capítulo pretende apresentar e discutir o papel da Câmara Corporativa no processo de definição das políticas públicas do Estado Novo em Portugal, tendo em atenção os interesses que representava e as competências que lhe eram atribuídas.[1] Ainda que tenha constituído um órgão lateral na arquitetura do regime, a Câmara elaborou análises críticas que influenciaram a conceção das linhas mestras da governação e as políticas a adotar nas principais áreas de ação do Estado. Os pareceres técnicos e políticos emitidos pela Câmara Corporativa permitiram sustentar opções formuladas nos gabinetes ministeriais, avaliar consequências de certas medidas e propor correções, pontuais ou de fundo. Recorrendo a especialistas e a representantes dos interesses económicos, esta instituição forneceu aos processos de decisão uma componente técnica de elevado grau de especialização.

Nas primeiras secções do capítulo efetuamos uma breve exposição do espaço ocupado pela Câmara Corporativa na arquitetura do poder político e esclarecemos os procedimentos associados à elaboração dos pareceres. construção de uma tipologia dos documentos preparados pelos procuradores, e respetiva distribuição ao longo do período em análise, permite avaliar o lugar relativo das diferentes áreas de governação que foram objeto de apreciação durante a vigência deste órgão do Estado Novo.

---

[1] Este texto é largamente baseado em J. L. Cardoso e N. E. Ferreira, «A Câmara Corporativa (1935-1974) e as políticas públicas no Estado Novo», *Ler História*, n.º 64 (2013), 31-54. Agradecemos à direção editorial da revista *Ler História* a permissão concedida para a reprodução do artigo.

A Vaga Corporativa

Para ilustrar o relevo da Câmara Corporativa e avaliar a sua interferência no desenho das políticas públicas do Estado Novo, procedemos nas secções finais do capítulo a uma abordagem qualitativa dos principais pareceres económicos e financeiros que foram elaborados nas duas primeiras décadas do regime autoritário. Inseridos na área de mais vasta intervenção dos procuradores, aqueles textos constituem peças centrais no processo de elaboração das linhas mestras da governação, concentrando contributos decisivos para o seu desenho definitivo e formando um repositório de trabalhos dos seus principais estrategas.

A Câmara Corporativa

Na arquitetura jurídico-constitucional do Estado Novo, o papel reservado à Câmara Corporativa corresponde a uma intenção normativa e programática coerente com o princípio consagrado na Constituição de 1933 sobre a natureza «unitária e corporativa» do Estado português (art. 5.º). As corporações morais ou económicas e as associações ou organizações sindicais detinham um estatuto ímpar como elementos constitutivos da nação, cabendo um papel de charneira a essa instância suprema onde tais corpos e órgãos consubstanciavam a sua essência política. Assim, à Câmara Corporativa ficava reservada uma função de representação orgânica «de autarquias locais e de interesses sociais, considerados estes nos seus ramos fundamentais de ordem administrativa, moral, cultural e económica» (art. 102.º). Funcionava como segunda câmara não eletiva em que prevalecia o princípio de uma suposta consagração do reconhecimento atribuído a setores-chave da sociedade, retoricamente apelidados de «forças vivas da nação». Idealmente a Câmara serviria como órgão de representação de interesses económicos e sociais, dando voz à manifestação das perspetivas de indivíduos e organizações e funcionando como órgão de intermediação entre motivações particulares e interesse público.

A realidade encarregou-se de demonstrar o falhanço dessa intencionalidade programática, conforme amplamente discutido pela historiografia mais relevante.[2] As corporações só viriam a ser formalmente cons-

---

[2] M. Lucena, *A Evolução do Sistema Corporativo Português*, vol. 1 (Lisboa: Perspetivas & Realidades, 1976), 160-177 e 323-331; H. J. Wiarda, *Corporatism and Development. The Portuguese Experience* (Amherst: The University Massachusetts Press, 1977); F. Rosas, «Câmara Corporativa», in *Dicionário de História do Estado Novo*, vol. 1., eds. F. Rosas e J. M. B. de Brito (Lisboa: Círculo de Leitores, 1996), 113-115; P. C. Schmitter, *Portugal, do Autoritarismo à Democracia* (Lisboa: Imprensa de Ciências Sociais, 1999), 127-165; A. C. Pinto, «Câmara Corporativa», in *Dicionário de História de Portugal*, vol. 7, eds. A. Barreto e M. F. Mónica (Porto: Figueirinhas, 1999), 218-219.

tituídas na segunda metade da década de 1950 e os organismos primários da estrutura corporativa (grémios, sindicatos, casas do povo e casas de pescadores) funcionaram muito mais como elementos de uma cadeia de transmissão que tinha a sua força motriz nas ações do governo, e não nas vontades e intenções individuais de construção de uma harmonia orgânica. A Câmara Corporativa era o topo de uma pirâmide sem base de sustentação. Marcello Caetano[3] sintetizou bem esta contradição entre a imaginação doutrinal e os resultados da experiência concreta, quando em 1950 reconheceu que «Portugal é um Estado corporativo em intenção: não de facto. O mais que se pode dizer é que temos um Estado de base sindical corporativa ou de tendência corporativa: mas não um Estado corporativo».

As contradições sobre a representação corporativa remontam ao momento constituinte do novo regime, quando se estabelecem os compromissos programáticos que sustentam o Estado Novo e é ensaiado o sistema de decisão política que Salazar aplicará durante mais de quatro décadas.

A correlação de poderes entre órgãos políticos e a articulação entre processos de composição são o resultado do pragmatismo de Salazar e dos compromissos que estabelece entre as tendências teóricas ou programáticas reveladas pelos seus apoiantes. O sistema institucional que Salazar define nessa fase inicial permitir-lhe-á gerir crises e arbitrar, a partir da chefia do governo, um equilíbrio relativamente estável entre facções militares, tendências políticas, grupos económicos, sectores sociais ou correntes culturais que ensaiam o acesso ao poder ou que procuram influenciar a conceção de políticas públicas.

Os órgãos do poder político manifestam o hibridismo da fase inicial do regime, com a representação corporativa a ser acantonada num órgão lateral, em detrimento de uma aparente representação liberal. O Presidente da República será eleito por sufrágio direto, com poderes de nomeação e demissão do chefe do governo e de dissolução da Assembleia Legislativa. A Assembleia Nacional será igualmente de eleição direta, com competência sobre a aprovação das leis e a ratificação de decretos governamentais. Os ministros respondem politicamente perante o chefe do governo. Concebem as políticas sectoriais, cuja coordenação e aprovação final depende do presidente do executivo, politicamente responsável pelo governo junto do Presidente da República. A representação

---

[3] M. Caetano, *Posição Actual do Corporativismo Português* (Lisboa: Gabinete de Estudos Corporativos do Centro Universitário de Lisboa da Mocidade Portuguesa, 1950), 12.

corporativa fica remetida a um único órgão, a Câmara Corporativa, onde ainda coabitaria com a nomeação governamental, no geral decisiva sobre o rumo das opções adotadas, cujo pendor não ultrapassaria o patamar meramente consultivo.

No centro do sistema político encontra-se a figura do chefe do governo, responsável máximo pelos mecanismos de repressão e pelo partido único. Nesta última qualidade, escolhe, entre os militares, os candidatos à Presidência da República e, entre as fileiras do partido, os candidatos a deputados. Como presidente do governo, seleciona os ministros e uma componente relevante dos procuradores à Câmara Corporativa. Até final da guerra ainda coordena a gestão burocrática dos organismos sindicais e patronais, responsáveis pela indigitação da maioria dos procuradores.

Num Estado corporativo, a representação orgânica é reduzida a um órgão secundário do poder. As iniciativas e vontades para consolidação do corporativismo político manifestar-se-iam desde o início do regime por diferentes vias, sobretudo através dos doutrinadores e dos ideólogos do regime. A introdução do sufrágio corporativo no processo eleitoral da Assembleia Nacional, a atribuição à Câmara Corporativa de poderes legislativos e de competências de coordenação sobre os organismos corporativos de base, o alargamento do sistema a sectores económicos e sociais não abrangidos e a criação das corporações como estruturas de topo e com meios de influência efetiva foram algumas das preocupações manifestadas em sucessivos momentos.

Os escassos poderes da Câmara Corporativa, a fraca relação entre a única instituição representativa e os organismos corporativos, a fragilidade do modelo de organização de base e as contradições do modelo adotado na institucionalização do topo do sistema foram problemas recorrentemente apontados por diversos sectores políticos e que persistiram ao longo do Estado Novo.

Não obstante o fracasso ou a expectativa frustrada na constituição das corporações morais e económicas, a Câmara Corporativa era parte essencial de um jogo de aparências representativas. Neste sentido, era também testemunho de um jogo de espelhos onde se refletiam e cruzavam olhares e posições de personagens cruciais para a compreensão do funcionamento efetivo do regime.

Uma parte dos seus membros obtinha o cargo por inerência de representação ou por indigitação dos organismos primários da estrutura corporativa. Porém, os mais ativos procuradores eram, na orgânica da sua constituição inicial, designados por um Conselho Corporativo formado pelo presidente do Conselho, António de Oliveira Salazar, e por alguns membros do governo com responsabilidade em pastas económicas e sociais. A representação era, por isso, fruto de um processo de designação maioritariamente mediado por cooptação governamental baseada em critérios de confiança técnica e política.

A estrutura orgânica da Câmara Corporativa foi sofrendo alterações sucessivas, com repercussões na sua composição e modo de funcionamento e nas modalidades de representação dos interesses económicos e sociais.[4] Mas ao longo de todo o período da sua existência formal, entre 1935 e 1974, manteve a essência dos seus atributos funcionais de órgão consultivo: apreciava projetos de lei da Assembleia Nacional e diplomas do governo e sobre eles emitia pareceres não vinculativos. Apesar de em 1959 ter aumentado o seu poder efetivo – uma vez que, com o fim do sufrágio direto, passou a participar no processo eletivo do Presidente da República – a Câmara Corporativa não tinha responsabilidades nem iniciativa legislativa, apenas funções subalternas de carácter consultivo.

Na fase final da sua existência, a Câmara funcionava por secções de interesses distintos, modeladas pelo perfil das corporações, criadas a partir de 1957, e pela estrutura do governo. Em abril de 1974, existiam 38 secções económicas (correspondentes a diferentes produtos agrícolas, tipos de indústrias ou de serviços) e outras 8 organizadas de acordo com grandes áreas governamentais (como Defesa, Justiça, Finanças e Economia). Comportavam, respetivamente, 159 e 61 lugares para procuradores. De menor dimensão, ainda existiam secções culturais ou dedicadas ao poder local.

O poder reduzido e o escasso impacto político das ações desenvolvidas pelos procuradores à Câmara Corporativa contrastam com a relevância técnica e o profissionalismo demonstrado na elaboração cuidadosa e minuciosa de alguns dos pareceres emitidos, especialmente pelos procuradores escolhidos e nomeados pelo governo devido às suas qualidades e méritos académicos e profissionais. Tais pareceres são uma fonte preciosa para o estudo da história do Estado Novo, nas múltiplas dimensões em que pode ser captada.

A elaboração de pareceres

Conforme referido, a principal função da Câmara Corporativa residiu na redação de pareceres sobre as propostas legislativas elaboradas e

---

[4] N. E. Ferreira, *A Câmara Corporativa no Estado Novo: Composição, Funcionamento e Influência*, tese de doutoramento em Sociologia Política (Lisboa: Instituto de Ciências Sociais da Universidade de Lisboa, 2009).

A Vaga Corporativa

aprovadas pelos membros da Assembleia Nacional e pelo governo. A aprovação de todas as leis votadas pela Assembleia foi sempre sujeita à apreciação deste órgão consultivo. A iniciativa originária das propostas podia caber aos deputados ou aos ministros, mas a prévia auscultação dos procuradores era obrigatória, por imposição constitucional (art. 103.º da Constituição de 1933). Uma vez elaborado o parecer, a discussão na generalidade da futura lei poderia ter início no plenário da Assembleia. Sempre que o pretendeu, o governo submeteu à apreciação da Câmara alguns decretos cuja aprovação lhe competia.

Durante o período considerado (1935-1974) a Assembleia Nacional e o governo remeteram à Câmara Corporativa 506 propostas legislativas para emissão de parecer. Apesar de não ser dotada de atributos de iniciativa legislativa, foram internamente elaborados pela Câmara outros 5 projetos de sugestão, destinados a serem enviados ao governo. Deste conjunto de 511 propostas legislativas, somente 29 não foram objeto de qualquer parecer, o que demonstra um elevado grau de execução das funções que lhe estavam consignadas. Se juntarmos a esses 482 pareceres outros 51 de cariz subsidiário, que foram publicados em anexo à consulta principal e cuja importância foi, logo no momento, reconhecida pela Câmara e pelos órgãos políticos a que se destinavam para sustentar a decisão política, obtemos um total de 533 pareceres. É sobre este número total de pareceres que incide a análise aqui desenvolvida.

As propostas sobre as quais a Câmara Corporativa se pronunciou tinham como principais objetos legislativos as bases dos regimes jurídicos, os decretos de execução e os planos da administração central. Assim, todas as leis aprovadas pela Assembleia Nacional durante o Estado Novo passaram pela apreciação deste órgão consultivo. O mesmo aconteceu com os tratados internacionais cuja ratificação era uma competência expressa da Assembleia Nacional. Os decretos de aprovação governamental, muito dependentes das decisões casuísticas do executivo, acabaram por constituir o objeto de atividade que menor atenção suscitou aos procuradores.

Em face de uma proposta legislativa (elaborada na Assembleia Nacional ou no governo e destinada a discussão e aprovação por um dos dois órgãos), o presidente da Câmara Corporativa formava uma comissão para elaborar o correspondente parecer. Para o efeito, escolhia as secções e os procuradores que considerasse mais conhecedores dos problemas colocados, ou neles interessados, em função da sua atividade. Os trabalhos dessa comissão decorriam em privado e eram liderados pelo presidente da Câmara. A proposta era discutida e procedia-se à eleição de um relator encarregue de estruturar por escrito o parecer, posteriormente votado na generalidade e na especialidade, com a aprovação a ocorrer mediante obtenção de maioria simples. Em caso de empate, prevalecia a posição do relator; e podiam ser emitidas declarações de voto, em caso de discordância de fundo ou meramente circunstancial.

O presidente da Câmara Corporativa e os relatores, pontualmente escolhidos, exerciam as funções determinantes e decisivas. Dos 1047 procuradores com mandatos confirmados durante todo o Estado Novo, apenas 183 foram escolhidos como redatores de pareceres, acumulando, na sua maioria, mais de uma consulta. O perfil socioprofissional e político deste grupo mais restrito não corresponde ao padrão verificado para o conjunto dos procuradores, antes configura a emergência de uma reduzida elite de extração muito particular.[5]

Destes 183 relatores, somente 25% provinham das mais numerosas secções de interesses corporativamente organizados, apenas 7% não possuíam formação académica e 22% eram doutorados. Cerca de 1/3 eram docentes universitários e 27% integravam-se em conselhos de administração de empresas. No plano político, 27% tinham exercido cargos no aparelho corporativo, 21% no governo e 19% na União Nacional. O recrutamento de membros do governo entre os relatores foi escasso, desde logo por comparação com o número de antigos ministros e secretários de Estado entre os responsáveis pela redação dos pareceres.

No geral, os 533 pareceres da Câmara Corporativa raramente se limitaram a ratificar a proposta originária, ainda que possuíssem uma inequívoca componente de legitimação, na medida em que procediam a uma exaustiva avaliação dos fundamentos da proposta. De elevado recorte técnico e constituindo elementos de cariz político de inegável relevo, as consultas procediam ainda a uma cuidadosa apreciação do contexto e dos objetivos da iniciativa. Em grande parte dos casos, continham sugestões para alterações que podiam mesmo pôr em causa a substância da iniciativa originária.

Os projetos dos deputados foram objeto de críticas mais incisivas, em certas situações com recomendação de rejeição global. A adoção dessa perspetiva na Assembleia Nacional permite configurar a Câmara Corporativa como primeira instância de filtragem da capacidade dos deputados em matéria de preparação legislativa.[6] As iniciativas do governo mereceram igualmente sugestões de modificação, ainda que a conclusão no sen-

---

[5] J. T. Castilho, *Os Procuradores da Câmara Corporativa (1935-1974)* (Lisboa: Assembleia da República/Texto, 2010); N. E. Ferreira, *A Câmara Corporativa no Estado Novo...*

[6] R. A. Carvalho, *A Assembleia Nacional no Pós-Guerra (1945-1949)* (Lisboa/Porto: Assembleia da República/Afrontamento, 2002).

tido da liminar rejeição apenas tenha ocorrido em dois casos pontuais, a qual, aliás, viria a ser respeitada pelo executivo. A importância da Câmara é ainda demonstrada pelo facto de as 29 propostas que não obtiveram parecer também não terem tido sequência legislativa. Ou seja, os requisitos formais relativos aos atributos constitucionais da Câmara Corporativa foram cumpridos sem desvio.

Os 533 pareceres da Câmara Corporativa consistem numa avaliação, sobretudo técnica, das principais políticas públicas desenvolvidas ao longo do Estado Novo. Neles são expressos os debates e as controvérsias verificados entre os membros da elite técnica e política a quem os artífices e responsáveis do regime, com natural destaque para António de Oliveira Salazar e Marcello Caetano, confiavam a preparação de processos de decisão política. O grau de especialização das matérias que eram objeto de parecer possibilitou a expressão de hesitações e deu azo à manifestação de algumas dissidências em torno de problemas centrais, sobretudo relacionados com as orientações em matérias de política económica. Para tal muito contribuiu o cariz privado do processo de elaboração dos pareceres, assim como o seu alcance meramente consultivo. Repercutindo a auscultação de interessados e de especialistas, nalguns casos inequivocamente desafetos do regime, os pareceres conferiram um maior grau de sustentação à decisão política nos períodos salazarista e marcelista. Por tal razão, a leitura de muitos dos pareceres emitidos é também um útil instrumento de análise das modificações e tensões com que o regime se foi internamente confrontando.

Tipologia dos pareceres

Para uma análise compreensiva do conjunto de pareceres, adotámos uma tipologia baseada em seis grandes categorias temáticas. Tivemos naturalmente em atenção as características organizativas da instituição que os produziu, quer no que se refere às mais relevantes secções criadas no âmbito da sua estrutura interna, quer atendendo às zonas de confluência estabelecidas pela articulação com os departamentos governamentais e as áreas de competência reservada da Assembleia Nacional.

Todavia, importa notar que, sem deixar de respeitar a orgânica institucional interna que enquadra o teor e o conteúdo dos pareceres, a tipologia fixada constitui uma construção que não decorre de forma linear dos pareceres emitidos pela Câmara Corporativa.[7] As categorias construídas

---

[7] J. T. Castilho, *Os Procuradores da Câmara Corporativa...*, 196-592.

são as seguintes: Economia e Finanças; Regime Político e Organização Administrativa; Corporativismo; Colónias; Educação e Cultura; Saúde e Assistência.

Na categoria *Economia e Finanças*, consideraram-se todos os pareceres referentes às principais opções em matéria de política económica e à sua execução, relativos à generalidade dos sectores de atividade económica ou incidindo em subsectores específicos. As relações com as organizações económicas internacionais também foram aqui contempladas. Delimitámos nesta classificação matérias diversas como, entre outras, a fixação de impostos, a cobrança de receitas e a distribuição das despesas públicas, as propostas de dotações orçamentais, os empréstimos internos, as ações de colonização interna, os planos de fomento (nas suas dimensões económicas gerais e sectoriais), a definição de serviços públicos específicos, a distribuição de energia, as obras públicas, transportes e comunicações, a habitação e o urbanismo, os circuitos de distribuição. A atestar a importância qualitativa e quantitativa desta vertente dos pareceres, refira-se que, durante todo o período em análise, existe na Câmara Corporativa uma secção expressamente dedicada a estas matérias. Só por si e em conexão com outras instâncias do órgão consultivo, a Secção de Finanças e Economia Geral foi das mais intervenientes, até pelas implicações que muitos dos pareceres possuíam na sua área específica.

Na categoria *Sistema Político e Organização Administrativa*, abrangeram-se os pareceres que tratam as questões colocadas no âmbito das definições centrais da natureza do regime e da sua estruturação orgânica. Ou seja, as matérias que envolveram as pastas governativas de cariz político ou aquelas que se situaram no âmbito da Presidência do Conselho de Ministros. A organização da Justiça, a Defesa, a Política Externa, a Administração Local e as relações entre o Estado e a Igreja constam entre os principais documentos consultivos classificados nesta categoria. As revisões constitucionais, a reforma penal, a legislação eleitoral, o Código Administrativo e suas revisões ou o regime das sociedades secretas são também algumas das questões abordadas. Na Câmara Corporativa, a Secção de Política e Administração Geral atravessou todo o período e figurou também entre as mais intervenientes, funcionando como responsável por uma avaliação global de propostas em análise, mesmo quando de cariz sectorial. As Secções de Justiça, Defesa Nacional e Autarquias Locais foram igualmente instituídas em 1935 e prolongaram-se até 1974, enquanto a de Relações Internacionais apenas começaria a funcionar em 1953.

Na esfera do *Corporativismo*, englobaram-se os pareceres que analisam os problemas de definição do sistema geral da organização corporativa e da respetiva estruturação, dos organismos de classe, das relações laborais e dos sistemas de proteção do trabalho. Contratação coletiva, disciplina de profissões específicas, previdência social, habitações económicas e tribunais de trabalho são algumas das matérias aqui incluídas. Uma vez que o Estado Novo se definiu como corporativo, seria expectável um elevado volume de propostas com implicações nesta área, o que, porém, não acontece.

Nas *Colónias*, incluímos todas as matérias relativas aos territórios portugueses situados nos continentes africano e asiático ou com implicações sobre eles. Para além das revisões do Ato Colonial e sua integração na Constituição, em 1951, consideram-se especialmente pertinentes os pareceres sobre a dimensão colonial dos planos de fomento, o governo do Estado da Índia após 1961 e o exercício de atividades bancárias nas províncias ultramarinas. A Câmara Corporativa possuiu igualmente uma secção dedicada a estas matérias durante todo o período, a qual, porém, nunca foi das mais intervenientes.

A categoria *Educação e Cultura* compreende todos os pareceres sobre os diferentes níveis de ensino, público e particular, incluindo a reforma do Ministério da Instrução Pública em 1936. Planos curriculares, autonomia financeira e administrativa de estabelecimentos de ensino, edifícios (revisão do plano dos centenários), investigação científica, educação física e desportos, pessoal docente, são algumas das matérias consideradas, a par do cinema, do teatro ou do património artístico e cultural. Na Câmara Corporativa, a secção inicial de Ciências, Letras e Artes foi sendo sucessivamente desagregada até serem constituídas, em 1957, quatro instâncias distintas (Ciências e Letras, Ensino, Belas-Artes e Educação Física e Desportos). Todavia, estiveram sempre enquadradas nos designados interesses de ordem cultural, numa perspetiva de articulação que antecipava, embora sem efeitos práticos, a criação, em 1966, da Corporação de Ciências, Artes e Letras.

Finalmente, na *Saúde e Assistência* situámos as propostas legislativas sobre organização hospitalar, planos de combate a doenças infectocontagiosas, propriedade de farmácia, formação de profissionais de saúde e as políticas de assistência social. Estas duas áreas governativas seriam objeto de coordenação num único ministério criado em 1958, por desintegração do Ministério do Interior.

A cada um dos 533 pareceres foi atribuída a pertença a uma das seis categorias sumariamente descritas. Nos casos de pareceres suscetíveis de serem classificados em mais do que uma categoria, optámos por relevar a principal matéria em discussão.

A fim de melhor se compreender a distribuição dos pareceres ao longo do período de funcionamento da Câmara Corporativa, estabelecemos balizas cronológicas baseadas na interpretação consensual do que foram os principais momentos de viragem na trajetória dos ciclos políticos e económicos do Estado Novo: o final da guerra (1945), a aprovação da lei do I Plano de Fomento (1952); a aprovação da Convenção que instituiu a EFTA (1959); e a substituição de Oliveira Salazar por Marcello Caetano (1968). Estas datas balizam, portanto, as cinco fases identificadas para a análise da produção de pareceres pela Câmara Corporativa.

O quadro 4.1 apresenta a classificação geral dos pareceres por tipologia (temática geral) e por período cronológico. Nas observações que se seguem procuraremos chamar a atenção para as principais conclusões a que estes quadros conduzem.

Em primeiro lugar, saliente-se a dominância clara dos pareceres de Economia e Finanças. As consultas efetuadas pela Câmara Corporativa sobre matérias integradas no âmbito do Sistema Político e Organização Administrativa encontram-se a considerável distância. As restantes categorias temáticas possuem um peso que se poderá considerar residual.

O predomínio dos pareceres de Economia e Finanças verifica-se em todos os subperíodos e é consequência natural da vocação da Câmara para proceder à apreciação técnica de documentos essenciais de condução da política económica, como a previsão orçamental constante da lei de meios. As consultas integradas neste âmbito constituem sempre cerca de metade de todas as que são efetuadas em cada um dos ciclos. Na década de 1960 aproximam-se dos 2/3. O elevado número de consultas sobre os planos de fomento (Intercalar e III Plano) correlacionam-se com esse muito elevado valor relativo, na medida em que absorveram grande parte dos recursos técnicos disponíveis na Câmara Corporativa.

As consultas referentes ao Sistema Político e Organização Administrativa diminuem consideravelmente entre 1960 e 1968. Este período é o único dos cinco considerados em que não tem lugar qualquer revisão constitucional, que sempre constituía ocasião de potencial intensificação da iniciativa legislativa dos deputados. Porém, sob o ímpeto reformista do consulado marcelista, verifica-se uma recuperação da importância deste tipo de pareceres.

Na esfera do Corporativismo, observa-se um quase desaparecimento no imediato pós-guerra, obtendo, finalmente, alguma expressão no período da designada «segunda arrancada do corporativismo», a partir da década de 1950. Criado em 1933, o Subsecretariado de Estado das Corporações e Previdência Social dependia da Presidência do Conselho e,

A Vaga Corporativa

Quadro 4.1– Classificação geral dos pareceres

Temática geral	Total	%	1935--1945	1946--1952	1953--1959	1960--1968	1969--1974
Economia e Finanças	281	52,7	83	49	49	51	49
Sistema Político e Org. Administ.	111	20,8	46	18	23	6	18
Corporativismo	30	5,6	11	1	6	4	8
Colónias	31	5,8	13	6	5	4	3
Educação e Cultura	51	9,6	21	9	7	5	9
Saúde e Assistência	29	5,4	6	5	4	9	5
Total	533	100,0	180	88	94	79	92

em 1950, foi autonomizado em ministério. Esta transformação acelerou a definição e o desenvolvimento de políticas públicas no sector do trabalho, o que ajuda a explicar como foi agilizado o processo de formulação de propostas legislativas e, deste modo, como foi invertida a tendência de decréscimo, ou quase eclipse, que marcara o tema do corporativismo no imediato pós-guerra.

Em cada um dos cinco subperíodos identificados, o número de pareceres produzidos por legislatura nem sempre foi equilibrado. Assim se passou com a legislatura de 1935-1938, integrada no período de 1935--1945, que constituiu momento fundador do funcionamento da Câmara Corporativa e da sua relação com os demais órgãos políticos. Note-se que apenas nesses quatro anos foram redigidos 123 pareceres, número que corresponde a 23% da produção consultiva ao longo de todo o período de funcionamento da Câmara (cerca de 40 anos).

Nessa fase de arranque, a iniciativa legislativa dos deputados e do governo foi bastante elevada, com temas muito específicos, ainda que pouco desenvolvidos e de dimensão restrita, contrastando com as propostas apresentadas nas restantes legislaturas, sobretudo no pós-guerra. Com efeito, as propostas feitas nos demais períodos legislativos caracterizaram-se pela maior abrangência e pelas acrescidas implicações dos assuntos em análise, assim como pela sua maior densidade reflexiva e extensão.

Os 180 pareceres de 1935-1945 distribuem-se, portanto, de forma bastante desigual pelas três legislaturas compreendidas neste subperíodo: 123 (1935-1938), 33 (1938-1942) e 24 (1942-1945). O último valor é igualmente o mais baixo de toda a atividade da Câmara, uma vez que, com o fim da guerra e pretendendo o regime recuperar da crise económica e política causada pelo conflito, foi decretada a dissolução da Assembleia Nacional um ano antes do seu termo normal, com a realização de novas

Quadro 4.2 – Classificação dos pareceres sobre Regime Político e Organização Administrativa

Subtemas	Total	%	1935--1945	1946--1952	1953--1959	1960--1968	1969--1974
Princípios e Estrutura	44	39,6	18	7	10	3	6
Administração Local	6	5,4	3	1	1	0	1
Organização Militar e Defesa	31	27,9	17	7	4	1	2
Justiça	17	15,3	6	1	1	2	7
Política Ext. e Relações Intern.	11	9,9	1	2	7	0	1
Relações Estado e Igreja	2	1,8	1	0	0	0	1
Total	111	100,0	46	18	23	6	18

eleições. Independentemente destas *nuances*, o que importa salientar é o forte dinamismo da atividade de emissão de pareceres durante a primeira década de funcionamento da Câmara Corporativa, perfazendo 1/3 do total de pareceres produzidos em todo o período em análise (1935-1974).

Breve descrição do conteúdo dos pareceres

Para uma melhor compreensão do elenco de matérias postas à consideração deste órgão de consulta técnica e política, julgamos oportuno apresentar em pinceladas largas o conteúdo essencial dos pareceres mais marcantes em cada uma das restantes categorias construídas.

Comecemos pelo tema geral do *Sistema Político e Organização Administrativa*, no qual se incluem os pareceres suscitados por iniciativas legislativas de definição e enquadramento da estrutura e política institucional do regime. Atendendo à sua dimensão quantitativa, parece pertinente considerar a sua divisão em subtemas, conforme sintetizado no quadro 4.2.

Os pareceres de revisão constitucional destacam-se claramente. A sua autoria recaiu em figuras como Domingos Fezas Vital (1935-1938 e 1945), Marcello Caetano (1951) ou Afonso Queiró (1959 e 1971). Para além do elevado perfil técnico dos textos finais, o seu impacto político foi inegável. Em 1971, o parecer de Marcello Caetano foi invocado pelos deputados da Ala Liberal para justificar a recuperação do sistema de eleição direta do Presidente da República.[8] Ainda nesta categoria de Princípios e Estrutura, encontram-se pareceres sobre o Código Administrativo (1936) ou de alteração à legislação eleitoral (1946 ou 1968).

---

[8] R. A. Carvalho, «O marcelismo à luz da revisão constitucional de 1971», *Anuário Português de Direito Constitucional*, III (2003), 191-276; T. Fernandes, *Nem Ditadura, nem Revolução. A Ala Liberal e o Marcelismo (1968-1974)* (Lisboa: Assembleia da República/Dom Quixote, 2005).

A Vaga Corporativa

A Defesa constitui uma área sobrevalorizada no período inicial da Câmara, perdendo relevo no pós-guerra. Registam-se quatro pareceres relatados por Humberto Delgado no início da década de 1950, ainda antes das suas funções junto da NATO. Durante todo o conflito colonial, os procuradores somente intervieram em três propostas legislativas: serviço militar (1967 e 1970) e promoções de sargentos, furriéis e praças (1969).

Por seu turno, a Justiça recuperou a atenção da Câmara durante o marcelismo, constituindo inclusivamente a área de produção mais intensa nesse período final do regime. A iniciativa das propostas coube ao governo do sucessor de Salazar e abrangeu temas como a celeridade da justiça penal (1969), a criação dos tribunais de família (1970), a assistência judiciária (1970), a organização judiciária (1972), a reforma penal (1973) ou a criação de secções cíveis nos tribunais superiores (1974). A autoria destes pareceres no consulado marcelista recaiu em magistrados dos tribunais superiores, mas com assento na Câmara por intermédio de nomeação política: José Manso Preto, António Miguel Caeiro e Eduardo Arala Chaves.

A política externa, a administração local ou as relações Estado e Igreja mereceram atenção menor. Ainda assim, destacam-se os pareceres em torno da NATO (1949-1955), com autores diversificados e relevantes no interior do regime, como Rui Ulrich, Pedro Teotónio Pereira, Quintanilha Dias e Caeiro da Mata.

À luz da arquitetura constitucional do Estado Novo, o tema *Corporativismo* deveria suscitar naturais preocupações legislativas e regulamentares. Com efeito, a doutrina oficial do regime apontava para o papel determinante a ser cumprido pelos organismos corporativos, através dos quais se procurava regular a atividade económica e concertar diferentes interesses por via representativa, nomeadamente entre as entidades patronais e os trabalhadores. As relações de trabalho e a sua proteção constituíram áreas prioritárias da organização corporativa, por via da contratação coletiva, da fixação de salários mínimos ou do horário de trabalho, mas também das habitações económicas ou das garantias quanto a riscos de doença, invalidez e desemprego. Muitas destas matérias foram objeto de decisão governamental que não passava pela Assembleia Nacional, o que pode justificar a relativa escassez de pareceres emitidos pela Câmara Corporativa numa matéria que, pela sua definição matricial, lhe seria particularmente propícia e ajustada.

As consultas sobre problemas de cariz estrutural foram manifestamente reduzidas. Todavia, os pareceres sobre o plano de formação social e corporativa e a lei de bases das corporações (1956), relatados, respetivamente, por Guilherme Braga da Cruz e José Pires Cardoso, destacam-se pela sua relevância do ponto de vista da avaliação do sistema e das perspetivas de evolução futura. A importância do segundo é inequívoca, pela tramitação e discussão interna na própria Câmara Corporativa e pelas correlações entre este órgão consultivo, o governo e a Assembleia Nacional.

Os pareceres sobre os organismos corporativos de patrões e trabalhadores possuem uma expressão igualmente limitada. A situação especial dos sindicatos de ferroviários (1935), o regime geral da organização dos proprietários rurais (1937) ou os processos eleitorais dos órgãos dos sindicatos (1969) são exemplos de matérias casuísticas tratadas pela Câmara.

Estas temáticas não possuem qualquer expressão no período do imediato pós-guerra. Nesse ciclo do regime, apenas as relações de trabalho mereceram a atenção da Câmara, na sequência de uma iniciativa dos deputados sobre os feriados e o descanso semanal (1948). Também desta forma é atestado o muito reduzido relevo concedido pelo governo a problemas situados na esfera do corporativismo entre o fim da guerra e o início da década de 1950. E não se trata apenas e só da inexistência de propostas legislativas de tipo estrutural ou organizacional, mas também da nula iniciativa do executivo em matéria de regulação laboral e da sua proteção.

As relações de trabalho constituem a temática com maior peso relativo entre os pareceres dedicados a questões corporativas, sobretudo devido ao seu claro acréscimo durante o marcelismo. Aos regimes dos contratos coletivos e individuais e das prestações de serviços, juntam-se o trabalho de estrangeiros e os tribunais de trabalho.

Outra matéria que merece ser assinalada é a previdência social, verificando-se uma certa continuidade de abordagem em diferentes momentos da evolução deste sistema. Desde logo, o regime geral da previdência (1935), a reforma em fase ulterior do Estado Novo (1961) e, finalmente, a reforma marcelista para alargamento aos trabalhadores rurais (1969). No caso da reforma completada no início da década de 1960, a tramitação da iniciativa governamental prolongou-se ao longo de três legislaturas, exemplo raro de articulação e relacionamento entre os órgãos do poder político. Em 1957, ocorreu a primeira admissão na Câmara Corporativa, mas somente em 1962 a lei seria finamente aprovada pela Assembleia Nacional, um ano após o parecer relatado por Mota Veiga.

Ainda no âmbito da previdência, mas simultaneamente com implicações na organização corporativa em sentido institucional, destacam-se os pareceres sobre as casas dos pescadores (1937) e sobre as federações de casas do povo (1957).

A Vaga Corporativa

No conjunto dos 31 pareceres dedicados ao tema das *Colónias,* é considerável o peso daqueles que, ao longo do período em causa, tratam da estruturação dos territórios coloniais de acordo com o regime político do Estado Novo. Claro que estes pareceres acompanham e traduzem as mudanças que o regime vai sofrendo, nomeadamente as impostas pela situação internacional. Merecem particular menção os 3 pareceres relativos à alteração do Acto Colonial (1935, 1945 e 1951), documento que havia sido promulgado em julho de 1930, quando Salazar, então ministro das Finanças, assumia interinamente a pasta de ministro das Colónias, e que é considerado um pilar fundador do regime do Estado Novo. Estas propostas de alteração do Acto Colonial assumem particular importância também pelos seus relatores, como é o caso do parecer emitido por Domingos Fezas Vital, em 1945, e do parecer redigido por Marcello Caetano em 1951.

Igualmente relevantes, e bem demonstrativos da regularidade com que a Câmara Corporativa se pronunciou sobre estas matérias, são os pareceres sobre a Carta Orgânica do Império Colonial (1937 e 1945) e a Lei Orgânica do Ultramar Português (1952, 1955, 1963, todos de autoria de Afonso Rodrigues Queiró). A apresentação de pareceres relativos a algumas medidas de desenvolvimento das colónias na década de 1930 antecede e prepara a atenção que a Câmara Corporativa continuaria a dar aos territórios coloniais no quadro mais alargado da discussão dos planos de fomento.

Na categoria *Educação e Cultura* enquadraram-se 51 pareceres. Aqueles que foram apresentados ao longo da década de 1930 são, de certa forma, fundadores de um novo sistema de educação do regime. Em 1935, por exemplo, trata-se do ensino primário rural; do plano de estudos para o ensino secundário; da reorganização da educação física no ensino secundário e da criação nas escolas secundárias de cursos de puericultura e higiene geral. Em 1936 Gustavo Cordeiro Ramos redige um parecer relativo à reforma do Ministério da Instrução e em 1938 Júlio Dantas apresenta um parecer para a realização de reformas no ensino primário. Já em 1940 José Caeiro da Mata discute a questão da autonomia administrativa ou financeira dos estabelecimentos de ensino. Em 1949 trata-se da reforma do ensino técnico profissional; em 1950 do ensino das Belas-Artes; em 1952 da reorganização da educação física e em 1971 do ensino politécnico. Importa também considerar o parecer de Justino Mendes de Almeida, de março de 1973, relativo à reforma do sistema educativo.

No quadro dos Planos de Fomento surgem também pareceres dedicados à investigação científica e ao ensino técnico (1958, 1964). Em 1967 e em 1973, são abordadas matérias de educação, investigação, cultura e formação profissional.

Finalmente, refiram-se os pareceres contemplados no âmbito da *Saúde e Assistência*. Merecem aqui destaque os pareceres relativos à erradicação da tuberculose (em 1949 e década de 1950) aos quais se acrescentam, por um lado, os projetos de assistência aos tuberculosos do Exército (1935) e aos funcionários civis (1955) e por outro, num âmbito mais geral, um parecer relativo à luta contra as doenças infectocontagiosas (1949).

Há também a preocupação com a organização hospitalar (1945) e quase uma década depois, em 1954, coloca-se a questão da responsabilidade dos encargos em matéria de assistência hospitalar. A assistência psiquiátrica e a saúde mental são objeto de dois pareceres (1950 e 1962).

Em 1957 surge um parecer relativo à criação do Instituto Nacional do Sangue e em 1962 à Escola Nacional de Saúde Pública. A partir de 1964 e depois em 1967 e em 1973 são apresentados pareceres relativos à aplicação dos Planos de Fomento a esta área.

Como vimos a propósito de outras categorias temáticas, a discussão em torno dos Planos de Fomento constituía pretexto para a elaboração de pareceres em diferentes domínios de representação de interesses que a Câmara Corporativa deveria consubstanciar. Todavia, pela sua própria natureza e enquadramento, os planos de fomento eram matéria que suscitava pareceres que serão analisados na secção seguinte, especificamente dedicada ao tema *Economia e Finanças*.

Pareceres de Economia e Finanças

Pelo seu destaque quantitativo, e pela inegável importância que assume no cômputo geral das atividades desenvolvidas pela Câmara Corporativa (pelas razões a que atrás fizemos referência relacionadas com a aprovação da lei de meios), a categoria *Economia e Finanças* é merecedora de uma abordagem classificativa mais pormenorizada. O quadro 4.3 permite captar a diversidade de assuntos em discussão no âmbito aqui considerado.

As primeiras 3 subdivisões temáticas referem-se a matérias relacionadas com assuntos de Finanças Públicas, com os regimes jurídicos de enquadramento legal da atividade económica (fiscalização de sociedades anónimas ou expropriações, por exemplo) e com os problemas gerais da política económica e fomento.

As restantes subdivisões possuem um cariz mais específico decorrente da natureza distinta dos diversos sectores de exercício de atividade económica que se afiguram merecedores de classificação autónoma (Agri-

A Vaga Corporativa

Quadro 4.3 – Classificação dos pareceres de Economia e Finanças

Subtemas	Total	%	1935-1945	1946-1952	1953-1959	1960-1968	1969-1974
Finanças Públicas	70	24,9	29	15	10	10	6
Enquadramento Legal	10	3,6	1	1	3	2	3
Política Económica e Fomento	29	10,3	5	4	6	6	8
Agricultura	37	13,2	10	10	4	10	3
Silvicultura	17	6,0	4	2	6	5	0
Pescas	4	1,4	1	0	1	1	1
Minas	6	2,1	2	1	0	0	3
Indústria	18	6,4	6	2	3	2	5
Energia	9	3,2	2	1	2	3	1
Habitação e Urbanismo	12	4,3	0	4	3	3	2
Transportes e Comunicações	34	12,1	14	5	5	5	5
Serviços Públicos	7	2,5	5	2	0	0	0
Comércio Interno e Externo	9	3,2	1	1	0	1	6
Organ. Bancária, Créd. e Seguros	5	1,8	2	0	2	0	1
Turismo	10	3,6	1	1	4	2	2
Coop. Econ. e Org. Intern.	4	1,4	0	0	0	1	3
Total	281	100,0	83	49	49	51	49

cultura, Silvicultura, Pescas, Minas, Indústria, Energia, Habitação e Urbanismo, Transportes e Comunicações, Serviços Públicos, Comércio, Banca e Seguros e Turismo). A cooperação económica e as relações com organizações internacionais justificaram a inscrição de um último subtópico.

Importa esclarecer que não foi criado um campo específico de classificação de uma matéria crucial para a compreensão das políticas económicas e financeiras do Estado Novo: as obras públicas. Optámos por considerar este sector estratégico no seu âmbito concreto de aplicação específico. Fundamentalmente, nas infraestruturas de transportes (portos, caminhos de ferro, estradas), na agricultura (aproveitamentos hidroagrícolas) e também na habitação e urbanismo.

Nesta categoria temática de *Economia e Finanças* possuem um peso assinalável os pareceres relacionados com os cinco planos de fomento (incluindo a revisão do I Plano e o Plano Intercalar). No total, foram 59 os documentos consultivos emitidos pela Câmara Corporativa. Deste total de 59 pareceres, 47 foram classificados e distribuídos pelas subcategorias de Política Económica e Fomento (15 pareceres) e pelos sectores específicos de atividade económica (32 pareceres). Os 12 pareceres sobrantes foram considerados no âmbito de outras categorias temáticas mais gerais *(Colónias, Educação e Cultura e Saúde e Assistência).*

Entre os 16 subtemas de *Economia e Finanças*, destacam-se, em primeiro lugar, as matérias de Finanças Públicas. O elevado número de pareceres (70, representando 25% da categoria) é justificado pela aprovação anual da lei de meios. Nesta subcategoria, enquadram-se os pareceres sobre a reforma dos serviços da dívida pública (1935), o imposto sobre os lucros extraordinários da guerra (1942) e diversos outros pareceres sobre temas de política fiscal relativos a matérias tributárias gerais ou a impostos específicos. Num segundo patamar em termos de peso relativo, encontram-se os pareceres sobre Política Económica e Fomento, Agricultura e Transportes e Comunicações. Apesar do seu cariz global, a primeira categoria fica aquém das seguintes, atestando o elevado grau de especialização que os pareceres assumiram. A Indústria é colocada no mesmo plano da Silvicultura.

Em Política Económica e Fomento, encontram-se, a título de exemplo, os pareceres sobre a reconstituição económica (1935), a carta dos solos (1947), bem como os pareceres gerais sobre os sucessivos planos de fomento ou a defesa da concorrência (1971).

Na Agricultura, incluem-se pareceres sobre colonização interna (1939, 1944 e 1956), plantio da vinha no continente (1951 e 1972) ou sobre o plano de rega do Alentejo (1960).

Nos Transportes e Comunicações, enquadram-se as consultas sobre coordenação dos transportes terrestres (1945), exploração portuária (1949), financiamento da Junta Autónoma das Estradas (1954), arborização rodoviária (1961) ou transportes públicos terrestres e fluviais nas regiões urbanas (1971).

Os exemplos que aqui deixamos oferecem uma imagem impressiva, mas necessariamente incompleta e inconclusiva, sobre a natureza e a variedade dos assuntos de âmbito económico e financeiro que constituem objeto de atenção dos relatores de pareceres da Câmara Corporativa.

Procuraremos seguidamente explorar a riqueza do conteúdo dos pareceres através de uma incursão um pouco mais pormenorizada sobre alguns pareceres produzidos sobre matérias centrais para a definição da política económica durante as duas primeiras décadas do Estado Novo.

Pareceres definidores da política económica do Estado Novo

Um dos instrumentos legislativos cruciais para a orientação política e económica do Estado Novo foi a Lei da Reconstituição Económica de

1935.[9] No parecer que emitiu sobre a matéria, através do relator António Vicente Ferreira, a Câmara Corporativa acentuou a importância de se garantir o apetrechamento económico do país através de um programa financeiro especificamente dedicado a tal efeito. Tal programa financeiro era visto, em primeiro lugar, como uma necessidade ditada pela situação de crise económica internacional – seguramente menos sentida em Portugal do que em outras economias ocidentais mais desenvolvidas – que obrigava a cuidar da absorção de desemprego. Por isso considerava ser «dever imperioso do Estado, como supremo responsável pela ordem e justiça sociais, proporcionar ocupação remunerada a todos os membros da comunidade, sobretudo aos homens novos, recém-lançados na vida ativa e que buscam, em vão, onde ocupar as suas faculdades naturais ou adquiridas pela educação» (*Diário das Sessões*, n.º 13, 12 de fevereiro de 1935, 248).

A miragem de garantia de pleno emprego surgia como imperativo de ordem moral, como demonstração da necessidade de segurança interna e externa resultantes de uma ordem social não perturbada pela ocorrência de problemas sociais decorrentes da impossibilidade de acesso a fontes de rendimento. Neste sentido, a aposta na reconstituição económica através de um conjunto de políticas públicas de fomento era um meio de valorização dos recursos nacionais e de defesa de princípios de autarcia e nacionalismo económicos. A proteção das fontes de riqueza nacional era entendida como meio necessário para que o país atingisse um patamar de desenvolvimento económico já alcançado por «países de potencialidade económica comparável à nossa».

Para que as políticas de fomento previstas na Lei da Reconstituição Económica pudessem ser plenamente eficazes – designadamente nos sectores de defesa nacional, energia, transportes, comunicações, colonização interna, saneamento básico e urbanização, fomento colonial, melhoramentos educativos e culturais – era fundamental o estabelecimento de critérios de prioridade e preferência. Ora, foi justamente a ausência de prioridades claramente objetivadas que constituiu o principal motivo de reparo do parecer da Câmara Corporativa, genericamente favorável à proposta do governo.

O programa de investimentos decorrente da aplicação desta lei incidiu sobre domínios de atividade essenciais ao desempenho dos diversos sec-

---

[9] Á. Garrido, «Contexto, fundamentos e lógicas de construção da economia nacional corporativa», in *Corporativismo, Fascismos, Estado Novo*, eds. F. Rosas e Á. Garrido (Coimbra: Almedina, 2012), 143-164; A. B. Nunes e J. M. B. de Brito, «Política económica, industrialização e crescimento», in *Portugal e o Estado Novo (1930-1960)*, ed. F. Rosas (Lisboa: Presença, 1992), 306-351.

tores da vida económica. Todavia, no seu conjunto, as despesas classificáveis sob a designação de «fomento económico» representaram apenas 51% do total do financiamento disponível, ficando um peso excessivo de 49% reservado para o sector de defesa nacional, destinando-se tais verbas ao rearmamento do Exército e à renovação da frota da Marinha de Guerra.

Nesse mesmo ano de 1935, um outro parecer da Câmara Corporativa merece ser destacado. O seu relator foi Domingos Fezas Vital e o tema em análise era o da possibilidade de dissolução de concentrações económicas ou modalidades de coligação de empresas (*trusts*, grupos e cartéis) que pudessem exercer uma atividade considerada contrária aos interesses da economia nacional corporativa. O parecer reveste-se de cuidadoso enquadramento doutrinal, procedendo o seu autor a uma discussão da teoria económica dos monopólios e das formas de concentração da atividade económica. Apesar de salientar que «casos há em que o monopólio, mesmo o monopólio de facto, a começar pelo monopólio coletivo, se revela mais benéfico que a concorrência» (*Diário das Sessões*, n.º 44, 8 abril 1935, 935), Fezas Vital revela-se atento aos riscos e abusos que poderiam ditar, à nascença, o fim precoce da economia corporativa que então se acreditava poder ser construída. Revela uma crença em mecanismos naturais de demonstração do sucesso da experiência corporativa que impediriam a concentração monopolista, mas não deixa de revelar algum incómodo pela possibilidade de as concentrações económicas naturais serem contrariadas por procedimentos legislativos impostos à força, nomeadamente no que se refere à possibilidade de exoneração de cargos diretivos em organismos corporativos por suposta incompatibilidade de exercício de funções em organismos empresariais competitivos.

No articulado do projeto de lei e do parecer da Câmara Corporativa sobrava uma larga margem interpretativa na definição do interesse nacional que determinaria, em última instância, a possibilidade de manutenção de concentrações económicas contrárias ao espírito da economia corporativa em construção.

Um outro pilar legislativo fundamental da construção da política económica nesta fase constitutiva do Estado Novo foi a Lei do Condicionamento Industrial, iniciado em 1931.[10] Na sua essência, o condicionamento

---

[10] J. M. B. de Brito, *A Industrialização Portuguesa no Pós-Guerra (1948-1965). O Condicionamento Industrial* (Lisboa: Dom Quixote, 1989); F. Rosas, *O Estado Novo nos Anos Trinta. Elementos para o Estudo da Natureza Económica e Social do Salazarismo (1928-1938)* (Lisboa: Estampa, 1986).

consistia na criação de uma barreira administrativa à entrada de novas empresas no mercado ou ao aumento da capacidade de produção instalada. Apesar do regime de isenção aplicado a alguns sectores que se viram dispensados do controlo burocrático da Direção-Geral das Indústrias, as medidas de condicionamento abrangiam sobretudo sectores industriais com forte componente de importação de matérias-primas ou produtos intermédios, ou ainda sectores industriais considerados estratégicos para o desenvolvimento da economia nacional e, em especial, do seu sector exportador. Neste sentido, funcionava como medida de substituição de importações e de proteção do mercado interno. O seu enquadramento era detalhado e ambicioso, apontando para procedimentos de regulação da concorrência que implicavam conhecimento das oportunidades de mercados, estudos de rentabilidade dos investimentos, análise de custos e benefícios, definição de orientações estratégicas. No entanto, é legítimo considerar que, em muitos processos de pedidos de instalação de novas empresas ou novos segmentos de atividade, a lógica prevalecente não foi a de respeitar a qualidade técnica das propostas, eventualmente filtradas por artifícios burocráticos casuísticos, mas tão-só a de atender a interesses estabelecidos e protegidos da concorrência, assim como à sua representação nas esferas de influência do regime. Nestes termos, as autorizações discricionárias não escondem o apoio tantas vezes prestado a empresas economicamente inviáveis ou a sectores de atividade obsoletos e artificialmente mantidos. E também não escondem preocupações e intenções dirigistas que confirmam o peso crucial do Estado no desenvolvimento da economia e o patrocínio direto a grupos de interesses económicos.

Em 1937, o assunto voltou a ser objeto de legislação e suscitou novo parecer da Câmara Corporativa, que ficou a cargo de Ruy Ulrich. O seu conteúdo revela-nos uma importante característica destes pareceres que funcionavam não apenas como elemento de precaução doutrinal e política, mas também de justificação e legitimação dos princípios subjacentes às orientações definidas. Neste caso concreto, o texto de Ruy Ulrich abunda em considerações sobre a essência da matéria em discussão, ou seja, os obstáculos colocados pelo Estado à livre iniciativa individual na esfera económica. Apesar de salvaguardar o carácter instrumental e transitório do sistema de condicionamento industrial estabelecido em 1931, num contexto de crise mundial e de relançamento da vida económica que exigia maior protagonismo e empenho do Estado, Ruy Ulrich não perde a oportunidade de denunciar o que em seu entender era a menor capacidade da iniciativa individual para garantir a satisfação do interesse geral e do bem comum.

A sua visão sobre a política de condicionamento industrial submetia-se, por conseguinte, a considerações de maior fôlego analítico sobre a evolução dos sistemas económicos após a I Guerra Mundial e no rescaldo dos efeitos da Grande Depressão. E conclui o seu raciocínio enquadrador nos seguintes termos:

> Assim, à economia liberal teve de suceder uma economia nova, mais ou menos dirigida pelo Estado. Surgiu pela força das circunstâncias e não pela conceção natural de qualquer cérebro de génio. [...] Temos forçosamente de a seguir e é dentro dela e da sua lógica que podemos compreender e analisar o problema do condicionamento industrial.[11]

Ao admitir a inevitabilidade do sistema, Ulrich não deixava de assinalar a necessidade de corrigir erros e desvios decorrentes da deficiente regulamentação da lei de 1931 que, seis anos mais tarde, se procurava rever à luz dos mesmos intuitos iniciais: controlar a concorrência em benefício de interesses instalados e limitar a expansão da oferta às necessidades de contenção da procura.

Vinte anos após a primeira lei do condicionamento industrial, o tema regressou à apreciação da Câmara Corporativa, desta vez tendo com relator Pedro Teotónio Pereira, um dos políticos que desempenharam funções de maior relevância na fase inicial de implantação do Estado Novo e que foi o principal artífice da elaboração do Estatuto do Trabalho Nacional de 1933 e da legislação sobre previdência e assistência social seguidamente promulgada.[12] Teotónio Pereira podia agora olhar com algum distanciamento para o enquadramento legal do condicionamento industrial e para os seus resultados práticos. Não obstante a reafirmação das responsabilidades contraídas pelo Estado perante a organização e dinamização da vida económica, e apesar de reconhecer as vantagens em manter em vigor o regime de condicionamento, Teotónio Pereira aponta situações em que as atividades industriais poderiam beneficiar de uma maior liberdade em relação à tutela condicionante.

As considerações críticas que o sistema de condicionamento lhe suscita são motivadas por uma atitude de reconhecimento da valia da iniciativa privada que o regime do Estado Novo teimava em não acarinhar suficientemente. As suas palavras expressam com clareza o seu pensamento sobre a matéria:

---

[11] *Diário das Sessões*, n.º 118, 18 de fevereiro de 1937, 468-H.
[12] P. T. Pereira, *A Batalha do Futuro: A Organização Corporativa* (Lisboa: Livraria Clássica, 1937).

O atraso do país, a nossa frequente carência de meios, a debilidade em muitos campos da nossa iniciativa privada e a necessidade inadiável de conseguir determinados progressos da ordem económica e social tornavam muito perigoso o ponto de partida da política nacional ao decidir-se a nova ordem das coisas. Não teria bastado proclamar os méritos da iniciativa privada e enunciar com ela outros princípios salutares a conservar a todo o custo. Era ainda mais importante assegurar que tudo isso fosse possível na hora em que começassem as responsabilidades de uma intervenção na vida económica do país.[13]

A importante missão de Pedro Teotónio Pereira foi a de dotar a estrutura política do Estado Novo de sólidos fundamentos normativos em matérias económicas e sociais. E também a de conceber e desenhar a estrutura institucional de um regime que pretendia afirmar-se pela diferença em relação aos modelos vigentes baseados no mercado liberal ou no Estado planificado.

O regime de condicionamento foi especialmente relevante até ao final da década de 1940. Foi sujeito a diversas alterações, revogações e exceções, mas manteve-se atuante como um dos principais instrumentos da política industrial de intervenção do Estado. Os principais estudos efetuados sobre a sua incidência no tecido industrial português apontam para uma longevidade e um efeito de inércia que conduziram a uma persistência do condicionamento que, entre o início da década de 1930 e o final da década de 1960, afetou ou beneficiou cerca de 50% do emprego e 60% das empresas do sector secundário. E, acima de tudo, deixou marcas indeléveis na formação de uma cultura económica empresarial que se habituou a ambientes de concorrência protegida e a privilégios especiais concedidos pelo Estado.

Neste novo contexto do pós-guerra cumpre destacar o papel desempenhado por novos agentes e protagonistas que contribuíram para o aprofundamento da reflexão e para a tomada de decisão sobre matérias relativas à condução da política económica. Ao papel anterior e tradicionalmente ocupado pelos técnicos e políticos de formação essencialmente jurídica, saídos das Faculdades de Direito das Universidades de Lisboa e de Coimbra, juntava-se agora a contribuição proveniente de novos grupos profissionais com formação nas áreas de engenharia e de economia e finanças, formados sobretudo no Instituto Superior Técnico e no Instituto Superior de Ciências Económicas e Financeiras da Universidade

---

[13] *Diário das Sessões*, n.º 101, 25 de abril de 1951, 906.

Técnica de Lisboa. Revelaram clara preferência por uma abordagem dos problemas económicos centrada numa perspetiva técnica de rentabilização dos recursos disponíveis e das potencialidades oferecidas por novos métodos de produção e de geração de energia. A sua linguagem contrastava com a dos ideólogos corporativistas, emergindo a figura dos engenheiros e dos gestores que antecipam modos de empreender tendo em vista a modernização do país, da qual a industrialização e a eletrificação seriam os principais instrumentos. E demonstraram a sua oposição à excessiva regulamentação imposta pelo condicionamento industrial que, em seu entender, não poderia sobrepor-se aos motores tecnológicos que constituíam a principal garantia de realização do crescimento e do progresso económicos do país.

É neste sentido que se deve interpretar o significado da Lei de Fomento e Reorganização Industrial de 1945, sem dúvida e sem controvérsia considerada como um novo e mais sólido pilar de sustentação da política industrial portuguesa, superando as bases precárias do protecionismo alfandegário e dos procedimentos burocráticos do condicionamento das indústrias. Com a nova lei, afirmam-se duas áreas prioritárias de intervenção do Estado neste sector de atividade, eliminando quaisquer ilusões que pudessem subsistir sobre o carácter acessório ou supletivo da participação direta do Estado na vida económica. Em primeiro lugar, o fomento direto da criação de novas indústrias transformadoras em sectores estratégicos essenciais à indução de crescimento económico, preferencialmente através de uma política de substituição de importações. As participações do Estado no capital de empresas mistas, os sistemas de crédito bonificado, as isenções e os incentivos fiscais, as concessões de exclusivos e proteção da concorrência foram os principais instrumentos postos em prática, decorrentes do articulado da lei. Tais instrumentos revelaram a sua eficácia, e o tecido industrial de meados da década de 1940 conheceu uma profunda mudança com o aparecimento de novas indústrias em sectores tão importantes como os da celulose, refinação de petróleo, siderurgia, petroquímica e adubos.

O segundo domínio de intervenção do Estado previsto na Lei de 1945 referia-se aos processos de reorganização industrial, através de ganhos de economias de escala, de mecanismos de concentração, de substituição de equipamentos ou de expropriações por utilidade pública. Todavia, o sucesso nestas matérias e os resultados efetivamente alcançados não corresponderam às expectativas iniciais.

O parecer que a Câmara Corporativa produziu sobre esta proposta de lei foi elaborado por Ezequiel de Campos, um dos representantes dessa

A Vaga Corporativa

corrente de pensamento pragmático e de pendor tecnológico que sumariamente caracterizámos.[14] O seu texto é desprovido de referências acessórias e procede a um resumo das medidas previstas na nova lei, sublinhando o seu contributo para a reorganização das indústrias, para a melhoria do seu apetrechamento e para o aperfeiçoamento dos métodos de trabalho. Merece-lhe considerações críticas a menor atenção dada na lei à intensificação e modernização da agricultura, matéria sobre a qual vinha batalhando desde o início da década de 1920. Mas o seu tom geral é de inequívoco apoio às novas orientações contidas na lei, sem deixar de manter um posicionamento de expectativa em relação às implicações sociais e às possibilidades de desenvolvimento sustentado dos diversos sectores da vida económica. Para Ezequiel de Campos, conforme sintetizou no final do seu parecer,

> Sem dúvida que urge criar indústrias essenciais para a nossa vida e fazer a modernização das existentes, mas ao mesmo tempo deve-se proceder no melhor método e processos ao aumento da retribuição do trabalho, de modo que este caiba nos resultados finais da industrialização. [...] E simultaneamente deve-se considerar os efeitos da reforma industrial na vida agrícola e comercial.[15]

Conclusões

Os pareceres analisados na secção anterior surgem como exemplos demonstrativos do papel desempenhado pela Câmara Corporativa na definição e enquadramento de políticas públicas, neste caso aplicadas a um período delimitado e com um âmbito que reveste cariz essencialmente económico. A escolha aqui efetuada procurou destacar aquele que foi, sem dúvida, o objeto primordial da atenção dos procuradores da Câmara Corporativa (isto é, os assuntos de natureza económica e financeira) e aquela que terá porventura sido uma das fases mais profícuas da sua atividade.

Desta análise resulta claro o cumprimento das prerrogativas institucionais e dos requisitos funcionais de um órgão que manteve funcionamento ativo ao longo de todo o Estado Novo e que contribuiu de forma decisiva para a criação de bases técnicas e de suportes ideológicos ao fun-

---

[14] J. M. B. de Brito, «Os engenheiros e o pensamento económico do Estado Novo», in *Contribuições para a História do Pensamento Económico em Portugal*, ed. J. L. Cardoso (Lisboa: Dom Quixote, 1988), 209-234.

[15] *Diário das Sessões*, n.º 85, 2 de novembro de 1944, 497.

cionamento do regime. O desenvolvimento de posições críticas ou de menor conformidade com a ação do poder executivo não estava excluído, ainda que não possa ser encarado como configuração de perspetivas ou soluções alternativas. A natureza institucional da Câmara Corporativa conferiu aos pareceres emitidos em seu nome uma legitimidade técnica e política que a responsabilizou pelo alcance e pelas limitações das políticas públicas desenhadas e executadas durante o Estado Novo.

Glicerio Sánchez Recio

Capítulo 5
O corporativismo na ditadura franquista

O corporativismo como corrente sindical e política generalizou-se nos anos 20 e 30 do século passado, no período de entre guerras. Nesse contexto, o capitalismo e o sistema liberal estavam em crise e por isso surgiram movimentos sociopolíticos que, assumindo uma forte intervenção do Estado, pretendiam proteger a sociedade, sobretudo as camadas médias e baixas, da lei inexorável do mercado, e as economias nacionais das operações especulativas e dos interesses das grandes corporações empresariais.

O comunismo e o fascismo são as duas correntes fundamentais das quais surgiram depois regimes políticos que visavam liquidar o velho liberalismo económico e político. Por isso, pode dizer-se que o corporativismo se encontrou no caminhou do fascismo, sem que necessariamente desembocasse nele. Historicamente existiram formas de corporativismo que defenderam com firmeza a sua autonomia frente às pretensões totalitárias do fascismo, ainda que ao mesmo tempo estas se sentissem a aproximar ou a colaborar com este pelo seu êxito político. Estes foram os casos do corporativismo português, do tradicionalismo católico dos carlistas espanhóis, dos militantes franquistas da Ação Católica (AC) espanhola e de outros grupos franceses, austríacos, etc.

O corporativismo em Espanha funde as suas raízes na época pré-liberal, como se manifesta no caso dos carlistas, que reforçam a sua teorização na última década do século XIX, com as propostas do pensamento político e social da hierarquia eclesiástica, a partir das encíclicas de Leão XIII. Este papa encontrava-se preocupado com a participação dos católicos na política, para salvaguardar a autonomia da Igreja perante o processo de secularização (laicismo) que estava em marcha e pelo estabelecimento da harmonia social frente à luta de classes. O surgimento do fascismo, ao utilizar o corporativismo como fator organizativo, foi um revés para o corporativismo tradicional católico, que provocou sucessivos conflitos entre eles, pelo menos do ponto vista ideológico.

A ditadura de Franco começou com um golpe de Estado em julho de 1936 e consolidou-se depois de três anos de uma guerra civil, durante a qual se alcançaram altos níveis de crueldade nas frentes de combate, como na retaguarda, e através de uma dura repressão contra todos os que de alguma forma se haviam mantido leais ao regime republicano. António Elorza define o regime franquista como uma «ditadura de base militar com importantes apoios civis», mas aquele regime converteu-se num anacronismo político na Europa Ocidental a partir de 1945, depois do desaparecimento das ditaduras fascistas na Alemanha e na Itália, que tinham sido os seus apoios internacionais desde a rebelião militar de 1936. Por isso, o regime franquista tem sido considerado por muitos analistas e historiadores como um epígono dos regimes fascistas; outros, todavia, desde os anos 60 definiram-no como regime autoritário, colocando-o na indeterminada trama que vai desde o totalitarismo à democracia. Ambas as formulações deram lugar, entre os anos 70 e 90, a um amplo debate que condicionou a investigação historiográfica sobre o franquismo.[1]

O corporativismo em Espanha durante o primeiro terço do século xx

Como já foi referido, as ideias corporativas estiveram presentes em Espanha durante todo o século XIX e foram um elemento fundamental da ideologia carlista a partir dos anos 30; isto é, desde que o liberalismo se tornou a base da organização política, económica e social do país. O carlismo defendia a sobrevivência do Antigo Regime, o que provocou três guerras civis ao longo de Oitocentos e manteve essas ideias na sua base doutrinal.

O corporativismo do ideário carlista fortaleceu-se com o contacto de outras tendências ideológicas de carácter organicista, como o romantismo, e de outras de tipo harmonicista, como o krausismo, que embora partindo de princípios diferentes, incluíam nas suas elaborações teóricas procedimentos daquele tipo.[2] Mas, sem dúvida alguma, a corrente que

---

[1] Glicerio Sánchez Recio, «Naturaleza y crisis del franquismo», in *Claves de la España del Siglo XX. El difícil camino a la democracia*, coord. Antonio Morales Moya (Madrid: Sociedad Estatal España Nuevo Milenio, 2001), 187-202.

[2] Miguel Ángel Perfecto, «Los orígenes del corporativismo español. Reformismo social, intervencionismo y organicismo», in *Les expériences corporatives dans l'aire latine*, coord. Didier Musiedlak (Berna: Peter Lang, 2010), 33-63; «El corporativismo en España: desde los orígenes a la década de 1930», *Pasado y Memoria. Revista de Historia Contemporánea*, n.º 5 (2006): 185-218.

mais influenciou o corporativismo dos carlistas foi a procedente da doutrina política e social exposta pelos papas a partir dos anos 80 do século XIX.[3] O enunciado dos capítulos dessa doutrina é em si mesmo muito expressivo; porém, é inevitável fazer uma certa análise ao seu significado e dos condicionamentos a que se encontraram submetidos. Em primeiro lugar, deve-se ter em conta que a Igreja era concebida como uma sociedade perfeitamente hierarquizada,[4] cujo fundamento último se encontra em Deus criador e redentor, isto é, que se justificava por motivações prioritariamente religiosas ou teológicas. A participação ativa dos cidadãos na vida política era outro dos princípios firmemente assentes na doutrina pontifícia desde os tempos de Leão XIII e que havia sido reforçado por Pio XI, mas a aplicação deste princípio estava também condicionada pelas conceções da sociedade e do Estado: o organicismo social e o funcionalismo que explica a posição de cada um dos membros e instituições do corpo social,[5] de maneira que a função do Estado nos organismos sociais, culturais, políticos, religiosos seja a de coordenar, impulsionar e suprir, quando os ditos organismos e instituições sejam incapazes de alcançar os objetivos a que se haviam proposto. Devido a essa concepção corporativa e hierarquizada da sociedade e do Estado, os políticos católicos aceitariam de bom grado a representação corporativa. Nestes mesmos princípios baseava-se Monsenhor Enrique Pla y Deniel, quando nos

---

[3] Ver a respeito das encíclicas do papa Leão XIII: *Diuturnum illud* de 1883, *Inmortale Dei* de 1885 e *Libertas* de 1888 sobre a participação dos católicos na política, e *Rerum Novarum* de 1891, sobre a doutrina social da Igreja; alguns anos mais tarde, o papa Pio XI daria um novo impulso a esta actividade pontifícia: *Quadragesimo Anno* e *Divini illius Magistri*. Ver também: Alberto Martin Artajo, e Máximo Cuervo, *Doctrina Social Católica de León XIII y Pío XI*. Prefácio de A. Herrera, 2.ª ed. (Barcelona: Editorial Labor, 1939). Monsenhor Herrera Oria expunha o seu pensamento sobre estas mesmas questões de forma mais elaborada em «Relações entre o trabalho e a empresa», discurso pronunciado a 30 de abril de 1949 na IX Semana Social de Espanha, em Madrid, no qual aproximava a doutrina pontifícia aos textos fundamentais do regime franquista [*Fuero del Trabajo*]. Ángel Herrera Oria, *Obras Completas* (Madrid: BAC), 27-54.

[4] Ver a respeito das cartas pastorais de Mons. Pla y Deniel, fiel intérprete do pensamento pontifício: *El Legítimo Obrerismo y la Herejía Socialista* (1924) e *La realeza de Cristo y los Errores del Laicismo* (1926), em Mons. Pla y Deniel, *Escritos Pastorales*, vol. 1 (Madrid: Acción Católica Española, 1946), 181-230 e 238-249 respetivamente. Ver também: Glicerio Sanchez Recio, *De las dos ciudades a la resurrección de España. Magisterio Pastoral y Pensamiento político de Enrique Pla y Deniel* (Valhadolid: Ámbito, 1994), 50-59.

[5] Sobre os conteúdos da doutrina social ver A. Martin Artajo e M. Cuervo, *Doctrina Social Católica de León XIII y Pío XI*, 137-141 e 186-187. Ver também as entradas *Corporativismo*, in N. Bobbio, *Diccionario de Política* (Madrid: Siglo XXI, 1982), 431-438; e *Análisis Funcional*, in *Enciclopedia Internacional de las ciencias sociales*, D. L. Sills, vol. 1 (Madrid: Aguilar, 1975), 303-304.

anos 20 expunha «o regime político ideal», na perspetiva eclesiástica, no que adquiria uma grande relevância a organização de uma sociedade hierarquizada e corporativa.[6]

Outras das razões da sobrevivência do carlismo e, portanto, do ideário corporativista, foi a debilidade do liberalismo, que penetrou tão tenuamente na sociedade e na política espanholas que no último quarto do século XIX alterou o procedimento para a sucessão dos partidos políticos no governo *(el turno)* e manipulou os processos eleitorais para manter o regime político (a Restauração). Francisco Silvela[7] dizia num discurso pronunciado em janeiro de 1894, quando já estava em vigor a lei do sufrágio universal masculino: «Com o sufrágio universal governa-se, mas com o sufrágio universal não se administra», e noutro discurso, a 30 de novembro de 1895 sobre «A organização municipal nas grandes cidades», desenvolvendo a ideia anterior, dizia:

> Utilizar para a construção desses municípios, dentro do sistema eleitoral, o elemento coletivo, os grémios, os grandes círculos e representações, as associações científicas e literárias, a concorrência das classes médias organizadas para problemas sanitários, o concurso das classes de arquitetos e de engenheiros, organizadas também para os problemas da viabilidade da construção; porque o elemento coletivo é o único que pode organizar o sufrágio universal, do qual já não é possível prescindir nas condições políticas em que nos encontramos, e o elemento coletivo é o que pode levar às municipalidades das grandes cidades os meios de instrução, de honradez e responsabilidade. [...] O cidadão tende a não valorizar o seu direito ao voto e com facilidade o vende por nada. Já um mandato de um círculo, corporação ou centro supõe para o mandatário uma maior obrigação, um seguro contra a fraude, pois confronta-se com os seus colegas de círculo.[8]

Assim, pois, recém-aplicado o sufrágio universal masculino, o Partido Conservador propunha a alteração do seu significado, mudando-o para uma base de votação corporativa. Mas, o corporativismo tinha implícita uma importante componente de antiparlamentarismo, no sentido liberal

---

[6] Glicerio Sanchez Recio, *De las dos ciudades a la resurrección de España...*, 66-71.

[7] Sucessor de Cánovas del Castillo na liderança do Partido Conservador e no governo quando morreu num atentado terrorista, em 1897.

[8] Florentino Portero, «El regeneracionismo conservador: el ideario político de Francisco Silvela», in *Las derechas en la España contemporánea*, eds. Javier Tusell, Feliciano Montero e José María Marín (Barcelona: Anthropos Editorial, 1997), 45-58. Textos citados, 54-55.

do termo. Alguns dos membros de um sector do maurismo,[9] que defendia uma política autoritária, sob a influência da doutrina política e social da hierarquia eclesiástica autoritária, criaram o Partido Popular em 1922.

Mas, os grupos políticos que assumiram a dita doutrina política e social, os que viram as suas posições reforçadas com ela, não configuravam um grupo uniforme. Nos começos do século XX, diferenciavam-se três grupos: os carlistas, que lutavam pelo regresso da monarquia absoluta e a aliança do trono e do altar; os integristas, que se separaram dos anteriores, em 1888, e que defendiam uma conceção estritamente confessional da política e do poder; e a União Católica, como partido católico, que aceitava o regime liberal. Estes grupos católicos pediam ao Estado que interviesse para resolver a questão social, reduzindo-a ao estabelecimento da harmonia entre as classes sociais, o que propunham como instrumento de recuperação dos grémios e da organização corporativa. Elementos que se encontravam na órbita do pensamento de alguns grupos conservadores como se viu, e que em boa medida se adequam à prática política dos conservadores e liberais do governo.[10]

A primeira tentativa de implantar um regime corporativo em Espanha foi levada a cabo durante a ditadura do general Primo de Rivera (1923--1930), a partir de 1926, com a publicação do decreto-lei de 26 de novembro sobre a *organização corporativa do trabalho*, obra do ministro do Trabalho, Eduardo Aunós. Três anos mais tarde incluiu-se a representação corporativa no anteprojeto de Constituição da Monarquia Espanhola,[11] que não chegou a ser aprovada pela queda do regime em finais de janeiro de 1930.

---

[9] O maurismo, como grupo diferenciado dentro do Partido Conservador, surgiu em 1913 pela intransigência do seu referente político, Antonio Maura, contra o dirigente do partido e presidente do governo Eduardo Dato, chefe do grupo chamado «os idóneos», por ser partidário de manter «o turno» no governo com o Partido Liberal. Ver Juan Avilés Farré, «El lugar del maurismo en la Historia del conservadurismo español», in *Las derechas en la España contemporánea*, eds. Javier Tusell, Feliciano Montero e José María Marín..., 115-128.

[10] Miguel Ángel Perfecto, «Los orígenes del corporativismo español..., 51-52.

[11] No artigo 58.º dizia-se: «As Cortes do Reino constituir-se-ão do seguinte modo: 1. Uma metade dos deputados será eleita por sufrágio universal direto na forma como a lei determinará, por províncias e em colégio nacional único. O número dos eleitos por cada província será um por cem mil almas. 2. Trinta deputados serão designados por nomeação real e terão carácter vitalício. 3. Os demais serão eleitos em colégios especiais de profissionais ou classes, segundo a forma que determinará a lei. Serão eleitores de sufrágio direto todos os espanhóis de ambos os sexos, que tenham cumprido a idade legal, com as únicas exceções que a lei taxativamente estabeleça. Serão eleitores nos colégios especiais os espanhóis de ambos os sexos, que se tenham inscrito no respetivo censo profissional ou de classe, por reunir as condições que para cada caso fixará a lei.»

A Vaga Corporativa

Eduardo Aunós foi o mais genuíno representante do corporativismo em Espanha, nos anos 20 e 30.[12] Este político e pensador conhecia os princípios da filosofia krausista, tinha estudado as correntes organicistas e intervencionistas difundidas na Europa no começo dos anos 20, foi secretário político de Cambó quando este foi ministro do Fomento, com uma influência marcante do pensamento católico tradicional[13] e das obras do marquês de La Tour du Pin (1834-1924).[14]

Eduardo Aunós sintetizava o seu pensamento, em 1935, da seguinte forma, na sua obra *A Reforma Corporativa do Estado*: «O Estado corporativo repousa sobre o povo organizado em entidades autárquicas. Assim como o Estado liberal proclama o 'direito' dos indivíduos, a base essencial do Estado Corporativo é a função dos mesmos, do que se infere que a sua exigência primária é o 'dever social do trabalho'. Cada indivíduo é obrigado a desempenhar a função para qual esteja apto em benefício da coletividade e por esse motivo forma parte obrigatória da organização corporativa correspondente. Este princípio exclui a fictícia liberdade do Estado democrático; [...] estabelece a disciplina social e o respeito às hierarquias que derivam da preeminência nas tarefas produtivas e supõe, por conseguinte, um Estado forte, com suficiente autoridade para cumprir os seus amplíssimos fins.»[15]

Mas o principal contributo de Eduardo Aunós para o corporativismo durante a ditadura de Primo de Rivera, como se disse, foi a elaboração do decreto-lei sobre a organização corporativa nacional. No preâmbulo do dito decerto-lei expôs os objectivos que se perseguiam com a organização corporativa e os instrumentos mediante os quais se pretendia a sua configuração.[16]

---

[12] Miguel Ángel Perfecto García, «Corporativismo y catolicismo social en la Dictadura de Primo de Rivera». *Studia Historica. Historia Contemporánea*, vol. 2, Universidade de Salamanca (1984): 123-147.

[13] Antes de se incorporar no debate político a questão do corporativismo já existia no ambiente católico sindical, como se pode ver no ponto VII do Programa Doutrinal e de Acção da Confederação Nacional de Sindicatos Católicos de Operários (1919): «Somos corporativistas porque só a corporação pode dar aos patrões e aos operários de cada profissão consciência da unidade da sua função social e de interesses comuns, e só ela, portanto, pode abrir caminho à paz e fazer possível na sua integridade o serviço que ambas as classes juntas devem prestar à sociedade.» Texto citado em Enrique Guerrero Salom, «La dictadura de Primo de Rivera y el corporativismo», *Cuadernos Económicos de ICE*, n.º 10 (1979): 128.

[14] Eduardo Aunós, em 1936, escreveu o prefácio à edição da obra do marquês de La Tour du Pin, *Hacia un Orden Social Cristiano*, publicada em Madrid por Cultura Española.

[15] Texto citado por Enrique Guerrero Salom, artigo citado, 115-116.

[16] Fonte: <http://www.historiacontemporanea.com/pages/bloque6/la-dictadura-de-primo-de-rivera-19231930/documentos_historicos/organizacion-corporativa-del-trabajo-26-noviembre-1924>.

Relativamente aos objetivos, e tendo em conta o problema fundamental da sociedade espanhola dos anos 20, como disse Ángel Ossorio, que era o social,[17] procurava-se alcançar a ordem, entendida como harmonia social: «A ordem a que nos referimos começa, na realidade, quando não se trata já de que os distintos elementos sociais não lutem nem contendam, senão de que se articulem e colaborem, e não de evitar a sua desagregação atomística, mas antes conseguir a sua concentração e convergência num esforço geral para o progresso, para a justiça e para o bem.»

Quanto aos instrumentos para construir o referido plano orgânico, Eduardo Aunós recupera os grémios, de origem medieval, que estiveram em vigor em Espanha até à implantação do liberalismo, e que no citado preâmbulo se denominam «como entidades profissionais e hierárquicas, benéficas e religiosas». Seguindo o modelo da organização gremial, o autor deste decreto-lei situa na base da organização corporativa os comités paritários, organizações que já haviam sido experimentadas, particularmente em Barcelona, e as que reconhecia como eixo da sua atuação «a ponderação de interesses e o espírito de concórdia».

Seguindo o texto do preâmbulo, pode ler-se: «O sistema corporativo [...] repousa no Comité paritário de ofício e na Comissão mista do trabalho, organismo último de ligação de Comités paritários, cujos elementos profissionais vertem a sua atividade na mesma área de produção. Um e outro elaboram normas obrigatórias nos ofícios da sua competência, normas que têm o seu vértice comum no contrato de trabalho, e que alcançam, com um carácter tutelar, até a realização de obras de assistência social, consagradas em instituições de tão relevante utilidade como as Bolsas de Trabalho.»

Assim, a organização corporativa nacional constrói-se mediante a criação de *comités paritários* (de patrões e trabalhadores) e *comissões mistas* (organismos de enlace e coordenação) por ofício. Atribuição muito importante destes organismos é a sua capacidade normativa em assuntos do seu âmbito, das quais a mais importante é referente ao contrato de trabalho, e estende-se também a funções de carácter tutelar e assistencial.

A organização corporativa por ofício completa-se e remata com a *corporação*, na qual estão representados os comités paritários (patrões e trabalhadores) do ofício respetivo e deve estender-se a todos os ramos de produção nacional (ofícios), o que pressupõe a obrigatoriedade dos comités paritários, que se unirão no vértice, segundo o art. 8, 5.º do de-

---

[17] Declarações ao diário maurista *La Acción*, Madrid, 5 de setembro de 1919.

creto-lei, a Comissão Delegada dos Conselhos de Corporação, configurando desta forma uma organização de tipo piramidal.

O resultado previsto da organização corporativa nacional era antecipado no final do preâmbulo com estas palavras: «O sentido de responsabilidade profissional fundir-se-á com o sentido de solidariedade nacional.»

Os efeitos desta organização corporativa ultrapassam os sociais e económicos. O estabelecimento desta harmonia social mediante a colaboração de patrões e trabalhadores em comités paritários, e a organização do trabalho que o sistema continha implícito deveriam criar o ambiente de solidariedade nacional que, por sua vez, se converteria na base de uma nova estrutura do Estado.

A intensa intervenção do Estado na organização corporativa supunha uma efetiva limitação do pluralismo político e sindical. Durante a ditadura de Primo de Rivera os partidos políticos e os sindicatos estiveram praticamente ilegalizados; o governo dispensou maior tolerância ao PSOE e à UGT e, inclusivamente, requereu a sua participação nos conselhos de Estado e nos comités paritários. O general Primo de Rivera, como todos os ditadores com ambição de prolongar a sua permanência no poder, criou o seu próprio partido, a União Patriótica (UP), que num certo momento definiu de forma simplista como «associação de homens de boa-fé» e em outra ocasião se referiu a ele de modo muito genérico, dizendo: «Somos um partido monárquico de centro, moderado e serenamente democrático, progressivo enquanto representante do bem pátrio, limitador de audácias contra o poder público e de ataques à moral e aos bons costumes.»

Os militantes e simpatizantes da UP eram ideologicamente de direita tradicionalista, membros da Associação Católica de Propagandistas (ACNP) e contavam com o apoio dos sindicatos católicos. Primo de Rivera escolheu os seus colaboradores mais próximos destes militantes, de escassas convicções liberais.[18]

A atitude de Primo de Rivera perante o PSOE e a UGT, segundo Julio Aróstegui, citando Amaro del Rosal, deveu-se «tanto à sua orientação social-democrata, de atitude violenta contra o comunismo, a CNT e a União Soviética, como à sua posição colaboracionista.»[19] Nos debates no Comité Nacional da UGT sobre a colaboração com a ditadura impôs-se

---

[18] Rosa Martínez Segarra, «La Unión Patriótica», in *Las derechas en la España contemporánea*, eds. Javier Tusell, Feliciano Montero e José María Marín, 169-170.
[19] Julio Aróstegui, *Largo Caballero. El tesón y la quimera* (Barcelona: Debate, 2013), 175.

a posição reformista e pragmática de Francisco Largo Caballero, apoiado por Julián Besteiro, com o objectivo de proteger o sindicato e o partido, adquirir cotas de poder e melhorias para os trabalhadores. Em consequência, Largo Caballero passou a formar parte, primeiro, do Conselho de Trabalho e, depois, do Conselho de Estado, como representante trabalhador do anterior; e os ugetistas integraram-se nos comités paritários.[20] O procedimento seguido para sua designação foi a votação prévia no sindicato. Esta era uma das escassas faculdades que o governo da ditadura reconhecia à UGT, que havia sido privada da sua capacidade reivindicativa.

Utilizando as palavras de Julio Aróstegui, «o princípio do fim da convivência, que não convivia» entre socialistas e a ditadura de Primo de Rivera produziu-se a partir do fim dos finais de 1927, a propósito do debate na UGT e no PSOE sobre a atitude perante a convocatória da Assembleia Nacional e o posterior projeto de Constituição. Tanto o sindicato como o partido se opuseram a que os dirigentes, filiados e militantes, que foram designados, integrassem a dita Assembleia, ainda que esta decisão tenha resultado de intensos e incisivos debates entre o sector reformista e o que se tinha oposto sempre à ditadura sem nenhum tipo de reserva, encabeçado por Indalecio Prieto.[21]

Voltando à questão do corporativismo, Eduardo Aunós expunha, em 1930, as diferenças entre a doutrina do Estado corporativo (entidades autárquicas e Estado forte) e a conceção fascista, de influência mussoliniana (partido único e Estado totalitário):[22] «A nossa época é essencialmente orgânica e intervencionista. A aspiração dos Estados é que nada do que tenha transcendência na vida social e afete o interesse coletivo [...] permaneça na penumbra de uma mais ou menos direta ação do Estado. Talvez destes dois fatores, organicismo e intervencionismo, o primeiro seja permanente e o segundo transitório, se bem que não menos necessário até que os órgãos de formação cidadã se vão capacitando para exercer por si mesmos as funções que lhes são próprias.» Mas, o próprio Aunós, uns anos mais tarde, construía uma ponte entre o corporativismo e o fascismo italiano e, portanto, com a Falange Espanhola (FE) das Juntas de Ofensiva Nacional-Sindicalista (JONS), apresentando o fascismo como complemento do tradicionalismo católico.

Escrevia E. Aunós:[23] «Através desta síntese pode apreciar-se a vasta obra realizada pelo fascismo na esfera das relações laborais. Os seus três

---

[20] Julio Aróstegui, *Largo Caballero...*, 179-192.
[21] Julio Aróstegui, *Largo Caballero...*, 192-203.
[22] Eduardo Aunós, *Estudios de Derecho Corporativo* (Madrid, 1930), 7-8.
[23] Eduardo Aunós, *La Reforma Corporativa del Estado* (Madrid, 1935), 120-121.

elementos constitutivos: sindicalismo soreliano, estatismo socialista e tradicionalismo de Latour du Pin, foram conjugados com moderação. É preciso, no entanto, situar-se na realidade mais estrita se se quer proceder com relativo acerto sobre o valor destas novíssimas construções. No momento, sindicalismo e estatismo prevalecem no movimento fascista com exagerado relevo; mas seria erróneo supor que reúnem as orientações definitivas do regime. [...] Fazem mal quantos em nome daquelas doutrinas [as do tradicionalismo católico] combatem o intervencionismo fascista, intervencionismo necessário e imprescindível por um período de tempo indeterminado; [...] só se poderá passar sem riscos do liberalismo ao corporativismo situando entre ambos uma etapa de intervencionismo estatal, tão dilatada como requer a extirpação de antagonismos e ideologias nefastos.»

Todavia, a posição de Eduardo Aunós não coincide com a de outros dirigentes do tradicionalismo católico, como era o caso de José María Gil Robles, que em 1937 advertia para o perigo que envolvia considerar que «o indivíduo não existe quando atua dentro do Estado e se subordina aos interesses deste».[24]

O corporativismo na ditadura franquista

O regime franquista começou a organizar-se sob a direcção de Ramón Serrano Suñer, cunhado do general Franco, em abril de 1937, com a criação da Falange Espanhola Tradicionalista (FET) e das JONS. Este partido político foi organizado a partir do poder, tomando como base dois pequenos partidos, um de carácter totalitário, Falange Espanhola, e outro antiliberal e corporativo, a Comunhão Tradicionalista (CT); e afluíram a ele vários grupos de ideologias afins. Como consequência, e apesar de a FET e das JONS ajustarem a sua organização e o seu funcionamento ao modelo do partido único, estiveram sempre condicionadas pela sua origem, pela sua dependência da chefia do Estado, pela pluralidade dos grupos que o integraram, que não perderam nunca a sua identidade, e pela personalidade do seu chefe político – o general Franco – que não procedia de nenhum dos partidos de origem nem dos que se integraram posteriormente. A FET e das JONS foi criada a partir do poder e, desde a sua origem, foi instrumentalizada pelo seu próprio chefe político, que ao mesmo tempo, era chefe de Estado.

---

[24] Texto citado *in* Enrique Gerrero Salom, artigo citado, 122.

Estes distintos grupos políticos antirrepublicanos e antiliberais, que colaboraram com o regime desde as suas origens, permitem utilizar o conceito de *coligação reaccionária* para caracterizar este partido político. Mas, a apesar da utilidade deste conceito, há que matizá-lo também. Os grupos integrados na coligação não tinham autonomia real, já que as organizações políticas estavam proibidas desde a promulgação do decreto de unificação de 19 de abril de 1937; todavia, a sua influência era admitida e consentida pelas organizações do partido único e pelo Estado, e utilizada inclusivamente para contestar o poder político dos diversos grupos e impedir que a concentração de poder em algum deles pudesse debilitar o general Franco. Neste sentido, a coligação reaccionária e o partido único não se comportaram realmente como tais, senão como uma estrutura mutável e adaptável na qual se apoiou o general Franco, escondendo o excessivo poder do exército. Nesta coligação integraram-se posteriormente os representantes de outros grupos – membros da AC, em 1945, e da Opus Dei, em 1957, o que exigia uma acomodação contínua dentro dela e que motivou confrontos e lutas políticas entre uns grupos e outros, que necessariamente tinham o seu reflexo na evolução do regime.[25]

No entanto, à FET e das JONS, apesar de se ter organizado sobre três partidos distintos (aos dois conhecidos há-de unir-se a Renovação Espanhola (RE), foi imposto o ideário falangista, o que se tornou na razão de sucessivos conflitos entre os grupos, daí que se possa dizer que o corporativismo atuou como nexo da coligação reaccionária, ainda que entendido de forma distinta por diferentes grupos e que só a tolerância e a debilidade política da CT e da RE impediram que se chegasse a uma situação de rutura entre as ditas organizações.

O programa falangista era similar ao dos partidos fascistas que haviam chegado ao poder em Itália e na Alemanha. Segundo aquele, todo o poder estava no Estado e só a partir daí podiam tomar-se as medidas de que a sociedade espanhola necessitava. Portanto, a FE tinha um claro objectivo de exclusividade política e aspirava a ocupar o poder do Estado e eliminar outras organizações políticas, mais ainda, a FE pretendia confundir a sua estrutura interna com a do Estado.

Os objectivos da política económica falangista pressupunham uma forte intervenção do Estado, e relativamente à política social, a FE procurava implantar a harmonia social através da intervenção estatal e da

---

[25] G. Sanchez Recio, «La coalición reaccionaria y la confrontación política dentro del régimen franquista», in *Estudios sobre la Derecha Española Contemporánea*, eds. J. Tusell *et al.* (Madrid: UNED, 1993), 551-562; e do mesmo autor: *Sobre todos Franco. Coalición Reaccionaria y Grupos Políticos* (Barcelona: Flor del Viento, 2008), 32-37 e 43-67.

A Vaga Corporativa

organização corporativa. Ademais, a FE era, em princípio, tão antiliberal como anticomunista, pela desagregação política e pela inibição social que carregava o liberalismo, e pelo internacionalismo comunista; e é aqui que o corporativismo cumpre sua função, tal como se proclamava já nos Pontos Programáticos de FE e das JONS, em novembro de 1934:

> 6. O nosso Estado será um instrumento totalitário ao serviço da integridade pátria: Todos os espanhóis participarão nele através da sua função familiar, municipal e sindical. Ninguém participará através dos partidos políticos. Abolir-se-á implacavelmente o sistema dos partidos políticos [...].
> 9. Concebemos a Espanha como um gigantesco sindicato de produtores. Organizaremos corporativamente a sociedade espanhola mediante um sistema de sindicatos verticais por ramos de produção, ao serviço da integridade económica nacional.
> 10. Repudiamos o sistema capitalista, que se desentende das necessidades populares, desumaniza a propriedade privada. [...] O nosso sentido espiritual e nacional repudia também o marxismo [...].[26]

Estes textos são claramente aparentados com outros de Mussolini, que dizia que, para o estabelecimento de um corporativismo pleno, se requeria: «Um partido único, em virtude do qual, com a disciplina económica, se ponha em acção também a disciplina política. [...] Um Estado totalitário, isto é, um Estado que absorve em si para transformá-las e fortalecê-las, todas as energias, todos os interesses, todas as esperanças de um povo [...].»[27]

Os tradicionalistas, por outro lado, não tinham um programa tão elaborado. Os seus antecedentes remontavam aos velhos princípios do partido carlista, que havia sido o transmissor, para além da reivindicação dinástica, de fórmulas antiliberais, não tanto por oposição ao regime como pela defesa de princípios e organizações procedentes do Antigo Regime, como já foi dito.

A política social da ditadura franquista foi anunciada no *Fuero del Trabajo*, a 9 de março de 1938.[28] Este texto é um produto exemplar do sincretismo doutrinal dos ideários falangista e católico tradicionalista,[29] que

---

[26] J. A. Primo de Rivera, *Obras completas* (Madrid, 1945), 520-522.
[27] Benito Mussolini, *El Estado Corporativo* (Salamanca: s. ed.), 37.
[28] *Boletín Oficial del Estado* do dia 10 de março de 1938. Ver também: *Fundamentos del nuevo Estado* (Madrid: Vicesecretaría de Educación Popular, 1943), 173-182.
[29] J. Azpiazu considerava que o nacional-sindicalismo havia levado o corporativismo tradicional ao seu máximo desenvolvimento, expressando-se da seguinte maneira: «No tempo da ditadura formaram-se pelos senhor Aunós, ministro do Trabalho, os famosos Comités Paritários [...], e a pessoas chamaram àquilo corporativismo. E não era. *¡Vive Dios!* Poderia ter sido um primeiro passo para o corporativismo se aqueles comités não

se projeta sobre os problemas que, segundo os governantes franquistas, tinham sido considerados na sociedade espanhola do momento – a revolução pendente –, tal como se expressa no primeiro parágrafo do preâmbulo: «Renovando a Tradição Católica, de justiça social, e o alto sentido humano que formou a nossa legislação do Império, o Estado Nacional enquanto instrumento totalitário ao serviço da integridade pátria e sindicalista, enquanto representa uma reação contra o capitalismo liberal e o materialismo marxista, empreende a tarefa de realizar – com ar militar, construtivo e gravemente religioso – a Revolução que Espanha tem pendente e que há de devolver aos espanhóis, de uma vez para sempre, a Pátria, o Pão e a Justiça.»

E no ponto XIII, de forma mais explícita, fala-se do organismo mediante o qual se levará a cabo dita integração: «Todos os sectores da economia serão enquadrados, por ramos de produção, em sindicatos verticais (§ 2). «O sindicato vertical é uma corporação de direito público que se constitui pela integração num organismo unitário de todos os elementos que consagram as suas atividades ao cumprimento do processo económico, dentro de um determinado serviço ou ramo de produção, ordenado hierarquicamente sob a direção do Estado (§ 3).

Estes princípios serão desenvolvidos amplamente pela Lei de Bases da Organização Sindical, de 6 de dezembro de 1940, em cujo preâmbulo podem ler-se proposições tão surpreendentes como esta: «Às Centrais [nacional-sindicalistas], que reunirão em *hermandad Cristiana y falangista* as diversas categorias sociais do trabalho compete velar pela direta implicação pessoal de cada produtor, empresário, técnico e trabalhador na disciplina sindical.»

No artigo primeiro delimita-se e define-se o gigantesco *organismo nacional-sindicalista* da seguinte forma: «Os espanhóis, enquanto colaboram com a produção, constituem a Comunidade Nacional sindicalista como unidade militante em disciplina do Movimento.» E dentro deste organismo devem resolver-se os conflitos laborais que se coloquem, o que se expressa com estas palavras: «Procurar a conciliação dos conflitos *individuais* de trabalho como trâmite prévio e obrigatório à intervenção da Magistratura de Trabalho» (art.º 16, 1).[30]

---

tivessem estado minados pelo socialismo e não tivessem sido novos e formidáveis instrumentos de lutas de classes. [...] Aquilo não foi sombra de corporação». J. Azpiazu, *¿Corporativismo o Nacional-Sindicalismo?* (Pamplona, 1938), 26 (texto citado em E. Guerrero Salom, art. cit., 130).

[30] Um bom exemplo da função que cumpriram a Organização Sindical e a política durante a etapa autárquica pode ver-se *in* Roque Moreno Fonseret, *La Autarquía en Alicante (1939-1952). Escasez de Recursos y Acumulación de Beneficios* (Alicante: Instituto de Cultura «Juan Gil-Albert», 1995), 79-91.

A Vaga Corporativa

O acordo básico – a fórmula sincrética – que se deu nas esferas dirigentes do partido único e do Estado não se pôs em dúvida em nenhum momento, ainda que no seu seio se produzissem confrontos com a intenção de precisar o significado dos conceitos e, definitivamente, a competência dos organismos e a autonomia das distintas organizações. Tanto assim foi que na coligação reaccionária tiveram lugar outras pessoas e organizações, particularmente as que procediam da militância católica (AC e ACNP).

A respeito da representação política na ditadura franquista, no ponto VI do ideário falangista, como se viu antes, dizia-se que «todos os espanhóis participarão [...] através da sua função familiar, municipal e sindical». Este princípio estabelecia-se no contexto do regime totalitário que se pretendia implementar; mas o franquismo tardou bastante tempo em desenvolver plenamente o seu sistema de representação, a não ser que se entenda como tal a incorporação dos espanhóis no partido único e através dele a sua presença nas altas instituições do Estado, entre as quais se deve considerar o Conselho Nacional do Movimento, cujo objetivo, segundo o art. 3.º do decreto de 19 de abril de 1937, era conhecer «os grandes problemas nacionais que o chefe de Estado lhe submeta». Mas a representação não se poria em funcionamento até finais de 1942, nas primeiras eleições para as Cortes. As Cortes constituíram-se com representantes dos municípios e províncias, dos sindicatos, da Administração e de outras instituições: exército, hierarquia eclesiástica e corporações civis do Estado.[31] Mas as Cortes criavam-se como órgão de colaboração com o chefe de Estado, em quem residia todo o poder legislativo, na elaboração das leis; isto é, as Cortes não tinham autonomia legislativa e as suas faculdades reduziam-se às de uma instituição consultiva. O *tercio* familiar não foi convocado até 1967, depois da aprovação da Lei Orgânica do Estado.[32]

Em 1948, celebraram-se as primeiras eleições municipais para conselheiros pelos *tercios* familiar, sindical e das corporações. Os presidentes de câmaras municipais foram nomeados pelo governo durante todo o regime franquista. Até 1948 os cargos municipais (comissões gestoras) eram designados, de acordo com o decreto de 5 de outubro de 1936, entre «os maiores contribuintes por atividade rústica, industrial, e pecuária, sempre que reúnam as características de apoliticismo e eficácia [...]

---

[31] Ver a Lei constitutiva das Cortes de 17 de julho de 1942, art. 2.º. Ver também Miguel Ángel Giménez Martínez, *Las Cortes Españolas en el Régimen de Franco. Nacimiento, Desarrollo y Extinción de una Cámara Orgánica* (Madrid: Congreso de los Diputados, 2012), 114-147.

[32] Glicerio Sánchez Recio, *Sobre todos Franco...*, 264-268.

podendo ser chamadas outras pessoas que [...] possam estimar-se como de leal e imprescindível cooperação...». Mas, em qualquer caso haviam de ser excluídos todos aqueles «que tenham pertencido a organizações políticas na Frente Popular», como mandava a ordem de 30 de outubro de 1937 sobre *Ayuntamentos y Deputaciones Provinciales*.

O desenvolvimento do sistema de representação do regime franquista foi resultado da diversidade no interior da coligação reacionária. Perante o monolitismo falangista, próximo ao fascismo italiano,[33] os tradicionalistas e monárquicos eram partidários de um tipo de representação mais ampla, de carácter corporativo, tanto para os eleitores como para os candidatos, porque estes só tinham dois procedimentos para se apresentarem: mediante as listas do partido ou a apresentação pessoal, sem possibilidade de buscar outras ajudas nem fazer campanha eleitoral. Mas esta representação corporativa é resultado de um compromisso ou da imposição do *caudillo*, que pretende responder às petições de todos os grupos dentro do caminho estabelecido pela norma de validade geral. Assim, durante o franquismo os cidadãos nunca estiveram representados como tais, somente as instituições e as corporações do regime, e partindo de uma base eleitoral muito reduzida.[34]

Por último, relativamente à presença do corporativismo na empresa, e apesar do predomínio falangista na legislação sobre o sindicato vertical, à parte da normativa legal, a sua influência esteve sempre mediada pelo Ministério do Trabalho.[35]

No *Fuero del Trabajo* estabelecia-se o mecanismo do sindicato vertical: o sindicato devia conhecer os problemas da produção e propor soluções, subordinando-as ao interesse geral, e participaria na regulamentação, vigilância e cumprimento das condições de trabalho através das organizações especializadas (ponto XIII); também havia marcado o limite mínimo dos salários, o que permitiria viver com dignidade ao trabalhador e a sua família (ponto III). Mas, apesar de ao sindicato vertical corresponder um importante papel no mercado de trabalho, foi o ministro do Trabalho que exerceu a função principal; à Organização Sindical pertenciam as

---

[33] Marco Palla, «Lo Stato-partito», in Marco Palla, *Lo Stato fascista*, (Milão: La Nuova Italia, 2001), 1-20.

[34] Glicerio Sánchez Recio, «Familias políticas, estructuras de poder, instituciones del régimen», in *Falange. Las Culturas Políticas del Fascismo en la España de Franco (1936-1975)*, ed. Miguel Ángel Ruiz Carnicer (Saragoça: Institución Fernando el Católico, 2013), 217--229.

[35] Glicerio Sánchez Recio, «El sindicato vertical como instrumento político y económico del régimen franquista», *Pasado y memoria. Revista de Historia Contemporánea*, n.º 1 (2002), 9-32.

A Vaga Corporativa

Oficinas de Colocación e o controlo da carta profissional (1940), que deviam ter todos os trabalhadores, e na que se recolhia o «currículo profissional» de cada um deles; mas o Ministério do Trabalho ditava todas as medidas relativas à atividade laboral: estabelecia especialistas, categorias, salários, horários, condições de trabalho, descanso, férias, sanções, etc. (lei de regulamentação de trabalho, de outubro de 1942), e reforçava a dependência do trabalhador relativo ao empresário, «chefe de empresa» (lei de contrato de trabalho, de janeiro de 1944).[36] Assim, através desta legislação, o Estado dava ao empresário o processo de contratação laboral e impedia os trabalhadores de se associarem entre si para fazer valer os seus direitos; pelo que a reivindicação só se podia efetuar perante a *Magistratura de Trabajo*, isto é, ante o Estado, individualmente.[37] Este organismo judicial exerceu uma importante e intensa actividade entre 1940 e 1958. José Babiano Mora analisou estas ações judiciais destacando aspetos tão significativos como os relativos aos despedimentos, a salários e horas extras, a acidentes laborais e a sentenças favoráveis aos trabalhadores.[38] Desde 1946, os assuntos resolvidos anualmente pela *Magistratura de Trabajo* foram entre os 50 000 e os 60 000, superando somente este último valor em 1953, e as sentenças favoráveis aos trabalhadores moveram-se ao longo de toda a série entre 15% e 20% cada ano. A lei laboral franquista assegurava ao trabalhador uma notável estabilidade no posto de trabalho, exceto se incorresse num expediente disciplinar por qualquer dos muitos motivos estabelecidos na leis e regulamentos, ou num expediente de depuração de tipo político.

A lei de convenções coletivas pretendia dar maior participação aos trabalhadores na gestão da empresa, estabelecer contacto direto com os empresários e ter em conta o fator da produtividade nas negociações dos

---

[36] A Organização Sindical ficava reduzida a um organismo institucional de escassa incidência no campo laboral, no qual o Ministério do Trabalho exercia amplas competências. A Organização Sindical, mais concretamente, completava as funções encomendadas a este Ministério.

[37] A partir desta situação sociolaboral, José Babiano Mora para explicar a política laboral do franquismo, socorreu-se dos conceitos de *taylorismo* e *paternalismo do Estado*, entendidos como «um modo de gestão global da força de trabalho». Esta conceitualização abre uma via de análise sobre a política laboral pondo pôr, segundo as suas palavras, «o sindicato vertical no seu sítio»: José Babiano Mora, *Paternalismo Industrial y Disciplina Fabril en España (1938-1958)* (Madrid: CES, 1998), 9-16.

[38] José Babiano Mora, *Paternalismo Industrial y Disciplina Fabril...*, 51-56. As condições laborais e de vida dos trabalhadores durante a primeira etapa do franquismo podem ver-se *in* David Ruiz, «De la supervivencia a la negociación. Actitudes obreras en las primeras décadas de la dictadura (1939-1958)», in *Historia de Comisiones Obreras (1958-1988)*, dir. D. Ruiz (Madrid: Siglo XXI, 1993), 47-68.

acordos laborais; mas tudo isto devia realizar-se no estreito marco estabelecido pelas leis sindicais do regime, o que daria lugar ao surgimento de numerosos conflitos nos processos de negociação de convénios laborais. O regime, mesmo assim, havia previsto o aumento da conflitualidade política e laboral, pelo que os delitos relacionados com ela passariam para a competência do tribunal de *Orden Público*, criado em 1963.

A aplicação da lei de convénios coletivos supunha que o Ministério do Trabalho participasse nestes processos. Ao Ministério correspondia velar pela correção formal da negociação e intervir quando se paralisava e não se podia concluir por desacordo insuperável dos empresários e dos trabalhadores. Neste caso, a intervenção realizava-se não pela via da arbitragem, mas pelo ditado de um decreto (norma) *de cumprimento obrigatório*, com o que o Ministério do Trabalho se convertia no garante da aplicação da legislação laboral. Os capítulos que se negociavam nos convénios coletivos eram todos referentes às condições de trabalho, os que estabeleciam a situação dos trabalhadores na empresa e os que definiam os serviços sociais que recebiam o trabalhador e sua família por pertencer ou ter pertencido à empresa. Os convénios eram revistos e atualizados periodicamente, dependendo do acordado, da conjuntura da empresa ou da conjuntura económica geral, mas nem todos os trabalhadores estavam submetidos a convénio. Segundo a legislação, somente as grandes empresas podiam estabelecer convénios por si sós; as restantes estavam reguladas por convénios de sindicato ou sector e a sua obrigatoriedade estendia-se a todas as localidades ou províncias. As intervenções diretas do Ministério do Trabalho, através das normas de cumprimento obrigatório, foram numerosas, podendo-se calcular que as empresas afetadas se situaram em torno de 10% entre 1964 e 1972, o que se repercutiu sobre o total dos trabalhadores entre os 20% e os 25% dos anos de 1964 a 1968 e em proporções notavelmente mais baixas nos anos seguintes.[39]

Em consequência, pode afirmar-se que o regime franquista era corporativo do ponto de vista formal, mas na prática política – organizativa, sociolaboral e económica – o governo da ditadura interveio para impedir que o funcionamento normal daquele sistema reduzisse o poder das mais altas autoridades do regime.

Perante esta política laboral, a hierarquia eclesiástica, nos finais dos anos 40, mantinha posições afins às definidas por Eduardo Aunós em

---

[39] Rosario Sánchez, e M. Encarna Nicolás, «Sindicalismo vertical franquista: La institucionalización de una antinomia (1939-1975)», in *Historia de Comisiones Obreras (1958-1988)...*, dir. D. Ruiz, 41.

A Vaga Corporativa

meados da década anterior. A este respeito, um bispo tão importante, como Mons. Herrera Oria,[40] no citado discurso sobre «as relações entre trabalho e a empresa», em abril de 1949, dizia: «O Fuero [del Trabajo], em conjunto, é de autêntica inspiração cristã, e a esta inspiração, que responde à ideologia de quem o redigiu e do governo que o promulgou, há que ajustar-se para decifrar as dúvidas que a sua letra suscita. Há que recusar, por contrárias ao espírito do texto, as interpretações em sentido estatificador, porque o Fuero não é partidário da nacionalização da indústria ou da banca, antes pretende estimular a iniciativa privada.»

Contudo, não satisfeito com a cristianização da legislação laboral franquista Mons. Herrera Oria propõe aos empresários o ponto VIII do Fuero[41] como princípios a seguir na reforma das suas empresas, advertindo, ao mesmo tempo, o perigo que encerraria se se aplicasse uma interpretação socialista: «[...] Porque nos seus quatro artigos constam orientações para a reforma da empresa; orientações que serão preciosas, interpretadas e aplicadas por um industrial cristão; que serão perigosas traduzidas em lei por um parlamento socialista. E esta é uma razão mais para que os nossos capitalistas não durmam incautos sobre um *statu quo* indefensável.»

Assim, pois, não só existia uma aliança estreita entre a hierarquia eclesiástica e o regime franquista como aquela pretendia também estendê-la ao grupo dos empresários, que foi o que mais apoios sociais prestaram ao franquismo. O capitalismo espanhol, portanto, durante o franquismo contou com a proteção do regime e com a aquiescência da hierarquia eclesiástica.

---

[40] Ángel Herrera Oria (1886-1968) foi um importante membro da ACNP e diretor do diário *El Debate*, a partir do qual defendeu as ideias políticas e sociais pontifícias. Durante a República, através do seu jornal, atuou como o principal fustigador da política reformista dos governos da conjugação republicano-socialista. Durante a Guerra Civil esteve em Friburgo (Suíça), em cujo Seminário estudou Teologia. Foi ordenado sacerdote em 1940, bispo em 1947 e designado cardeal em 1965, ver José Sánchez Jiménez, *El Cardenal Herrera Oria. Pensamiento y acción social* (Madrid: Ediciones Encuentro, 1986).

[41] No ponto VIII diz-se que o capital é «um instrumento da produção», define-se a empresa como «unidade produtora», qualifica-se o patrão como «chefe da empresa» e a respeito do benefício diz-se que «atendido um justo interesse do capital, se aplicará com preferência à formação das reservas necessárias para a sua estabilidade, ao aperfeiçoamento da produção e melhoramento das condições de trabalho e vida dos trabalhadores».

Olivier Dard

Capítulo 6
O corporativismo na França de Vichy

O chamado «Estado francês» está entre as experiências corporativistas marcantes da Europa do século XX. A expressão é emblemática de Vichy. Simboliza o seu projeto económico e social, e significa também o auge do corporativismo na história da França contemporânea. Assim, foi com Vichy que o corporativismo se institucionalizou passando do projeto à realização. Mas é também com Vichy que o corporativismo caiu em descrédito, do qual não recuperou até ser abandonado nos finais do anos 1970, como referência para as direitas radicais, nomeadamente para a *Frente Nacional* de Jean-Marie Le Pen.[1]

Se o lugar de Vichy é central na história do corporativismo em França, não pode resumir-se a ele. Na substância o singular é enganoso assim como o termo «corporativismo» é polissémico, desde o fim do século XIX aos anos 1930 e 1940. Ele remete, de facto, para as heranças, como para conteúdos altamente diferenciados. Os ideais reaccionários e tradicionalistas, tingidos de celebração da harmonia medieval, enfrentaram durante o período de entre guerras o projeto de um corporativismo modernizador susceptível de regular a crise dos anos 30. A preocupação de ver organizar-se o corporativismo sem Estado e de fazer do social um contraponto ao político assimilou-o, neste caso, ao estatismo, opondo-se a outros projetos que esperam fundar o corporativismo no sindicalismo dando até ao novo sistema um papel de coluna vertebral ao Estado. Assim, o corporativismo na França dos anos 30 não se limitou à direita nacionalista ou aos meios católicos, mas irrigou toda uma franja do movimento operário da Confédération française des travailleurs chrétiens (CFTC) aos elementos da Confédération générale du travail (CGT). Re-

---

[1] Olivier Dard, «La peau de chagrin du corporatisme dans les droites nationalistes françaises», in O. Dard, *Le corporatisme dans l'aire francophone au XXe siècle* (Berna: Peter Lang, 2011), 65-94.

A Vaga Corporativa

tomando uma fórmula clássica, existiu um «momento corporativista» em França como atesta a importância conferida ao corporativismo por numerosos agrupamentos ou por publicações, que lhe consagraram números especiais, que trataram melhor o caso francês do que as experiências estrangeiras. Portanto, como sublinhou Alain Chatriot, não se pode confundir a magnitude e a difusão do debate com um «assentimento generalizado».[2] A descoberta pode desencorajar. Essa profusão e essa polissemia terão significado que o corporativismo seria um conceito confuso, combinando tudo e o seu contrário. Se olharmos de perto, mesmo que se possa considerar que o corporativismo foi capaz de se referir a uma moda e a um *slogan*, a confusão é de muitas maneiras apenas aparente, porque ela também se refere aos limites de uma leitura horizontal do objeto porque aqueles que preconizam o corporativismo não o entendem da mesma maneira. Podemos distinguir, de facto, na França dos anos 30 um polo tradicionalista e um polo modernizador. O primeiro, marcado por um forte pendor espiritualista. Por outro lado, se olharmos para as coisas na espessura da duração, constatamos que os anos 30 fazem uma ponte, de um modo bem explícito em relação aos interesses do momento, com os debates antigos. Um exemplo que será retomado aqui refere-se à relação entre o corporativismo e o liberalismo. Um artigo de primeira página do grande diário liberal *Le Temps* datado de 8 de julho de 1933, e consagrado ao «neocorporativismo» denuncia um «renascimento do corporativismo» e os perigos que acompanham a liberdade de associação, liberdade de trabalho, etc. É, no fundo, de estranhar? O corporativismo dos anos 1870-1880 foi construído, em particular por La Tour du Pin, como um antídoto para o odiado liberalismo, ao mesmo tempo que os liberais denunciavam o corporativismo. Mas a idade de ouro do liberalismo estava ultrapassada e pensou-se que em França ele estivesse «morto», para usar uma fórmula bem conhecida de Augustus Detoeuf na tribuna do famoso grupo tecnocrático *X-Crise*. Consequentemente, num momento de crise sem precedentes do liberalismo, volta novamente a vaga de autores emblemáticos como La Tour du Pin, então lido, comentado e ensinado, dando aqui as chaves da interpretação. Longe de ser então considerado obsoleto, o corporativismo, novamente de carácter polissémico, é considerado um projeto de futuro na França

---

[2] A. Chatriot, «Les nouvelles relèves et le corporatisme. Visions françaises des expériences européennes», in *Les relèves en Europe d'un après-guerre à l'autre. Racines, réseaux, projets et postérités*, dirs. Olivier Dard e Étienne Deschamps (Bruxelas: PIE Peter Lang, 2005), 176.

nos anos 1930 e 1940 por amplos sectores da opinião. Na véspera da derrota de 1940 e no advento do Estado francês, o corporativismo retoma a uma oposição entre tradicionalistas e modernizadores e desenha uma importante clivagem devido, principalmente, ao lugar concedido ao Estado no futuro sistema. As tentativas de corporativização realizadas pelos tradicionalistas matizadas com um legado emprestado de La Tour du Pin, Proudhon ou da Action Française inscrevem-se numa vontade de desenvolvimento das comunidades originais, não sendo a empresa mais do que as outras, como a família ou a região. Nesta perspetiva, o corporativismo é um aspeto de um projeto político e social abrangente. Se os tradicionalistas são corporativistas por convicção, os modernizadores são corporativistas de razão. O corporativismo para eles é visto como uma forma de otimizar a gestão das relações sociais com base na nova situação nascida da crise e da Frente Popular. Os subgrupos que compõem o grupo de modernizadores também não são homogéneos. Os católicos democratas, apesar de terem profundas diferenças políticas dos tradicionalistas, divergências alimentadas pela guerra civil espanhola e pela rejeição política do advento do regime de Franco, não partilham referências fundadoras comuns entre eles, começando com um *corpus* doutrinal (no qual se incluem as encíclicas) e um visão negativa *a priori* do capitalismo e do materialismo. Se olharmos de perto, mesmo que se possa considerar que o corporativismo foi capaz de se referir a um a moda e a um *slogan*, a confusão é de muitas maneiras apenas aparente, porque ela também se refere aos limites de uma leitura horizontal do objeto porque aqueles que defendem o corporativismo não o entendem da mesma forma.

Na França dos anos 30, o polo tradicionalista é marcado por um forte cunho espiritual. A sua visão é parte de uma perspetiva de rejeição da modernidade, sendo esta última associada ao liberalismo e ao capitalismo, apresentados como fatores de dissolução do corpo social. Na base desta abordagem, existe a herança dos escritos de Le Play, de La Tour du Pin e de Albert de Mun. Dentro desta nebulosa, a Action Française desempenha um papel importante originalmente marcado, na primeira metade da década de 1920, pelas iniciativas de Georges Valois, que não se contentou em refletir sobre um projeto corporativista, mas comprometeu-se a construir uma organização corporativa denominada Conféderation de l'Intelligence et de la Production Française transformada na Union des Corporations Françaises.[3] Se durante os anos 20 não se cons-

---

[3] Y. Guchet, *Georges Valois, l'Action Française, le faisceau, la république syndicale* (Paris: L'Harmattan, 2001).

A Vaga Corporativa

tatou uma vaga corporativista de fundo tradicionalista, a situação evoluiu com a crise dos anos 30. A Action Française ainda está bem presente, mas perdeu a sua aura com as dissidências de Georges Valois (que Firmin Bacconnier não substituiu) e a concorrência do conde de Paris que preconizou um regime corporativo defendido notavelmente nos seus livros (*Essai sur le gouvernement de demain*, 1936, *Le prolétariat*, 1937) e no jornal *Courrier Royal*. No campo é assumido pelo movimento «Métiers français», também chamado Movimento National pela Corporação. A concorrência de outras ligas nacionalistas também é viva. Nos Jeunesses Patriotes (JP), o projeto corporativista tem por base a rejeição do liberalismo, do grande capitalismo e de um perigo estatista, especialmente no contexto das falanges universitárias e da comissão trabalhadora que redigiu uma *Charte du Travail* (Carta do Trabalho).[4] O corporativismo está igualmente presente na Solidarité Française, que organiza, em julho de 1935, um congresso corporativo para reivindicar «a instauração do sistema corporativo em França»,[5] corporativismo que se entende como antiestatista e se organiza com base no ofício dentro de um quadro piramidal: «sindicatos primários» (à escala local), corporação regional (20 famílias de ofícios estão previstas), câmara interprofissional regional, corporação central, sendo o conjunto coroado por um Conselho económico nacional, órgão regulador. Nos Croix-de-Feu, os discursos sobre a «profissão organizada» são muito debatidos, o louvor do ofício é acompanhado pela rejeição de especialistas, enquanto alguns executivos, partir de 1935, estejam a fundar os «grupos corporativos» por tipo de afinidade: «Groupement des Halles», «Amicale aerospaciale», etc.[6] O corporativismo de inspiração tradicionalista não tem a intenção única de celebrar os legados, mas dar uma resposta adequada para o momento presente, tomando nota do fracasso do liberalismo personificado pelos Estados Unidos da América, sublinhando a sua rejeição do marxismo, simbolizado pela Frente Popular, e marcando a sua distância com o fascismo. Como exemplo, podemos citar as palavras de um dos membros mais famosos do corporativismo Jacques Warnier,[7] que em 1939, em resposta ao inquérito da revista *Civilisation* sobre «o inventário dos valores da civilização francesa»,[8] subli-

---

[4] J. Philippet, *Le temps des ligues. Pierre Taittinger et les jeunesses patriotes (1919-1944)*. Tese de doutoramento em História do século XX (IEP de Paris, 1999), 1032.
[5] CAC 199 40 500 art. n.º 238 *dossier* 3914, 3.
[6] A. Kéchichian, *Les Croix-de-Feu à l'âge des fascismes* (Seyssel: Champ Vallon, 2006), 291.
[7] R. Boulat, «Jacques Warnier, itinéraire d'un patron corporatiste des années 1930--1950», in *Le corporatisme dans l'aire francophone au XXe siècle*, ed. O. Dard, 95-118.
[8] Este inquérito é próximo a *Combat* e versa sobre as novas alternativas económicas, coordenado por Jean-François Gravier, e no qual os «rénovateurs» de todas os extremos

nhou a sua determinação em construir um contramodelo ao americano: «Este é o exemplo norte-americano ou pelo menos a vida levada por uma parte dos americanos que me fez ver a extensão dos danos que poderia causar uma separação absoluta entre as atividades temporais e qualquer valor espiritual autêntico.» Para Warnier, o objetivo é construir a futura «síntese» de uma França dotada de «novas instituições» e «feita de novos homens porque eles têm através da sua vida material e das suas diversas atividades encontrado o espírito». Distanciando-se do fascismo, como mostrado na *Le Houx*, a revista lançada por Henry Provost, disse: «O que é peculiar ao fascismo como coletivismo [... é] a presença no seio dos sindicatos ou das corporações de funcionários do partido e uma intervenção do Estado que as subtilezas oratórias não podem esconder. Economia influenciada pelo Estado e seus conselhos, sim. Economia dirigida por qualquer governo, jamais.»[9] Na véspera da guerra, um polo tradicionalista relativamente diversificado e renovado dedica-se a apresentar o corporativismo não só como uma resposta geral ao capitalismo, mas também como uma solução da atualidade à crise dos anos 30. No entanto, é forte a concorrência de uma outra corrente, de inspiração sindicalista e modernizadora.

Denunciado por muitos sindicalistas, o corporativismo em França encontrou alguns apoios sob a dupla influência do socialista e planista belga Henri de Man para os socialistas e de uma leitura democrata-cristã das principais encíclicas pontifícias em dirigentes da CFTC. A influência do planismo de Henri de Man em França suscitou muitas controvérsias relacionadas com a questão do «fascismo», que ele estava a protagonizar, e que seria difundido em França através dos neossocialistas (Marcel Déat) ou os animadores da *Révolution construtive* (Revolução construtiva).[10] Relativamente ao corporativismo, é na Abadia de Pontigny, um lugar de debate intelectual no período entre guerras, que durante a primeira «Conférence internacionale des plans», ele apresentou, em setembro de 1934, os seus pontos de vista sobre o planismo, o socialismo e o corporativismo.[11] Sobre este último ponto, De Man confrontou o corporativismo de inspiração católica, não pretendendo deixar

---

são convidados a exprimir-se. Ver N. Kessler, *Histoire politique de la Jeune Droite (1929--1942). Une révolution conservatrice à la française* (Paris: L'Harmattan, 2001), 409-411.

[9] J.-Y. Freysz, «Les corporations italiennes», *Le Houx*, 20 de março de 1935, cit. *in* J. Philippet, *Le temps des ligues...*, 1036.

[10] Z. Sternhell, *Ni droite ni gauche, L'idéologie fasciste en France* (Bruxelas: Complexe, 1987), em particular o capítulo 6: «Le planisme ou le socialisme sans le prolétariat», 226-253.

[11] F. Chaubet, *Paul Desjardins et les décades de Pontigny* (Villeneuve d'Ascq: Presses Universitaires du Septentrion, 2000), 264-267.

o monopólio nem aos sindicatos católicos nem à direita radical. Escreveu um panfleto intitulado *Corporatisme et syndicalisme*, no qual procura mostrar a sua complementaridade: «solidariedade de classe e a solidariedade profissional, ou, em outros termos, a ideia sindical e a ideia corporativa, longe de se excluir, condicionam-se mutuamente, e, subestimar um, seria em detrimento do outro.»[12] Esta perspetiva aberta por De Man reúne adesões de Marcel Déat, que se tornou o patrono de um sindicato livre da profissão organizada, bem como Georges Lefranc, figura marcante da *Révolution construtive*, organizador do plano CGT e um dos principais animadores da revista *Syndicats*,[13] lançada pela segunda figura da CGT, René Belin. Líder de um «sindicalismo construtivo»[14] e de uma «colaboração» entre organizações patronais e sindicais sob o patrocínio do Estado. O caminho para uma via corporativista está aberto embora se entenda que é muito diferente do preconizado pelos tradicionalistas que tendem a ver o papel muito reduzido do Estado. As perspetivas dos católicos democratas, outro foco do polo modernizador, são sensivelmente diferentes porque o corporativismo não é uma descoberta. No entanto, a *Semaine Social d'Angers* (Semana Social de Angers) organizada, em 1935, sob o tema «L'organisation corporative» e a *Quadragesimo Anno* eclipsou a referência a La Tour du Pin e ao tradicionalismo. À rejeição do modelo fascista italiano adicionou-se a experiência salazarista, altamente valorizada pelos tradicionalistas. Na verdade, os democratas católicos acreditavam que tinham direitos adquiridos sobre a situação francesa e sem tabu ideológico,[15] como François Perroux mostra: «Nós surpreendemos e afligimos muito um socialista francês, dizendo que os seus representantes fizeram mais de forma a preparar uma solução corporativa que todos os governos anteriores. Nós enunciamos portanto uma verdade. As técnicas são emprestadas. As instituições são forjadas. As reações políticas de um futuro próximo irão determinar quem irá usá-los e como eles acabarão por ser usados.»[16] Sem a menor aspiração a um estado totalitário, recusando-se os católicos democratas a contentarem-se com um

---

[12] Esta revista, considerada rara, foi reeditada em dois volumes nos n.ºˢ 1 e 5 dos *Cahiers de travaux de l'Institut d'études corporatives et sociales*. A citação é retirada do n.º 5, 61.

[13] M.-F. Rogliano, «L'anticommunisme dans la CGT», *Syndicats. Le Mouvement social*, n.º 87 (1974): 63-84.

[14] «Pour un syndicalisme constructif», *Syndicats*, 21 de dezembro de 1938.

[15] J.-P. Le Crom, *Syndicats nous voilà! Vichy et le corporatisme* (Paris: Editions de l'Atelier, 1995), 74.

[16] F. Perroux, *Capitalisme et communauté de travail* (Paris: Sirey, 1938), 23-24; A. Cohen, «Du corporatisme au keynésianisme. Continuités pratiques et ruptures symboliques dans le sillage de François Perroux», *Revue française de science politique*, vol. 56, n.º 4 (2006), 559--562.

simples contrato entre atores sociais, chamando o Estado para organizar o corporativismo que tem de ser uma «lei profissional geral aplicável a todos».[17] Eugène Duthoit, coordenador das *Semaines Sociales* (Semanas Sociais), definiu assim a corporação, em 1935, em Angers: é a instituição de um corpo oficial e público, intermediário entre as empresas particulares e o Estado, responsáveis pela administração do bem comum em uma determinada profissão».[18] O carácter público da empresa tem consequências bem conhecidas: o monopólio da ação, o poder de regulamentação, força executória das suas decisões no que diz respeito aos seus membros. Os sindicalistas cristãos da CFTC foram, no entanto, cautelosos diante do perigo de impor o corporativismo sindical obrigatório, mais por razões de princípio do que de oportunidade: a CFTC é muito mais pequena em comparação com a CGT.[19]

Essas contradições presentes nos grupos e nas publicações do período anterior à guerra eclodiu com o advento do «Estado Francês» e da Revolução Nacional, que tinha a intenção de reconstruir o país numa base corporativista. Sabemos a importância do trabalho para o Estado francês. Ele está na primeira linha emblemática do regime, antes da família, e a pátria está em primeiro lugar no discurso e nas mensagens do marechal Pétain (103 referências contra 53 e 74).[20] Dentro do Estado francês, os tradicionalistas e os modernizadores ocupam os lugares mais destacados e os projetos formulados por esses dois polos continuam a ser muito debatidos. O conflito ideológico vai além de um conflito de institucionalização com o nascimento e implementação da *Charte du Travail* (Carta de Trabalho), um dos episódios mais agitados da história de Vichy. Este é o momento da verdade para liquidar as contas de um conflito entre tradicionalistas e modernizadores que terminaria a favor dos segundos, refletindo a importância do papel da dimensão da modernização do Estado francês e convidando a rever a dimensão tradicionalista comummente associada ao regime de Vichy.

---

[17] J.-P. Le Crom, *Syndicats nous voilà!...*, 75.
[18] Cit. *in* A. Chatriot, «Les nouvelles relèves et le corporatisme...», 190.
[19] *Ibid.*, 191.
[20] C. Bouneau, *Hubert Lagardelle, un bourgeois révolutionnaire et son époque (1874-1958)* (Saint-Pierre du Mont: Eurédit, 2000), 357.

A Vaga Corporativa

Os lugares de influência dos tradicionalistas e dos modernizadores sob Vichy

O advento do Estado francês e da criação de um sistema corporativista levou a uma redefinição dos espaços e dos papéis tanto dos tradicionalistas como dos modernizadores. Eles têm cada um, nos primórdios do Estado francês, um peso importante, mas diferenciado. Não gravitando nos mesmos espaços, a sua confrontação foi evidente na elaboração da *Charte du Travail*, resultando em alguns confrontos.

Os espaços de influência dos tradicionalistas

Os tradicionalistas contam com publicações ou organizações prestigiadas como porta-vozes de uma Revolução Nacional de Vichy. Mencionaremos a revista *Idées*, que aparece em Vichy, entre novembro de 1941 e os finais da primavera de 1944. Foi fundada por René Vincent, líder da Jeune Droite dos anos 30 e reunia, com a excepção de Thierry Maulnier, as figuras mais notáveis e experientes do corporativismo desde os anos 30.[21] Os tradicionalistas apoiaram-se também originalmente numa instituição que era uma espécie de santuário vichiziano, o Institut d'Études Corporatives et Sociales (Instituto de Estudos Corporativos e Sociais). Criado no final de 1934, ele é conduzido desde o início por Maurice Bouvier-Ajam, nascido em 1914 e o mais jovem professor na Faculdade de Direito de Bordéus.[22] Estagnado em 1939, o IECS renasce em junho de 1941 quando recebe o «patrocínio» do marechal Pétain, que numa uma carta tingida de tradicionalismo, presta homenagem ao «trabalho altamente nacional desenvolvido pelo Instituto antes da guerra» e recorda «a importância especial» que «atribui à formação das elites patronais, artesanais, operárias e camponesas» necessários para o estabelecimento de uma «organização profissional corporativa».[23]

---

[21] A. Guyader, *La revue Idées (1940-1944)* (Paris: L'Harmattan, 2006).
[22] S. L. Kaplan, «Un laboratoire de la doctrine corporatiste sous le régime de Vichy: l'Institut d'études corporatives et sociales». *Le Mouvement social*, n.º 195, abr.-jun. 2001, 35-77; «Un creuset de l'expérience corporative sous Vichy: l'Institut d'études corporatives et sociales de M. Bouvier-Ajam», in *La France malade du corporatisme? XVIIIè-XXè siècles*, eds. S. L. Kaplan e P. Minard (Paris: Belin, 2004), 427-468.
[23] *Le corporatisme français* coeditado por C.-J. Gignoux, M. Felgines e M. Bouvier-Ajam e copublicado pelas Éditions CEP e a Librairie Paillard, 3-4.

Estes grupos tradicionalistas têm o apoio do marechal e alguns deles estão incluídos ne seu círculo, o que parece ser um trunfo importante no momento de elaboração da Carta. Apoiam a ação do coronel Gaston Cèbe, antigo aviador, que foi durante o período de entre guerras o responsável pelas questões sociais e profissionais do Conseil superior de la Défense nationale (Conselho Superior de Defesa Nacional). Nomeado graças ao apoio do almirante Fernet assessor da Presidência do Conselho, a partir de agosto de 1940, Cèbe dedica-se durante os quinze meses seguintes a produzir propostas para a *Charte du Travail*.[24] Os tradicionalistas que circundavam Cèbe são pequenos e médios patrões que se destacaram nos meios tradicionalistas desde os anos 30 e que têm acesso à IECS. Outro, Pierre Nicolle,[25] cita Jules Verger, um antigo piloto aviador, patrão de uma empresa de material eléctrico, que antes da guerra foi presidente do Syndicat général des installateurs électriciens français e pilar do Comité consultivo da pequena e média indústria.[26] Dois homens desempenharam um papel importante : Marcel Rouaix, que trabalha antes da guerra nos Halles de Paris e foi o fundador, em 1936, dos diários *L'Action professionnelle* et *Le Front économique*[27] e Jean Paillard, militante próximo da Action française.

Sem mandato formal, o seu primeiro objetivo é realizar aquilo a que ele viria a designar como a «revolução corporativa espontânea». Apoiado por Marcel Rouaix e Alexis Pelat (*président des pâtissiers de Marseille* – presidente dos pasteleiros de Marselha), ele redige uma carta corporativa para os padeiros.[28] Fortemente inspirado nos princípios corporativos da Action Française (um sindicato misto dividido em duas secções – patrões e trabalhadores –, uma representação paritária, uma sede, uma relativa especialização de secções – questões económicas para a primeira, a defesa do ofício para a segunda) este projeto, que foi aprovado por voto num congresso de pasteleiros nos dias 27 e 28 de maio de 1941, inscreve-se dentro do espírito dos seus promotores, servindo de base à assembleia.

---

[24] J.-P. Le Crom, *Syndicats nous voilà!...*, 125-126.
[25] Coautor com Louis Mouillesseaux (Industrial de Verdin e dirigente da Solidarité française) de um panfleto intitulado *Pour nettoyer les écuries d'Augias* (Paris: Maison du Livre Français, 1933).
[26] J. Verger, *1er mai 1940. Face à l'ennemi intérieur*, pref. de Abel Bonnard, ed. do autor do princípio de 1941, 339-341.
[27] J. Ruhlmann, *Ni bourgeois ni prolétaires. La défense des classes moyennes en France au XXe siècle* (Paris: Seuil, 2001), 46.
[28] Os pasteleiros representavam então 8000 patrões e 20 000 trabllhadores. Ver Jean Ruhlmann, *Ni bourgeois ni prolétaires...*, 57.

A Vaga Corporativa

Os tradicionalistas rapidamente se desiludiram porque os modernizadores rejeitaram categoricamente as suas perspetivas e dispunham de outros meios de influência.

Os modernizadores e suas zonas de influência

O primeiro polo de influência dos modernizadores é de natureza sindical. A dissolução da CGT e da Confédération générale du Patronat français (CGPF), no Verão de 1940, não fez desaparecer os sindicatos locais.[29] O tecido sindical ainda está vivo durante a guerra e capaz de exercer pressão sobre os governantes. Os sindicalistas expressam-se também em muitas das mumerosas revistas (incluindo a *Atelier*), agora instaladas em Paris e que fervilham, como durante os anos 30, contra os tradicionalistas. Os modernizadores apoiam-se sobretudo no Ministério do Trabalho ocupado, entre o verão de 1940 e abril de 1942, por René Belin, símbolo de um corporativismo de base sindical e que fez aproximar de si os seus amigos da CGT e, em primeiro lugar, os dos *Syndicats*. A sua presença no Ministério do Trabalho é fundamental porque os tradicionalistas estão ausentes da maioria dos ministérios, à exceção dos artesãos e do seu diretor Pierre Loyer, *ingénieur-conseil* e antigo dirigente da Ligue franc-catholique e próximo de Bouvier-Ajam.[30] Os modernizadores do Ministério do Trabalho não sofreram com a partida de René Belin. O seu substituto, Hubert Lagardelle, figura histórica do sindicalismo revolucionário, do sorelismo, e admirador do corporativismo fascista, trouxe para o seu lado alguns dos seus próximos, ficando com os principais colaboradores de René Belin. Deve mencionar-se nomeadamente a inspectora do Trabalho Yvonne-Henriette Léonetti e a esposa de Georges Lefranc, Emilie, *normalienne*, antiga responsável dos estudantes socialistas, figura de proa do grupo Révolution construtive (Revolução construtiva) e professora de Letras. Para além disso, recomendou para chefe de gabinete de Lagardelle, Jacques Godard, um jovem médico da área dos seguros socais, antigo membro, como o casal Lefranc, do grupo Révolution construtive e que foi nomeado, em fevereiro de 1941, *conseiller technique médical* para o Secrétariat general à la Jeunesse (Secretariado-Geral da Ju-

---

[29] M. Margairaz e D. Tartakowsky, dirs., *Le syndicalisme dans la France occupée* (Rennes: Presses Universitaires de Rennes, 2008).

[30] A historiografia recente relativa esta influência: C. Perrin, *Entre glorification et abandon. L'État et les artisans en France (1938-1970)* (Paris: Comité pour l'histoire économique et financière de la France/IGPDE, 2007); S. M. Zdatny, *Les artisans en France au XXè siècle* (Paris: Belin, 1999).

ventude), e depois do dia 1 de maio de 1942 *director técnico adjunto* do *Institut national sanitaire des Assurances sociales* (Instituto Nacional Sanitário dos Seguros Sociais). O último suporte dos sindicalistas modernizadores é constituído, durante os anos 30 pelos seus homólogos do patronato. Com o advento do governo Darlan eles são chamados *jeunes cyclistes*, ocupam os ministérios económicos sob a alçada de François Lehideux, antigo número dois da Renault, presidente do Comité de l'organisation de l'automobile (Comité da organização do automóvel), comissário na luta contra o desemprego, em seguida secretário de Estado de Équipement national et à la Production industrielle (Equipamento Nacional e para a Produção Industrial). Significativamente forte, os seus ministros tecnocratas são objeto no verão de 1941 de uma violenta campanha de imprensa e de difamação onde os tradicionalistas os acusavam diariamente, como demonstra o *Journal* de Pierre Nicolle, que foi o mentor de um *complot* que visava pôr termo a uma autêntica Revolução Nacional para instalar nos comandos os representantes dos *trusts* e os antigos diretores sindicais. Para os tradicionalistas, o acordo entre patrões e sindicalistas modernizadores é uma traição da reoganização patronal em meados de 1936, onde os pequenos patrões conseguiram encontrar um lugar na nova CGPF dirigida por Claude-Joseph Gignoux.[31]

Da confrontação à obra: a redação da carta e seus aliados

Desde Jacques Julliard,[32] que a historiografia reconstruiu em detalhe a conjuntura de elaboração da Carta, as ambiguidades do seu conteúdo e as dificuldades da sua implementação a nível do Ministério do Trabalho. A oposição entre tradicionalistas e modernizadores é constante, mas o peso dos primeiros não para de declinar. Três exemplos, que são autênticos episódios de *western* (Jean-Pierre Le Crom) podem demonstrá-lo.

As armadilhas da redação da Carta

Se a lei de 16 de agosto de 1940 desenvolveu os *comités d'organisation* (comités de organização) (CO) e estes se estabeleceram, no sentido da

---

[31] Olivier Dard, *La synarchie, le mythe du complot permanent* (Paris: Perrin, 1998 [2.ª ed. em coleção de bolso *Tempus*, 2012]).

[32] J. Julliard, «La charte du Travail» dans Fondation nationale des sciences politiques, *Le gouvernement de Vichy 1940-1942* (Paris: Armand Colin, 1972), 158.

A Vaga Corporativa

organização e do dirigismo, foi preciso esperar 14 meses entre a criação dos CO e o nascimento da *Charte du Travail*.

Desde o verão de 1940 que os serviços de René Belin redigiram um texto, que reformulava quase tudo. Ele previa em primeiro lugar implementar o sindicalismo único, bipartido (salarial e patronal) e hierarquizado em três níveis (nacional, departamental ou interdepartamental e local).[33] O topo da pirâmide é formado por um conselho nacional de organização profissional. O segundo vetor do projeto é a criação de um comité social nacional composto por metade de empregadores e assalariados responsável pela organização das relações profissionais e mais particularmente de conduzir as negociações colectivas e de gerir as obras sociais. A inspiração do documento é fundamentalmente diferente da visão dos tradicionalistas: o peso do Estado é esmagador. Assim, os membros dos organismos não podem ser nomeados sem o aval do ministro, no qual ele dispôe, no entanto, de representantes encarregados de vigiar a boa condução da assembleia. Recusado na sua primeira versão, o projeto de René Belin é modificado e suavizado. Contudo, não perde a sua característica inicial que é «a de assegurar a supremacia do Estado sobre os organismos profissionais, a quem confia poderes alargados em matéria económica e social»[34] acabando por ser adotado pelo Conselho de Ministros. Entretanto, René Belin não se sente surpreendido porque a 13 de dezembro de 1940 Pétain recusa-se a assinar. A partida de Pierre Laval e as indefinições do «interlúdio Flandin» atrasaram o caso durante vários meses.

O relançamento vem com o discurso pronunciado em Saint-Étienne, a 1 de março de 1941, dirigido especialmente aos trabalhadores, técnicos e patrões franceses e difundido na rádio, em direto. O marechal Pétain fixou as linhas daquilo que deverá ser o futuro da «comunidade de trabalho».[35] Ponto essencial da doutrina de Vichy, são impressos mais de um milhão de exemplares desse texto.[36] Longe da apresentação de um projeto preciso, o seu discurso, que é um hino à edificação «no amor e na alegria» de uma sociedade «humana, estável, pacífica» dá, no entanto, duas indicações essenciais.[37]

---

[33] A circunscrição de base não é precisa.
[34] J.-P. Le Crom, *Syndicats nous voilà!...*, 132.
[35] Publicou na *Revue des deux mondes* de 15 setembro de 1940 um artigo intulado «La politique sociale de l'avenir».
[36] Philippe Pétain, «Discours aux Français, 17 juin 1940-20 août 1944», edição estabelecida por Jean-Claude Barbas, prefácio de Antoine Prost (Paris: Albin Michel, 1989), 109.
[37] *Ibid.*, 110-114.

Em primeiro lugar, quanto ao lugar do Estado: o seu «papel» deve ser «meramente dar impulso à ação social, indicar os princípios e os significados desse ação, estimular e orientar as iniciativas». Depois quanto à função atribuída à pedra angular do futuro edifício, a «comunidade de trabalho». O coração é a empresa, cuja «transformação pode fornecer à base a profissão organizada, que é ela mesma uma comunidade de comunidades». Evocados os princípios pelo marechal Pétain, este contenta-se em formular uma só proposição concreta : uma lei pode criar os «comités sociais onde patrões, técnicos e trabalhadores procurarem em conjunto soluções para os problemas atuais dentro de uma vontade comum de justiça, na preocupação constante de apaziguar a miséria e a agonia da hora». Sabendo que um dos maiores objetivos fixados pelo Estado Francês é o de «resolver [...] o grande problema do trabalho e da ordem social», o contraste é notável entre a ambição da proposta e a magreza das proposições.

A escolha dos seus membros é o primeiro sinal da sua orientação futura: os tradicionalistas (representados por Jules Verger) são uma pequena minoria face aos ex-membros da CGT e da CGFP. Além disso, a primeira sessão do COP (aberta por Pétain) que se realizou, entre 4 e 7 de junho de 1941, deu o tom da orientação geral: a nova organização profissional construiu-se sobre a base de sindicatos separados (reivindicação inflexível dos sindicalistas apoiados pelos representantes do patronato) contra os sindicatos mistos queridos pelos tradicionalistas que não conseguiram suspender permanentemente os trabalhos do COP. Rapidamente, uma maioria se levantou contra dois pontos a favor do sindicato único e a criação, nesta base, de comités sociais. No entanto, algumas questões permanecem: a permanência (ou não) das uniões regionais, assim como das federações sindicais (às quais os trabalhadores estão muito ligados); a composição dos comités sociais,[38] ou das modalidades de sua designação (eleição, nomeação). No final da terceira sessão do COP (30 de julho-2 de agosto de 1941), os princípios de base parecem adquiridos. Contudo, fica para uma etapa seguinte a redação da Carta.

Esta tarefa é confiada a Gaston Cèbe que espera, e os tradicionalistas com ele, alguma vingança contra a maioria do COP. Ela deu lugar a uma verdadeira guerra de trincheiras entre tradicionalistas e modernizadores desde que o texto foi modificado e alterado até à sua impressão definitiva em 26 de outubro de 1941. Esta última desenrolou-se em circunstâncias

---

[38] Os trabalhadores temem a proliferação de categorias intermédias que supunham ser mais próximas dos empregadores.

rocambolescas, que demonstram a atmosfera circundante ao desenvolvimento do texto. Por isso, ele requereu a arbitragem final de Lucien Romier para acalmar a fúria de René Belin, que constatou que o texto enviado para impressão foi alterado pelos tradicionalistas, no último momento.[39]

O conteúdo da Carta do Trabalho

A lei sobre «a organização social das profissões», a dita *Charte du Travail* é frequentemente qualificada como texto «obscuro», «lacunar», «inacabado» ou de «mau compromisso».[40] O relatório dirigido ao marechal Pétain apresentando a lei e consignada pelo almirante Darlan, Henry Moysset e Lucien Romier (a ausência de René Belin é relevante) ilustra bem as ambiguidades desde que a carta é apresentada como uma espécie de lei-quadro, que gere o futuro das relações sociais em França, mais do que fixa o quadro do seu desenvolvimento: é assim suposto que a Carta «crie as instituições aptas a promover uma atmosfera mais propícia».[41] Vaga sobre as finalidades, a Carta é também vaga sobre as modalidades e não elimina o diferendo que opõe tradicionalistas a sindicalistas. Assim, os primeiros podem felicitar-se por empregar os vocábulos que lhes são queridos (família profissional) e esperar que «no seio daqueles comités mistos sociais se encontrem reunidos todos os membros da mesma profissão», qualificado como «pedra angular» da Carta poderão ser «as associações profissionais mistas». Os sindicalistas, aceitando o fim da liberdade sindical proclamada pela lei de 1884,[42] podem satisfazer-se com o peso, em aparência essencial, conferido aos sindicatos doravante «únicos» e «obrigatórios»: eles têm, entre outras missões, a de «participar na formação de comités sociais», que pode permitir aos sindicalistas cortar pela raiz as esperanças dos tradicionalistas. Entretanto, ao ler o texto de perto, parece que a estrutura mais proeminente no novo sistema é o Estado: ao dirigismo económico, responde um dirigismo social. A Secretaria de Estado do Trabalho coordena, de facto, o conjunto do dispositivo, a começar pelo direito de velar pela implementação do novo sistema e os homens chamados a fazê-lo funcionar. Assim, ainda que cada «família profissio-

---

[39] J.-P. Le Crom, *Syndicats nous voilà!...*, 139-144.
[40] *Ibid.*, 145.
[41] Esta citação como as seguintes são tiradas do relatório de 4 de outubro de 1941 e publicado no *Journal officiel de l'État français*, de 26 de outubro de 1941.
[42] A recusa do sindicato único está assim no centro da rejeição da Carta por uma maioria dos dirigentes da CFTC.

nal» se deva organizar, a «comissão provisória de organização» vê a sua composição, assim como suas condições de funcionamento, fixadas por despachos ministeriais. Caso contrário, os efetivos dos comités sociais regionais e nacionais (as condições da designação dos membros referentes à sua identidade) são fixados por decretos visados pela Secretaria de Estado do Trabalho. O sistema fixado pela Carta afasta-se do *slogan* corporativista tradicional: «a organização da profissão pela profissão». Confuso sobre o plano de princípios, o novo sistema podia ser apreendido com mais clareza do ponto de vista das aplicações práticas.

O teste da aplicação

É a aplicação da Carta que marca o declínio irremediável do polo tradicionalista que assiste, impotente e dividido, à implementação de um projeto corporativista que não é dele. Se o Estado, via Administração do Trabalho, tem condições para executar, existe uma distância entre as ambições e os resultados. Os esforços de Hubert Lagardelle (na direção do Ministério do Trabalho, entre abril de 1942 e novembro de 1943) para pôr de pé as peças-mestras da Carta, a saber, os sindicatos únicos ou os comités sociais profissionais, não deram os resultados esperados. Os sindicatos únicos demoraram a ver o dia e o primeiro comité social profissional foi apenas inaugurado em junho de 1943.[43] No final, somente os comités sociais das empresas, instituições menores da Carta, se desenvolveram porque os chefes das empresas viram neles um meio de institucionalizar a «colaboração de classe». As estatísticas do seu desenvolvimento são surpreendentes: à volta de 9000, na primavera de 1944, principalmente repartidos nas regiões industriais e em empresas com mais de 100 assalariado.[44]

A herança tradicionalista: entre contestação e abandono

A nova organização social implementada por Vichy suscita rapidamente interrogações junto dos tradicionalistas. No seio da redação da revista *Idées*, publicada em Vichy, a partir de novembro de 1941, e subtitu-

---

[43] C. Bouneau, «Une expérience corporative: Hubert Lagardelle et la Charte du Travail du régime de Vichy», in *Les expériences corporatives dans l'aire latine*, ed. D. Musiedlak (Berna: Peter Lang, 2011), 345-368.

[44] J.-C. Daumas, «La Charte du Travail et les politiques sociales des enterprises sous Vichy: entre corporatisme, paternalisme et modernization», in *Les expériences corporatives dans l'aire latine...*, 371-390.

lada, em 1943, «Revue de la Révolution nationale», observam-se divisões, e a herança tradicionalista, nomeadamente maurrassiana, é progressivamente questionada. Em janeiro de 1942, Armand Petitjean escreve: «A escola da Action Française explicava as nossas falhas pela carência das nossas instituições. Distinguindo os «bons franceses» e os «políticos», o país real e o país legal, ela concentrava nesta as luzes de uma crítica brilhante, e deixava na penumbra a indiferença, a incapacidade ou, pior ainda, a *perda da capacidade política* do país real. Esta análise refletia evidentemente as forças tradicionais e as confirmações do seu conformismo ou do seu absentismo políticos : ela desconhecia a perda de substância das famosas comunidades naturais hoje em dia em destaque».[45] A constatação é partilhada por Louis Salleron[46] que a relaciona com a questão lancinante da renovação das elites e se interroga a propósito da corporação camponesa, da qual ele é impulsionador, sobre os meios para libertar «uma nova aristocracia da terra» e uma «elite da terra».[47] A essas questões elitistas da Revolução Nacional acrescentam-se as inquietudes sobre o atraso em matéria social. Assim, Maurice Gaït intitula um longo artigo que abre o número de maio de 1942 : «La Révolution n'est point faite» e proclama: «A Revolução nacional será social ou não será: verdade simples, mas por vezes esquecida.»[48] Chegou a hora de acabar com as «doenças infantis da Revolução nacional»[49] e fazer escolhas, o que significa uma reafirmação da proeminência do político e do papel do Estado. Os jovens doutrinadores da *Idées* quebraram certos quadros de referência tomando posição firme sobre a questão da relação entre sindicalismo e corporativismo e mesmo sobre o papel do Estado no novo sistema.

Jean-François Gravier é emblemático. O futuro especialista em gestão do território lança dúvidas sobre o discurso apresentado: «os bons espíritos imaginam voluntariamente que é suficiente proclamar a corporação como se ela surgisse da terra. Acreditam que a mistura dos empregadores e dos assalariados no seio das mesmas organizações, condimentadas com algumas adjurações, exortações e perorações sinceras, poderão realizar a comunidades de trabalho. Pensam que a gestão em comum de um pa-

---

[45] A. Petitjean, «De la Révolution nécessaire à la Révolution possible», *Idées*, n.º 3 (1942), 3.
[46] G. Gros, «Le corporatisme de Louis Salleron», in *Le corporatisme dans l'aire francophone au XXᵉ siècle*, ed. O. Dard, 49-63.
[47] «Saurons nous faire une nouvelle aristocratie terrienne?», *Idées*, n.º 3 (1942): 26-27. Sobre a *Corporation paysanne*, A. Chatriot, «Syndicalisme et corporatisme agricole en France», in *Le corporatisme dans l'aire francophone au XXᵉ siècle*, ed. O. Dard, 38-46.
[48] *Idées*, n.º 7 (1942): 1.
[49] R. Vincent, «Devoirs révolutionnaires», *Idées*, n.º 8 (1942): 2.

trimónio corporativo trará com ele os estandartes medievais do trabalho dócil».[50] Estas quimeras tradicionalistas abalam Jean-François Gravier, que refere «os imbecis medrosos para os quais a corporação deveria significar o fim do sindicalismo». A corporação define-se, para ele, como «um sindicato de sindicatos».[51] Bom conhecedor do maurrasismo, Gravier não hesita em referir o exemplo do círculo de Proudhon.[52] Ele fixa como seus os propósitos no contexto dos anos 40, proclama a sua confiança nas responsabilidades sindicais e sublinha que uma «sociedade sem classes» não é uma «sociedade sem categorias»: «Não é crivando de chumbo as Uniões sindicais julgando-se muito importantes e muito perigosamente reivindicativas, nem será uma limpeza das *Bourses du Travail* que poderão possibilitar a comunidade de trabalho.»[53] A tonalidade e o conteúdo das propostas de Gravier irrigam a maioria dos artigos publicados na *Idées* sobre esta questão. Assim, a referência ao Círculo Proudhon e à sua ausência de posteridade julgada muito prejudicial é largamente recuperada, nomeadamente por Armand Petitjean: «A rutura entre a Action Française e o sindicalismo revolucionário, face à aliança constituída antes de 1914, a única oportunidade de explosão revolucionária fecunda, nunca foi reconsiderada seriamente para continuar, mesmo para as iniciativas como as de Faisceau de Georges Valois. [...] Hoje mesmo, os jovens franco-atiradores da direita e da esquerda estão surpreendidos por estarem lado a lado. Mas, eles não consideravam as suas críticas como deveriam, promovidas por um partido organizado, marchando à conquista do poder.»[54] Do mesmo modo, a oposição entre sindicalismo e corporativismo. Como sublinha Louis Salleron: «Se o sindicalismo se considera ligado, ainda se sente mais amarrado à ordem liberal-marxista, o corporativismo constitui, à sua aproximação, uma reforma radicalmente revolucionária. Não se pode construir nem mais alto, nem mais sólido do que fizemos com o sindicalismo de classes. [...] Pelo contrário, os valores de liberdade que representa historicamente o sindicalismo, o seu património de luta, de sacrifício, de experiência, de vontade de construção e de progresso, o melhor da sua alma, no fim de contas, todos os corpos dos seus chefes e dos seus militantes deveriam estar integrados na

---

[50] F. Gravier, «Syndicalisme et corporation», *Idées*, n.º 8 (1942): 46.

[51] *Ibid.*, 47.

[52] G. Navet, «Le Cercle Proudhon (1911-1914). Entre le syndicalisme révolutionnaire et l'Action française», *Mil neuf cent*, vol. 10 (1992), 46-63; G. Poumarède, «Le Cercle Proudhon ou l'impossible synthèse», *Mil neuf cent*, vol. 12 (1994), 51-86.

[53] *Ibid.*, 48 e 50.

[54] A. Petitjean, «L'appel de l'histoire», *Idées*, n.º 12 (1942): 20.

ordem e deveriam ser o fermento».[55] Uma terceira convergência une os redatores da *Idées*: a necessidade de introduzir «autoridade» e «respeito». A implementação da «ordem corporativista» significa uma «revolução política a fazer».[56] Sobre este ponto, o acordo é menos evidente do que se julga e divide no fundo os maurrasianos de obediência estrita, como Salleron que considera que «na revolução que terá de ser feita, 95% deverão ser evolução»[57] de homens bem mais atraídos pelas experiências estrangeiras, onde o salazarismo não é mais rei. René Vincent reclama assim as «grandes revoluções europeias modernas. Fascismo, nacional-socialismo, falangismo, eram revoluções verdadeiras; neste sentido elas modificaram não somente a estrutura política e social da nação, mas agiram mais profundamente, transformando os hábitos de pensar e de viver, os costumes, criando um novo estilo de vida».[58] Armand Petitjean está em uníssono sobre as referências, mas julga-se ainda mais preciso quanto ao tipo de regime desejado que poderá aproximar-se de um fascismo francês: «o hitlerianismo, o fascismo e o falangismo representam os primeiros ensaios do socialismo nacional europeu. De facto, eles foram os primeiros a questionar os três grandes problemas interiores dos povos europeus modernos: são eles a raça, a juventude e o trabalho. Eles deram ao Estado autoritário e popular o seu instrumento indispensável: o partido. Mas, o socialismo-nacional europeu não teve possibilidade de triunfar [...] se ele conseguir ultrapassar em cada um dos povos do Ocidente as sobrevivências imperialistas e orientar as questões sociais. [...] Não será uma *internacional fascista* que se poderá levantar eficazmente contra o comunismo internacional, mas uma aliança dos povos do Ocidente que reencontraram as suas tradições nacionais e afastarão as suas estruturas económicas e sociais das causas do comunismo».[59] Ao ler os comentários publicados pela *Idées* pela ocasião do segundo aniversário da Carta do Trabalho, a falha, vista pelos publicistas de Vichy é pungente: «A *Charte du Travail* ficou ultrapassada antes de ser aplicada e poderemos dizer sobretudo que, porque não foi aplicada, ela foi ultrapassada. A *Charte* repousava sobre a ideia de uma construção lenta que deveria ser possível com a vontade esclarecida de alguns e a boa vontade de todos. Esta evolução,

---

[55] L. Salleron, «Syndicalisme et corporatisme», *Idées*, n.º 20 (1943): 22-23; P. Andreu, «Le salaire proportionnel. Syndicalisme et corporatisme», *Idées*, n.º 26 (1943): 58-59.
[56] L. Salleron, «Syndicalisme et corporatisme, 23.
[57] *Ibid.*, 23.
[58] R. Vincent, «Révolution et tradition», *Idées*, n.º 20 (1943): 34-35.
[59] A. Petitjean, «Principes d'un ordre occidental», *Idées*, n.º 22 (1943): 12.

esta construção diária não teve lugar (estamos ainda na constituição das comunidades sociais e quanto aos sindicatos únicos, suportes da *Charte*, além de alguns sindicatos de minorias, em que os dirigentes são constantemente mais desencorajados para não serem sinceros, eles não existem praticamente em nenhum lugar). Por outro lado, se a *Charte du Travail* podia convir à França, ainda nos anos calmos de 1941, ela já não convém à França de 1943, prevendo-se uma das graves crises da sua história.»[60]

O IECS ou a fundação impossível

As desilusões registadas na *Idées* penetram assim no Instituto de Estudos Corporativistas e Sociais (IESC) que deveria ser a fundação da regeneração corporativista. A leitura da sua revista *Cahiers et Travaux*, como a prosa de Bouvier-Ajam, também permite constatar que o tradicionalismo não é hegemónico, nem tão-pouco unívoco, como certos trabalhos o apresentaram. Em 21 de janeiro de 1942, por ocasião da inauguração oficial do IECS sob a presidência de Fernand de Brinin (delegado geral dos territórios ocupados) Bouvier-Ajam, depois de ter apelado ao apoio do marechal (que «concede a imensa honra de [lhe] dizer o que ele pensa como [eles]»), propõe o desafio aos seus amigos de lançar o pensamento petanista em direção ao corporativismo tradicionalista e agir: «O corporativismo ultrapassou as barreiras da doutrina. Os corporativistas foram encostados à parede. Vós que haveis preconizado, realizai agora».[61] Os tempos estariam maduros para a França («a França tem hoje um Chefe») para pôr finalmente em prática um projeto apresentado como a combinação de escritos de La Tour du Pin (símbolo da «tradição francesa»), do exame das experiências estrangeiras (os exemplos português e alemão estão brevemente apresentados) e virado para o futuro rejeitando os «paternalismos retardados» (em que o orador deplora a oposição à «vontade de associar o trabalhador à marcha económica da empresa»). Esta notação não é meramente marginal e Maurice Bouvier-Ajam com ironia sobre a ausência de competência técnica prestada ao trabalhador e conferida ao acionista: este último objetivo, que não conhece o objetivo exato da empresa, terá ele portanto tanto conhecimento técnico que deverá ser senhor das decisões maioritárias das assembleias. O trabalhador deu mais que o seu dinheiro à empresa, à profissão, ele deu-lhe a sua

---

[60] P. Andreu, «Deuxième anniversaire de la Charte du Travail», *Idées*, n.º 25 (1943): 59.
[61] *Le corporatisme français...*, 20-26.

vida. Ele tem o direito de saber o que se passa porque ele trabalha, para que serve o seu esforço, e ele tem o direito de dar a sua opinião, deverá ele chocar os detentores da técnica dos negócios!». Esta tomada de posição do diretor do IECS coloca-o frente a frente não somente com os patrões do combate (que recusaram o comité social da empresa)[62] como ainda com os paternalistas, em virtude da separação original, pretendida pela *Charte*, entre o económico e o social. Da mesma maneira Maurice Bouvier-Ajam, símbolo do tradicionalismo, mostra-se próximo nesse ponto dos sindicalistas que cessaram de reclamar uma associação de trabalhadores na marcha económica da empresa.

Visto mais em detalhe, não são somente as ideias do diretor de IECS que não ficam acantonadas no horizonte do tradicionalismo. O organismo, de facto, para preencher a sua tripla função de central da propaganda, de formação e de laboratório de reflexão, apelará a homens de perfil e com objetivos distintos e opostos. É sem dúvida o exame dos responsáveis pela formação que é o mais revelador. Robert Guillermain (especialista em La Tour du Pin), historiador do Direito francês François Olivier-Martin, Philippe Ariès, discípulo de Jacques Maritain, Jean Daujat, Claude-Joseph Gignoux, Firmin Bacconnier, Jean Paillard, Georges Lefranc, Pierre Marty, Louis Salleron e o economista Louis Baudin.[63] O pluralismo das opiniões expressas permite não acantonar o IECS no tradicionalismo e fazer a verdadeira fusão do corporativismo. O resultado está longe das expectativas, apesar das pretensões, e não chega a unificar o projeto corporativista mas da-lhe uma espécie de rótulo. Além disso, Bouvier-Ajam vê-se duramente criticado pelos tradicionalistas, impulsionados por Jean Paillard, que não lhe perdoa o marasmo do Instituto e culpa-o de não ter apoiado quaisquer cartas profissionais. Após um primeiro momento procurou poupar os antigos amigos a relembrar que o Instituto «nunca atacou o *princípio* das cartas corporativas particulares» mas «simplesmente declarou que uma multiplicação exagerada dessas cartas constituiriam um perigo para o conjunto corporativista da assembleia»,[64] e Bouvier-Ajam eleva o tom. Ele denuncia assim os «profissio-

---

[62] À semelhança de Mimard (Manufrance) ou de Berliet. Jean-Claude Daumas, «La Révolution nationale à l'usine. Les politiques sociales des entreprises sous l'occupation», in *L'occupation, l'État français et les entreprises*, dirs. O. Dard, J.-C. Daumas e F. Marcot (Paris: ADHE, 2000), 185.

[63] S. L. Kaplan, «Un laboratoire de la doctrine corporatiste sous le régime de Vichy: l'Institut d'études corporatives et sociales», *Le Mouvement social*, n.º 195 (2001): 46-47.

[64] M. Bouvier-Ajam, «Vocabulaire, faits et doctrines», *Cahier de travaux, Institut d'études corporatives et sociales*, n.º 5 (1943): 148.

nais» do corporativismo» que define como os «representantes dos agrupamentos pré-corporativos, homens dos círculos de estudantes ou de associações profissionais de todo o tipo» e acusa-os de «esconder o rancor».[65] No entanto, escondendo-se por detrás da figura do marechal, faz surgir a «velha querela» entre tradicionalistas e sindicalistas em optar perentoriamente pelos segundos, em detrimento dos primeiros: «Convidam-nos a construir a ordem corporativa. Construir a ordem corporativa é construir a ordem sindical. O plano do edifício é desenhado.» A conclusão é imediata: «Ordem corporativista, portanto, ordem sindical. Corporativismo, portanto, sindicalismo.»[66] Considerado um traidor aos olhos dos tradicionalistas, Maurice Bouvier-Ajam, ao escolher a opção sindical, coloca-se na linha defendida pelo ministro do Trabalho.

Conclusão

O exame dos debates sobre o corporativismo e as tentativas de o construir antes e depois de Vichy mostra o fosso existente entre as esperanças e os resultados. Com um *corpus* doutrinal coerente, os tradicionalistas não conseguiram obter os seus objetivos na prática. Vários elementos de explicação podem ser avançados. O primeiro é o perfil desses homens, mais teórico que prático, apesar de não terem um relacionamento com os membros de uma administração, que eles rejeitam e ao mesmo tempo ignoram e associam a um «estatismo» submetido a um Conselho Nacional, encarregado de redigir uma constituição que nunca surgiu, após os vários projetos propostos ao marechal Petain.[67] Os tradicionalistas estavam perto do marechal (poderíamos discutir o fundo ideológico tradicionalista deste), mas o regime de Vichy caracteriza-se por uma dispersão para não dizer uma explosão dos lugares de poder (sem falar do peso da ocupação alemã), a juntar à lentidão e à sinuosidade da gestação das decisões do Estado francês. Além da análise das peripécias que deram lugar à redacção da Carta de Trabalho, teríamos também de relembrar que se

---

[65] M. Bouvier-Ajam, «Syndicalisme et corporatisme. 'Professionnels' du syndicalisme». *Cahier de travaux, Institut d'études corporatives et sociales*, n.º 5 (1943): 62.

[66] M. Bouvier-Ajam, «La fin d'une vieille querelle». *Cahier de travaux, Institut d'études corporatives et sociales*, n.º 5, 1943, 63.

[67] Michèle Cointet contou nove edições de constituições de Vichy entre 1941 e 1944. Ver M. Cointet, *Le Conseil National de Vichy 1940-1944* (Paris: Aux Amateurs de Livres, 1989), 303. Distinguimos classicamente a Constituição de 1941, a Constituição «corporativa» de Gignoux (1942-1943) e a Constituição «republicana» de Bouthillier e de Moysset (outubro de 1943 e janeiro de 1944).

A Vaga Corporativa

o Conselho Nacional honra o trabalho nos seus projetos constitucionais, não é questão para ele «aliar-se ao corporativismo», como sublinha Michèle Cointet, historiadora que precisa que ele estava «povoado por liberais»: pensando em Joseph Barthélémy, ministro da Justiça do regime que viu nele «um misticismo em torno de uma palavra». Em 1941, portanto é «contrariado e forçado que o Conselho Nacional vai reconhecer as funções económicas do trabalho».[68] Desta forma, nunca se pensou seriamente em Vichy na criação de uma instituição que se parecesse com uma qualquer Câmara de Corporações e Michèle Cointet sublinhou nessa perspetiva que «o regime de Vichy não foi um corporativismo, mas um [...] pré-corporativismo».[69] Em 1941, em alguns projetos da quarta sub-comissão do Conselho nacional, inspirados nomeadamente por François Perroux, observa-se a preocupação de integrar as corporações na futura constituição pensando nas modalidades de integração profissional nas instituições representativas. Mas as iniciativas de Perroux são colocadas em minoria pelo Conselho Nacional[70] e o projeto constitucional nunca entrou em vigor. Acrescentaríamos que se o projeto de 1942-1943 foi qualificado como «constituição corporativa de Gignoux», quando foi abandonado no verão de 1943, ele era somente um texto em construção. Quanto ao último projeto da «constituição republicana», a questão corporativa não interessa aos seus promotores, preocupados antes em adaptar o Estado francês ao novo contexto militar e político em vigor. O corporativismo não figurou oficialmente em qualquer texto constitucional de Vichy, ao contrário da *Charte du Travail* que acabou por ver a luz do dia. A conjuntura nunca foi favorável aos tradicionalistas, que nunca conseguiram, apesar do discurso de 12 de agosto sobre o *vent mauvais*, investir duravelmente nos lugares de influência e de decisão, em particular quanto à aplicação da *Charte*. A este primeiro conjunto de explicações acrescenta-se a questão da adequação do projeto tradicionalista à conjuntura e à perspectiva dos anos 40. A nostalgia de uma harmonia medieval, conjugada com uma profunda rejeição do capitalismo industrial (associado ao materialismo e ao americanismo) e de uma revolução comunista ameaçadora, reencontrou eco na França dos anos 30. Se nos referirmos ao número de publicações editadas sobre o tema, o problema é o de passar dos discursos aos atos e de encontrar os elos na

---

[68] *Ibid.*, 149 e 152. A fórmula de Joseph Barthélémy, citada por Michèle Cointet, é tirada de son *Cours de droit comparé* de 1943.
[69] M. Cointet, *Vichy et le fascisme* (Bruxelles: Complexe), 1987, 189.
[70] M. Cointet, *Le Conseil National de Vichy 1940-1944...*, 154-156.

sociedade. Os elementos mais jovens, vindos dos anos 30, voltam ao tradicionalismo por causa da crise (é o que Armand Petitjean chamava *francs tireurs d'avant guerre* e que formavam segundo ele o «núcleo de base da Revolução»)[71] mas abandonando as quimeras tradicionalistas para retomar a herança do Círculo Proudhon[72] e sobretudo para as atualizarem na era do fascismo. Os modernizadores sindicalistas, mais bem armados que os adversários, puderam apoiar-se sobre tropas muito mais consistentes que os magros batalhões tradicionalistas. Teremos portanto de considerar que as vitórias dependentes dos tradicionalistas fazem deles um mestre do jogo. Seria ir depressa de mais e negligenciar a importância dos tecnocratas que detêm o poder no Ministério da Produção Industrial, em particular na época de Jean Bichelonne, que espera ver o Ministério do Trabalho ligado ao da Produção Industrial, o que conseguiu após a partida de Hubert Lagardelle. Este último não conseguiu esconder a sua amargura, lamentando-se na sua última alocução, em 11 de outubro de 1943, da sorte lançada à «organização sindical, como pedra de base do principal edifício da Carta» para sublinhar significativamente: «Senhores, por muito tempo anunciámos a revolução nacional. Temos de falar. É melhor fazê-la.»[73] Quando o ministro se exprime, o Estado francês está em vias de ser anexado. A Carta do Trabalho não deu origem em França a uma verdadeira experiência corporativa, conforme os desejos dos diferentes promotores e comparável à de outros regimes, que se inscreveram numa temporalidade mais longa que os quatro anos da existência de Vichy. Quanto ao sucesso da Carta, articulada com as políticas sociais das empresas e com o desenvolvimento dos comités socais, explica-se melhor por outras razões, do que por uma conversão corporativa.

---

[71] A. Petitjean, «Les amis de la Révolution», *Idées*, n.º 14 (1942): 2.
[72] P. Andreu evocou, em fevereiro de 1936, o Círculo Proudhon num artigo de *Combat* intitulado «Fascisme 1913» e notou, antes de Zeev Sternhell, que «em França, em torno da *Action française* e de Péguy, havia uma penumbra de um tipo de fascismo». Mas, Andreu não é um maurrasiano.
[73] Cit. *in* C. Bouneau, *Hubert Lagardelle, un bourgeois révolutionnaire et son époque (1874--1958)...*, 393.

Parte II
Brasil e América Latina

Francisco Palomanes Martinho

Capítulo 7
Estado corporativo e organização do trabalho no Brasil e em Portugal (1930-1945)

«O século XX será o século do corporativismo, tal como o século XIX foi o século do liberalismo». Foi desta forma que Mihail Manoilescu vaticinou como se daria o modelo de organização económica, social e política das nações ao longo do século XX.[1] Para o pensador romeno, o distanciamento do Estado liberal das sociedades que em tese representava, sua «inorganicidade», levaria inevitavelmente à crise e à busca de uma alternativa capaz de reorganizar o todo social disciplinando o capital e o trabalho. O otimismo de Manoilescu, principalmente a partir do final da I Grande Guerra, parecia se justificar. Não por acaso, Eric Hobsbawm considerou aqueles anos como os da «queda do liberalismo».[2] Da mesma forma, Karl Polanyi conceituou os anos entre as décadas de 1920 a 1940 como o período da «Grande Transformação», quando o mercado autorregulado perdia espaço para uma economia dirigista a partir do Estado.[3] Além do mais, e reforçando as perspetivas antiliberais, políticas de regulação ultrapassaram em larga escala os espaços reconhecidos como de desenvolvimento avançado do capitalismo, alcançando as chamadas regiões «periféricas» da América Latina, Sul da Europa, Ásia e África.[4]

---

[1] Mihail Manoilescu, *O Século do Corporativismo: Doutrina do Corporativismo Integral e Puro* (Rio de Janeiro: José Olympio), 1938.
[2] Eric Hobsbawm, «A queda do liberalismo», *A Era dos Extremos. O Breve Século XX (1914-1991)* (São Paulo: Companhia das Letras, 1995), 113-143.
[3] Karl Polanyi, *A Grande Transformação. As Origens de Nossa Época*, 9.ª ed. (Rio de Janeiro: Campus, 2000).
[4] Para uma visão mais ampla dos impactos da Grande Depressão, ver *A Grande Depressão. Política e Economia na Década de 1930 – Europa, Américas, África e Ásia*, orgs. Flávio Limoncic e Francisco Martinho (Rio de Janeiro: Civilização Brasileira, 2009).

A Vaga Corporativa

Os casos português e brasileiro, quando de seus experimentos estatistas das décadas de 1930 e 1940, foram estudados por politólogos, sociólogos, economistas e historiadores pertencentes às mais diversas correntes de interpretação. Raras, entretanto, foram as pesquisas e produções académicas preocupadas em comparar os dois países.[5] Howard Wiarda, por exemplo, faz um balanço interessante de suas publicações sobre corporativismo e a relação de Portugal com a América Latina e com a Europa. Afirma que seus primeiros estudos sobre o caso português começaram a partir do interesse pelas experiências latino-americanas. A tendência era ver Portugal – e também a Espanha – como uma versão corporativa mais desenvolvida que a América Latina – incluindo aqui o Brasil. Ao mesmo tempo, os estudiosos europeus tendiam a enxergar Portugal como um modelo menos desenvolvido que os demais países europeus.[6] Ao contrário da linha adotada por Wiarda e outros, a perspetiva do presente texto será a de tentar comparar as experiências corporativas portuguesa e brasileira procurando elencar proximidades, mas não deixando, como advertia Marc Bloch, de fazer também «um inventário das diferenças».[7] Acima de tudo, faremos um esforço no sentido de evitar hierarquizações.

Legislação sindical e classes trabalhadoras no Brasil: a persistência do corporativismo

Logo em seguida à chegada de Getúlio Vargas ao poder, a 3 de novembro de 1930, foi criado ainda naquele ano o Ministério do Trabalho, Indústria e Comércio (MTIC). Nas palavras do novo Presidente, era o «Ministério da Revolução». A partir de então uma série de leis foram criadas procurando fortalecer o binômio regulação/nacionalismo. Como sabemos, as principais leis aprovadas pelo governo foram incorporadas à CLT (Consolidação das Leis do Trabalho), sob o regime do Estado Novo em 1943. Sobre a CLT e seu impacto na configuração política e de orga-

---

[5] Os pequenos esforços que conhecemos são: José Luiz Werneck da Silva, org., *O Feixe e o Prisma: Uma Revisão do Estado Novo* (Rio de Janeiro: Jorge Zahar, 1991); Francisco Carlos Palomanes Martinho e António Costa Pinto, orgs., *O Corporativismo em Português: Estado, Política e Sociedade no Salazarismo e no Varguismo* (Rio de Janeiro: Civilização Brasileira, 2007). De qualquer forma, nos dois casos, é necessário ressaltar que não se trata exatamente de pesquisas comparativas, mas publicações resultantes de eventos académicos.

[6] Howard Wiarda, «O corporativismo em Portugal e no mundo moderno», in *Estado, Regimes e Revoluções. Estudos em Homenagem a Manuel de Lucena*, orgs. Carlos Gaspar, Fátima Patricarca e Luís Salgado de Matos (Lisboa: Imprensa de Ciências Sociais, 2012), 263.

[7] Marc Bloch, «História comparada e a Europa», in *História e Historiadores* (Lisboa: Teorema, 1995), 109-174.

Estado corporativo e organização do trabalho no Brasil e em Portugal (1930-1945)

nização do mundo do trabalho, falaremos adiante. Na medida em que as novas leis publicadas a partir de 1930 forem citadas indicaremos de que forma elas se inserem na CLT.

A primeira delas foi a chamada «lei dos 2/3», de 12 de dezembro de 1930, que proibia a presença de mais de um terço de trabalhadores estrangeiros em qualquer empresa.[8] Uma lei, portanto, de teor nacionalista com o propósito de garantir uma presença maior de trabalhadores «nacionais» no mercado de trabalho.

No ano seguinte, 1931, o governo provisório deu continuidade ao processo de elaboração das leis voltadas ao universo trabalhista. Através do decreto-lei n.º 19 770 determinou o reconhecimento dos sindicatos pelo MTIC: um único sindicato teria o monopólio de representação de toda uma categoria de trabalhadores em uma mesma localidade geográfico-administrativa. Um mínimo de três sindicatos poderia criar uma federação e um mínimo de cinco federações poderia criar uma confederação. Coerente com o princípio nacionalista, o governo determinava que pelo menos 2/3 dos membros filiados ao sindicato deveriam ser nacionais.[9] No caso das entidades patronais, entretanto, ainda que obedecendo à criação das entidades sob a tutela corporativa, permitiu-se a manutenção de suas associações criadas nas décadas anteriores à implantação do corporativismo. Criava-se, assim, uma espécie de dupla representação para o patronato.[10]

---

[8] Estados Unidos do Brasil. *Diário Oficial*, 9 de agosto de 1943. CLT – Consolidação das Leis do Trabalho, Brasil, Título III: Das normas especiais de Tutela do Trabalho. Capítulo II: Da Nacionalização do Trabalho, Art. 354.º A proporcionalidade será de dois terços de empregados brasileiros, podendo, entretanto, ser fixada proporcianalidade inferior, em antenção às circunstâncias especiais de cada atividade, mediante ato do Poder Executivo, e depois de devidamente apurada pelo Departamento Nacional do Trabalho e pelo Serviço de Estatística de Previdência e Trabalho a insuficiência do número de brasileiros na atividade a que se tratar. Parágrafo único. A proporcionalidade é obrigatória não só em relação à totalidade do quadro de empregados, com as exceções desta lei, como ainda em relação à correspondente folha de salário.

[9] Estados Unidos do Brasil. *Diário Oficial*, 9 de agosto de 1943. CLT – Consolidação das Leis do Trabalho, Brasil, Título V: Da Organização Sindical. Capítulo II: Da Nacionalização do Trabalho, Art. 516.º Não será reconhecido mais de um sindicato representativo de mesma categoria econômica ou profissional ou profissão liberal, numa dada base territorial; Art. 533.º Constituem associações sindicais de grau superior as federações e confederações organizadas nos termos desta lei. Art. 534.º É facultativo aos sindicatos quando em número não inferior a cinco representando um número de atividades ou profissões idênticas, simulares ou conexos, organizarem-se em federação. Art. 535.º As confederações organizar-se-ão com o mínimo de três federações e terão sede na Capital da República.

[10] Ângela de Castro Gomes, «Os paradoxos e os mitos: o corporativismo faz 60 anos», in *Análise e Conjuntura. Seminário 60 Anos da Revolução de 1930* (Belo Horizonte, 1992), 51-63.

A Vaga Corporativa

O ano de 1932 foi marcado por importantes crises e realinhamentos na composição política do governo provisório. O levante político-militar de São Paulo, que exigia a convocação de uma Assembleia Constituinte, impôs ao Presidente a redefinição de seu campo de alianças. Este processo, de depuração das elites governistas, foi contínuo e de certa forma ininterrupto até o golpe do Estado Novo em 1937.[11] Entretanto, a despeito de crises e realinhamentos, o governo não deixou de adotar medidas destinadas aos trabalhadores. Naquele mesmo ano foi criada a Carteira de Trabalho. Através dela, uma série de normas foi sendo adotada a fim de melhor definir a natureza do trabalho no país. Em primeiro lugar, o trabalho de menores foi proibido para crianças com idade inferior a 14 anos. Estabeleceu-se também a carga horária de 8 horas para a indústria e comércio e a proibição do trabalho noturno para menores. O trabalho feminino foi regulado, garantindo igualdade salarial e proteção à gestante.[12] Este conjunto de normas com vistas à regulamentação do trabalho contou com uma permanente reação das classes empresariais através de seus órgãos de classe. Acostumado a uma situação de pouco ou nenhum controle legislativo, ao patronato brasileiro custou a aceitar o conjunto grande de restrições com os quais seria obrigado a conviver.[13] Visto desta forma, não parece correta a perspetiva de alguns analistas para quem a Revolução de 1930 teve como significado a aliança do Estado com a burguesia para promover a modernização «pelo alto» do capitalismo brasileiro.[14] As alianças eram circunstanciais e nem sempre obedeciam a critérios «de classe» tão evidentes.

---

[11] Dulce Pandolfi, «Os anos 1930: as incertezas do regime», in *O Brasil Republicano. 3: O Tempo da Experiência Democrática: da Democratização de 1945 ao Golpe Civil-Militar de 1964*, Jorge Ferreira e Lucília de Almeida Neves Delgado (Rio de Janeiro: Civilização Brasileira, 2003), 15.

[12] Estados Unidos do Brasil. *Diário Oficial*, 9 de agosto de 1943. CLT – Consolidação das Leis do Trabalho, Brasil, Título II: Das Normas Gerais de Tutela do Trabalho. Art. 13.º É adotada no território nacional a carteira profissional, para as pessoas maiores de dezoito anos, sem distinção de sexo, e que será obrigatória para o exercício de qualquer emprego ou prestação de serviços remunerados. Parágrafo único. Excetuam-se da obrigatoriedade as profissões cujos regulamentos cogitem a expedição de carteira especial própria; Art. 58.º A duração normal do trabalho para os empregados em qualquer atividade privada não excederá de oito horas, desde que não seja fixado expressamente outro limite. Título III. Das Normas Especiais de Tutela do Trabalho. Capítulo III. Da Proteção do Trabalho da Mulher (com um total de 29 artigos). Capítulo IV. Da Proteção do Trabalho do Menor (com um total de 39 artigos).

[13] Ângela de Castro Gomes, *Burguesia e Trabalho. Política e Legislação Social no Brasil (1917-1937)* (Rio de Janeiro: Campus, 1979), 199-252.

[14] Luis Werneck Vianna, *Liberalismo e Sindicato no Brasil* (Rio de Janeiro: Paz e Terra, 1978); Ângela de Castro Gomes e Marieta de Moraes Ferreira, «Estudos sobre sindicalismo e movimento operário. Resenha de algumas tendências», *Boletim Informativo Bibliográfico de Ciências Sociais*, n.º 3 (1978): 9-24.

Estado corporativo e organização do trabalho no Brasil e em Portugal (1930-1945)

A partir de 1933 o governo deu início a sua política previdenciária. Com a criação dos Institutos de Aposentadorias e Pensões (IAP) em substituição às Caixas de Aposentadorias e Pensões (CAP) o Estado passava a ter ingerência direta sobre a aposentadoria dos trabalhadores. Ao todo sete institutos, cada qual representando um ramo da economia, foram criados para este fim: IAPM: Instituto de Aposentadoria dos Marítimos (1933); IAPC: Instituto de Aposentadoria dos Comerciários e IAPB: Instituto de Aposentadoria dos Bancários (1934); IAPI: Instituto de Aposentadoria dos Industriários (1936); IAPETEC: Instituto de Aposentadoria e Pensões dos Empregados em Transportes e Cargas e IAPEE: Instituto de Aposentadoria e Pensões dos Empregados de Estiva (1937); IPASE: Instituto de Previdência e Assistência aos Servidores do Estado (1938).[15] A política de Estado para a questão previdenciária adotava, inicialmente, uma perspetiva descentralizadora, embora sob controle público. A unificação da previdência social no Brasil viria apenas com o regime civil-militar brasileiro e mais particularmente com a criação do Ministério da Previdência e Assistência Social, no dizer de Ângela de Castro Gomes, o «Ministério da Revolução de 1964».[16] No entanto, é digno de nota que desde a década de 1940 o governo já elaborava projetos com vistas à unificação previdenciária.[17]

Outro instrumento determinante no novo corpo legislativo que se criava foi a Justiça do Trabalho: aprovada pela Constituição de 1934 e formalizada em lei a partir de 1.º de maio de 1941 ela resultou na instalação de comissões mistas de conciliação com três representantes de empregadores e três de empregados sob a coordenação de um bacharel em Direito. A Justiça do Trabalho, além de julgar, tinha também poder normativo, ou seja, a prerrogativa de criar normas e regras que regulam as relações e a organização do trabalho. A grande novidade advinda com a Justiça do Trabalho foi a criação da figura do juiz classista. Sem necessidade de diploma, os juízes classistas eram indicados por seus pares, com

---

[15] Maria Celina D'Araújo, «Estado, classes trabalhadoras e políticas sociais», in *O Brasil Republicano: 2: o tempo do nacional-estatismo: do início da década de 1930 ao apogeu do Estado Novo*, orgs. Jorge Ferreira, Jorge e Lucília de Almeida Neves Delgado (Rio de Janeiro: Civilização Brasileira, 2003), 234-235.
[16] Ângela de Castro Gomes, «Abertura política e controle sindical: trabalho e trabalhadores no Arquivo Ernesto Geisel», in *Dossiê Geisel*, orgs. Maria Celina d'Araújo e Celso Castro (Rio de Janeiro: Editora FGV, 2002), 135.
[17] GV c 1944.09.00/1, FGV/CPDoc, cartão de João Carlos Vital a Getúlio Vargas encaminhando relatório dos trabalhos da comissão encarregada de estudar a reorganização da previdência social brasileira.

mandato vitalício para representá-los junto à Justiça do Trabalho.[18] Na medida em que, em geral, o juiz classista era na maioria dos casos um ex-dirigente sindical, o reconhecimento da estrutura corporativa pelos sindicalistas se tornava cada vez mais forte.[19]

A Constituição de 1934, entretanto, impôs alguns reveses para o governo. O principal deles veio através do decreto-lei n.° 24 694 que determinava uma pluralidade sindical desde que o sindicato agrupasse pelo menos 1/3 da categoria que pretendia representar. Limitava a intervenção estatal nos sindicatos ao máximo de seis meses, ainda que mantivesse a prerrogativa do reconhecimento da entidade por parte do Estado. Para o governo, a possibilidade de mais de um sindicato por base territorial inviabilizava o projeto desenhado desde a criação do Ministério do Trabalho. A consagração do pluralismo foi uma vitória da Igreja com o apoio do patronato, além de segmentos ligados aos interesses privados e que se opuseram desde o início à legislação trabalhista.[20] Embora jamais a pluralidade tenha sido de facto posta em prática, ela representou um incômodo constante para o regime, superado apenas com a Constituição do Estado Novo em 1937.

A imposição da ditadura estado-novista abriu espaço para uma série de debates a respeito da natureza do regime que a partir daquele momento nascia. As interpretações mais correntes indicam uma nítida influência do fascismo italiano e sua *Carta del Lavoro*. Seguindo tal perspectiva de análise, alguns autores apontam para o facto de que a vitória das experiências italiana e alemã contribuiu para o nascimento de regimes semelhantes na América Latina.[21] Outros, em perspetiva diversa, indicam a influência do positivismo autoritário e modernizador, ideologia predominante no Rio Grande do Sul e determinante na formação política de Getúlio Vargas e de seus companheiros de armas que depuseram o governo da I República.[22] Independentemente de influências externas ou pretéritas, é inegável que a

---

[18] Estados Unidos do Brasil. *Diário Oficial*, 9 de agosto de 1943. CLT – Consolidação das Leis do Trabalho, Brasil, Título VIII: Da Justiça do Trabalho. Art. 643.° Os dissídios oriundos das relações entre empregadores e empregados reguladas na legislação social serão dirimidos pela Justiça do Trabalho, de acordo com o presente título e na forma estabelecida pelo processo judiciário do trabalho. Art. 647.° Cada Junta de Conciliação e Julgamento terá a seguinte composição: a) um presidente; b) dois vogais, sendo um representante dos empregadores e outro das empregados.

[19] Maria Celina d'Araújo, «Estado, classes trabalhadoras»…, 232.

[20] Ângela de Castro Gomes, *A Invenção do Trabalhismo* (São Paulo: Vértice; Rio de Janeiro: IUPERJ, 1988, 189.

[21] Maria Helena Rolim Capelato, *O Estado Novo: o que Trouxe de Novo?*, 109.

[22] Alfredo Bosi, «A arqueologia do Estado-providência», in *Dialética da Colonização* (São Paulo: Companhia das Letras, 1992), 273-307.

Estado corporativo e organização do trabalho no Brasil e em Portugal (1930-1945)

opção pela centralização já podia ser verificada desde o início dos 30 e tem o seu coroamento com o golpe de 10 de novembro de 1937.

Os esforços em favor da continuidade, sem evidentemente descaracterizar a rutura estabelecida com um golpe de Estado, entre os períodos pré e pós-37 são evidentes. O decreto-lei n.º 1402 de 1939, por exemplo, restabelece a unidade sindical, ou seja, o monopólio de representação através do sindicato único por categoria profissional. O decreto ainda proibia as greves e dava ao Estado o direito de controlar as contas, as eleições e as atividades administrativas dos sindicatos.[23] O «desvio» ocorrido em 1934 estava reparado.

O conjunto de leis aprovado pelo governo do Estado Novo ganhava, para além do aparato repressivo e de controle, um elemento adicional. A partir de 1938 o Dia do Trabalho passou a fazer parte do calendário de comemorações oficiais do regime. Naquele ano o presidente Getúlio Vargas anunciou a regulamentação da lei do salário mínimo, além de prometer sempre «presentear» os trabalhadores naquela data com uma nova legislação que os beneficiasse. Foi a partir daquele ano que se deu a adoção de uma política de enaltecimento da figura do Presidente, chamado a partir de então «pai dos pobres».[24] Uma das razões para a eficiência da política de propaganda e mobilização do regime, principalmente durante o Estado Novo, foi seu sucesso na condução econômica. Entre 1933 e 1939 a taxa de crescimento da produção agrícola e industrial no país foi de 11%. O início da Guerra provocou um declínio produtivo para 3,9% quando comparamos o período citado com os anos que vão de 1939 a 1942. Contudo, a partir daquele ano, o crescimento agrícola e industrial chegou à marca de 9,4%. Também no regime do Estado Novo assistimos aos dois maiores exemplos da modernização industrial brasileira: a criação da Companhia Siderúrgica Nacional, em Volta Redonda, e o início dos projetos para a construção da Companhia Vale do Rio Doce.[25] Assim, «a política industrial do governo Vargas tornou-se logo uma das mais importantes estratégias para o desenvolvimento brasileiro no período de 1930 a 1945».[26]

---

[23] Estados Unidos do Brasil, *Diário Oficial*, 9 de agosto de 1943. CLT – Consolidação das Leis do Trabalho, Brasil, Art. 516. Não será reconhecido mais de um sindicato representativo de mesma categoria econômica ou profissional, ou profissão liberal, em uma mesma base territorial.
[24] Ângela de Castro Gomes, *A Invenção...*, 237-246.
[25] Maria Antonieta Leopoldi, «Estratégias de ação empresarial em conjunturas de mudança política», in *Repensando o Estado Novo*, org. Dulce Pandolfi (Rio de Janeiro: Editora FGV, 1999), 122-123.
[26] Id., 124.

A Vaga Corporativa

Em 1939 o 1.º de maio passou a ser comemorado no estádio de São Januário, do Clube de Regatas Vasco da Gama, adquirindo contornos ritualísticos que se mantiveram até o fim do Estado Novo.[27] Naquele ano, uma nova lei de sindicalização, a Lei Orgânica de Sindicalização Profissional, foi decretada. Seu objetivo era fazer com que toda a vida associativa profissional no Brasil gravitasse em torno do Ministério do Trabalho.[28] Os estatutos dos sindicatos passavam a ser uniformizados pelo Departamento Nacional do Trabalho, havendo apenas pequenos espaços em branco para o preenchimento de nome, endereço e demais dados de identificação da entidade sindical. A movimentação financeira do sindicato também era controlada, sendo seus gastos submetidos à aprovação do Ministério.[29]

Em 1940, mais uma vez no Estádio de São Januário, era aprovada, através do decreto-lei n.º 2162, a criação do salário mínimo, devendo o mesmo ser suficiente para as despesas mínimas do trabalhador e sua família.[30] O mesmo, contudo, foi mal recebido pelas classes empresariais, para quem, de acordo com a lógica do mercado, o Estado não deveria ser o definidor do valor do salário.[31]

No ano seguinte, o governo aprovou uma medida que fortalecia a estrutura dos sindicatos prescindindo da participação efetiva de seus membros. Trata-se do imposto sindical, contribuição compulsória de um dia de trabalho de cada trabalhador, sindicalizado ou não, para o sindicato de sua categoria. O imposto recolhido pelo Ministério do Trabalho era repassado aos sindicatos, federações e confederações para gastarem de acordo com as determinações legais. A distribuição do montante era realizada de acordo com a seguinte proporcionalidade: 5% para as confederações, 15% para as federações, 60% para os sindicatos e 20% para o Fundo Social do Ministério do Trabalho. Assim, a existência do sindicato como organismo de representação dos trabalhadores, com dotação orçamentária para seu sustento, era determinada pelo poder público. A adesão ao sindicato era uma escolha do indivíduo.[32]

---

[27] Ângela de Castro Gomes, *A Invenção...*, 235-236.
[28] Marcelo Badaró Mattos, *O Sindicalismo Brasileiro Após 1930* (Rio de Janeiro: Jorge Zahar, 2003), 19.
[29] Maria Celina d'Araújo, «Estado, classes trabalhadoras»..., 227.
[30] Estados Unidos do Brasil. *Diário Oficial*, 9 de agosto de 1943. CLT – Consolidação das Leis do Trabalho, Brasil, Título II. Das Normas Gerais de Tutela do Trabalho. Capítulo III. Do Salário Mínimo (com um total de 52 artigos). Vianna, Luiz Werneck, *Liberalismo e Sindicato no Brasil*, 235.
[31] Maria Celina d'Araújo, «Estado, classes trabalhadoras»..., 235.
[32] Estados Unidos do Brasil, *Diário Oficial*, 9 de Agosto de 1943. CLT – Consolidação das Leis do Trabalho, Brasil, Título V. Da Organização Sindical. Capítulo III. Do Imposto Sindical (com um total de 32 artigos).

Estado corporativo e organização do trabalho no Brasil e em Portugal (1930-1945)

No dia 1.º de maio de 1943 foi aprovada a lei que simbolizou durante todo o século XX no Brasil a legislação trabalhista inaugurada por Vargas: a Consolidação das Leis do Trabalho (CLT). Tratava-se não exatamente de uma nova lei, mas da junção de todas as leis referentes ao mundo do trabalho criadas pelo governo desde 1930. A CLT estabeleceu oito ramos de atividades, cada uma com uma confederação de trabalhadores e outra de empresários: comércio; indústria; transporte marítimo, fluvial e aéreo; transporte terrestre; comunicação e publicidade; crédito; educação e cultura; profissões liberais. No plano municipal haveria os sindicatos, no plano estadual as federações, no plano federal as confederações e na ponta o Ministério do Trabalho, regulador de toda a rede organizativa.[33]

A racionalidade administrativa do governo Vargas, e do Estado Novo em particular, deve ser compreendida a partir da leitura que seus principais quadros faziam a respeito do papel a ser desempenhado em uma sociedade moderna por representantes e representados. A relação entre Estado e corporativismo no Brasil implicou em uma interpretação própria dos alcances e limites dos direitos individuais e dos direitos coletivos. Para os arquitetos do Estado Novo estava se consolidando no país uma nova forma de democracia, a *democracia social*, onde os direitos dos indivíduos estariam constrangidos pelos direitos coletivos. O cidadão neste novo modelo de organização do Estado era identificado através de seu trabalho e da posse de direitos sociais e não mais por sua condição de indivíduo e posse dos direitos civis ou políticos. Assim, no Estado Novo, «os direitos do trabalho tornaram-se o centro definidor da cidadania no Brasil».[34] A estrutura vertical do sindicalismo brasileiro, onde o Estado através do Ministério do Trabalho colocava-se ponta da pirâmide, obedecia a este preceito.

Outro aspeto para o qual devemos chamar a atenção diz respeito à ação do regime ao longo da década de 1940 tendo em vista a necessidade de preservação de suas políticas mais importantes, notadamente a trabalhista, em um sistema democrático. Quando da instituição do Estado Novo ficou prevista a realização de um plebiscito que votaria a continuidade ou não da ditadura. A entrada do Brasil em Estado de Guerra adiou para data indefinida o referendo. A aproximação do fim do conflito com a vitória dos Aliados impunha o retorno à normalidade demo-

---

[33] Composta originalmente de um total de 921 artigos, a CLT entrou em vigor na data de 10 de novembro de 1943. D'Araújo, Maria Celina, *Estado, Classe Trabalhadora...*, 235.
[34] Ângela de Castro Gomes, *Cidadania e Direitos do Trabalho* (Rio de Janeiro: Jorge Zahar, 2002), 34.

crática. O projeto do governo consistia em garantir a permanência do Presidente Getúlio Vargas depois de concluída a transição democrática. E foi objetivando tal intento que o Estado Novo adotou uma política de mobilização popular inédita na história do país. Este processo foi o que Ângela de Castro Gomes chamou de *Invenção do Trabalhismo*.[35] Em palestras proferidas semanalmente através do rádio pelo ministro do Trabalho Alexandre Marcondes Filho, entre janeiro de 1942 e julho de 1945, a legislação social era divulgada a todos os trabalhadores brasileiros. No dia seguinte a mesma palestra era publicada no jornal *A Manhã*, órgão oficial do Estado Novo.[36] Três anos após o início dos discursos de Marcondes Filho, que se somavam a uma série de outras iniciativas como, por exemplo, a formação de um partido político à semelhança do Partido Trabalhista inglês, esta não realizada a contento, os resultados eram satisfatórios. Frente ao inevitável fim da ditadura, os trabalhadores defendiam a permanência do Presidente em um regime democrático através de um dos maiores movimentos de massa da história do país, o *queremismo*. É interessante observar neste episódio que parte majoritária da mesma esquerda que havia sido perseguida pela polícia do Estado Novo ia às ruas, ao lado dos trabalhadores, para apoiar a continuidade de Getúlio Vargas no Palácio do Catete.[37] Longe de qualquer tese imediatista que por ventura acuse comunistas de oportunismo, vale lembrar que a experiência da Primeira Republica mostrava os perigos que se avizinhavam com a possibilidade de retorno das forças liberal-conservadoras. Nem direitos, nem democracia.[38] É por este motivo que a campanha queremista «surgiu no cenário político da transição como um movimento de protesto dos trabalhadores, receosos de perderem a cidadania conquistada na década anterior».[39] Deposto Vargas, o modelo de organização do Estado e o aparato legislativo legados de seu primeiro governo

---

[35] A conceituação tem sua origem no estudo de Ângela de Castro Gomes, *A Invenção do Trabalhismo*... Sobre a execução da política e da cultura trabalhista, principalmente após a queda do Estado Novo, ver também Jorge Ferreira, *O Imaginário Trabalhista: Getulismo, Ptb e Cultura Popular* (Rio de Janeiro: Civilização Brasileira, 2005).
[36] Ângela de Castro Gomes, *A Invenção do Trabalhismo*..., 229.
[37] Sobre a campanha queremista, ver Jorge Ferreira, «A democratização de 1945 e o movimento queremista», *O Brasil Republicano*, 13-46.
[38] Para uma história do movimento operário na I República, ver Boris Fausto, *Trabalho Urbano e Conflito Industrial (1890-1920)* (São Paulo: Difel, 1976); Sobre as alterações vividas pelo operariado entre os anos 1920 e 1930, ver do mesmo autor: «Estado, classe trabalhadora e burguesia industrial (1920/1945): uma revisão», in *Novos Estudos* (São Paulo: CEBRAP, 1988), 6-37.
[39] Jorge Ferreira, «A democratização de 1945 e o movimento queremista», 43.

permaneciam. Mais que isso, o *queremismo* foi responsável direto pela permanência da classe trabalhadora na cena política brasileira nas décadas subsequentes. É também um elemento adicional na continuidade sem Vargas estabelecida a partir da democratização de 1945. Período em que a figura do Presidente deposto, tanto para seus detratores quanto para seus defensores, se manteve no centro dos debates políticos. Por este motivo, nossa interpretação difere daquela apresentada por Alexandre Fortes, para quem a criação de direitos trabalhistas por via autoritária teria, por um lado, limitado certo potencial autonomista de crescimento da esquerda; e, por outro, teria desfigurado a república democrática de 1945-1964.[40] Em primeiro lugar porque supõe o autor que havia um potencial autonomista à esquerda abortado pelo Estado. Em segundo, a afirmação de que o «intervalo democrático» de 1945-1964 foi «desfigurado» parte do pressuposto da existência de um modelo ideal de democracia.

Houve, portanto, no caso do Brasil, uma evidente continuidade apesar de dois momentos de rutura: primeiro contra o Presidente Getúlio Vargas em 1945 e, em seguida, contra seus herdeiros, em 1964. Não por acaso, eleito Presidente em 1994, quase cinco décadas após a deposição do ex-ditador e quarenta anos após seu trágico suicídio, o então senador Fernando Henrique Cardoso anunciou que a meta de seu governo era superar a Era Vargas.[41] Por este motivo, e aqui sim, concordamos com o autor, Alexandre Fortes, quando afirma que o «sistema corporativo de relações de trabalho permanece como o legado institucional mais durável do Estado Novo».[42] Se precisava ser superada através do empenho político é porque existia e mantinha importante representação social. Um trabalho importante parte de premissa antagônica à apresentada por nós. Para Adalberto Cardoso, o corporativismo brasileiro seria de «baixa intensidade» e na prática sequer teve vigência por todo o período do primeiro governo Vargas e mesmo após sua queda.[43] Além de desconsiderar as contribuições a respeito do «corporativismo societário» vigente sobretudo na Europa Ocidental e nos Estados Unidos pós-1945, parte também da concepção de um modelo ideal e estável de corporativismo.

---

[40] Alexandre Fortes, «O Estado Novo e os trabalhadores na construção de um corporativismo latino-americano», *Locus: Revista de História*, vol. 13, n.º 2 (2007): 64.

[41] Luiz Werneck Vianna, «O coroamento da Era Vargas e o fim da história do Brasil». *Dados: Revista de Ciências Sociais*, vol. 38, n.º 1 (1995): 163-172.

[42] Id., *ibid*.

[43] Adalberto Cardoso, «Estado Novo e corporativismo», *Locus: Revista de História*, vol. 13, n.º 2 (2007): 109-117.

A Vaga Corporativa

A construção do modelo corporativo em Portugal: a rutura na continuidade

Os estudos acadêmicos a respeito do Estado Novo português tiveram início a partir dos trabalhos pioneiros de Hermínio Martins[44] e de Manuel de Lucena.[45] Ambos os autores procuraram analisar a ditadura salazarista tomando como paradigma o modelo italiano, o que levou Lucena a defender a tese de que foi o Estado Novo um *fascismo sem movimento fascista*. Ainda de acordo com suas palavras: «Ainda não houve nenhum regime tão parecido com o italiano como o nosso.»[46] Para ambos os autores, a estrutura corporativa da ditadura incluía o universo sindical que aqui será tratado. A perspetiva apresentada, entretanto, apresenta nuanças com relação a estas duas primeiras análises.

Nascido da conjunção de forças autoritárias e antiliberais que se opuseram à experiência da I República (1910-1926), o Estado Novo português conseguiu manter certo equilíbrio entre correntes se não antagônicas, com projetos muito diferenciados. Segundo António Costa Pinto, no momento de instalação da ditadura militar de 1926, havia três grandes campos ideológicos na direita portuguesa: a) *liberalismo conservador*: originário dos partidos republicanos conservadores. Corrente que deu apoio ao golpe na perspetiva de uma reforma da Constituição de 1911 em sentido presidencialista e limitador do parlamentarismo; b) *conservadorismo autoritário*: acentuadamente antiliberal, filiava-se quer ao corporativismo católico, quer ao difuso corporativismo republicano com a presença de um forte revisionismo autoritário. Deste campo faziam parte católicos, monárquicos e republicanos autoritários; c) *direita radical*: corrente que propunha a rutura absoluta com o sistema liberal, apontando para a construção de Estado nacionalista baseado em um corporativismo integral. Seu principal suporte ideológico vinha do Integralismo Lusitano.[47] Todas essas correntes foram, de uma forma ou de outra, contempladas no arranjo político do salazarismo. É por este motivo, entre outros, que a di-

---

[44] Hermínio Martins, «Classe, *status* e poder em Portugal», in *Classe, Status e Poder e Outros Ensaios sobre o Portugal Contemporâneo* (Lisboa: Imprensa de Ciências Sociais, 1998).
[45] Manuel de Lucena, *A Evolução do Sistema Corporativo Português*, vol. 1: *O Salazarismo* (Lisboa: Perspectivas & Realidades, 1976).
[46] Id., 38.
[47] António Costa Pinto, «O Estado Novo português e a vaga autoritária dos anos 1930», in *O Corporativismo em Português*, orgs. Francisco Carlos Palomanes Martinho e António Costa Pinto, 19-20.

tadura portuguesa, dentre as ditaduras nascidas nas décadas de 1920 e 1930, foi a mais institucionalizada e também a mais longeva.[48] Não por acaso, Philippe Schmitter afirmou ser o o Estado Novo um «regime de exceção que se tornou norma».[49] Quanto à legislação corporativa, ela está fundamentada em uma tradição anterior ao Estado Novo baseada, sobretudo, em uma «tradição social-cristã eticamente reacionária».[50] As primeiras iniciativas sob o regime autoritário no sentido de uma institucionalização dos sindicatos portugueses ocorreram em fevereiro de 1930 quando foi nomeada uma comissão tripartite para discutir a legislação sobre o horário de trabalho. Representando as organizações operárias, foram convocados o Sindicato dos Empregados no Comércio e Indústria de Lisboa, ligado à anarquista Central Geral dos Trabalhadores/CGT, e a Associação dos Caixeiros de Lisboa, próxima da corrente socialista. Para os sindicalistas, o convite formulado abria o sério problema de participar ou não de negociações com um governo que havia se imposto pela força.[51] Diante de incertezas e opiniões diversas, optou-se por convocar o conjunto das entidades de classe de Lisboa para que fizessem, de forma coletiva, um pronunciamento sobre o tema.[52]

A primeira reunião dos sindicatos e associações ocorreu no dia 25 de fevereiro de 1930, na sede do Sindicato do Pessoal Ferroviário da CP. Entre os sindicatos que participaram com direito a voto, havia um forte equilíbrio entre defensores e oponentes da participação. Enquanto os socialistas defendiam a presença na Comissão instituída pelo Estado, anarcossindicalistas e comunistas rejeitavam o convite elaborado pelo governo. Os anarquistas chamavam a atenção para a desigual representação entre operários e patrões. Lembravam também que os patrões teriam sempre vantagem, uma vez que contariam com os votos dos represen-

---

[48] Id., 39.
[49] Philippe Schmitter, *Portugal, do Autoritarismo à Democracia* (Lisboa: Imprensa de Ciências Sociais, 1999), 21-70.
[50] Id., 110.
[51] No dia 28 de maio de 1926 um golpe de Estado pôs fim à I República portuguesa (1910-1926) e instaurou uma ditadura militar que transitou a partir de 1928 para uma ditadura corporativa e civil sob o comando do então ministro das Finanças, António de Oliveira Salazar. O Estado Novo propriamente dito começa apenas em 1933 com a implantação da nova Constituição. Como se vê, o empenho governamental para a formulação de leis voltadas ao mundo do trabalho começa ainda antes da implantação do Estado Novo. Para uma cronologia das fases do regime autoritário português, ver Manuel Braga da Cruz, *O Partido e o Estado no Salazarismo* (Lisboa: Presença, 1988), 38-47.
[52] Fátima Patriarca, *A Questão Social no Salazarismo (1930-1947)* (Lisboa: Imprensa Naciomal/Casa da Moeda, 1995), 22-24.

tantes do Estado.[53] Além do mais, as conquistas operárias deveriam ser obtidas através da luta de classes, e não em acordos de cúpula. Quanto aos comunistas, os discursos em torno das tradições combativas da classe operária eram suficientes para que não houvesse adesão às propostas do governo. A decisão final terminou por ser a da não participação.[54] No dia 6 de março ocorreu uma segunda reunião, desta vez no Sindicato dos Arsenalistas da Marinha, de hegemonia comunista. Por 12 votos a cinco a proposta do representante do Sindicato dos Compositores Tipográficos, também de hegemonia comunista, de se organizar uma «Comissão Inter-Sindical Pró-Defesa do Horário de Trabalho», independente e autônoma em relação ao Estado saiu vencedora. Mais uma vez a proposta de adesão era derrotada.[55]

Instalada a Comissão Inter-Sindical Pró-Defesa do Horário de Trabalho, em pouco tempo a mesma se transformou em apêndice sindical do Partido Comunista Português com o nome de Comissão Inter-Sindical (CIS). Criava-se, assim, a Central comunista, que passaria a disputar com a anarquista CGT a hegemonia e, na melhor das hipóteses, o controle sobre o movimento operário. Artimanhas da memória: consolidada a oposição entre a CIS e CGT, as duas centrais passaram a negar a tênue unidade que havia sido constituída no início do ano de 1930.[56]

Resta aqui uma breve menção à importante e não por acaso esquecida corrente sindical, composta pelos socialistas. O esquecimento provocado evidencia uma opção deliberada de anarquistas e de comunistas a fim de fazer crer que as lutas sociais do período se resumiam ao duelo travado por ambos.[57] A estratégia do sindicalismo socialista consistia em manter o movimento sindical dentro da legalidade. Tal conduta lhe valeu o estigma de «colaboracionista», além do descrédito em relação à sua efetiva representatividade junto aos trabalhadores. Esta é de facto difícil de ser mensurada. Entretanto, a corrente socialista não só existia, como interveio diretamente nas questões postas ao sindicalismo português. Por reconhecerem a necessidade de uma organização mais ampla, os socialistas defendiam a

---

[53] Conforme se verá ao longo deste trabalho, esta previsão dos anarquistas acabou não se realizando. Ao contrário, nas negociações tripartite, em geral, os patrões ficavam isolados ante a tendência maior dos representantes do Estado em defenderem as reivindicações dos Sindicatos Nacionais.
[54] Fátima Patriarca, *A Questão Social no Salazarismo (1930-1947)*..., 26-28.
[55] Id., 29-30.
[56] Fátima Patriarca, «O '18 de Janeiro': uma proposta de releitura», *Análise Social*, vol. 28, n.º 123-124 (1993): 1137-1152.
[57] Fátima Patriarca, *A Questão Social no Salazarismo (1930-1947)*..., 69-91.

Estado corporativo e organização do trabalho no Brasil e em Portugal (1930-1945)

criação da UGT – União Geral dos Trabalhadores, que deveria aglutinar em todo o país as forças sindicais «reformistas». No entanto, o projeto de criação de uma central sindical socialista acabou não por não se efetivar.

Assim, no início dos anos 30, três importantes correntes sindicais disputavam hegemonia junto à classe operária portuguesa: anarquistas, comunistas e socialistas.[58] Embora os dois primeiros tivessem sido contrários às negociações com o Estado, enquanto que os últimos tivessem defendido uma proximidade capaz de garantir a melhoria das condições dos trabalhadores, as escolhas das lideranças estavam longe de um comportamento estático. Elas se alteravam e as circunstâncias muitas vezes as obrigavam a migrar para escolhas opostas àquelas originalmente pretendidas. No caso dos comunistas, em particular, ver-se-á uma forte capacidade de adaptação às novas condições surgidas a cada momento, vindo a participar, desde 1941, dos Sindicatos Nacionais.[59]

As opções tomadas por todas as correntes sobre o futuro do sindicalismo português ganharam contornos de dramática radicalização a partir de 1933, quando se instaurou o Estado Novo. A 23 de Setembro daquele ano, através de três decretos-leis,[60] foi aprovado o Estatuto do Trabalho Nacional – ETN. Além disso, foi criado, também pelo Decreto-Lei n.º 23 053, o Instituto Nacional de Trabalho e Previdência – INTP, submetido ao Subsecretariado de Estado das Corporações e Previdência Social. Embora o processo de aproximação do Estado para com os trabalhadores tivesse começado a partir do ano de 1930, é com a organização do Estado Novo que se pode falar de um efetivo processo de corporativização das organizações do trabalho em Portugal.

O Decreto-Lei n.º 23 050, que criou os Sindicatos Nacionais estabeleceu normas detalhadas de funcionamento interno além de atribuir ao Estado extensos poderes que, entre 1933 e 1944, outros decretos terminaram por ampliar.[61] De acordo com o referido Decreto, os trabalhadores

---

[58] Existiam outras correntes de menor peso organizativo, que, entretanto, também buscavam disputar o controle sobre o movimento operário em Portugal. Os nacional-sindicalistas (fascista), e os católicos. Sobre o nacional-sindicalismo, ver António Costa Pinto, *Os Camisas Azuis: Ideologia, Elites e Movimentos Fascistas em Portugal (1914-1945)* (Lisboa: Estampa, 1994). Sobre o sindicalismo católico, ver Maria Inácia Rezola, *O Sindicalismo Católico no Estado Novo (1931-1948)* (Lisboa: Estampa, 1999).

[59] A resolução do PCP de participar no sindicalismo oficial data de 1941. Cf. «A Frente Única e o trabalho nos sindicatos nacionais», in *O PCP e a Luta Sindical: Documentos para a História do Partido Comunista Português* (Lisboa: Avante!, 1975), 21-26.

[60] Decreto n.º 23 049, destinado a patrões do comércio, indústria e agricultura; Decreto n.º 23 050, destinado aos empregados, operários e profissões liberais; e Decreto n.º 23 051, destinado ao mundo rural.

[61] Fátima Patriarca, *A Questão Social no Salazarismo (1930-1947)...*, 227.

do comércio e da indústria deveriam se organizar em «Sindicatos Nacionais». Estes tinham por base a profissão e o distrito como limite geográfico. Dentro de cada área (distrito) só era reconhecido um sindicato por categoria, sendo a ele atribuído o monopólio da representação profissional. Para Philippe Schmitter, a restrição territorial dos sindicatos ao distrito tinha por função garantir a sua fragilidade, mantendo-os reféns do Estado.[62] De acordo com os termos do ETN e do Decreto n.º 23 050, os sindicatos obedeciam a três princípios fundamentais: hierarquia dos interesses, que subordina os interesses particulares aos da economia nacional; colaboração com o Estado e com as outras classes; e nacionalismo, que limita a ação dos sindicatos exclusivamente ao plano nacional, em respeito absoluto aos «superiores interesses da Nação».[63] O legislador determinava ainda que os estatutos dos sindicatos deveriam conter não só a afirmação de fidelidade ao nacionalismo e à colaboração social, como a declaração de «renúncia» a toda e qualquer atividade contrária aos «interesses da Nação portuguesa», além do expresso «repúdio da luta de classes».[64] Vale destacar que, assim como no Brasil, ao contrário dos trabalhadores, as classes empresariais, embora também tivessem suas entidades vinculadas à estrutura corporativa, os grémios, elas puderam manter intactas as associações existentes anteriores à data de 23 de setembro de 1933. Associações Industriais importantes como as de Lisboa e do Porto, criadas ainda no século XIX, mostram que, para o empresariado, o modelo nunca foi completamente corporativo.[65]

O governo havia imposto o dia 31 de dezembro de 1933 como data-limite para que os vários sindicatos realizassem assembleias a fim de se adequarem às novas diretrizes. Das 38 associações de classe que fizeram assembleia, 15 se recusaram a integrar a nova ordem corporativa e 23 a aceitaram.[66] Em uma única Associação de Classe, a dos Ajudantes de Far-

---

[62] Philippe Schmitter, *Portugal...*, 119.
[63] Entre outros artigos do ETN: Portugal. Estatuto do Trabalho Nacional. Art. 21.º O trabalho, em qualquer de suas formas legítimas, é para todos os portugueses um dever de solidariedade social. O direito ao trabalho e ao salário humanamente suficientes são garantidos sem prejuízo da ordem económica, jurídica e moral da sociedade. Art. 40.º A organização profissional abrange não só o domínio económico mas também o exercício das profissões livres e das artes, subordinando-se a sua ação neste caso a objetivos de perfeição moral e intelectual que concorram para elevar o nível espiritual da Nação.
[64] Fátima Patriarca, *A Questão Social no Salazarismo (1930-1947)...*, 228.
[65] Philippe Schmitter, *Portugal...*, 124.
[66] Votaram contra o Decreto n.º 23 050 as seguintes categorias profissionais: jornalistas, metalúrgicos, ferroviários, caixeiros, caixeiros-viajantes e de praça, profissionais de hotelaria, empregados da Carris, pasteleiros e confeiteiros, motoristas, pessoal dos telefones, pessoal dos tabacos, a AC dos Empregados da Indústria dos Tabacos, o Sindicato dos

mácia, o resultado foi o do empate. Muitas das associações que aceitaram a integração eram recentes, tendo sido fundadas nos primeiros anos da década de 1930, fruto das tensões promovidas com a elaboração da nova ordem corporativa. As associações que rejeitaram o projeto estatal ou que não fizeram assembleias deveriam ser dissolvidas. No primeiro caso, muitas vezes grupos de associados procuraram formar comissões organizativas para que pudessem fundar um Sindicato Nacional reconhecido pelo Estado. No segundo caso, a não realização de assembleias não significava necessariamente um rompimento ou desobediência perante o Estado, mas também uma forte desmobilização. Em janeiro de 1934, um número grande de Associações de Classe procurou fazer assembleias para que tivessem reconhecimento legal por parte do Estado. Em 1935 o país já contava com um total de 191 sindicatos organizados de acordo com o decreto 23 050. Em 1945 este número já era de 308 sindicatos.[67]

Qual o resultado da organização corporativa portuguesa após 1933? Parte da literatura especializada, como lembrou Fátima Patriarca, é unânime em apontar para um sindicalismo horizontal, pulverizado e frágil. O modelo instituído em Portugal, ao mesmo tempo em que privilegiava a profissão, dava pouca importância às federações e uniões, além de não contemplar a existência de confederações.[68] Horizontalidade e a pulverização, entretanto não significava um distanciamento do Estado, uma vez que os sindicatos só existiriam de facto após a aprovação de seus estatutos pelo Subsecretariado das Corporações.[69]

Porém, apesar da formalidade da estrutura, e de seu relativo rigor, exceções à regra existiram, de modo que o modelo segundo o qual o distrito

---

Arsenalistas da Marinha, o dos Empregados do Estado e o do pessoal de Exploração do Porto de Lisboa. Votaram a favor da integração à ordem corporativa: médicos, professores do ensino particular, músicos, toureiros, regentes agrícolas, protéticos dentários, oficiais maquinistas da Marinha Mercante, oficiais da Marinha Mercante, portuários, estivadores, conferentes marítimos, descarregadores do Porto de Lisboa, pessoal de Tráfego, manipuladores do pão, mecânicos de açúcar, empregados dos Fósforos Lisbonenses, manipuladores de tabaco, construtores civis, mestres de obras, maquinistas teatrais, empregados mutualistas, empregados de Clubes e Casas de Recreio, além de 40 dissidentes de empregados da Carris, e do Sindicato de Hotelaria. Cf. Fátima Patriarca, *A Questão Social no Salazarismo (1930-1947)...*, 258-259. É de notar que, embora a grande maioria dos sindicatos de profissionais liberais (médicos, professores do ensino particular, etc.), estivessem entre os que votaram a favor do novo decreto, alguns importantes sindicatos operários também resolveram optar pela nova ordem corporativa (manipuladores de pão, empregados do Porto, etc.), o que podia ser demonstrativo da capacidade de sedução da nova lei entre segmentos populares.

[67] Philippe Schmitter, *Portugal...*, 118-119.
[68] Fátima Patriarca, *A Questão Social no Salazarismo (1930-1947)...*, 283-284.
[69] Id., 285.

constituía a base organizacional do sindicalismo português não foi único, embora tenha sido predominante. Por exemplo, os ferroviários, através da Lei n.º 1908, de 22 de maio de 1935, e os pescadores, por intermédio da Lei n.º 1953, de 11 de março de 1937, tinham legislação própria, abarcando regiões mais amplas que simplesmente o distrito. Os primeiros ficaram divididos em três grandes grupos – pessoal dos serviços centrais, pessoal das oficinas e armazéns, pessoal de linha – e três regiões – Norte, Centro e Sul. Os segundos ficaram agrupados por centros de pesca em organismos mistos de «cooperação social» com três funções básicas: «representação profissional», «educação e instrução» e «previdência e assistência».[70] Como se vê, as funções das associações de pescadores extrapolavam as tarefas meramente sindicais. A opção por um tipo de estrutura própria por parte dos pescadores partiu do próprio regime. A oposição dos armadores à organização corporativa e as diferenças abissais entre pescadores dedicados às pescas artesanal e não artesanal, foram alguns dos fatores determinantes para que houvesse um modelo de organização próprio para o pessoal da pesca.[71] Quanto aos ferroviários, foram eles próprios que, através de três comissões organizadoras de Sindicatos Nacionais, lutaram em prol de uma forma de organização diferente daquela prevista no ETN.[72] Em novembro de 1936 foi aprovado o Decreto-Lei n.º 27 228, que tornava possível a organização de sindicatos com áreas superiores às previstas originalmente na lei.[73] Este foi o caso, por exemplo, dos bancários do Porto e de Lisboa, que se viram contentados com a possibilidade de organizarem entidades territorialmente maiores e, consequentemente, mais fortes. Ao mesmo tempo, a legislação contrariou os dirigentes bancários de cidades menores, como Braga, Coimbra e Viseu.[74]

As alterações assistidas na organização corporativa portuguesa foram resultado não só de problemas estruturais, quando, por exemplo, uma categoria não alcançava o número mínimo de 100 associados, uma determinação do Decreto 23 050, mas também de interpretações opositoras sobre o ETN dentro do próprio governo. Por um lado, havia aqueles que consideravam os termos «profissão» e «categoria profissional» idênticos. Assim, a organização sindical deveria obedecer às determinações do INTP a respeito das especificidades técnicas que justificavam a existência de uma determinada profissão. De outro lado, mais próximos da legisla-

---

[70] Id., 285-287.
[71] Id., 290.
[72] Id., 291.
[73] Id., 287.
[74] Id., 291.

ção fascista, havia aqueles para quem «profissão» e «categoria profissional» eram termos distintos, sendo o segundo referente ao «ramo de atividade».[75] O governo, através do INTP se equilibraria em torno de uma e outra concepção.

Se, em alguns casos, o Estado Novo português permitiu a existência de sindicatos nacionalmente organizados ou pluridistritais, fortalecendo determinadas categorias, no caso dos organismos de segundo grau, federações e uniões, apesar de previstos em lei, pouca importância foi dada. A diferença entre federação e união era que enquanto a primeira agrupava sindicatos idênticos, a segunda era representante de profissões afins. Podiam ser tanto de âmbito nacional quanto regional ou mesmo distrital. A maior parte das federações e uniões foi formada apenas na década de 1950, de modo que, no período que aqui analisamos, a organização sindical era composta basicamente pelos Grémios e Sindicatos Nacionais.[76]

A montagem da máquina corporativa portuguesa que se estabeleceu a partir de 1933 teve como referência uma estrutura sindical organizada segundo legislação datada de 1891. Antes do corporativismo havia 754 «organizações operárias» criadas de acordo com a legislação anterior, embora pairem dúvidas a respeito da natureza do termo «operárias». É certo que englobavam não só associações de trabalhadores urbanos como também assalariados rurais.[77] Do ponto de vista da estrutura montada pelo Estado, o lento aparecimento de organismos de segundo grau e a completa ausência de confederações reforça as teses da horizontalidade. Se esta conceção nos parece correta, o mesmo não ocorre se apontarmos a estrutura sindical portuguesa como tendente à pulverização, como parece ser a interpretação de Schmitter referida acima. Devemos nos lembrar que enquanto a legislação anterior previa um contingente mínimo de 21 indivíduos para formar um sindicato, a montagem corporativa aumentou para 100. Concordamos, pois, com a observação de Fátima Patriarca para quem horizontalidade não é sinônimo de fragmentação ou pulverização.[78]

---

[75] Id., 287-288.
[76] Id., 302-304. Portugal. Estatuto do Trabalho Nacional. Art. 41.º [...] Os Sindicatos Nacionais de empregados e operários e os Grémios formados pelas entidades patronais constituem o elemento primário da organização corporativa e agrupam-se em federações e em uniões, elementos intermédios da Corporação, que realiza a forma última daquela organização. A Federação é regional ou nacional e constituída pela associação de sindicatos ou grémios idênticos. A União conjuga as atividades afins já organizadas em grémios ou sindicatos nacionais, de modo a representar em conjunto todos os interessados em grandes ramos da atividade nacional.
[77] Id., 304-305.
[78] Id., 306-307.

A Vaga Corporativa

Um outro aspecto fundamental para o entendimento da organização corporativa portuguesa foi o papel desempenhado pelos agentes do Estado para a garantia de seu funcionamento. Em uma primeira fase, esperançosos quanto a uma real adesão das classes trabalhadoras ao modelo imposto, o ETN considerava que a filiação ao sindicato deveria ser voluntária, assim como os contratos coletivos. O próprio Salazar afirmou em palestra proferida aos funcionários do INTP que a organização sindical deveria ser lenta e bem feita, a partir de um processo de convencimento à causa corporativa.[79] Logo no início de 1934, entretanto, o governo tratou de alterar um posicionamento «voluntarista» em favor de uma conduta mais «dirigista» para a construção do sindicalismo corporativo.[80] O INTP, através de seus assistentes, participava das convenções negociando com o patronato e os trabalhadores.[81] Foi por conta da presença ativa dos funcionários do INTP nas convenções coletivas, que passaram a ter uma característica tripartite, que as tensões entre patrões e empregados se deram de forma mais aberta. A resistência das classes empresariais era evidente. Vinculados ao INTP, os SAS – Serviços de Acção Social – foram criados a fim de acompanhar a vida dos Sindicatos Nacionais. Procuravam fazer com que a organização corporativa estivesse em pleno funcionamento no tempo mais rápido possível. Em julho de 1934, o diretor de Serviços dos SAS escreveu ao subsecretário de Estado das Corporações apresentando um primeiro balanço das atividades do órgão. Segundo o documento, diversas consultas foram feitas a respeito da organização corporativa e dos procedimentos necessários para a sua implantação. Apesar dos avanços, algumas dificuldades se faziam sentir. Uma delas era com relação à fiscalização do horário de trabalho. Outro problema se encontrava na resistência dos próprios departamentos do Estado, provocando lentidão e dificuldades na resolução dos mais variados assuntos. Por fim, a maior das dificuldades: a resistência patronal em colaborar com os organizamos do Estado corporativo, não só criando empecilhos ao desenvolvimento da nova estrutura sindical, como também perseguindo os dirigentes dos sindicatos nacionais.[82] A resistência empresarial aos organismos sindicais foi sempre difícil, posto que eram

---

[79] António de Oliveira Salazar, «Os delegados do INTP e a reforma social», in *Discursos*, vol. 1 (1928-1934), 5.ª ed. rev. (Coimbra: Coimbra Editora, 1961), 279-283.
[80] Patriarca, Fátima, *A Questão Social no Salazarismo (1930-1947)...*, 330.
[81] Id., *ibid*.
[82] Francisco Carlos Palomanes Martinho, *A Bem da Nação: o Sindicalismo Português entre a Tradição e a Modernidade (1933-1947)* (Rio de Janeiro: Civilização Brasileira, 2002), 78-80.

obrigados a enfrentar tanto os sindicatos como também agentes do INTP no sentido de fazerem valer a legislação. Se os empresários ficaram satisfeitos com a adoção de políticas repressivas e mesmo de desenvolvimento econômico, o posicionamento foi outro quando regras de tipo contratual lhes foram impostas.[83] A postura solidária dos funcionários do INTP foi um dos motivos que fizeram com que, passado o primeiro momento quando as dúvidas a respeito do papel da máquina corporativa foram sendo dissipadas, os sindicatos viram no Estado um aliado na defesa de seus interesses econômicos e de organização.[84]

A política do regime para o mundo do trabalho, entretanto, não se manteve estática ao longo dos anos. Conforme dissemos, apesar das esperanças quanto a uma adesão voluntária dos trabalhadores aos sindicatos, ela não ocorreu. Assim, o governo se viu impelido a intervir ao longo dos anos. Em setembro de 1939 foi aprovado o Decreto-Lei n.º 29 931, que estipulou a cotização obrigatória para grêmios e sindicatos. O novo decreto deve ser entendido, portanto, à luz da inviabilidade de uma adesão espontânea à organização corporativa. A partir do momento da aprovação da nova lei, haveria uma distinção entre «sócio», aquele que adere conscientemente ao sindicato, e «contribuinte», o indivíduo que, não sendo associado, mas pertencendo à categoria, é obrigado a contribuir com parte de seus vencimentos. Caberia ao subsecretário das Corporações definir caso a caso a obrigatoriedade de cotização aos não sindicalizados.[85] Por parte das entidades de classe dos trabalhadores que buscavam uma solução para a fragilidade econômica em que viviam a recepção à nova lei foi positiva.[86] Em diversas ocasiões, sindicatos requeriam que a cotização fosse estendida à categoria que representava e, invariavelmente, seus pedidos eram acatados pelos delegados regionais do INTP.

---

[83] Fátima Patriarca, *A Questão Social no Salazarismo (1930-1947)...*, 647-649.
[84] Francisco Carlos Palomanes Martinho, *A Bem da Nação...*, 80-86.
[85] Fátima Patriarca, *A Questão Social no Salazarismo (1930-1947)...*, 329-336. Até então, como atesta o art. 42.º do ETN, as cotas eram limitadas aos associados. Portugal. Estatuto do Trabalho Nacional. Art. 42.º. Os sindicatos nacionais e os grémios têm personalidade jurídica; representam legalmente toda a categoria dos patrões, empregados ou assalariados do mesmo comércio, indústria ou profissão, estejam ou não neles inscritos; tutelam os seus interesses perante o Estado e os outros organismos corporativos; ajustam contratos coletivos de trabalho, obrigatórios para todos os que pertencem à mesma categoria, cobram dos seus associados as cotas necessárias à sua manutenção como organismos representativos, e exercem, nos termos das leis, funções de interesse público.
[86] «Informação – Profissionais legalmente representados pelos Sindicatos Nacionais de Empregados de Escritório», do Assistente do INTP [assinatura ilegível], de 14 de fevereiro de 1940. AHMQE.

A Vaga Corporativa

Estes, por seu turno, encaminhavam o pedido à direção central do Instituto, que indicava um assistente para elaborar um parecer. Foi este, por exemplo, o caso dos metalúrgicos de Castelo Branco, que receberam um parecer favorável em setembro de 1940.[87]

O início da II Guerra Mundial obrigou o Estado Novo a uma difícil estratégia de equilíbrio. Apesar de um modelo em tese próximo dos corporativismos fascistas de Itália e Alemanha, Portugal mantinha laços históricos de proximidade com a Inglaterra. Assim, a atitude de «neutralidade colaborante» visava a perpetuação do regime independentemente do resultado do conflito. Internamente, os problemas enfrentados também eram complexos. O aumento dos preços, a crise de abastecimento e o desemprego minavam um sistema estruturalmente frágil. As greves de 1941 e 1942 eram evidentes sintomas das dificuldades enfrentadas pelo regime. O crescimento industrial português no período, decorrente de sua política de guerra, não só veio desacompanhado de ações sociais inclusivas, como também se deu a partir de uma estagnação no campo com resultados particularmente trágicos em um país estruturalmente agrário. Em outras palavras, a euforia econômica se realizava a partir da superexploração dos trabalhos urbano e rural.[88] Diante da famosa greve de outubro-novembro de 1942, quando mais de 20 mil operários paralisaram o trabalho na região de Lisboa, o governo foi obrigado, em nota oficiosa, a declarar-se intolerante contra qualquer manifestação. Apesar disso, internamente, reconhecia as péssimas condições de vida da maioria da população operária e, como sempre, o descaso patronal. As greves camponesas do Alentejo e do Ribatejo de 1943 e 1944 davam mais uma evidente expressão do aprofundamento e alargamento da crise social.[89] No campo e na cidade, movimentos de contestação dos trabalhadores serviam como um alerta para o regime e um alento para as oposições, que chegaram a crer em uma transição para a democracia com o apoio das potências ocidentais.

Os quatro anos que se estendem de 1943 a 1947 foram de grande instabilidade e dúvidas quanto à capacidade de sobrevivência do Estado Novo. O governo procurava manter-se naquela conjuntura difícil e de

---

[87] «Parecer sobre o pedido de quotização obrigatória para o Sindicato Nacional dos Metalúrgicos do Distrito de Castelo Branco», do Assistente do INTP, de 30 de setembro de 1940.

[88] Fernando Rosas, *Portugal entre a Paz e a Guerra (1939-1945)* (Lisboa: Estampa, 1990).

[89] Fernando Rosas, «Sob os ventos da guerra: a primeira crise séria do regime (1940--1949)», in *História de Portugal*, vol. 7: *O Estado Novo (1926-1974)*, dir. José Mattoso (Lisboa: Estampa. 1994), 353-415.

Estado corporativo e organização do trabalho no Brasil e em Portugal (1930-1945)

acelerado processo de redemocratização em todo o mundo ocidental. Internamente se mostrava incapaz de neutralizar as insatisfações tanto das classes populares quanto de suas elites empresariais. A adoção de uma política de fomento coadunada com o grande capital implicava na alteração das linhas mestras do corporativismo inauguradas em 1933. Assim, através do Decreto-Lei n.° 36 173, de março de 1947, alterava-se o carácter dos contratos e convenções coletivas, ficando os novos acordos a serem resolvidos apenas entre as partes interessadas, ausentando-se o Estado da mediação dos conflitos. Esta medida garantia uma aproximação maior do Estado exatamente com aqueles que mais se opuseram à imposição das políticas sociais e corporativas: as elites empresariais. Estas, agora livres do constrangimento provocado pela presença estatal, poderiam determinar políticas salariais de acordo com seus interesses. O «modelo corporativo» comprometido e restrito ficava quase que confinado à sua feição repressora.[90] Em outras palavras, com o Decreto-Lei n.° 36 173 uma nova etapa de organização do mundo do trabalho se abria. O empresariado, enfim, vencera a queda de braço com o Estado, de modo que, no dizer de Fátima Patriarca: «Quase poderíamos dizer que terminava um corporativismo e outro começava.»[91] No caso português, a tendência predominante de se interpretar o regime do Estado Novo como um acontecimento linear desconsidera transições e alterações importantes, como, por exemplo, o Estado se retira do papel mediador nas relações entre capital e trabalho.[92]

Conclusão

Manoilescu, afinal, não tinha razão. O corporativismo, ainda que uma realidade no pós-guerra, realizou-se de forma tão diversa daquela por ele imaginada que muito provavelmente sequer se reconheceria.

A delicada tarefa de elaborar uma comparação entre os modelos sindicais e corporativos do Brasil e de Portugal deve considerar tanto proximidades quanto diferenças. As primeiras são claras e saltam mais aos olhos que as segundas. Por exemplo, o peso do nacionalismo e de seu papel na constituição de ordens autoritárias é facto consagrado pela his-

---

[90] Francisco Carlos Palomanes Martinho, *A Bem da Nação...*, 387-389.
[91] Fátima Patriarca, *A Questão Social no Salazarismo...*, 628.
[92] Nem todos os autores trabalham com a ideia de predomínio das continuidades. Ver, entre outros, Manuel Braga da Cruz, *O Partido e o Estado no Salazarismo...*

toriografia.[93] Também devemos destacar que o advento de políticas econômicas ancoradas no dirigismo estatal foi, principalmente após a crise da Bolsa de Valores de Nova Iorque, marca das políticas econômicas dos países europeus e americanos.[94] Ao mesmo tempo, tanto no Brasil como em Portugal os agentes do Estado foram entendidos pelos trabalhadores como aliados em favor de suas demandas. Nos dois países a recusa patronal em aceitar as novas regras e os limites impostos pelos respetivos governos foi uma constante. Acostumados a uma quase ausência de legislação, os empresários brasileiros e lusitanos, ao mesmo tempo em que apoiavam a adoção de medidas autoritárias em favor da ordem, opunham-se às ingerências «externas» sobre «seus» negócios. Por fim, evidenciando uma diferença de tratamento entre patrões e empregados, no caso dos primeiros foi permitida a permanência de suas antigas entidades de classe.

A despeito das evidentes semelhanças, diferenças entre os casos português e brasileiro também merecem observação. No Brasil pode-se dizer que o processo legislativo foi mais amplo, na medida que o Estado desde o início adotou regras que em parte se mantiveram por décadas a seguir à queda do Estado Novo. Além disso, a tendência no Brasil foi fazer com que as leis aprovadas pelo Estado fossem, guardadas as especificidades, as mesmas para todas as categorias profissionais. Em Portugal, a implantação da legislação sobre os sindicatos sofreu um processo mais experimental, permitindo alterações que mudavam as conceções originais. Também devemos destacar que na medida em que o aparato legislativo obedecia a normas muito gerais, havia a possibilidade de categorias profissionais serem contempladas por benefícios e outras não. Decorre de tal tendência uma verticalidade no caso brasileiro, com sindicatos, federações, confederações e o Ministério do Trabalho formando uma linha hierárquica crescente, e a horizontalidade no caso português, com ênfase nos sindicatos ligados diretamente ao Subsecretariado das Corporações, a fragilidade das federações e uniões e a inexistência de confederações.

A maior centralização das políticas sociais durante o governo Vargas, aliada ao facto de que do ponto de vista econômico os resultados do período de guerra foram de crescimento e incremento industrial, enquanto que em Portugal eles foram de crise, implicou em consequências diame-

---

[93] Eric Hobsbawm, *Nações e Nacionalismo desde 1780* (Rio de Janeiro: Paz e Terra, 1990).
[94] Eric Hobsbawm, *A Era dos Extremos*; *A Grande Depressão. Política e Economia na Década de 1930: Europa, Américas, África e Ásia*, orgs. Flávio Limoncic e Francisco Martinho (Rio de Janeiro: Civilização Brasileira, 2009).

Estado corporativo e organização do trabalho no Brasil e em Portugal (1930-1945)

tralmente opostas para um e outro regime, assim como para o sindicalismo. O compromisso das classes populares com a legislação social no Brasil não impediu a queda do Presidente. Mas foi garantia para a continuidade do aparato legislativo. A oposição renhida das classes proprietárias ao corporativismo e a crise decorrente da guerra determinaram novos rumos à política social portuguesa, mas não a queda do ditador. Em outras palavras, enquanto no Brasil houve continuidade sem Vargas, em Portugal tivemos a descontinuidade apesar da permanência de Salazar.

Cláudia Maria Ribeiro Viscardi

Capítulo 8

A representação profissional na Constituição de 1934 e as origens do corporativismo no Brasil

As primeiras experiências corporativas brasileiras ocorreram a partir da década de 1930 e se tornaram constitucionais em 1934. A Carta de 1934 foi bastante inovadora pelo menos sob três aspectos: a introdução da representação corporativa; a expansão dos direitos civis com o voto feminino; e a ampliação dos direitos sociais. Pode-se alegar que os três aspectos estavam já previstos em regulamentos anteriores. Mas o facto de terem sido incorporados pelo texto constitucional lhes garantiu maior perenidade. Para os fins deste capítulo, pretendemos aprofundar o primeiro aspeto, o da proposição e encaminhamento da representação corporativa, o que marca a origem das primeiras experiências brasileiras neste campo. Nosso objetivo é compreender como a representação corporativa ocorreu e tentar delimitar os principais atores envolvidos com a proposição, seus interesses e suas eventuais vinculações teóricas.[1]

O Brasil das décadas de 1920 e 1930

Na década de 20 no Brasil, grupos políticos emergentes de viés autoritário se manifestavam como portadores de uma nova cultura política a exigir mudanças sobre a estrutura liberal-oligárquica, então predominante. Entre os setores emergentes ganhariam destaque os tenentes. Conhecidas são as inúmeras mobilizações feitas pela corporação e que ficaram conhecidas na historiografia como «movimento tenentista».[2]

---

[1] Este resultado de pesquisa só foi possível a partir do apoio do CNPq e da CAPES.
[2] Para abordagens mais recentes acerca do tema ver: José M. de Carvalho, *Forças Armadas e Política no Brasil* (Rio de Janeiro: Jorge Zahar, 2005); Francisco Carlos Pereira Cascardo, *O Tenentismo na Marinha: os Primeiros Anos – 1922 a 1924* (São Paulo: Paz e Terra,

A Vaga Corporativa

Partícipes ativos nos processos eleitorais de 1922, 1926 e 1930, os tenentes foram derrotados na defesa de seus candidatos à Presidência da República em todas as três vezes. Quando chamados a participar de um movimento que interromperia o mandato de Washington Luiz em 30, somaram esforços junto às oligarquias dissidentes e atuaram ativamente na revolução que daria o poder a Vargas.

Mas não foram somente os tenentes a compor o movimento que pôs fim à I República. Parte da burguesia emergente o apoiara, bem como setores da antiga oligarquia de estados de grande poder no federalismo, como o Rio Grande do Sul e Minas Gerais. Jovens oligarcas civis – da segunda geração republicana (a República fora proclamada no Brasil em 1889) – se somaram à luta e se tornariam lideranças destacadas, tanto no período analisado por este texto, como durante o Estado Novo, a exemplo de Gustavo Capanema, Flores da Cunha, Virgílio de Melo Franco, Oswaldo Aranha, Francisco Campos, entre outros. Parte do movimento operário apoiou também o movimento, e sua maior vítima fora o poderoso estado de São Paulo, pelo menos até a sua adesão ao novo regime.

Foi no período do entre guerras que as ideologias autoritárias encontraram solo fértil na incipiente oligarquia liberal brasileira, caracterizada pelo controle fraudulento do voto, pela apatia política, pela ausência de competição eleitoral e pelo desrespeito aos direitos das minorias. A fragilidade das instituições partidárias, agravadas pelo predomínio do poder local, seriam elementos típicos da cultura política oligárquica brasileira, característicos de uma tradição combatida pelos novos grupos emergentes. Os tenentes eram os maiores críticos dessa cultura política e, embora não se vinculassem homogeneamente às doutrinas autoritárias emergentes, para combatê-la, incorporavam valores claramente pertencentes à cultura autoritária em proeminência na Europa. A maior adesão a essas doutrinas veio por parte dos integralistas brasileiros e dos intelectuais mais destacadas a exemplo de Alberto Torres, Oliveira Vianna, Francisco Campos, entre os mais conhecidos.

Importante destacar que o discurso autoritário foi apropriado pelas lideranças brasileiras de forma específica e adaptado às circunstâncias vividas pelo país. Ele envolvia algumas chaves discursivas, a saber: a re-

---

2005); Isabel Aragão, *Da Caserna ao Cárcere. Uma Identidade Militar-Rebelde Construída nas Prisões (1922-1930)* (Jundiaí: Paco Editorial, 2012); Mário Cléber Martins Lanna Jr., «Tenentismo e crises políticas na Primeira República», in *O Brasil Republicano: O Tempo do Liberalismo Excludente*, orgs. Jorge Ferreira e Lucília de Almeida Delgado, vol. 1, 6.ª ed. (Rio de Janeiro: Civilização Brasileira, 2013), 313-350; Allony R. C. Macedo, *Presente, Passado e Futuro: Perspectivas dos Intelectuais Autoritários e do Tenentismo sobre a República Liberal Oligárquica* (dissertação de mestrado em História, PPGHIS UFJF, 2015).

construção memorialística do passado monárquico, enaltecido como um período de paz, ordem e desenvolvimento; a necessidade de centralizar mais o federalismo, com o fim de esvaziar o poder local dos coronéis; a ampliação da participação política por parte das forças vivas da nação, entre elas os trabalhadores, os patrões e os militares; a reconstrução do nacionalismo com base na valorização da mestiçagem; a necessidade de modernizar o país sob a batuta de um líder; a crítica aos partidos políticos, tidos como facções personalistas; a crítica ao Parlamento, visto como *locus* de um bacharelismo improdutivo; uma maior intervenção do Estado na economia, tanto com o fim de induzir o desenvolvimento, quanto de corrigir percursos, a exemplo da reforma agrária; o combate à desigualdade social, entre outras. Tais chaves discursivas compunham o substrato comum entre os principais atores políticos emergentes do período. Outra chave pode ser percebida, embora de forma implícita: o compromisso com a religiosidade católica, que se manifestava através das críticas ao processo de laicização, iniciado após a instituição da República. Mas esta era uma bandeira limitada a alguns setores da Igreja e a alguns intelectuais – entre eles os integralistas – e que embora tenha obtido relativo êxito no texto constitucional de 1934, não integrava o horizonte intelectual de todos os grupos citados, mas certamente servia-lhes de substrato. Tais chaves discursivas ganhariam expressão ao longo dos anos 30, em vários eventos, peças jurídicas, na literatura e na produção intelectual em geral. As propostas corporativistas lhes serviriam de corolário.

Portanto, os principais atores políticos do pós-30 seriam as oligarquias fundadoras do novo regime e as que a ele aderiram após ter sido instituído; os tenentes, apoiados pelos membros superiores da hierarquia militar; trabalhadores oriundos do movimento sindical; os agentes econômicos emergentes, sobretudo industriais, que se uniram em torno da valorização da indústria como importante ativo econômico para o país; setores médios que foram às ruas nas eleições mais disputadas, a de 1922 e a de 1930; intelectuais que se filiavam ou não ao movimento modernista brasileiro. Esses atores e seus discursos comporiam um governo de coalizão, cujo o tom seria o da instabilidade permanente entre diferentes projetos em luta. O debate em torno da representação de interesses seria um dos objetos de disputa.

Ao longo do governo provisório (1930-1934), os militares foram inseridos no poder, ou na condição de interventores nos estados ou como parte da burocracia pública então renovada. Na defesa do novo regime, organizaram-se em clubes a combater as ameaças à continuidade do novo regime. A União Cívica Nacional e o Clube 3 de Outubro (nome alusivo à data da revolução) eram as mais destacadas organizações, e que terão, como será visto adiante, papel primordial na construção da proposta de representação corporativa.

Vargas presidiu o governo provisório entre 1930 e 1934. Após eleito, no âmbito da Assembleia Nacional Constituinte (ANC), governaria até 1938, quando ocorreriam novas eleições. Tal trajetória foi por ele mesmo interrompida um anos antes, em um golpe que instituiria o Estado Novo, uma ditadura que duraria mais oito anos.

A reação dos paulistas à derrota de 1930 se deu através da luta pela reconstitucionalização do país, processo adiado reiteradamente pelos arrivistas. Entre os tenentes proliferava o discurso de que era preciso primeiro consolidar o novo regime antes de legislar sobre ele, na medida em que o viam em permanente ameaça.

Os constantes adiamentos da reconstitucionalização do país levaram os paulistas às armas, em mobilização conhecida como «Revolução Constitucionalista de 1932». A reação do governo foi dura, ao debelar as tentativas mobilizadoras dos paulistas, matando ou exilando seus principais líderes. Mas não deixou de ter resultados. A Assembleia Constituinte foi finalmente convocada um ano depois, para que o país retomasse a ordem institucional.

Experiência corporativa: das primeiras alusões aos marcos legais

A análise das leis eleitorais e das normas sindicais do período podem nos conferir os parâmetros do modelo corporativo escolhido. Antes mesmo de ter se tornado legal, a proposta corporativa fora aventada por Vargas em discurso proferido em 2 janeiro de 1931, por ocasião de um banquete oferecido pelas Forças Armadas. Nele aparecia, pela primeira vez, na voz de seu líder, a proposta da representação corporativa:

> [O programa da revolução] modifica o regime representativo, com a aplicação de leis eleitorais previdentes, extirpando as oligarquias políticas e estabelecendo, ainda, a representação por classes em vez do velho sistema da representação individual, tão falho como expressão da vontade popular.[3]

Do ponto de vista legal, o primeiro decreto a fazer referência à participação dos trabalhadores nos processos de decisão é o de número

---

[3] Getúlio Vargas, *A Nova Política do Brasil* (Rio de Janeiro: J. Olympio, 1938), 314.

19 770, emitido em 19 de março de 1931,[4] ou seja, dois meses após o discurso de Vargas e cinco meses após a revolução que inaugurou a segunda república brasileira. A presteza com que o tema foi colocado em prática nos permite afiançar que já se tratava de um projeto antigo, pelo menos para parte dos envolvidos com a mudança do regime. O referido decreto se destinava a regular o processo de sindicalização de trabalhadores e patrões. Para além da proposta de envolvimento dos trabalhadores nos processos decisórios, era uma demonstração clara do controle que o Estado pretendia exercer sobre a sociedade civil organizada. Em síntese, estabelecia os limites de criação e funcionamento das agremiações sindicais, tanto patronais como trabalhistas. Estavam previstos o número mínimo de membros permitido para a criação de associações, modelos de estatutos, controle ideológico e regras para a formação de centrais sindicais. O controle estatal sobre seu funcionamento se daria através do registro da entidade no Ministério do Trabalho, Indústria e Comércio, bem como pelo envio de relatórios anuais de suas atividades. E incentivava a prática assistencialista por parte dos sindicatos, em parceria com o poder público.

Tais controles se explicam pela intensa mobilização dos trabalhadores em luta por direitos desde o ano de 1917, a qual resultou na criação do Partido Comunista em 1922, posto na ilegalidade, por não obter do Tribunal autorização para a disputa eleitoral. Os tenentes, sustentáculos da Revolução de 30, nenhum controle tinham sobre os trabalhadores e em nenhum momento a eles se somaram, mesmo quando compartilhavam pautas comuns. Restava ao governo recém-empossado agregar os trabalhadores ao projeto, desde que controlados pelo Estado.

A alusão à sua incorporação em um projeto de governo encontra-se nos artigos quinto e sexto do referido decreto:

> Art. 5.º Além do direito de fundar e administrar caixas beneficentes, agências de colocação, cooperativas, serviços hospitalares, escolas e outras instituições de assistência, *os sindicatos* que forem reconhecidos pelo Ministério do Trabalho, Indústria e Comércio *serão considerados*, pela colaboração dos seus representantes ou pelos representantes das suas federações e respetiva Confederação, *órgãos consultivos e técnicos no estudo e solução, pelo Governo Federal, dos problemas que, econômica e socialmente, se relacionarem com os seus interesses de classe.*

---

[4] Disponível em: <http://www.planalto.gov.br/ccivil_03/decreto/Antigos/D19770.htm>. Acesso em 23 dez. 2015.

A Vaga Corporativa

> Art. 6.º Ainda como *órgãos de colaboração com o Poder Público, deverão cooperar os sindicatos*, as federações e confederações, *por conselhos mistos e permanentes de conciliação e de julgamento*, na aplicação das leis que regulam os *meios de dirimir conflitos suscitados entre patrões, operários ou empregados* [itálicos nossos].

Como se percebe, as entidades sindicais são chamadas a opinar, na condição de organismos consultores, acerca de temas relativos ao mundo do trabalho, para que possam junto ao Estado defender seus interesses. Ademais, são vistas pelos legisladores como órgãos colaboradores na resolução de eventuais conflitos de interesses de classe e convidadas a assumir posição conciliadora. De certa forma, a partir desse decreto foi introduzida uma faceta nova na relação Estado-sociedade civil no Brasil: pela primeira vez se via o trabalhador não como um agente apartado, mas tentava-se inseri-lo nos canais de participação possíveis.

Menos de um ano depois do citado decreto, foi elaborado o novo Código Eleitoral do regime, decreto 21 076 de 24 de fevereiro de 1932.[5] O Código resultou da proposta de uma comissão criada por Vargas com o fim de alterar o processo eleitoral, tido como objeto de fraude em todas as suas fases. Lembre-se que o resgate da verdade eleitoral das urnas era um dos motes do movimento de 1930, cujo lema, conferido por Assis Brasil, era «representação e justiça« e ilustrava bem o eixo em torno do qual os mais diferentes grupos se agregariam.

A comissão de Reforma da Lei e dos Processos Eleitorais, instituída por Vargas para o exercício da tarefa, era composta pelos juristas: Assis Brasil, João Crisóstomo da Rocha Cabral e Mário Pinto Serva. Sua grande inovação fora a introdução do voto feminino e da instituição da Justiça Eleitoral, duas novidades que em muito avançavam em relação à expansão da cidadania política no Brasil. Conhecidas eram as fraudes eleitorais e os baixos índices de participação política da sociedade. O combate às fraudes era uma bandeira compartilhada pelos principais atores envolvidos com a Revolução, sobretudo os tenentes e as correntes de oposição. No entanto, a luta pelo direito ao voto das mulheres não integrava as reivindicações dos principais grupos políticos do período. Com exceção de poucas iniciativas individuais, o nível de mobilização feminista era insuficiente no período para que se obtivesse tão relevante conquista, o que nos faz atentar para a hipótese de que tal medida tenha sido incluída no processo de ampliação das bases políticas de um regime que se pre-

---

[5] Todos os decretos a serem citados adiante encontram-se disponíveis in *Legislação Eleitoral no Brasil: do Século XVI aos Nossos Dias*, orgs. Nelson Jobim e Walter C. Porto (Brasília: Senado Federal, 1996).

tendia moderno, civilizatório e, sobretudo, duradouro. Outra mudança importante a constar do decreto em tela era a introdução do voto obrigatório, pela primeira vez implantado no Brasil e até hoje em vigor. Além da mudança para o sistema eleitoral proporcional,[6] através do qual, eram fortalecidos os votos partidários. De certa forma, o novo modelo favoreceu a oposição, como será visto adiante.

No que diz respeito à participação corporativa, o art. 142.º do Decreto anunciava que o governo convocaria os eleitores para a escolha de seus representantes na ANC e estabeleceria *as condições de representação das associações profissionais*, ou seja, ficava estabelecida dois anos antes da nova Carta a representação classista no Parlamento.

O processo de qualificação e alistamento de eleitores – fundamental, quando se excluem os analfabetos da comunidade cívica – teria início dois anos antes. Algumas categorias profissionais eram isentas da obrigação de comprovarem a sua capacidade de ler e escrever, os chamados eleitores *ex officio*. O Decreto 21 669, de 25 de julho de 1932, tornou os membros dos sindicatos registrados no Ministério como *ex officio*, conferindo-lhes por lei o direito ao voto, ou seja, estariam dispensados de comprovar o letramento, tal como os graduados, os magistrados, professores, entre outros. Revela-se com esta medida uma preocupação do Estado em garantir a participação dos setores corporativos, sabedores que eram dos baixos níveis de letramento dos trabalhadores brasileiros, o que poderia ser um obstáculo a sua integração no projeto de uma nova república. Como muitos juízes eleitorais se recusaram a acatar a medida, novo decreto teve de ser emitido (número 22 573, de 24 de março de 1933) para atestar que as listas remetidas pelos sindicatos seriam válidas, à revelia dos juízes. Percebia-se o Executivo como o definidor único de quem era ou não era cidadão, à revelia das leis e instituições que recentemente houvera criado para tal fim.

O Decreto publicado em 5 de abril de 1933, com o número 22 621, definia os números da representação corporativa na ANC, com base no código eleitoral de 32. Seriam 40 representantes profissionais em um universo de 254 deputados (15,74%). Caberia a este plenário a tarefa exclusiva de elaborar a nova Constituição e eleger o Presidente e o Vice-Presidente, depois do que, se autodissolveria e novo Congresso seria eleito.

---

[6] Foi estabelecido no Brasil o sistema proporcional misto, através do qual as eleições se dariam em dois turnos. No primeiro, os eleitos seriam os que atingissem um quociente eleitoral proporcionalmente estabelecido, com base no número de partidos. No segundo, seriam preenchidas as cadeiras com os candidatos mais votados (majoritários).

Dias depois, nova regulamentação instruiria as formas de escolha das representações profissionais (Decreto 22 653, de 20 de abril de 1933). O novo decreto estabelecia que os 40 profissionais teriam os mesmos «direitos e regalias» dos deputados e seriam 20 representantes dos empregadores e 20 dos empregados. Entre os empregadores, três seriam de profissões liberais, e entre os empregados, dois seriam funcionários públicos. Estabeleciam-se desta forma pelo menos quatro categorias: empregadores e profissionais liberais, empregados e funcionários públicos (que pela lei, não poderiam sindicalizar-se).

Evitou-se nos documentos legais o uso da semântica sindical na elaboração de todos os códigos relativos à representação corporativa. Palavras que faziam parte da gramática do mundo do trabalho foram omitidas, tais como *luta, classe, trabalhadores, patrões, capital*, entre outras. Para uma nova relação, propunha-se novo vocabulário. Como se as palavras pudessem moldar novos interesses e convivências, mais harmoniosos entre atores que se opunham desde o final da década de 1910 no Brasil. Ao fim e ao cabo, tratava-se apenas de empregados e empregadores, a despeito de seus interesses divergentes.[7]

Definia igualmente o referido decreto que a escolha desses representantes se daria de forma indireta, ou seja, os sindicatos elegeriam seus delegados, que sob a coordenação do Ministério do Trabalho – e não da Justiça Eleitoral – compareceriam à capital do país para a escolha de seus 40 delegados. Indispensável ressaltar que apenas os sindicatos devidamente registrados no Ministério participariam do processo. Só poderiam ser representantes os que tivessem em exercício da profissão pelo menos há dois anos, em voto em lista e em eleição secreta. Esses obstáculos prejudicaram igualmente os empregadores, na medida em que suas associações não eram propriamente sindicatos e não se encontravam registradas no Ministério. As novas regras do jogo anunciadas os levaram a mobili-

---

[7] Álvaro Barreto, «A representação das associações profissionais na legislação brasileira (1932-1937)», *Revista de Informação Legislativa*, a. 41, n.º 164 (2004). Barreto, em texto que discute as imprecisões técnicas da legislação acerca da «representação profissional«, informa que o termo «classe» ou seu derivado «classista» aparece no texto do anteprojeto, em algumas constituições estaduais e no Código Eleitoral de 1935, de forma minoritária. Para o autor, tais imprecisões derivaram dos embates políticos travados nos vários fóruns em que o tema fora objeto de discussão. Ângela de Castro Gomes *et al.*, coords., *Regionalismo e Centralização política* (Rio de Janeiro: Nova Fronteira, 1980). Gomes afirma que no Código Eleitoral a ideia de representação classista estava presente, mas como vimos, não aparece a palavra no texto. E que Vargas em abril de 1933 teria concordado em substituir a ideia de uma representação classista (empregadores + empregados) por uma representação das profissões. Tal mudança seria defendida pelos governistas no âmbito da Constituinte.

zar-se em torno da sindicalização, o que resultou segundo levantamento de Gomes[8] num crescimento exponencial, entre 1931 e 1934, da ordem de 3 para 273, respectivamente.

O controle pelo Executivo do processo de escolha desses representantes – enquanto a dos demais ficava sob a responsabilidade do Judiciário – revela o grau de interferência do governo sobre esse processo, o que levou às interpretações que atribuíram a escolha do modelo a uma estratégia dos governantes de controlarem os resultados do texto constitucional. De facto, pode ter sido esta a intenção não revelada de seus proponentes, mas, ao nosso ver, não pode ter sido a única. O modelo de representação corporativa encontrava-se disponível em outros países, alguns deles muito próximos, a exemplo da Constituição do México de 1916 e também da de Weimar, de 1919, pela qual os brasileiros tinham admiração. A presença de intelectuais reconhecidamente autoritários, tanto no governo quanto na comissão responsável pela elaboração do anteprojeto constitucional, indica a possibilidade de a medida ter sido igualmente um resultado de convicções políticas autoritárias e de direita, que se firmavam em um momento de transição. O Código Eleitoral de 1932 era assinado, entre outros, pelo intelectual autoritário Francisco Campos, bem como inúmeros outros decretos eleitorais adicionais, já que fazia parte do governo provisório. Atribuir as medidas corporativas apenas a um desejo de poder pessoal do líder é reduzi-la à decisão isolada, omitindo-se a existência de várias experiências interconectadas nas quais o Brasil se encontrava inserido.

Menos de um mês depois, novas instruções foram publicadas acerca da escolha dos representantes profissionais, através do Decreto 22 696, de 11 de maio de 1933. Foram detalhadas as providências a serem tomadas em cada período, o formato das cédulas e as alternativas para a resolução de eventuais conflitos. As votações seriam centralizadas no Rio de Janeiro, em quatro dias separados, um para cada categoria (empregados, empregadores, funcionários públicos e profissionais liberais). O quorum mínimo seria de metade mais um dos delegados. As cédulas constariam, para a primeira categoria, de 27 nomes; da segunda, 26; da terceira, três, e da quarta, a de profissionais liberais, cinco nomes. Caso algum nome não atingisse a maioria absoluta, haveria uma segunda votação, da qual participariam os mais votados no limite correspondente ao dobro das vagas não preenchidas, por categoria. Nesta segunda votação, valeria a

---

[8] Ângela de Castro Gomes *et al.*, coords., *Regionalismo e Centralização Política* (Rio de Janeiro: Nova Fronteira, 1980), 453.

maioria relativa. Em caso de empate, o Ministério faria um sorteio. Em relação aos critérios que conferiam o direito ao voto para a representação profissional, a única mudança em relação à legislação nacional era a ampliação do limite de idade para 25 anos. O direito das mulheres trabalhadoras estava garantido.

A ANC foi convocada em abril de 1933 e, para que seus membros fossem eleitos, novas regras deveriam ser previamente definidas, entre elas a representação parlamentar de cada um dos estados, tendo em vista o modelo de federalismo desigual em vigor desde a Carta de 1891. Para este fim, o governo criou uma comissão responsável pela elaboração de um anteprojeto ao texto constitucional, conhecida como Comissão Itamaraty (Decreto 21 402, de 14 de maio de 1932). A comissão, presidida pelo Ministério da Justiça e Negócios Interiores, seria integrada pelas *«correntes organizadas de opinião e de classe, a juízo do chefe do governo»*.

No entanto, seus membros não conseguiram obter consenso em suas discussões e optaram por manter a antiga fórmula, que era de um deputado para cada 70 mil habitantes, na qual garantia-se no mínimo quatro deputados por estado. A única alteração foi estabelecer o mínimo de dois deputados para o território do Acre, adquirido da Bolívia pelo Brasil em acordos diplomáticos realizados em 1904 e até então, sem representação no Parlamento.

Feitas as eleições, a Assembleia Constituinte foi finalmente instalada em 15 de novembro de 1933, no Palácio Tiradentes, na capital da república, então cidade do Rio de Janeiro. Segundo levantamentos de Silva,[9] dos 213 constituintes pesquisados, 151 pertenciam à base de apoio do governo, 61 eram da oposição (além de um indefinido), o que o levou a concluir que a introdução do sistema proporcional acabou por beneficiar as oposições. A maioria das bancadas dos estados eram multipartidárias, o que inovava em muito em relação ao quadro político anterior, mas o governo tinha a maioria também entre os estados (17 contra 5).

O texto constitucional foi promulgado em 16 de julho de 1934, o que demandou oito meses de trabalho. Caberia a ele regulamentar com mais clareza a representação corporativa, tornando-a mais difícil de ser revista ou extinta. É o que veremos a seguir.

---

[9] Estêvão Alves da Silva, *As Transformações do Quadro Partidário Brasileiro Pós-Revolução de 30* (dissertação de mestrado em Ciência Política, São Paulo: USP, 2012), 30 e 89-90.

A representação corporativa na Constituição de 1934

Extrapola os propósitos deste capítulo a discussão sobre as mudanças aprovadas pela carta de 1934 em relação a de 1891. Nos limitaremos a abordar apenas a representação corporativa. No entanto, algumas referências às novas regras eleitorais propostas são importantes para que possamos obter a real dimensão da representação dos setores produtivos no Parlamento.

O novo texto constitucional ampliou o mandato dos deputados de três para quatro anos e mudou as regras de representação de cada bancada estadual. Interessante destacar a semântica adotada para diferenciar os deputados representantes dos estados daqueles que provinham de categoriais profissionais. Os primeiros eram chamados «deputados do povo» e os segundos, «deputados de profissões», como se os profissionais não fossem parte do povo e nem o povo exercesse profissões. Tal dualidade discursiva expressa bem as ambiguidades e contradições da adoção de um duplo critério de composição do Parlamento, que ficou a meio caminho entre a representação liberal clássica e a representação corporativa, nascida da crítica à primeira. Adiante nos deteremos neste embate e nestas ambiguidades. Por ora, fiquemos na análise das decisões finais.

Em relação aos deputados do povo, cada estado teria um representante para cada conjunto de 150 mil habitantes (antes eram 70 mil), até o máximo de 20 deputados. Acima de 20, cada estado teria direito a um deputado para cada 250 mil habitantes. Dessa forma, corrigiam-se antigas distorções do federalismo implantado em 1891, ao tornar a distribuição bem mais equitativa. Em relação ao Senado, o número de representantes por estado foi reduzido de três para dois e o mandato ampliado de seis para oito anos.

Em relação aos deputados de profissões, eles constituiriam a quinta parte dos deputados do povo e seriam divididos em cinco grupos: 1) Lavoura e pecuária; 2) Indústria; 3) Comércio e transporte; 4) Profissões liberais; e 5) Funcionários públicos. Cada categoria seria dividida em círculos profissionais. Na discriminação dos círculos, uma lei posterior deveria assegurar a representação das atividades econômicas e culturais do país. Não havia definição prévia de quais seriam elas, mas estimava-se agregar a maior diversidade possível.

As três primeiras categorias ocupariam obrigatoriamente 6/7 do total de representantes profissionais. Cada categoria seria dividida em dois grupos, um de empregadores e outro de empregados, menos a quarta cate-

A Vaga Corporativa

goria, em que tal separação não fazia sentido. As formas de eleição seriam mantidas, por voto secreto, igual, indireto e por graus sucessivos.

As disposições transitórias anunciavam a eleição para a Presidência e Vice-Presidência da República, com mandato até 3 de maio de 1938, e transformava aquela assembleia em Parlamento. Noventa dias após, seriam realizadas eleições para elaboração das constituições dos estados e seriam eleitos, na ocasião, representantes profissionais em cada unidade federada. Ou seja, a representação corporativa não se limitaria à esfera federal, mas seria também introduzida nos estados e nos municípios.

Percebe-se uma mudança a partir de setembro de 1934. A regulamentação acerca da representação profissional saiu das mãos do Ministério da Justiça e ficou finalmente a cabo do Tribunal Superior de Justiça Eleitoral, como se observa a partir das resoluções aprovadas depois da Constituição. Neste período foram estabelecidas novas normas e datas para a escolha dos representantes para as eleições da Câmara de Deputados, as quais ocorreriam entre 5 e 26 de janeiro do ano seguinte.

O artigo 17.º da resolução de 11 de setembro de 1934, estabelecia o número de representantes e suplentes de cada categoria, segundo o quadro 8.1.

Ficou definido pela mesma resolução que em cada eleição haveria duas urnas, uma para empregadores e outra para empregados. O total de representantes, 50, corresponderia a 1/5 da representação nacional, conforme o definido pela Constituição.

Antes mesmo das eleições para a próxima legislatura ocorrerem, nova lei eleitoral foi aprovada, durante o período de prorrogação dos mandatos dos constituintes. As disposições transitórias da nova Carta previam um adiamento de 90 dias. Mas a demora na realização de novas eleições fez com que a ANC atuasse como Congresso por mais de um ano, ou seja, até abril de 1935. Neste período aprovou-se a Lei n.º 48 de 4 de maio de 1935. A referida lei detalhava todo o processo eleitoral, com a introdução de poucas modificações em relação ao código de 32. Os eleitores acima de 18 anos deveriam obrigatoriamente eleger seus representantes (as mulheres só eram obrigadas a votar se exercessem atividade pública remunerada). Foram também estabelecidas as funções do Ministério Público nos processos eleitorais.

Vimos que a Constituição de 1934 alterou o modelo de representação profissional proposto por ocasião da eleição para a ANC. O número de representantes foi ampliado de 40 para 50 membros. Ao invés de quatro categorias genéricas (empregados, empregadores, funcionários públicos e profissionais liberais), passou-se a ter cinco categorias que espelhavam

A representação profissional na Constituição de 1934 e as origens do corporativismo no Brasil

Quadro 8.1 – Síntese da resolução

Categorias	Dia da escolha	Empregadores	Empregados	Suplentes*
Lavoura e pecuária	5 de janeiro de 1935	7	7	8
Indústria	12 de janeiro de 1935	7	7	8
Comércio e transporte	19 de janeiro de 1935	7	7	8
Profissões liberais	24 de janeiro de 1935	4	0	3
Funcionários públicos	26 de janeiro de 1935	0	4	3
Total		25	25	30

* Dos oito suplentes da primeira, segunda e terceira categorias, metade seria de empregadores e metade de empregados.

os ramos produtivos. E dentro de cada uma delas, à exceção dos profissionais liberais, haveria representantes dos empregadores e dos empregados. Com este novo formato esboçava-se na Lei Magna do país a experiência corporativa brasileira.

Atores políticos, interesses divergentes e a construção do consenso

As leis eleitorais bem como o texto constitucional representam consensos obtidos no Parlamento após sucessivas disputas de interesses e ideias. Para que este resultado acima observado fosse obtido, houve derrotados e vencedores. É importante refletir sobre como se dividiram os diferentes grupos.

Como aludimos acima, tanto Vargas quanto o Clube 3 de Outubro já haviam se manifestado favoravelmente à representação profissional. Mas a proposta não era consensual, o que demonstram os debates que a ela se seguiram.

As discordâncias acerca da representação profissional tiveram início de imediato, no seio da comissão Itamaraty.[10] Nela, a proposta foi derrotada, o que gerou um imbróglio entre o anteprojeto constitucional e o Código Eleitoral em vigor, o que teria de ser resolvido em plenário. Os votos contrários, para além do de Oliveira Vianna, foram de: Afrânio de Mello Franco, António Carlos de Andrada, Carlos Maximiliano, Prudente de Moraes Filho, Agenor Roure e Arthur Ribeiro. A favor do pro-

---

[10] Esta comissão se reuniu durante 51 vezes. Seu regimento interno foi elaborado pelo governo provisório e previa a participação dos ministros de Estado. As atas dos trabalhos podem ser encontradas em J. A. M. Azevedo, org., *Elaborando a Constituição Nacional*: *atas da Subcomissão Elaboradora do Anteprojeto* (Brasília: Senado Federal, 2004).

A Vaga Corporativa

jeto se colocaram Góis Monteiro, Themístocles Cavalcante, João Mangabeira, Oswaldo Aranha e José Américo.

Pode parecer ao leitor estranha a oposição de Vianna a um projeto corporativo, tendo em vista as suas convicções autoritárias. No entanto, sua oposição se explica não por ser contrário ao modelo em si, mas por se opor ao teor da proposta dos tenentes, que teve como porta-voz Góis Monteiro. Ao invés da democracia representativa parlamentar, Vianna propunha a democracia direta exercida pelos sindicatos, sem a intermediação de partidos e do Congresso. Ao mesmo tempo, alegava que o país não estava preparado para tal inovação. Suas classes sociais eram fragmentadas e não conseguiriam exercer uma boa representação da Assembleia.[11]

Como visto, foi uma decisão apertada, sete votos contra cinco. De início, se percebe que na comissão os representantes das oligarquias mais tradicionais eram contrários à representação corporativa, e os setores mais ligados aos tenentes, favoráveis. Esta divisão expressava a diversidade de interesses dos grupos que compunham a aliança política da República Nova.

O imbróglio teve de ser resolvido no plenário constituinte, que tal como na comissão, dividiu-se em duas forças. Favoráveis ao anteprojeto apresentado, portanto, contrários à representação corporativa, estavam os paulistas. A eles se aliaram de início os gaúchos e os mineiros, que julgavam tal medida um contrassenso em relação à proposta de sufrágio universal em vigor.

Por um lado, estas oligarquias poderiam estar a defender suas volumosas bancadas que controlavam há muito o Parlamento. Por outro, haviam sido gestadas nos parâmetros liberais e oligárquicos, ou positivistas – no caso dos gaúchos – e não viam com bons olhos as novas experiências autoritárias em curso em solo europeu e latino-americano. Mudanças nas composições partidárias do Rio Grande do Sul e de Minas Gerais desmobilizaram sua oposição, deixando os paulistas isolados.

O grupo contrário à representação corporativa ganhou apoio em plenário de personalidades destacadas do mundo jurídico e literário, como Gilberto Amado, José Maria Belo e Odilon Braga, este último, ativo partícipe da Revolução de 30, ao lado de Vargas. Formaram um bloco parlamentar composto por deputados ligados à Federação das Indústrias do estado de São Paulo (FIESP), que se uniram ao grupo «Chapa Única por

---

[11] Oliveira Vianna, «O Problema da representação profissional», in *O Idealismo da Constituição*, 2.ª ed., Cia. Editora Nacional, 1939.

São Paulo Unido». Os primeiros – em número de cinco – haviam sido eleitos como representantes dos empregadores (quatro) e dos profissionais liberais (um). Os segundos correspondiam a 17 deputados da bancada paulista (que era de 22 membros).

A proposta desse bloco era a de criar-se conselhos técnicos que assessorassem o Congresso na proposição de toda e qualquer legislação. Tais conselhos teriam poderes significativos, na medida em que a eles caberia impedir ou demandar a apreciação de projetos pelo Parlamento. Pela proposta seriam criados quatro conselhos: Economia, Educação e Saúde, Defesa e Trabalho, 3/4 deles eleitos e 1/4 indicado pelo Governo.[12] No anteprojeto por eles proposto, o Senado seria extinto e em seu lugar seria criado um Conselho Supremo, de carácter técnico e com funções políticas e administrativas, ao mesmo tempo consultivo e deliberativo, além de ser o coordenador dos poderes constitucionais.[13]

Já os defensores da representação corporativa dividiam-se em dois subgrupos. Um mais próximo à proposta do Clube 3 de Outubro, cujo maior porta-voz era o deputado classista Abelardo Marinho. Sua emenda propunha que 1/3 do Parlamento fosse composto por representantes e profissões, divididos em 53 categorias e agrupadas em seis círculos de profissões afins. O segundo subgrupo espelhava a posição do governo, ao propor que agregasse à representação geográfica existente integrantes de outra natureza, selecionados não por sua origem nas unidades federadas, mas por sua pertença ao mundo produtivo. Acreditavam os interlocutores do governo que tê-los no Congresso seria uma forma de o mundo político refletir as forças vivas que conferiam sustentação à nação e, ao mesmo tempo, permitir que a luta entre interesses de classe fosse conciliada a partir de sua integração no Legislativo. Portanto, ambas as propostas – a de Marinho e a do governo – não eram exclusivamente corporativas e se diferenciavam apenas quanto ao número de representantes. Colocavam-se como intermediárias entre um modelo liberal já conhecido e mal avaliado pelos pares e uma experiência inovadora, testada com sucesso em outras «democracias».

Diante desse emaranhado de interesses em luta, o palco constitucional, presidido por um dos mais importantes oligarcas do período, o mineiro Antônio Carlos de Andrada, foi o espaço privilegiado para que se con-

---

[12] Álvaro Barreto, «Conselho Técnico: a proposta apresentada pela bancada paulista na Constituinte de 1933-34», *História e Reflexão: Revista Eletrônica de História*, vol. 3, nº 5 (2009).

[13] Ângela de Castro Gomes *et al.*, coords., *Regionalismo e Centralização Política...*, 320.

trapusessem as diversas expectativas de futuro para o país. Conforme previa a legislação, os ministros do governo provisório poderiam participar livremente do plenário e representar os interesses do governo.

Ambos os grupos defensores da representação profissional se uniram em torno da emenda do empresário mineiro Euvaldo Lodi, que manteve o projeto situacionista, agregado por uma ligeira alteração na composição da representação corporativa, que ao invés de ser dividida em quatro categorias (conforme previsto pelo Código Eleitoral), envolveria mais profissões. A emenda foi aprovada, nos termos ilustrados no quadro 8.1. Certamente constituiu-se em significativa vitória do governo, que também logrou ter eleito seu Presidente, com a votação de 175 parlamentares. Competiram com Vargas outros candidatos da oposição, como Borges de Medeiros e Góis Monteiro.

Para os vencedores, copartícipes do processo de mudança, fragilizar as oligarquias regionais e o poder local eram seus objetivos principais e o caminho escolhido foi apostar no esvaziamento de seu poder no Parlamento, através do apoio à proposta corporativa. Mais do que uma adesão a uma proposta alternativa à representação clássica liberal, que despontava em variadas regiões do globo no pós-guerra, no Brasil, a representação corporativa cumpria um papel adicional: a de fragilizar antigos grupos oligárquicos e fortalecer a centralização do poder nas mãos da Presidência da República.

Mas, ao contrário do que se possa pensar, o tema da representação corporativa dos interesses não ganhou relevo diante de outras pautas discutidas na ANC. O foco das discussões esteve concentrado nos projetos de amnistia dos exilados da revolta paulista de 1932, sobre as propostas de alteração do processo de laicização do Estado e em torno das leis sociais. Esses três temas mobilizaram mais o plenário, do que a questão da representação corporativa.

A construção da proposta corporativa pelo Clube 3 de Outubro

Em razão de sua importância, cabe uma reflexão mais aprofundada sobre a proposta dos tenentes, pois ela denota as diferentes possibilidades do corporativismo nacional. Conforme afirmamos antes, os tenentes criaram associações para a defesa do novo regime, entre elas, a mais conhecida, o Clube 3 de Outubro. Participavam da agremiação elementos civis, mas era composta majoritariamente por militares. Dois ministros do governo provisório integravam a agremiação, pelo menos em seu início.

Logo após a revolução de 1930, publicaram um documento fundador, «Proclamação da Constituição da Legião 3 de Outubro», no qual o intelectual autoritário Alberto Torres aparecia na epígrafe e alguns valores eram dados a conhecer, a exemplo do nacionalismo e da crítica ao regime pregresso (chamado por eles de «República Velha»). À formalização do grupo seguiram-se vários manifestos regionais e em 1931, um novo documento intitulado «Clube 3 de Outubro», de provável autoria do tenente Juarez Távora, explicitava com mais detalhes os objetivos e ideias do grupo. Contrapondo-se à urgência pela reconstitucionalização do país, o documento defendia a ditadura varguista e sugeria ao governo a montagem de uma comissão de alto nível, responsável por propor um anteprojeto constitucional que, feito com vagar, poderia conferir ao país um texto mais perene, sem os riscos de se repetirem erros do passado. Percebe-se, pelo que foi visto, que a proposta foi aceita e encaminhada por Vargas. Ao fim do ano de 1931 novo manifesto, de autoria do jurista Pontes de Miranda, desvelava um movimento de organização disciplinar rígida, que se expressava no controle de informações e de ideologias de seus adeptos.

Em programa mais detalhado para o país, apresentado em 1932 (Proposta do Programa Revolucionário do Clube 3 de Outubro), se endossava parte das chaves discursivas antes anunciadas. Era crítico ao federalismo oligárquico e, por esta razão, propunha um presidencialismo mais forte. Defendia a intervenção do Estado na economia com vistas ao seu desenvolvimento e modernização. Propunha a correção racional e progressiva das injustiças sociais.

Sua maior inovação era a implantação da representação corporativa no Brasil, que deveria vir como instrumento complementar à já conhecida representação por base geográfica. No âmbito do federalismo brasileiro instituído em 1891, a composição da câmara baixa se dava proporcionalmente ao número de eleitores (homens alfabetizados maiores de 21 anos) existentes em cada estado. Como dito, em razão das desigualdades regionais, predominava um desequilíbrio muito grande, cabendo, por exemplo, a Minas Gerais uma bancada de 37 deputados, enquanto o Amazonas só dispunha de quatro representantes. A câmara alta era equitativa, já que cada unidade federada contava com três senadores. Tal sistema representativo era alvo de crítica desde os anos 20, em razão de seu carácter desigual e desequilibrado. Para os defensores da fórmula liberal clássica, entre eles os paulistas, bastava a realização de ajustes compensatórios, com base no novo censo demográfico realizado em 1920. Mas os membros do Clube 3 de Outubro, inspirados por experiências contemporâneas europeias, propunham agregar à representação geográ-

A Vaga Corporativa

fica, uma representação profissional. Segundo sua proposta, o Parlamento deveria ser composto igualmente por representantes eleitos pelos sindicados ou associações profissionais reconhecidas pelo governo. Para além de um Legislativo corporativista, o poder Executivo deveria ser assessorado por conselhos técnicos profissionais, que funcionariam como órgãos consultivos. Dessa forma, o documento propunha a composição de conselhos técnicos em várias frentes de ação da gestão pública, a exemplo dos conselhos econômicos, para elaboração de planos nacionais de produção, circulação e consumo de riquezas; conselho financeiro, com poder de fiscalizar e vetar o cumprimento equilibrado de receitas e despesas; conselho de administração pública, para realização de planejamento técnico; conselho de magistrados, para garantir um judiciário autônomo e independente; e até mesmo um conselho de defesa nacional, para atuar junto às forças armadas.

O modelo proposto para a representação corporativa encontrava-se detalhado no Programa. Os membros da agremiação faziam uma avaliação muito negativa sobre a elite política brasileira, considerada por eles improdutiva e parasitária. Por outro lado, forças vivas da nação (os trabalhadores e os empresários, intelectuais e técnicos) encontravam-se apartadas do poder. Para que fossem representadas, deveriam organizar-se em partidos políticos, associações profissionais e instituições culturais e se fazerem presentes no Parlamento. Propunha-se, dessa forma, duas modalidades de representação, uma quantitativa (proporcional ao número de eleitores) e outra qualitativa (câmaras representativas das forças vivas da nação). Dizia o Programa:

> Para tal o voto do eleitor será exercido quantitativamente como emanado de um membro da sociedade política formada pela nação, e qualitativamente, como oriundo de um elemento trabalhador e útil à sociedade, de um membro de uma associação profissional organizada ou de um instituto ou força cultural com finalidades morais e educativas, em harmonia com as tradições nacionais.

A ponderação entre os eleitores não seria a mesma. O voto qualitativo deveria valer mais que o quantitativo, para que se conferisse maior poder aos representantes profissionais:

> Assim sendo, o voto do cidadão, qualitativamente considerado, valerá uma ou mais vezes, conforme o grau de desenvolvimento associativo das classes, profissões ou instituições a que pertencer esse cidadão. Destarte, a verdadeira força eleitoral será a dos produtores, dos trabalhadores e dos ele-

mentos úteis ao desenvolvimento mental da sociedade, cabendo, portanto, a essa força, assim quintessenciada, o direito de interpretar a vontade da nação. [...] O voto assim exercitado será considerado quantitativamente, como oriundo de membro componente da organização política nacional, e qualitativamente como emanado de um membro constituinte de uma associação profissional, de instituições culturais ou de forças morais, devendo tal voto, assim considerado, valer uma ou mais vezes, conforme o grau de desenvolvimento associativo da profissão, instituição ou força a que pertencer o votante.

A opção corporativa foi para os tenentes uma alternativa para enfraquecer o que consideravam os três eixos de sustentação do modelo de federalismo que combatiam: o poder local, o regionalismo desigual e o regime descentralizado. A alternativa fragilizaria pelo menos os dois primeiros alicerces.

Tal objetivo transparece de forma inequívoca na fala dos tenentes, reunidos no Clube 3 de Outubro:

Aos que nos leem, portanto, fazemos ressaltar que nos batemos – não pela sindicalização da massa proletária apenas – mas pela *sindicalização em pé de igualdade da massa patronal* e de todas as profissões liberais existentes no País. Essa medida visa, além de tudo o mais, a *atenuar senão a dirimir a luta indisfarçável das classes*, estabelecendo o regime construtivo de cooperação e de harmonia social. Só assim, acreditamos alcançar esse elevado objetivo bem como esperamos *destruir a doentia mentalidade politiqueira, o perigoso prurido regionalista*, a dolorosa estagnação que, durante 40 e tantos anos, explorou, dividiu e empobreceu a nossa terra. Sindicalização e representação das classes no Parlamento – são, portanto, as duas teses fundamentais que apresentamos como bandeira e como base a seguro encaminhamento dos demais problemas que tanto nos afligem [itálicos nossos].

Como se vê, a proposta do Clube começou a ser construída em fins do ano de 1930 e se corporificou com o Código Eleitoral e, mais tarde, com a Constituição. A adesão de Vargas à proposta, confirmada pelo seu discurso acima citado, e o apoio tanto dos grupos oligárquicos, quanto de parte dos empresários, permitiu que a oposição paulista se isolasse e as primeiras experiências corporativas pudessem ser implantadas. Mas o modelo pensado pelo Clube não foi integralmente debatido no âmbito da ANC. Os tenentes preferiram aderir a uma solução consensual que garantisse a representação profissional.

Este formado dualista – representação individual via sufrágio direto mais representação profissional via sufrágio indireto – seria a marca do corporativismo brasileiro da primeira metade dos anos 30. Cabe agora refletir acerca das prováveis fontes discursivas e práticas do modelo aprovado.

As influências teóricas da Constituição de 1934

Barreto[14] destaca a presença de constitucionalistas franceses como interlocutores de ambos os campos de debate em relação à representação profissional, tanto os contrários, quanto os favoráveis. Em relação aos primeiros, em pesquisa realizada sobre a obra de Gilberto Amado, Raul Fernandes, Vicente Rao, entre outros, o autor encontrou referências em defesa da manutenção da representação individual do liberalismo clássico que provinham principalmente de A. Esmein, Maurice Hauriou e Joseph Barthélemy. Entre os segundos, a referência mais forte provinha de León Duguit, na obra *Tratado de Direito Constitucional*, publicada em 1895 na França, divulgada no país por Themístocles Cavalcanti (membro da Comissão do Itamaraty).

Mas não só franceses eram lidos pela elite brasileira. As ideias corporativas e estatizantes do romeno Manoielesco foram impulsionadas por sua tradução no Brasil. Foi de iniciativa do empresário Roberto Simonsen a publicação da obra *Teoria do Protecionismo e da Permuta Internacional*, em 1931.[15] O discurso sobre a necessidade do protecionismo estatal nas economias industriais emergentes vinha ao encontro das expectativas da nascente burguesia brasileira.[16] Os Anais Constitucionais refletem a defesa dos empresários de uma plataforma mais nacionalista e estatizante.

Cepeda[17] relaciona a concessão dos direitos sociais às influências das constituições mexicana, alemã e espanhola, bem como dos tratados de Versalhes e da Convenção da OIT. Para os fins deste capítulo, interessa-nos menos a incorporação desses direitos e mais a representação corporativa, contribuição tanto da Constituição mexicana, quanto da alemã.

---

[14] Álvaro Barreto, *Revista de Informação Legislativa*, a. 45, n.º 177 (2008).
[15] A sua obra mais conhecida *O Século do Corporativismo* seria traduzida e publicada sete anos depois, pelo teórico autoritário Azevedo Amaral.
[16] Ângela de C. Gomes, «Azevedo Amaral e o século do corporativismo, de Michael Manoielesco, no Brasil de Vargas», *Revista Sociologia e Antropologia*, vols. 2-4 (2012). Disponível em: <http://revistappgsa.ifcs.ufrj.br/wp-content/uploads/2015/05/10-ano2-v2n4_ artigo_angela-de-castro-gomes.pdf>. Acesso em 8 jan. 2016.
[17] Vera Alves Cepeda, «Contexto político e crítica à democracia liberal: A proposta de representação classista na Constituinte de 1934», *Revista Perspectivas*, vol. 35 (2009).

A primeira estabelecera organismos corporativos para a conciliação de conflitos entre capital e trabalho, muito semelhantes às juntas de conciliação criadas em 1932 no Brasil. E a segunda, a Constituição de Weimar, em seu artigo 165.º, estabelecia que empregados e patrões deveriam participar das decisões que dissessem respeito não só ao mundo do trabalho, quanto do próprio desenvolvimento econômico. Participariam em conselhos distritais e nacionais para que pudessem colaborar com a proposição e execução de leis de seus respectivos interesses:

> Os Conselhos Distritais Econômicos e o Conselho Econômico Nacional devem ser organizados de forma que todos os grupos profissionais relevantes, segundo sua importância econômica e social, sejam neles representados. Projetos de lei de fundamental importância em matéria de política social e de política econômica devem ser submetidos, previamente à sua apresentação, à consideração do Conselho Econômico Nacional. O Conselho Econômico Nacional tem também a iniciativa dessas leis. Se o Governo federal não estiver de acordo com esses projetos de lei, tem o direito de submeter sua opinião à consideração da Assembleia Nacional. O Conselho Econômico Nacional, por intermédio de um de seus membros, pode defender seu projeto de lei perante a Assembleia Nacional.[18]

O modelo da Constituição de Weimar encontrava-se mais próximo daquele proposto pelos industriais paulistas na ANC, conforme acima visto. As categorias profissionais não teriam assento no Parlamento, mas em conselhos com poderes que extrapolavam o de meros colegiados consultivos, na medida em que poderiam ser propositores de projetos no próprio Parlamento, mesmo sem dele fazerem parte, e teriam de ser consultados acerca de pautas de seu interesse direto ou indireto.

Segundo afirma Boris Fausto, os intelectuais autoritários franceses da Action Française não exerceram influência perceptível sobre a elite autoritária brasileira,[19] embora afirme no mesmo livro que Alberto Torres ecoava no Brasil parte do pensamento de Maurras e Barrès, na defesa de seu nacionalismo.

Maurras é citado por Alceu Amoroso Lima, um intelectual católico militante, mas em sua crítica a projetos totalitários como o dele e de Mussolini. Alceu, no entanto, admite ter tido entre os anos 1910 a 1912 uma

---

[18] Fábio K. Comparato, *A Afirmação Histórica dos Direitos Humanos*, 3.ª ed. (São Paulo: Saraiva, 2003), 119-120.
[19] Fausto Boris, *O Pensamento Nacionalista Autoritário* (Rio de Janeiro: Zahar, 2001), 13, 26.

simpatia por ambos.[20] Alceu participava ativamente da Constituinte, através da Ação Católica e da Liga Eleitoral Católica (LEC). Os católicos não disputaram a participação na Assembleia com chapa própria, mas recomendavam aos eleitores os seus candidatos.[21]

Em trabalho mais recente, Beired[22] afirma que Jackson de Figueiredo, um dos intelectuais mais destacados do Centro Dom Vidal, fundado em 1922 para fortalecer e renovar o catolicismo brasileiro, era um admirador da obra de Maurras. Os intelectuais católicos estavam com o olhar voltado para as mudanças em curso. Especialmente entre eles, os elementos corporativos propostos pelas duas encíclicas, *Rerum Novarum* e *Quadragesimo Anno*, serviam de referência ao modelo político por eles proposto.

As elites políticas e intelectuais brasileiras conheciam igualmente outras experiências europeias no campo da representação corporativa, como a italiana, a espanhola e a portuguesa. Não há como comprovarmos a relação, mas o facto é que a proposta unicameralista da bancada paulista já havia sido experimentada pela ditadura de Sidónio Paes em Portugal em 1918 e por Primo de Rivera na Espanha em 1926.[23] Ambas podem ter subsidiado a proposta dos paulistas. Em um período em que a República passava por imensas crises institucionais e tinha seu sistema representativo como alvo de críticas, dificilmente tais referências intelectuais e experiências políticas deixariam de balizar as proposições inauguradas pelo regime implantado após 1930.

Destaca-se que, meses antes de 1930, Oliveira Vianna já falava sobre a necessidade de rever o sistema representativo através da abolição dos partidos políticos, com participação das classes nos negócios públicos.[24] Vianna defendia no texto o corporativismo das duas encíclicas, além do *New Deal* de Roosevelt.

E entre os intelectuais modernistas brasileiros, cujo maior movimento se deu também no anos de 1922, o manifesto futurista de Filippo Marinetti era visto como inspirador de suas proposições de mudança no campo das artes. Acontece que Marinetti em 1918 havia anunciado a sua

---

[20] Jarbas Medeiros, *Ideologia Autoritária no Brasil, 1930/1945* (Rio de Janeiro: FGV, 1978), 243, 247, 306.

[21] Id., *ibid.*, 267-268

[22] José L. B. Beired, «Os intelectuais e a direita autoritária no Brasil», *Revista Estudios Sociales*, vol. 33 (2007).

[23] António C. Pinto, «O corporativismo nas ditaduras da época do Fascismo», *Vária História*, vol. 30, n.º 52 (2014): 17-49.

[24] Problemas de Política Objetiva, 1930: 119 – *apud* Jarbas Medeiros, *Ideologia Autoritária no Brasi...l*, 172.

filiação à proposta de representação corporativa na Itália e o movimento mais tarde se juntaria ao fascismo.[25] Portanto, se reconhece uma relação dos artistas-intelectuais com o projeto em curso na Europa.

O estudo das matrizes intelectuais do corporativismo brasileiro ainda está por ser feito. Felizmente, acumulou-se um volume precioso de investigações acerca do quadro político do período e, em geral, sobre o ideário autoritário dos anos 20 e 30. Resta, em nosso conceção, identificar de que forma este ideário circulava entre as elites intelectual, política, econômica e cultural do período e como foi apropriado de modo a resultar nas experiências corporativas dos anos 30 no País.

---

[25] António C. Pinto, «O corporativismo nas ditaduras da época do fascismo»..., 17-49.

Fabio Gentile

Capítulo 9
Uma apropriação criativa. Fascismo e corporativismo no pensamento de Oliveira Vianna

Introdução

Nas ultimas duas décadas há um acordo quase unânime dos cientistas sociais e políticos brasileiros sobre a relevância do sociólogo e jurista Francisco José de Oliveira Vianna (Saquarema, 1883 – Niterói, 1951) entre os grandes intérpretes do Brasil. Muitos e de ótima qualidade são os estudos recentes que se confrontam criticamente com seu pensamento, visando fornecer um balanço interpretativo global,[1] ou aprofundando aspectos específicos.[2]

Porém, apesar de ter registrado um notável despertar de interesse científico e acadêmico no pensamento do sociólogo fluminense, bem como a republicação de algumas das suas obras em novas edições críticas, o problema da apropriação do corporativismo fascista em seu «autoritarismo instrumental»[3] continua sendo ainda um tema pouco estudado da

---

[1] E. R. Bastos e J. Q. de Moraes, orgs., *O Pensamento de Oliveira Vianna* (Campinas: Ed. da Unicamp, 1993); M. S. Martins Bresciani, *O Charme da Ciência e a Sedução da Objetividade: Oliveira Vianna entre Intérpretes do Brasil* (São Paulo: Editora Unesp, 2004); G. M. Brandão, *Linhagens do Pensamento Político Brasileiro* (São Paulo: Hucitec, 2007); B. Ricupero, org., *Sete Lições sobre as Interpretações do Brasil* (São Paulo: Alameda, 2007). Ainda muito úteis são os clássicos trabalhos de J. Medeiros, *Ideologia Autoritária no Brasil 1930-1945* (Rio de Janeiro: Editora da Fundação Getúlio Vargas, 1978); E. Vieira, *Autoritarismo e Corporativismo no Brasil* (São Paulo: Cortez, 1981).
[2] L. G. Piva, *Ladrilhadores e Semeadores* (São Paulo: Editora 34, 2000); B. Fausto, *O Pensamento Nacionalista Autoritário (1920-1940)* (Rio de Janeiro: Jorge Zahar Editor, 2001); R. Silva, *A Ideologia do Estado Autoritário no Brasil* (Chapecò: Argos, 2004); A. Botelho e G. Ferreira, orgs., *Revisão do Pensamento Conservador* (São Paulo: Hucitec, 2011).
[3] W. G. dos Santos, *Ordem Burguesa e Liberalismo Político* (São Paulo: Duas Cidades, 1978).

A Vaga Corporativa

sua trajetória ideológica e política por duas razões fundamentais: no campo do pensamento social e político brasileiro, Oliveira Vianna durante muito tempo foi marginalizado pelo mundo intelectual e acadêmico por ter sido um dos grandes teóricos e apologistas do Estado varguista; no campo dos estudos jurídicos, a obra de Vianna, consultor jurídico do Ministério do Trabalho, de 1932 a 1940, comprometido na construção da via brasileira para o corporativismo entre a «Revolução de 1930» e a II Guerra Mundial, está ligada com a questão mais ampla da incorporação da *Carta del Lavoro* (1927), o manifesto do corporativismo fascista italiano, na legislação social brasileira das décadas de 1930 e 1940, até hoje o centro de uma controvérsia, também em consideração de que o modelo corporativo varguista é a espinha dorsal da atual organização sindical brasileira. O debate parece polarizar-se em torno do confronto entre aqueles que defendem a tese de que a legislação brasileira é uma «cópia» *tout court* da *Carta del Lavoro*[4] e aqueles que tendem a dissociar-se do documento italiano para apoiar a tese da originalidade e novidade das leis varguistas em matéria de proteção do trabalho, já que pela primeira vez o povo brasileiro tornou-se sujeito titular de direitos sociais.[5] Além disso, se focamos a nossa atenção ao campo da pesquisa histórica, nem as obras mais críticas e documentadas sobre o assunto parecem sair deste *impasse*, uma vez que reconhecem apenas a matriz fascista das leis sociais durante a «Era Vargas»,[6] sem reconstruir as causas e as trajetórias

---

[4] Nem mesmo a declaração de Evaristo de Moraes Filho, uma dos protagonistas da época, que afirmou que «nossa legislação é simplesmente cópia da *Carta del lavoro* de Mussolini» (*Correio da Manhã*, 19 de abril de 1945) esgota o problema, embora todo o conteúdo sobre a ordem econômica e social da Constituição de 1937 seja uma cópia da *Carta del Lavoro*, pois não esclarece como e em que medida aconteceu esta apropriação. Para uma primeira reconstrução do problema, sobretudo em âmbito jurídico, A. S. Romita, *O Fascismo no Direito do Trabalho Brasileiro. Influência da Carta del Lavoro sobre a Legislação Brasileira* (São Paulo: LTr, 2001); R. G. da Cunha, «Análise do modelo corporativista italiano», *Revista do Departamento de Direito do Trabalho da Universidade de São Paulo*, vol. 1, n.º 2 (2006): 79-202; F. Teixeira da Silva, «The Brazilian and the Italian Labor Courts: comparative notes», *International Review of Social History*, vol. 55 (2010): 381-412.

[5] M. Barros Biavaschi, *O Direito do Trabalho no Brasil 1930-1942. A Construção do Sujeito de Direitos Trabalhistas* (São Paulo: LTr, 2007).

[6] E. de Moraes Filho, *O Problema do Sindicato Único no Brasil* (Rio de Janeiro: A Noite, 1952); J. A. Rodrigues, *Sindicato e Desenvolvimento no Brasil* (São Paulo: Difusão Europeia do Livro, 1968); L. W. Vianna, *Liberalismo e Sindicato no Brasil* (Rio de Janeiro: Paz e Terra, 1976); K. P. Erickson, *Sindicalismo no Processo Político no Brasil* (São Paulo: Brasiliense, 1979); K. Munakata, *A Legislação Trabalhista no Brasil* (São Paulo: Brasiliense, 1981); A. Simão, *Sindicato e Estado* (São Paulo: Ática, 1981); S. A. Costa, *Estado e Controle Sindical no Brasil* (São Paulo: Ed. T. A. Queiroz, 1986); Ângela Castro Gomes, *A Invenção do Trabalhismo* (Rio de Janeiro: Iuperj, 1988); L. Martins Rodrigues, *Partidos e Sindicatos* (São Paulo: Ática, 1990); A. Araujo, org., *Do Corporativismo ao Neoliberalismo: Estado e Trabalhadores no Brasil e na In-*

do complexo processo de assimilação do modelo jurídico arquitetado pelo jurista fascista italiano Alfredo Rocco[7] de forma compatível com um Estado que aspirava claramente ao totalitarismo.

Na trilha aberta desta literatura, e tendo bem em vista o objetivo do nosso trabalho, pretendemos analisar a apropriação das ideias fascistas e corporativas no pensamento de Oliveira Vianna com um enfoque metodológico e analítico mais produtivo. O objetivo é abrir um dialogo entre o debate sobre o fascismo como «fenômeno em andamento»,[8] pensado no «cerne da modernidade do século XX»,[9] e aquele processo de «circulação-compartilhada» de ideias em nível global entre as duas guerras mundiais, de forma a analisar como, a partir do modelo italiano, ele foi recebido e reelaborado no pensamento nacionalista autoritário de Oliveira Vianna. A nossa investigação será focada, portanto, em dois textos significativos dos anos 30 e 40, onde Vianna trata com sistematicidade as ideias corporativas: *Problemas de Direito Corporativo* (1938) e *Problemas de Direito Sindical* (1943).

Vamos tentando responder a algumas das questões que surgiram ao longo do trabalho.

Como e através de que fontes Oliveira Vianna entre os decênios de 1920 e 1930 se apropriou das ideias corporativas fascistas, tais como «questão social», «nacionalismo social», «Estado nacional do trabalho», «categoria», «contrato coletivo», «justiça do trabalho», «corporações», «enquadramento sindical», «sindicato único», «produtores da nação», «conselhos técnicos»?

---

glaterra (São Paulo: Boitempo, 2002); F. C. Palomanes Martinho e A. C. Pinto, orgs., *O Corporativismo em Português: Estado, Política e Sociedade no Salazarismo e no Varguismo* (Rio de Janeiro: Civilização Brasileira, 2007); P. P. Z. Bastos, e P. C. Dutra Fonseca, orgs., *A Era Vargas. Desenvolvimentismo, Economia e Sociedade* (São Paulo: Editora UNESP, 2011).

[7] Alfredo Rocco (Nápoles, 1875 – Roma, 1935), após a graduação em Direito obtida pela Universidade de Gênova, havia prosseguido para o doutoramento em Direito Comercial tornando-se professor-titular em processo civil pela Universidade de Parma e professor de Direito Comercial da Universidade de Pádua, 1910-1925, e mais tarde de Legislação Econômica da Universidade La Sapienza, de Roma, da qual foi reitor. Após uma adesão juvenil ao Partido Radical, se tornou um dos maiores expoentes do movimento nacionalista italiano. Eleito em 1921 para a Câmara dos Deputados do Reino de Itália, com a chegada do fascismo no poder, foi eleito ministro da Justiça, 1925-1932, e promoveu a codificação do direito penal fascista, através da elaboração do Código Penal de 1930. Sobre a sua biografia e seu pensamento, E. Gentile, *Il mito dello Stato nuovo* (Roma-Bari: Laterza, 1999; R. D'Alfonso, *Costruire lo Stato forte: politica, diritto, economia in Alfredo Rocco* (Milão: Franco Angeli, 2004); S. Battente, *Alfredo Rocco: dal nazionalismo al fascismo (1907-1935)* (Milão: Franco Angeli, 2005).

[8] R. Paxton, *The Anatomy of Fascism* (Londres: Allen Lane, 2004).

[9] M. Mann, *Fascists* (Cambridge: Cambridge University Press, 2004).

A Vaga Corporativa

Como e em que medida o sociólogo e jurista fluminense na qualidade de consultor jurídico do Ministério do Trabalho durante a década de 30 se apropriou do modelo de A. Rocco, modificando e adaptando-o de forma compatível com a realidade brasileira? Se no caso do Estado fascista, Rocco pensou em uma organização corporativa sujeita ao controle rigoroso do partido-Estado totalitário, no caso brasileiro, pelo contrário, o corporativismo de Oliveira Vianna enquadrou-se em um regime autoritário que não tinha um partido único de massa, mas baseou-se na liderança do Presidente.

Trata-se de uma questão muito complexa, porque coloca dois problemas fundamentais do pensamento de Oliveira Vianna.

O primeiro problema quer discutir se o conceito de «autoritarismo instrumental» de Oliveira Vianna mantém até hoje um fecundo potencial analítico no campo do pensamento brasileiro. Teorizado pelo cientista brasileiro W. G. dos Santos na década de 70, o «autoritarismo instrumental» tornou-se, desde aquela época, uma categoria fundamental do pensamento político-social brasileiro. Visando diferenciar o autoritarismo de Vianna das outras famílias do pensamento autoritário brasileiro (o integralismo, o catolicismo e o tenentismo), o cientista político elabora um conceito, capaz de dar conta do sentido mais profundo do seu pensamento. Nesta perspetiva, o «autoritarismo instrumental» é pensado como um instrumento transitório, cuja utilização é limitada ao cumprimento da sua tarefa de criar as condições para a implantação de uma sociedade liberal no Brasil. É uma explicação parcialmente satisfatória. O «autoritarismo instrumental» formulado por Santos a partir de uma hipótese de convivência ambígua entre autoritarismo e liberalismo, que acompanha todo o processo da modernização brasileira do século XX, não explica de forma adequada as causas e as trajetórias do complexo processo de assimilação na legislação trabalhista brasileira do modelo corporativista de cunho totalitário, arquitetado por Rocco.

Em outras palavras, a questão central a ser colocada neste trabalho é como foi possível no pensamento de Oliveira Viana, ideólogo do Estado autoritário e consultor jurídico do Ministério do Trabalho na década de 30, adaptar para a sociedade brasileira o Estado corporativo, pensado como o melhor e mais moderno «instrumento» pela época entre as duas guerras mundiais,[10] para pôr ordem na crise do Estado liberal, sem necessariamente cair na teoria da «ditadura permanente» do totalitarismo fascista.

---

[10] Sobre a difusão das instituições corporativas na Europa, ver A. Costa Pinto, «O corporativismo nas ditaduras da época do fascismo», *Varia Historia*, vol. 30, n.º 52 (2014): 17-49.

Uma apropriação criativa. Fascismo e corporativismo no pensamento de Oliveira Vianna

Para que o conceito mantenha ainda o seu fecundo potencial analítico na área dos estudos e das reflexões sobre o autoritarismo brasileiro, é preciso fundamentá-lo com novos elementos teóricos, devendo ser repensado tendo em vista mais dois fatores, que estão no foco do nosso trabalho:

1. O autoritarismo se caracteriza como «instrumental» para uma futura sociedade liberal não apenas porque, como observa Murilo de Carvalho, «Oliveira Vianna absorveu muitos temas do liberalismo conservador do Império» mantendo de qualquer forma um diálogo sempre aberto com o liberalismo,[11] mas, sobretudo porque busca a sua legitimidade no afastamento do Estado totalitário (fascista ou comunista) europeu, caracterizados por uma visão teleológica do Estado, pelo antiliberalismo radical e pela simbiose partido único-Estado.

Uma vez afastado do totalitarismo, o «autoritarismo instrumental» pode ser então apresentado como o mais «adequado» para sustentar a nova ordem industrial do país, e ao mesmo tempo, dado o seu carácter «instrumental» e transitório, ele apresentaria sempre uma possibilidade em cada fase da ditadura varguista de abrir para uma sociedade liberal, enquanto no caso europeu não é possível alguma compatibilidade entre liberalismo e totalitarismo. Esta tensão permanente entre autoritarismo e liberalismo na década de 30 ajuda também a ditadura varguista a se manter estável e longamente no poder.

2. No pensamento nacional-autoritário brasileiro o autoritarismo se liga com a teoria do «desenvolvimento tardio», como falaremos mais para a frente. Então ele é «instrumental», não apenas porque é «transitório», visando construir as condições estruturais para uma democracia liberal, mas sobretudo porque – é a hipótese a ser desenvolvida no trabalho – é o mais «adequado» para misturar alguns elementos totalitários de matriz europeia com o liberalismo. Este «ecletismo» manifesta-se claramente no processo de apropriação criativa que Oliveira Vianna faz dos modelos econômicos, políticos e sociais mais modernos pela época, compatibilizando-os a realidade brasileira, tendo como prioridade a modernização da nação brasileira, seja sob o perfil da ordem político-social, seja sob o perfil do desenvolvimento industrial da década de 30.

Estes novos elementos de reflexão podem dar mais uma contribuição para explicar de forma mais satisfatória como Oliveira Vianna organizou na década de 30 sua apropriação do modelo corporativo fascista para organizar juridicamente o nacional-desenvolvimentismo varguista.

---

[11] J. Murilo de Carvalho, «A utopia de Oliveira Vianna», in *O Pensamento de Oliveira Vianna*, orgs. E. Rugai Bastos e J. Quartim de Moraes (Campinas: Editora da Unicamp, 1993), 22.

A Vaga Corporativa

O segundo problema, praticamente uma decorrência do primeiro, diz respeito aos diferentes níveis econômicos e sociais da Itália e do Brasil. Precisamos então entender como foi possível adaptar a um país agroexportador, dependente do mercado internacional, com uma classe operária ainda embrionária, o modelo corporativo italiano, concebido para um país que, desde a segunda metade do século XIX, tinha tomado o caminho da industrialização, inclusive com o conflito capital-trabalho típico de uma sociedade industrial avançada.

A nossa hipótese baseia-se na convergência de duas teorias:

- A análise estruturalista de Juan Linz, que vê o fascismo como um «late comer», um fenômeno ideológico, político e social «retardatário» típico do século XX – enquanto as outras ideologias já foram se manifestando amplamente ao longo do século XIX (o liberalismo, o socialismo) – que se expande rápida e simultaneamente numa época de crise das instituições liberais e afirmação do socialismo (aos quais o fascismo quer subtrair «espaço político»), assim como de expansão do autoritarismo tendente à direita.[12]
- A teoria do «desenvolvimento tardio», em sua variante nacionalista, segundo a qual alguns países da «periferia» do capitalismo privilegiaram o Estado autoritário como centro organizador da nação em todos os seus aspectos, tendo em vista superar o atraso e cortar a dependência dos países mais desenvolvidos.[13]

Nesta perspetiva, o corporativismo fascista apareceu e foi percebido pelos teóricos da «ideologia do estado autoritário brasileiro»[14] (Oliveira Vianna,

---

[12] J. Linz, «Some notes toward a comparative study of fascism in sociological historical perspective», in *Fascism. A Reader's Guide*, org. W. Laqueur (Berkeley: Los Angeles University of California Press, 1976).

[13] Com o devido cuidado, pode-se dizer que o nacionalismo autoritário brasileiro entre as duas guerras reproduz o *demonstration effect* que o historiador E. Gentile utiliza para o caso italiano do começo do século XX, quer dizer, «a sugestão de que a imagem dos países mais avançados tem sobre os países menos desenvolvidos incentivando-os a tomar medidas para atingir o nível dos primeiros» [*Il mito dello Stato nuovo* (Roma-Bari: Laterza, 1999), 9]. Para uma discussão sobre o conceito no debate socioeconômico brasileiro, ver F. H. Cardoso e E. Faletto, orgs., *Dependência e Desenvolvimento na América Latina* (Rio de Janeiro: Civilização Brasileira, 1970).

[14] B. Lamounier, «Formação de um pensamento político autoritário na Primeira República: uma interpretação», in *História Geral da Civilização Brasileira*, t. 3, vol. 2, org. Boris Fausto (São Paulo: Difel, 1977). De acordo com Lamounier, a ideologia do Estado autoritário brasileiro se articula em oito elementos fundamentais: «predomínio do princípio 'estatal' sobre o princípio de 'mercado'; visão orgânico-corporativa da sociedade; objetivismo tecnocrático; visão autoritária do conflito social; não organização da sociedade civil; não mobilização política; elitismo e voluntarismo como visão dos processos de mudança política; o Leviatã benevolente».

Azevedo Amaral, Francisco Campos) como a forma mais avançada, pela época, de reorganização das relações entre Estado, indivíduo e mercado. Perante a decadência do «artificialismo» da velha República liberal, a via brasileira para o corporativismo autoritário tomou a forma de uma apropriação criativa do repertório e da linguagem fascista em um contexto histórico diferente do contexto italiano da década de 1930. No caminho traçado pela revolução de 1930, Getúlio Vargas e os arquitetos do Estado Novo apresentaram a industrialização como uma via para reconstruir a economia nacional, após a crise de 1929 – que evidenciou a dependência do café, o principal produto da economia agroexportadora brasileira, do mercado global. E o Estado corporativo autoritário se tornou o principal instrumento para governar a transição para a civilização industrial.

Um dos principais fundamentos teóricos dessa visão foi o conceito de corporativismo «integral» e «puro» do economista e político romeno Mihail Manoilescu,[15] elaborado de acordo com os diferentes níveis econômicos e políticos de cada país para resolver a crise econômica das áreas avançadas e coadjuvar o *take off* industrial da «periferia» do capitalismo, com base na ideia de que essa área poderia romper o vínculo de dependência semicolonial dos países mais desenvolvidos. Esse conceito previa a implantação de um Estado forte, capaz de organizar integralmente todos os recursos nacionais para projetar a transformação necessária e irreversível da sociedade agrária para a sociedade industrial.[16] Embora as massas trabalhadoras da «periferia» do capitalismo ainda não tivessem chegado num nível de organização e consciência de classe comparável aos dos países mais industrializados, também nessa área a necessária transição para a era industrial, dominada pela organização e pela técnica, deveria ser coadjuvada por uma política preventiva, orgânica à centralização capitalista, de incorporação da classe operária ainda em embrião no Es-

---

[15] Seguidor do fascismo italiano, convidado para o Congresso de Ferrara (1932), Manoilescu foi um dos autores mais populares do debate brasileiro dos anos de 1930. Sua obra mais famosa – *O Século do Corporativismo* (1934) – foi traduzida do francês para o português por Azevedo Amaral, um dos principais apologistas do Estado Novo. Por «integral» entende-se um modelo de corporativismo não limitado apenas ao dirigismo econômico, mas que engloba todas as forças sociais e culturais da nação. «Puro» refere-se à centralidade das corporações como fontes de poder do Estado.

[16] O próprio Manoilescu esclarece a sua ideia de nacional-desenvolvimentismo industrialista: «A experiência histórica ensina-nos que invariavelmente os países industriais são ricos, ao passo que os países agrícolas são pobres. [...] Para se emanciparem da pobreza, os países agrícolas precisam passar ao regime industrial e de facto só começam a enriquecer quando se encaminham para a industrialização. Há uma superioridade determinada da indústria sobre a agricultura», *O Século do Corporativismo*, cit., 7.

tado, para evitar a reprodução do conflito de classes da sociedade europeia durante a I Guerra Mundial.

Nesta perspetiva, o corporativismo fascista – em suas múltiplas dimensões de catalogação jurídica do «social», dirigismo econômico, organização da nação e harmonização do conflito capital-trabalho – encaixou-se perfeitamente no projeto nacional-autoritário e estado-cêntrico de Oliveira Vianna de modernização corporativa da sociedade brasileira no período entre guerras.

Os anos 20. Oliveira Vianna teórico da questão social brasileira

A análise do tema da apropriação do corporativismo fascista no pensamento de Oliveira Vianna impõe uma reflexão preliminar sobre sua trajetória cultural e política na década de 20. É nessa época, como observado por Ângela de Castro Gomes, que Oliveira Vianna elabora o diagnóstico da realidade brasileira sobre o qual fundamentar a «práxis corporativa» dos anos 30.[17] Não é, portanto, produtivo dissociar o cientista social dos anos 20, comprometido em pensar uma solução autoritária para a falta de organização do povo brasileiro, do jurista maduro dos anos 30, teórico da harmonização do conflito capital-trabalho produzido pelos processos de modernização num Estado corporativo moldado com base na carta do trabalho italiana.

Como pretendemos mostrar neste capítulo, o confronto crítico com sua produção da década de 1920 destaca que Oliveira Vianna já possuía um profundo conhecimento do debate europeu sobre o corporativismo, embora ainda não tivesse elaborado uma orgânica teoria sindical-corporativista. O conceito sobre o qual pretendemos focar nossa análise do pensamento de Vianna nos anos 20 é o nacionalismo social, por duas razões fundamentais: em primeiro lugar, trata-se de uma dos conceitos-chave do debate sobre o corporativismo na Europa entre o fim do século XIX e a época entre as duas guerras mundiais; em segundo lugar, porque satisfaz o sociólogo preocupado com adaptar as ideias mais modernas produzidas pelos grandes debates sociais e políticos da Europa ao seu amplo programa de estudo do povo brasileiro e sua cultura cívica, iniciado na década de 10 com *Populações Meridionais do Brasil*, de 1920, e aprimorado

---

[17] Gomes, A. C., «A práxis corporativa de Oliveira Vianna», in *O Pensamento de Oliveira Vianna*, orgs. E. Rugai Bastos e J. Quartim de Moraes (Campinas: Editora da Unicamp, 1993), 45.

nos outros trabalhos fundamentais da década de 20: desde *Pequenos Estudos de Psicologia Social*, de 1921, passando por *Evolução do Povo Brasileiro*, de 1923, as várias versões de *O Idealismo da Constituição*, de 1922, 1924 e 1927,[18] *O Ocaso do Império*, de 1925, até *Problemas de Política Objetiva*, de 1930, *Raça e Assimilação*, de 1932.

Antes de examinarmos a incorporação do nacionalismo no pensamento social de Vianna, precisamos examinar as linhas essenciais da sua gênese no debate francês desde a segunda metade do século XIX até a sua assimilação no sindicalismo nacionalista, confluído então no fascismo italiano.

A referência básica do nacionalismo é um conceito social do homem completamente diferente daquele do constitucionalismo liberal. A recusa do liberalismo e a preocupação com a solidariedade social, o controle dos conflitos produzidos pela sociedade industrial continuam sendo uma constante de todas as vertentes do pensamento nacionalista e corporativista tecnocrático que fundamentam o nacionalismo social: o pensamento social católico expresso na *Rerum Novarum* de Leão XIII, o nacionalismo boulangista, o sindicalismo nacionalista do final do século XIX. É um campo de doutrinas heterogêneas, elaboradas no laboratório francês da crise da democracia liberal entre o final do século XIX e a década de 1930, que forja uma visão do homem enraizado na tradição: a pessoa concreta que pertence a uma sociedade de antigos costumes. Essas ideias sociais do homem membro e função da comunidade familiar, social e profissional vão alimentando as principais vertentes antiliberais do século XIX: o familismo de Le Play, o neotradicionalismo, o corporativismo católico de La Tour du Pin e, especialmente, o nacionalismo protecionista de Maurice Barrès, e l'Action Française de Maurras, que irá inspirar o fascismo italiano, como observado pelo historiador Zeev Sternhell, com alguns exageros.[19] É uma variada literatura antiliberal, na qual, no entanto, podemos identificar alguns temas constantes, tais como necessidade e autoridade, hierarquia e família, absorvidas explicitamente como categorias fundamentais do autoritarismo político e da conceção organicista da ordem do movimento nacionalista.

Não há dúvida de que essas doutrinas heterogêneas, misturando a autoridade da Igreja Católica com uma conceção tradicionalista da nação, confluíram no sindicalismo nacionalista. Afirma-se na Europa em princípio do século XX (França, Itália, Inglaterra, Alemanha, Suíça, Polônia) e funda-

---

[18] Aqui é usada a segunda edição, de 1939.
[19] Z. Sternhell, *Naissance de l'idéologie fasciste* (Paris: Librairie Arthème Fayard, 1989).

A Vaga Corporativa

menta-se na socialização da economia entregue às categorias do trabalho e da produção em todas as suas manifestações, que não deveriam mais ser enquadradas no esquema marxista capitalismo-proletariado, mas teriam de ser repensadas à luz das novas transformações aportadas pela técnica, pela administração e pela organização empresarial. O seu programa teórico-político se embasa na aversão pelo regime liberal-representativo, no desenlaço do sindicato e do trabalho dos dogmas do marxismo e na centralidade do trabalho nos processos de transformação política, econômica e social do Estado como fundação da nação (o «Estado nacional do trabalho»). Neste modelo, só os «produtores», identificados por sua condição profissional, gozam plenamente do *status* de cidadãos da nação.

Tentando resumir este complexo conjunto de ideias que compõem o conceito de nacionalismo social, podemos dizer que ele se coloca como o fundamento teórico da doutrina do corporativismo como «terceira via» entre liberalismo e socialismo. Enquanto, por um lado, o liberalismo sustenta que a síntese das oposições sociais é atingida mecanicamente pelo próprio funcionamento do sistema (Estado, indivíduo e mercado), uma vez que é deixado a si mesmo, do outro lado o comunismo sustenta que a antítese é insuperável e, portanto, pode ser eliminado apenas com o desaparecimento de um dos dois termos opostos, o que, por sua vez, é provocado mecanicamente pelo desenvolvimento das contradições internas ao sistema econômico capitalista.

Pelo contrário, o sindicalismo nacionalista opõs ao liberalismo e ao marxismo um nacionalismo social baseado no ativismo destinado a superar as antíteses econômicas na nova síntese do Estado nacional do trabalho. Enfim deve-se a A. Rocco a transformação do sindicalismo nacional em «sindicalismo jurídico», pressuposto para a construção do Estado corporativo fascista, caracterizado pelo reconhecimento do sindicato como um organismo de direito público e a introdução dos contratos coletivos, uma nova legislação social e a justiça do trabalho.

Voltando agora ao pensamento de Oliveira Vianna, se analisarmos de forma global a produção das décadas de 1910 e 1920, já é possível perceber a preocupação de incorporar o debate sobre o nacionalismo social, de cunho autoritário, nos grandes filões de seu pensamento, de acordo – como observado por Lucia Lippi de Oliveira – com um redescobrimento da questão nacional que envolve todas as famílias intelectuais durante a Primeira República.[20]

---

[20] L. Lippi de Oliveira, *A Questão Nacional na Primeira República* (São Paulo: Brasiliense, 1990), 29.

Uma apropriação criativa. Fascismo e corporativismo no pensamento de Oliveira Vianna

No caminho aberto pelos estudos de Silvio Romero sobre o Brasil social, o próprio Vianna indica as fontes nas quais baseou o estudo social do povo brasileiro: a geopolítica de Teodor Ratzel, as primeiras doutrinas nacionalistas de cunho racial e racista de Lapouge, Gobineau e Ammon, a relação entre mito e ação nos estudos psicológicos de Ribot, a psicologia de massas de Le Bon e, especialmente, a escola de Le Play e as obras centradas na família como modelo social e cristão, na comunidade rural, pelas quais absorvia novos modelos de integração, de associação, de solidariedade, e de intervenção do Estado.[21]

Com estas ferramentas do tardopositivismo cientificista, do neotradicionalismo católico e do nacionalismo político de matriz autoritária, Vianna enfoca o dúplice problema de evitar a desagregação individualista provocada pela proclamação da República e da Constituição de 1891 e de garantir os direitos dentro de um novo sistema de relações de solidariedade social. Em síntese, de conciliar a liberdade do indivíduo com a reapropriação da autoridade pelo Estado. Nesse sentido, uma eficaz explicação do modelo interpretativo elaborado por Vianna vem de Murilo de Carvalho. Para este autor, Vianna foi desde o início, e até os trabalhos mais maduros dos anos 30 e 40, o cientista da questão social no Brasil, concebida de forma científica e objetiva, em resposta à tendência, inadequada em sua opinião, das elites liberais para importar o modelo de liberalismo anglo-saxônico no Brasil.[22]

Ao longo da produção dos anos 20, o horizonte problemático é a crise do liberalismo, considerado incompatível com a realidade do País, e a exigência de substituí-lo por uma nova organização da nação política, moldada com base nas especificidades do povo brasileiro, de acordo com a lição de Alberto Torres, um dos precursores da ideologia do Estado autoritário.

É um projeto ambicioso e para sua realização é preciso se livrar do modelo conceitual do «idealismo utópico» das elites liberais, para ele definido como «todo e qualquer sistema doutrinário, todo e qualquer conjunto de aspirações políticas em íntimo desacordo com as condições reais e orgânicas da sociedade que pretende reger e dirigir. O que realmente caracteriza e denuncia a presença do idealismo utópico num sistema constitucional é a disparidade que há entre a grandeza e a impressionante

---

[21] F. Oliveira Vianna, *Populações Meridionais do Brasil*. 7.ª ed. (Belo Horizonte: Editora Itatiaia Limitada, 1987), 14-15, 2 v.
[22] J. Murilo de Carvalho, «A utopia de Oliveira Vianna», in *O Pensamento de Oliveira Vianna*, orgs. E. Rugai Bastos e J. Quartim de Moraes, 1.

A Vaga Corporativa

eurritmia da sua estrutura e a insignificância do seu rendimento efetivo – e isto quando não se verifica a sua esterilidade completa».[23]

Ao idealismo utópico, Vianna opõe a nova metodologia sociológica e o novo sistema doutrinário que ele próprio define do «idealismo orgânico», pois nasce da própria evolução orgânica da sociedade, tendo como objetivo o estudo dos elementos constitutivos do povo brasileiro, de modo a diferenciá-lo dos outros povos.[24]

Inspirado no nacionalismo positivista de A. Torres, o sociólogo fluminense entende fazer uma análise realista e objetiva da especificidade da cultura do povo brasileiro, como base para formular o projeto de um «Novo Estado» e uma nova direção política capaz de criar a nação política brasileira – daqui «o mito do Estado Novo»,[25] que atravessa tantas leituras nacionalistas seja na Europa como na América Latina –, projetado no futuro, mas também voltado ao passado «à obra ininterrupta dos reacionários audazes, que salvaram o Império».[26]

Há, portanto, um significado ainda mais profundo no idealismo orgânico de Vianna, que consiste, em nossa opinião, em um novo conceito orgânico de Estado, enquadrado dentro de quatro séculos de história do Brasil, fortemente influenciado pelo idealismo, ao mesmo tempo concebido segundo um método científico rigoroso, recuperado do positivismo sociológico e jurídico. Aproximando-se ao movimento nacionalista italiano, antecipador do fascismo, a nação de Oliveira Vianna se realiza num Estado orgânico que transcende os interesses dos indivíduos que a compõem. É uma visão do Estado, na qual convivem o conceito de ordem de matriz positivista de Comte e o conceito de progresso da nação da matriz idealista.

Assim como no pensamento nacionalista de Alfredo Rocco, também no pensamento de Oliveira Vianna encontramos os ecos do positivismo jurídico alemão. Pensamos em Georg Jellinek, o qual, em *Sistema dos Direitos Públicos Subjetivos* (1892), teoriza o conceito de «autoobrigação do Estado» como fundamento dos direitos individuais. Em síntese, é o Estado – e não o indivíduo – o sujeito originário e representante do interesse geral e da soberania. Os direitos individuais têm sua origem na vontade do Estado de ser vinculado não por outras normas, mas pela auto-legislação da razão que deve ser vista como uma auto-obrigação do Es-

---

[23] F. Oliveira Vianna, *O Idealismo da Constituição* (São Paulo: Companhia Editora Nacional, 1939), 10-11.
[24] Id., 11.
[25] E. Gentile, *Il mito dello Stato nuovo...*
[26] G. M. Brandão, *Linhagens do Pensamento Político Brasileiro...*, 73.

tado às próprias leis. Segue então que a liberdade individual está na autolimitação do Estado em relação ao direito que ele mesmo criou.

Sobre estes temas que estarão presentes ao longo de toda a sua obra, nasce o projeto de *Populações Meridionais do Brasil*. Estamos no final da I Guerra Mundial quando Oliveira Vianna escreve o livro que sai em 1920, logo após o grande conflito, num momento de grande transformação dos equilíbrios mundiais.

Para fins de nossa análise, o que nos interessa é destacar os temas que são centrais para o caminho nacionalista e autoritário que ele está amadurecendo nas contribuições aparecidas pela primeira vez na *Revista do Brasil* e, em seguida, sistematizadas em *Populações* ao longo dos anos 20.

Uma das grandes questões no foco da obra é uma visão da relação elites-massas, que, embora dialogando com alguns autores clássicos, não se põe em uma perspetiva analítica e metodológica tradicional, mas busca o confronto com a escola elitista de Pareto e Mosca, com o tema das multidões de Gustave Le Bon e com o conceito de «anomia» de Émile Durkheim.[27]

Inspirado por estas reflexões, em *Populações* Oliveira Vianna vê o povo brasileiro como uma massa amorfa, inorgânica, atomizada, sem espírito de solidariedade, em estado de desintegração profunda, sem consciência da sua própria força, que deve ser educada, enquadrada num processo de nacionalização perante o Estado. É uma tarefa complexa, cujo pressuposto é o redescobrimento do próprio carácter nacional, da própria história. O sociólogo acredita que pode assim iluminar o carácter específico da nação brasileira, já que cada nação tem a sua riqueza espiritual e material que deve ser cultivada cuidadosamente. Em vez de importar modelos «exóticos» como o liberalismo, o Estado deve promover o que já está na nação.

No sulco aberto pela escola francesa de Le Play, a nação de Vianna desde a elaboração originária de *Populações* é uma ordem e unidade de hierarquias sociais baseadas em laços e vínculos de solidariedade tão sólidos como aqueles do individualismo liberal. Porém, não se trata apenas de evocar com saudade uma restauração (o centralismo do Império, o papel da aristocracia rural), mas sobretudo da superação positiva da nova ordem republicana, cristalizada na Constituição de 1891, e monopolizada pelo espírito de clã, a corrupção e as facções partidárias, propondo

---

[27] Oliveira Vianna, *Problemas de Direito Sindical* (Rio de Janeiro: Max Limonad, 1943), VI. Para uma análise exaustiva de *Populações*, G. M. Brandão, *Linhagens do Pensamento Político Brasileiro...*, cap. II.

A Vaga Corporativa

um sistema de representação social autêntica, substancial e histórica, apoiada por uma sociologia objetiva.

Transformar a nação cultural em nação política (o Estado) – mas os seus próprios títulos servem de documentos culturais para justificar o surgimento da segunda – é a tarefa de *Populações Meridionais do Brasil*. O princípio da nacionalidade (dar uma nacionalidade a uma massa disforme) significa desenhar sua própria história, para que a nação, de fenômeno puramente linguístico e cultural, se transforme em um fenômeno político, tornando-se o «Estado».

Neste contexto, se o sociólogo é comprometido a refletir sobre os principais elementos da sociedade civil, o jurista quer plasmar a nação na forma de um Estado autoritário que transforme as «massas amorfas» e fragmentadas brasileiras em uma comunidade harmoniosa inspirada nos princípios da solidariedade social e econômica, baseada no direito positivo, como o mesmo Vianna esclarece desde sua primeira obra: «Dar consistência, unidade, consciência comum a uma vasta massa social ainda em estado ganglionar, subdividida em quase duas dezenas de núcleos provinciais, inteiramente isolados entre si material e moralmente: – eis o primeiro objetivo. Realizar, pela ação racional do Estado, o milagre de dar a essa nacionalidade em formação uma subconsciência jurídica, criando-lhe a medula da legalidade; os instintos viscerais da obediência à autoridade e à lei, aquilo que Ihering chama 'o poder moral da ideia do Estado'; – eis o segundo objetivo.»[28]

Outro tema fundamental de toda a sua produção, intimamente ligada à sua visão da relação entre elites e massas, é o corte «antipolítico» de Oliveira Vianna, que, na verdade, é um modo de camuflar um novo conceito de política. Trata-se de uma conceção elitista que tem como base um repúdio pela política profissional e pelo sistema dos partidos, tanto incapazes de representar interesses coletivos quanto de exprimir ideologia política, que devem ser substituídos por uma elite tecnocrática capaz de fazer funcionar o Estado e que provêm dos setores mais qualificados da sociedade civil e do mundo das profissões. Embora no pensamento de Vianna as elites não componham uma classe homogênea, elas somente podem responder à questão «social» evocada pela sociedade de massa e administrar o Estado, projetando a nação sobre um horizonte de salvação, num momento de grande transformação da economia, da política e da sociedade.[29] Desta

---

[28] F. Oliveira Vianna, *Populações Meridionais do Brasil...*, 275-276.
[29] Para uma boa analise do elitismo no pensamento de Oliveira Vianna, ver R. Silva, *A Ideologia do Estado Autoritário no Brasil...*, 145 e segs.

forma, o sentido de pertencer à uma comunidade nacional orgânica, forjada na singularidade do carácter brasileiro, poderia ser construído com paciência, ao ser confiado a uma elite culta e competente, dada a incapacidade do povo-massa de se dar instituições livres e democráticas.

Em *Pequenos Estudos de Psicologia Social*, de 1923, o nacionalismo e a questão social, tema central do pensamento europeu de seu tempo, ganham um interesse específico.

O capitulo «Nacionalismo e questão social» é dedicado de forma específica ao problema da questão trabalhista no Brasil. É uma obra muito importante porque antecipa muitas das ideias que, na década de 30, Vianna veio a realizar na qualidade de consultor do Ministério do Trabalho, fornecendo então bons argumentos para que o debate em torno da temática da modernização brasileira no seu pensamento saísse do *impasse* entre um suposto agrarismo e um suposto industrialismo. Como observa Piva, «Seria mais acertado trabalhar com duas dimensões: uma, de idealização passadista, com valores morais e defesa de características boas perdidas ou maculadas pelas elites e pelas instituições suas contemporâneas; outra, de enfrentamento de questões concretas no campo político e institucional às quais se oferecem propostas de superação.»[30] Nesta perspetiva, se queremos ter um avanço na discussão sobre os temas da modernidade, do agrarismo e do industrialismo no pensamento de Vianna, é mais produtivo pensar a incorporação das ideias europeias – no nosso caso o nacionalismo social – no pensamento de Vianna como um processo que inicia nos anos 20 e que se encontra bem claramente definido nas obras dos anos 30.

Em *Nacionalismo e Questão Social*, o autor inicia criticando a classe dirigente pela maneira de resolver a questão social e o problema trabalhista de acordo com ideias forjadas na Europa, incompatíveis com a realidade brasileira.[31] Se de um lado a representação política e a democracia individualista foram criticados por causa de sua incapacidade de exprimir as necessidades sociais das pessoas reais e concretas, produtores e trabalhadores, mas apenas os interesses do cidadão, entendido como o indivíduo abstrato, e do outro lado o socialismo e o comunismo são «utopias retrógradas» – fixando assim o seu anticomunismo –, o sindicalismo nacionalista, núcleo originário da sua teoria corporativa na década de 30, já nesta obra é a melhor organização integral de um povo, sobre a qual

---

[30] L. G. Piva, *Ladrilhadores e Semeadores...*, 96.
[31] Oliveira Vianna, *Pequenos Estudos de Psicologia Social* (São Paulo: Monteiro Lobato, 1923), 92.

edificar a nação social, como o próprio sociólogo escreve: «Ora esses povos, fortes, vitais, dinâmicos, expansivos, como têm resolvido, como estão resolvendo, como vão resolver os vários problemas componentes da 'questão social'? Pelo socialismo? Não. Pelo comunismo? Não. Pelo anarquismo? Não. Pelo sindicalismo? Sim. Pelo sindicalismo, praticado à maneira deles, de acordo com o gênio específico da raça. Isto é, sem preconceitos doutrinários, sem preocupações políticas, sem objetivos revolucionários, sem impulsos destrutivos, contendo exclusivamente dentro do campo profissional e visando objetivos práticos, de melhoria das condições de vida do mundo do trabalhador, pelo desenvolvimento do bem-estar individual do operário e pelo desenvolvimento do espírito de cooperação e solidariedade».[32]

Encontramos esse princípio do sindicalismo nacional elaborado de forma mais sofisticada em *Problemas de Política Objetiva*, de 1930, obra publicada poucos meses antes da revolução varguista, que representa, a nosso ver, um verdadeiro ponto de transição para uma reflexão mais madura sobre o corporativismo, também em virtude de um conhecimento mais profundo da estrutura corporativa do Estado fascista.

Neste trabalho, Vianna encontra inspiração no filósofo do direito italiano Sergio Panunzio (*O Sentimento do Estado*, de 1929). O conceito-chave do livro de Panunzio é o sindicalismo nacional, nascido do encontro entre a teoria orgânica da sociedade de Durkheim (a divisão do trabalho social), o sindicalismo integral de Georges Sorel e a valorização do conceito de trabalho em todas as suas articulações no Estado nacional.

A originalidade política e social do fascismo residia, portanto, na fusão do sindicalismo e do nacionalismo. E Oliveira Vianna, ciente de que as formas típicas de estruturação da sociedade brasileira estavam mudando sob impulso da modernização dos anos 1920, assimila pela leitura de Panunzio o conceito de organização nacional, que será um dos pilares durante o período em que o mesmo presta consultoria para o Ministério do Trabalho.

Do encontro com o fascismo, estudado por meio do Estado sindical corporativo de Panunzio, o autoritarismo de Vianna recebe uma nova base teórica para resolver a crise do Estado liberal, reduzido a um centro de relações políticas vazias, longe das forças sociais, simples garantia da coexistência interindividual, sem meios para enfrentar o problema do governo da sociedade de massa. Ao mesmo tempo, a sua visão da relação elites-massa, não sem certa vagueza teórica até o final dos anos 20, e o

---

[32] F. Oliveira Vianna, *Pequenos Estudos de Psicologia Social...*, 96.

conceito de representação social e antipolítica – quer dizer, uma conceção que não visa representar os indivíduos, mas as profissões, as funções e as propriedades, únicas instituições garantindo, a seu ver, a plena autonomia e independência do ser humano – encontram um ponto de soldagem na teoria do sindicalismo nacionalista, elemento decisivo para entender a relevância da tecnocracia na sua visão da modernização brasileira. Pensamos aqui aos conselhos técnicos do aparato do Estado, centros compostos para «as personalidades mais eminentes do país, que se hajam feito notáveis nos vários domínios do conhecimento, especialmente nas ciências morais e políticas».[33]

Como foi justamente observado, aquele de Vianna é um pensamento «eclético»,[34] que utiliza o que pode ser compatível com o seu projeto de comunidade organicística e autoritária. Não, portanto, uma reprodução das relações autoritárias do clã tradicional, mas um projeto de revisão substancial das relações entre Estado e sociedade, que se atualiza continuamente servindo-se dos modelos políticos, sociais e econômicos mais na vanguarda pela época.

Neste caso, o Estado sindical-corporativo do fascismo, especialmente após a crise de 1929, coloca-se como um caminho privilegiado para preencher o defeito de conteúdo social do Estado moderno, levando a vida social ao plano da vida política, com a condição de integrar a sociedade, em suas múltiplas articulações e subdivisões, em um projeto de «Estado novo», comprometido, sob o efeito da crise das ordens, a repensar em sua soberania, entendida como reapropriação total do espaço público por um processo de integração de seus poderes e das forças sociais, coadjuvado neste papel pelo sindicato, instrumento privilegiado da transformação corporativa do Estado, dada a sua proximidade com a classe trabalhadora.

Acreditamos, portanto, que seja possível antecipar ao final dos anos 20 e não a 1932 a apropriação do corporativismo, em sua versão fascista-estatal, no autoritarismo de Oliveira Vianna.

---

[33] F. Oliveira Vianna, *Problemas de Política Objetiva* (São Paulo: Companhia Editora Nacional, 1930), 151; mas ver também *O Idealismo da Constituição...*, 195; *Direito do Trabalho e Democracia Social* (Rio de Janeiro: José Olympio, 1951), 147 e segs. Vale a pena lembrar que no fascismo italiano os conselhos técnicos nacionais, sob o controle do PNF, eram os motores da nova representação corporativa dos vários grupos de interesse produzido pela sociedade.

[34] E. Vieira, *Autoritarismo e Corporativismo no Brasil...*

A Vaga Corporativa

Os anos 30. Oliveira Vianna teórico da via brasileira ao corporativismo autoritário. Elementos para uma nova leitura do conceito de «autoritarismo instrumental»

Visando focar como Oliveira Vianna elabora no seu «autoritarismo instrumental» o modelo corporativo criado por Alfredo Rocco, com a «Lei sobre a disciplina jurídica das relações de trabalho», de 1926, e a «Carta del lavoro», de 1927, os quais princípios basilares são o reconhecimento jurídico dos sindicatos e dos contratos coletivos de trabalho, a justiça do trabalho, a proibição de greve e *lock out*, precisamos em primeiro lugar discutir o que é «autoritarismo instrumental».

No caminho aberto pelo culturalismo sociológico de Silvio Romero e incorporando as teses da Escola de Le Play bem como a organização nacional de Alberto Torres, Oliveira Vianna elabora uma síntese doutrinária original, dialogando tanto com a sociologia do povo brasileiro quanto com o liberalismo institucional de Rui Barbosa. Para explicar a tensão permanente entre um Vianna que ao longo da toda a sua trajetória intelectual mantém firme alguns princípios fundamentais do liberalismo (princípio da separação dos poderes, e a liberdade individual garantida), e o teórico do Estado sindical corporativo de cunho autoritário, o cientista Wanderley Guilherme dos Santos elaborou o conceito de «autoritarismo instrumental».

Conforme Santos, o autoritarismo de Vianna, moldado no positivismo castilhista, seria um instrumento transitório, pensado para dar estrutura, educação e consciência coletiva à sociedade brasileira, de modo tal que ela possa apoiar a introdução de instituições genuinamente liberais no Brasil, evitando assim ser apenas uma pálida cópia dos modelos norte-americanos ou europeus.

Escreve Santos: «Em 1920, Oliveira Vianna expressou pela primeira vez, tão clara e completamente quanto possível, o dilema do liberalismo no Brasil. Não existe um sistema político liberal, dirá Oliveira Vianna, sem uma sociedade liberal. O Brasil, continua, não possui uma sociedade liberal mas, ao contrário, parental, clânica e autoritária. Em consequência, um sistema político liberal não apresentará desempenho apropriado, produzindo resultados sempre opostos aos pretendidos pela doutrina. Além do mais, não há caminho natural pelo qual a sociedade brasileira possa progredir do estágio em que se encontra até tornar-se liberal. Assim, concluiria Oliveira Vianna, o Brasil precisa de um sistema político autoritário cujo programa econômico e político seja capaz de demolir as condições que impedem o sistema social de se transformar em liberal. Em outras palavras, seria necessário um sistema político autoritário para que se pudesse construir uma sociedade liberal. Este diagnóstico das dificuldades do liberalismo no Brasil, apresentado por Oliveira Vianna, fornece um ponto de referência para a reconsideração de duas das mais importantes tradições do pensamento político brasileiro: a tradição do liberalismo político e a do autoritarismo instrumental».[35]

W. G do Santos continua caracterizando a dimensão crítica específica do conceito de autoritarismo instrumental: «Em primeiro lugar, os autoritários instrumentais, na designação aqui adotada, creem que as sociedades não apresentam uma forma natural de desenvolvimento, seguindo antes os caminhos definidos e orientados pelos tomadores de decisão. E desta presunção deriva-se facilmente a inevitável intromissão do Estado nos assuntos da sociedade a fim de assegurar que as metas decididas pelos representantes desta sociedade sejam alcançadas. Nesta medida, é legítimo e adequado que o Estado regule e administre amplamente a vida social – ponto que, desde logo, os distingue dos liberais. Em segundo lugar, afirmam que o exercício autoritário do poder é a maneira mais rápida de se conseguir edificar uma sociedade liberal, após que o carácter autoritário do Estado pode ser questionado e abolido. A perceção do autoritarismo, como um formato político transitório, estabelece a linha divisória entre o autoritarismo instrumental e as outras propostas políticas não democráticas.»[36]

Embora as antecedências do seu autoritarismo possam ser rastreadas no centralismo estatal do Visconde de Uruguay, Santos destaca que foi Oliveira Vianna o primeiro cientista capaz de soldar os múltiplos fragmentos de autoritarismo, espalhados ao longo de cinco décadas de história nacional, numa teoria orgânica do «autoritarismo instrumental»: «É na obra de Oliveira Vianna, contudo, que o carácter instrumental da política autoritária, da maneira em que ele a concebeu, aparece mais claramente. A colonização brasileira, argumenta, ocorreu sob condições peculiares. [...] Quando o Brasil se separou de Portugal, a sociedade nacional apresentava baixíssima integração através do mercado. A unidade econômica e social básica era o clã parental, baseada na propriedade e capaz de obter a submissão de toda a mão de obra 'livre' que vivesse no interior ou na periferia dos domínios. [...] Quando os conservadores rea-

---

[35] W. G. Santos, *Ordem Burguesa e Liberalismo Político*, 93.
[36] Id., 103.

giram e deram início à centralização imperial, os perdedores teriam sido os proprietários da terra e não os 'cidadãos'. [...] O sistema republicano, conforme Vianna, não alterou o padrão básico das relações econômicas e sociais. A sociedade brasileira ainda era autenticamente oligárquica, familística e autoritária. A intervenção do Estado não representava, portanto, uma ameaça para os 'cidadãos', mas sim sua única esperança, se é que havia alguma, de proteção contra os oligarcas. Qualquer medida de descentralização, enquanto a sociedade continuasse a ser o que era, deixaria o poder cair nas mãos das oligarquias, e a autoridade seria exercida mais para proteger os interesses privados dos oligarcas, do que para promover o bem público. Em consequência, o liberalismo político conduziria, na realidade, à oligarquização do sistema e à utilização dos recursos públicos para propósitos privados.»[37]

E assim termina a sua análise: «O liberalismo político seria impossível na ausência de uma sociedade liberal e a edificação de uma sociedade liberal requer um Estado suficientemente forte para romper os elos da sociedade familística. O autoritarismo seria assim instrumental para criar as condições sociais que tornariam o liberalismo político viável. Esta análise foi aceita, e seguida, por número relativamente grande de políticos e analistas que, depois da Revolução de 1930, lutaram pelo estabelecimento de um governo forte como forma de destruir as bases da antiga sociedade não liberal.»[38]

Conforme antecipado na introdução, para poder manter todo o potencial analítico do conceito de «autoritarismo instrumental» precisamos reconstruir o processo de absorção no pensamento autoritário de Vianna do Estado corporativo de A. Rocco.

De forma preliminar, é preciso observar que o «autoritarismo instrumental» de Vianna, cujos elementos essenciais já estão presentes desde *Populações Meridionais*, conhece nova linha teórica sob o impulso da notável difusão das ideias fascistas na América Latina entre as duas guerras mundiais.[39] Focalizando a nossa atenção sobre o Brasil, é possível dizer que entre a segunda metade dos anos de 1920 e os primeiros anos da década

---

[37] Id., 105.
[38] Id., 106.
[39] H. Trindade, *Integralismo: O Fascismo Brasileiro na Década de 30* (São Paulo: Difusão Européia do Livro, 1974); M. H. Capelato, «Fascismo: uma ideia que circulou pela América Latina», in *Anais do XVI Simpósio da Associação Nacional dos Professores de História* (Rio de Janeiro, 22-26 jul. 1991); E. Scarzanella, org., *Fascisti in Sud America* (Florença: Le Lettere, 2005); F. Finkelstein, *Fascismo Trasatlántico. Ideología, Violencia y Sacralidad en Argentina y en Italia, 1919-1945* (Buenos Aires: Fondo de Cultura Económica, 2010).

de 1930, o fascismo penetrou no País através de organizações políticas, livros, revistas, jornais e outras fontes impressas, como o próprio Oliveira Vianna está disponível para admitir: «Essa inclinação para o Fascismo não seria, aliás, coisa muito difícil de compreender. Quando a Constituição de 1937 foi publicada, o regime fascista estava no esplendor do seu prestígio e do seu êxito. Os tratadistas italianos de Direito Sindical e de Direito Corporativo nos eram todos conhecidos; as suas obras entravam aqui em copiosa abundância; rumas e rumas delas se acumulavam nas vitrinas dos livreiros. Havia mesmo casas especializadas na matéria – como a livraria Boffoni. Esta passou a ser a Meca de todos os interessados nestes assuntos novos e fascinantes. Os volumes de Barassi, Zanobini, Costamagna, Cioffi, Palopoli, Chiarelli, Carnelutti e toda a luminosa plêiade de juristas do corporativismo mussoliniano ali chegavam e para logo lhe desapareciam das estantes, absorvidos pela sede de saber dos estudiosos da nova doutrina. Nas palestras dos técnicos e especialistas improvisados, que se comprimiam em torno dos balcões, faiscantes de vistosas lombadas, a língua italiana era quase tão falada quanto a portuguesa.»[40]

Do ponto de vista ideológico, o fascismo chegou a ganhar mais força após a revolução de 1930, quando a nova elite governante, liderada por Getúlio Vargas, pretendeu enfrentar a crise do liberalismo da velha República com um projeto de Estado autoritário, embora a Constituição de 1934 fosse ainda um compromisso entre o liberalismo e o autoritarismo.

Na verdade, o próprio Getúlio Vargas, na véspera da Revolução, não fez segredo de sua admiração pela doutrina corporativa fascista, base da sua ideologia do «trabalhismo». Em um discurso de 1929, ele chegou a dizer: «a minha diretriz no governo do Rio Grande [...] se assemelha ao direito corporativo ou organização das classes promovida pelo fascismo, no período da renovação criadora que a Itália atravessa».[41] Vargas tentava uma conciliação entre a sua visão positivista e castilhista do indivíduo totalmente absorvido no coletivo e o primeiro modelo de Estado nacional que enfrentava a questão social de forma autoritária.

Acima de tudo estava a ideia do superior interesse do Estado, como é esclarecido no art. 1.º da *Carta del Lavoro* (1927): «La Nazione italiana è un organismo avente fini, vita e mezzi di azione superiori per potenza e durata a quelli degli individui divisi o raggruppati che la compongono.

---

[40] F. Oliveira Vianna, *Problemas de Direito Sindical...*, 27.
[41] G. Vargas, *O Ano de 1932: A Revolução e o Norte*, vol. 2 (Rio de Janeiro: José Olympio Editora, 1938), 150.

A Vaga Corporativa

E' una unità morale, politica ed economica che si realizza integralmente nello Stato fascista.» Cabe ressaltar que, nessa organização totalitária do Estado-nação, os sindicatos não são livres, mas apenas ferramentas criadas para organizar o trabalho em todas as suas formas no Estado.

Também sob o aspeto mais prático, os conceitos de «superior interesse da nação», «sindicalismo nacional» e «colaboração entre as classes» exerceram profunda influência após a Revolução de 1930. No discurso do Rotary Club, proferido em dezembro de 1930, argumentava o ministro do Trabalho, Lindolfo Collor: «Tanto o capital como o trabalho merecem e terão o amparo e a proteção do Governo. As forças reacionárias do capital e as tendências subversivas do operariado são igualmente nocivas à Pátria e não podem contar com o beneplácito dos poderes públicos. Capital e trabalho, no Brasil, têm uma função brasileira a cumprir. [...] A regularização jurídica das relações entre o capital e o trabalho obedecerá, pois, entre nós, ao conceito fundamental de colaboração das classes. Não há nenhuma classe, seja proletária, seja capitalista, que possa pretender que os seus interesses valham mais do que os interesses da comunhão social. O Brasil primeiro, depois os interesses de classes.»[42]

O princípio do enquadramento jurídico do sindicato, anunciado no discurso de Collor, é o fundamento da lei sindical de 1931,[43] sobre a importância da qual assim se manifesta o próprio Vargas no discurso pronunciado em 4 de maio de 1931: «A propósito, é oportuno observar, ulteriormente, exterioriza-se injustificável desconfiança na colaboração das organizações sindicais, surgidas sob o estímulo da necessidade comum e dos interesses de classe. As leis, há pouco decretadas, reconhecendo essas organizações, tiveram em vista, principalmente, seu aspeto jurídico, para que, em vez de atuarem com força negativa, hostis ao poder público, se tornassem, na vida social, elemento proveitoso de cooperação no mecanismo dirigente do Estado.»[44]

É nesse contexto de adaptação do modelo corporativo fascista à realidade brasileira que Oliveira Vianna é escolhido como consultor jurídico

---

[42] *Origens da Legislação Trabalhista Brasileira: Exposições de Motivos de Lindolfo Collor* (Porto Alegre: Fundação Do Couto e Silva, 1990), 187.

[43] O Decreto n.º 19 770 regula a sindicalização das classes patronais, operárias e dá outras providências. O artigo 1.º atribui às associações sindicais o direito de defender perante o Governo e por intermédio do Ministério do Trabalho os interesses de ordem económica, jurídica, higiénica e cultural de todos os trabalhadores que exercessem profissões idênticas, similares ou conexas no território nacional.

[44] G. Vargas, *As Diretrizes da Nova Política do Brasil* (Rio de Janeiro: José Olympio, 1943), 209.

Uma apropriação criativa. Fascismo e corporativismo no pensamento de Oliveira Vianna

do Ministério do Trabalho, em 1932. Sobretudo em campo jurídico, foi evidenciada a sua importância seja na fundação da legislação trabalhista brasileira nos anos 30, seja como um dos principais teóricos da questão social durante a «era Vargas». Como demonstrado, suas ideias corporativas encontram-se já na Constituição de 1934, nos artigos 136-140.º da Constituição do Estado Novo, de 1937, no Decreto-Lei n.º 1237, que organiza a justiça do trabalho, no Decreto 1402, ambos de 1939, que institui o sindicato único, e na CLT (Consolidação das Leis Trabalhistas), de 1943.[45]

A questão central a ser colocada é como e em que medida Oliveira Vianna incorpora no «autoritarismo instrumental» um modelo de corporativismo pensado para uma ditadura permanente.

Atentemos a *Problemas de Direito Corporativo*, de 1938. Trata-se de uma coletânea de artigos publicados no *Jornal do Comércio*, para defender o anteprojeto da comissão dos técnicos do Ministério do Trabalho, em 1935, que se apropriava da justiça do trabalho (artigo 5.º da *Carta del Lavoro*), das críticas dirigidas pelo exímio jurista liberal Waldemar Ferreira por ter introduzido no direito brasileiro um dos pilares do totalitarismo fascista.[46] O texto de Vianna utiliza um léxico jurídico e argumentações reelaboradas pela principal ciência jurídica fascista da época e pelo pensamento do M. Manoilescu.

Desde as primeiras páginas do livro, o tom da autodefesa de Vianna, é montado sobre uma hábil e fina tentativa de desenganchar o corporativismo do férreo modelo do partido-Estado totalitário fascista, levando o discurso no âmbito da relação entre a tradição jurídica e o novo direito corporativo, que afirmou-se em consequência da imprescindível necessidade de colher o fenômeno da organização coletiva dos interesses e do conflito capital-trabalho a nível internacional e portanto não limitado ao caso do fascismo italiano.

Utilizando a ciência jurídica italiana da época,[47] Vianna mostra como o modelo corporativo quer resolver, no mesmo jeito do modelo liberal no século XIX, o problema das relações entre Estado e sociedade no século XX, indo além das fronteiras da tradicional lógica dicotômica: ou privado ou público, ou lei ou contrato.

---

[45] A. S. Romita, *O Fascismo no Direito do Trabalho Brasileiro...*; H. M. Arruda, *Oliveira Vianna e a Legislação do Trabalho no Brasil* (São Paulo: LTr, 2007).
[46] W. Ferreira, «Justiça do Trabalho», *Revista do Trabalho*, n.º 5 (maio 1937): 233-236; Vianna, F. O., *Problemas de Direito Corporativo...*, 78 e segs.
[47] F. Carnelutti, *Teoria del regolamento collettivo del lavoro* (Pádua: Cedam, 1928); O. Ranelletti, *Istituzioni di diritto pubblico* (Pádua: Cedam, 1937).

A Vaga Corporativa

Se a Grande Guerra havia declarado o fim da velha ordem do século XIX, o *novus ordo* do século XX, caracterizado pela ampliação das forças sociais e dos grupos de interesse, necessitava de uma reconsideração completa das modalidades da relação entre indivíduo, social e estadual. Segundo Oliveira Vianna, fica então claro que os problemas jurídicos tornaram-se problemas de «categoria».[48] O Estado Novo estava retomando, portanto, todas as suas prerrogativas – governo, poder e corporativismo – para organizar o fenômeno moderno «das pluralidades coligadas» em uma catalogação total do «social» baseado nas «categorias».

Mas se o modelo de corporativismo teorizado por Vianna recalca em boa substância o modelo corporativo da lei Rocco e da Carta do Trabalho italiana, como o jurista fluminense pode sair do *impasse* de ser acusado de «imitar» uma organização corporativa estatal, que nas intenções explícitas de seu criador Rocco tinha de ser a essência do Estado totalitário? Como Vianna pode justificar normas fascistas como o poder normativo da magistratura do trabalho, o contrato coletivo, o sindicato único e a proibição de greve no direito do trabalho brasileiro?

Para argumentar o carácter instrumental e transitório do seu autoritarismo, Vianna desengancha o seu modelo corporativista do totalitarismo fascista, recuperando uma explicação «redutiva» da novidade introduzida por Rocco na ciência jurídica italiana, que tende a evidenciar os elementos de continuidade entre a construção do jurista napolitano e a tradição jurídica.[49]

Prevalece assim uma tendência técnico-jurídica e portanto «neutra», para dissociar a norma do contexto político,[50] tirando assim aquela sua real incidência na transformação da sociedade. A lei italiana de 1926 é ao mesmo tempo interpretada como uma restauração da tradicional soberania estatal que se perdeu na crise do liberalismo; o início de uma nova fase transitória e instrumental, caracterizada pela organização corporativa das ligações indivíduo, sociedade, Estado, indo portanto além do fascismo para alcançar outras metas (a democracia social corporativa), mais apropriadas, a seu ver, para resolver o antigo problema da falta de solidariedade do povo brasileiro.

De qualquer forma, Vianna tende a colocar a novidade da lei corporativa italiana no quadro do *ius positum*. Em linha com aquela corrente encabeçada pelo grande especialista de direito público, Oreste Ranelletti,

---

[48] F. O. Vianna, *Problemas de Direito Corporativo...*, 26.
[49] Id., 78.
[50] Id., 94, 102-103.

Uma apropriação criativa. Fascismo e corporativismo no pensamento de Oliveira Vianna

o sociólogo pode, portanto, exaltar a modernidade da lei roquiana[51] na lógica da substancial identificação de corporativismo e fascismo, até o ponto de atribuir ao modelo corporativo italiano as características de uma restauração autoritária mas não totalitária do Estado, ou até, referindo-se ao processualista Francesco Carnelutti interpretar a definitiva solução do problema sindical por meio do sindicato único, o contrato coletivo e a magistratura do trabalho na ótica de uma atualização da conceção liberal do Estado, de um Estado que ocupa-se de reencontrar o indivíduo por meio de um potencial seletivo da autoridade do Estado.[52] Isso explicaria porque Vianna, mesmo chegando em um autoritarismo que privilegia os conceitos de ordem, de organização e de hierarquia sobre aquele de liberdade, continua, ainda nos anos 30, mantendo uma tensão autoritarismo-liberalismo no seu pensamento.

Vamos agora ao ponto central do argumento de Vianna: a introdução do princípio fascista do poder normativo da magistratura do trabalho foi a principal acusação referente de W. Ferreira a Oliveira Vianna. Com base em dois dos maiores juristas italianos (Carnelutti e Ranelletti), a sua defesa é articulada em volta da «temática redutiva» do projeto de A. Rocco.[53]

Colocando-se na linha de Carnelutti, Vianna vê na lei de Rocco a defesa da vocação ordinária do direito, a ser configurado como composição de um conflito intersubjetivo. A lei de 1926 harmonizou a nova dimensão do coletivo, emersa pela industrialização, e ao mesmo tempo projetou o Estado no «social», já que é a mesma vocação social do homem procurando o instrumento para regular a pacífica convivência entre os sujeitos que compõe a sociedade. É uma leitura que tende a ver na Carta do Trabalho italiana o grande debate jurídico-político da época sobre a exigência de regulamentar de forma coletiva as novas relações trabalhistas, ou seja, a passagem do conflito individual do trabalho ao conflito

---

[51] F. Oliveira Vianna, *Problemas de Direito Corporativo...*, 98-99; *Problemas de Direito Sindical...*, 166 e segs.
[52] F. Oliveira Vianna, «Os sindicatos são os intermediários naturais e legais entre as classes e o poder público», *Revista do Trabalho*, n.º 2 (1933): 13; J. Pimenta, «O sindicato Verdadeiro e o sindicato fascista», *Revista do Trabalho*, n.º 7 (1934): 15-17, que pretende mostrar de forma claramente tendenciosa as diferenças entre a arquitetura jurídica do corporativismo fascista e aquela brasileira. Embora destaque um elemento central do sistema italiano – a total subordinação do sindicato ao partido-Estado totalitário, enquanto no Brasil não teve o partido única de massa – não é convincente a defesa da autonomia do sindicato brasileira, apresentado como um órgão de colaboração espontânea com o Estado. Ver também E. de Moraes Filho, «Os Inimigos das leis trabalhistas», *Revista do trabalho*, n.º 18 (1935): 3-5; J. Pimenta, «Direito brasileiro sindical», *Revista do trabalho*, n.º 22 (1936): 3-6.
[53] F. Oliveira Vianna, *Problemas de Direito Corporativo...*, 78.

A Vaga Corporativa

coletivo, entendido como aglomeração de uma série homogênea de conflitos individuais.[54]

Nesta ótica, a instituição da magistratura do trabalho pode ser legitimada como um instrumento jurídico criado pelo Estado para se autogarantir perante os novos conflitos emersos da economia industrial moderna.[55]

Ficava claro que, embora em contextos diferentes, Carnelutti e Vianna eliminavam da lei roquiana a sua original aspiração totalitária, em se colocar como lei de um Estado que pretende estender seu poder anulando a fronteira entre público e privado.

Se, então, a escola de direito italiano fornece as ferramentas para definir o quadro jurídico do Estado autoritário de matriz sindical-corporativa, no entanto, é a teoria do corporativismo «puro» e «integral» de M. Manoilescu, como já foi apontado por E. Vieira,[56] lhe permite desenganchar o corporativismo autoritário do totalitarismo.

Nesta perspetiva, Vianna pensa o corporativismo e o sindicalismo como os modelos mais completos da organização nacional – Estado, economia, política, sociedade –, destinados a marcar a história do século XX (além da experiência fascista), assim como o liberalismo havia marcado o século XIX, compatíveis com diversos estágios de desenvolvimento econômico e social de cada Estado-nação mediante as funções específicas das corporações e das organizações sindicais.[57]

Por este motivo, Manoilescu, mesmo dando mérito ao fascismo italiano por ter redescoberto o corporativismo como resposta à crise da I Guerra Mundial, teoriza que o corporativismo «integral», não é somente um dirigismo econômico ou a burocratização das corporações e dos sindicatos diretamente subordinados ao partido único *(Partito Nazionale Fascista)* pilar central do Estado totalitário, mas é sobretudo um modelo de organização de todos os aspetos da vida nacional, que vê o Estado e as corporações, na qualidade de fontes legítimas de poder público, juntarem-se no exercício da função econômica e da função político-social

---

[54] Escreve Carnelutti: «O mecanismo do contrato e do processo coletivo, idêntico àquele do contrato e do processo individual, consiste exatamente naquilo que o interesse público encontra a sua tutela em virtude do contraste entre duas ações determinadas por dois interesses privados», *Teoria del regolamento collettivo dei rapporti di lavoro*, 91-92; F. Oliveira Vianna, *Problemas de Direito Corporativo...*, 150 e segs.

[55] F. Oliveira Vianna, *Problemas de Direito Corporativo...*, 83.

[56] E. Vieira, *Autoritarismo e Corporativismo no Brasil...*, 57 e segs.

[57] M. Manoilescu, *O Século do Corporativismo...*; F. Oliveira Vianna, *Problemas de Direito Corporativo...*, mas ver também do mesmo autor *Problemas de Organização e Problemas de Direção* (Rio de Janeiro: José Olímpio, 1952), 111.

Uma apropriação criativa. Fascismo e corporativismo no pensamento de Oliveira Vianna

(criação do sindicato único, justiça do trabalho, socialização dos meios de produção). Na visão de Manoilescu, a própria versatilidade do corporativismo faz dele um modelo compatível seja com países que estão em estágio industrial avançado, como no caso da via fascista italiana ao corporativismo, seja também com países rurais, a «periferia» do capitalismo, com forte influência dos militares no poder político, como é o caso da Romênia e do Brasil nos anos de 1930, comprometido com a transição para uma economia industrial.

Porém, Oliveira Vianna recusa a teoria do partido único do pensador romeno, considerada inadequada à psicologia coletiva do povo brasileiro,[58] bem como tenta diferenciar-se de A. Rocco e mais em geral do corporativismo fascista, na medida que se para Rocco o corporativismo foi essencialmente a «terceira via» fascista dirigista entre o liberalismo e o comunismo, para Oliveira Vianna o problema não é apenas de natureza econômica: o corporativismo desassociado da estrutura totalitária embasada no partido único (modelo fascista) e utilizado na forma «integral» por Manoilescu, deve se tornar uma organização compatível com a estrutura antropogeográfica, econômica e profissional brasileira.[59]

Por estas razões, a verdadeira essência de seu «autoritarismo instrumental» – antimarxista, nacionalista e sindical-corporativo –, cujo objetivo é levar o Brasil à «democracia social», está na capacidade de reelaborar, de forma original e em função da realidade brasileira, os modelos de organização política, econômica e social originados na Europa entre as duas guerras.

Também de Manoilescu provém a ideia de Oliveira Vianna de que o corporativismo, enquanto princípio de organização e mobilização integral dos indivíduos nas corporações, realiza o escopo final da nação, que ao contrário seria forçada a se apresentar como uma massa amorfa de indivíduos não organizados, no centro da qual estaria um Estado muito fraco em relação à atribuição dos seus poderes, como no período liberal.[60] Trata-se de uma ideia do corporativismo muito ampla, na qual a conceção idealista da nação como «espírito vivo» funde-se à ideia de cunho positivista da nova função do Estado, coadjuvado pelas corporações, na

---

[58] Em *O Idealismo da Constituição*, além de *O Século do Corporativismo*, Oliveira Vianna mostra conhecer bem também *El partido único*, de 1936, com o qual abre um diálogo sobre a impossibilidade de reproduzir no Brasil as mesmas condições de mística fascista dos povos italiano e alemão, condição fundamental para que o partido único possa exercer o seu papel histórico de mobilizar as massas dentro do estado totalitário. Ver 201-205.
[59] F. O. Vianna, *Problemas de Direito Sindical...*, XII-XIV.
[60] M. Manoilescu, *O Século do Corporativismo...*, 78.

organização do mundo da produção e do trabalho, tendo sempre em vista o interesse superior da nação.

Esta conceção satisfaz Oliveira Vianna durante a sua atividade de sociólogo, jurista e homem político dedicado a dar uma forma ao povo brasileiro. Ele absorve do modelo corporativo de Manoilescu os elementos que podem ser úteis para a realidade brasileira, enquanto do fascismo italiano recupera a estrutura sindical-corporativa do Estado. Aqui temos outra transição importante, mas não sem contradições. Se o autoritarismo se caracteriza como instrumental também por ter recusado o totalitarismo, por que então se remete ao princípio fascista de absorção do sindicato no Estado corporativo, do qual Rocco foi o principal artífice, destacando a importância do sindicato único nas suas principais obras dos anos 1930? A nosso ver, em sintonia com o projeto fascista italiano, a constituição do Estado nacional do trabalho em todas as suas articulações sobre a base das representações sindicais, voltadas a realizar a transformação radical da sociedade nacional no sentido corporativo, Vianna se apropria do significado mais moderno da lei de Rocco: a absorção dos elementos constitutivos da sociedade industrial, e a incorporação dos interesses sindicais parciais na totalidade do estado. Esvaziou-se a capacidade de representação antagônica de sujeitos fora do Estado, para incorporá-los e legitimá-los como órgãos públicos do Estado, em busca de seu papel original de organizador da sociedade. O Estado torna-se a nova fonte de legitimidade dos sindicatos: não mais os trabalhadores.

Reelaborando o pensamento corporativo «puro» e «integral», Vianna monta de forma original a «via brasileira para o Estado autoritário de cunho corporativo», na qual se entrelaçam várias dimensões, inspiradas pelas teorias de M. Manoilescu e pelo modelo de Rocco:

- A dimensão econômica. O corporativismo como uma «terceira via» para responder eficazmente à crise capitalista de 1929, através da intervenção do Estado na economia, com uma perspetiva necessariamente nacional-desenvolvimentista e industrialista, com o objetivo de quebrar a dependência do mercado internacional.
- A dimensão ideológico-política. O corporativismo como momento de máxima expressão do Estado autoritário surgido para nacionalizar as massas amorfas e sem educação. Para Oliveira Vianna, o Estado corporativo era o modelo mais «adequado» para resolver o problema da distância entre o «Brasil legal» cristalizado na Constituição de 1891 e o «Brasil real», lidando com a pobreza, a ignorância, a falta de cultura política e de educação do povo.

- A dimensão social. O Estado corporativo como resposta preventiva para o perigo de uma revolução comunista no Brasil. Nesta perspetiva, era necessário neutralizar o conflito de classes que, inevitavelmente, surgiu a partir do processo de industrialização, como aconteceu nos países mais avançados, incorporando o sindicato no Estado em troca de uma legislação protetora do trabalho, para dar uma nova representação social em nome da solidariedade, da reconciliação e da harmonia entre as classes.

Porém, a sofisticada estrutura do Estado corporativo de Vianna e dos juristas colaboradores de G. Vargas se realizou apenas de forma parcial, porque, se os dados confirmam uma incorporação significativa das organizações sindicais no Estado, também deve registrar a hostilidade dos industriais para submeter os seus próprios interesses privados «aos superiores interesses da nação».[61] O Estado Novo foi assim chamado a um delicado papel de engenharia social para governar as novas transformações econômicas e sociais do processo de industrialização, cuja consequência foi um *do ut des* entre Estado, organizações dos trabalhadores e associações dos industriais.

No lado das organizações patronais, foi necessário tranquilizar os empresários sobre a natureza do Estado, intervencionista mas respeitoso da iniciativa privada; no lado dos trabalhadores, foi necessário compensar a subordinação do sindicato ao Estado autoritário e a proibição do direito à greve, com a aprovação de novas leis em matéria de proteção do trabalho, quais a criação do salário mínimo (Decreto-Lei 2162 de 1940) e a justiça do Trabalho (Decreto 1237, de 1939), para conciliar e arbitrar conflitos coletivos, dada a indisponibilidade dos industriais a reconhecer nos trabalhadores um legítimo interlocutor. A nova ordem social foi complementada pela introdução da contribuição sindical compulsória (Decreto-Lei 2377, de 1940) – também de matriz fascista –, destinada a fortalecer o sindicato como principal instrumento de mobilização dos trabalhadores, criando ao mesmo tempo uma casta de sindicalistas de Estado – e pela aprovação em 1943 da Consolidação das Leis do Trabalho, corolário de toda a legislação sobre os direitos trabalhistas elaborada durante a era Vargas e ainda em vigor.

---

[61] Os sindicatos de empregadores reconhecidos foram 649 em 1935; 695 em 1936; 955 em 1938; 1111 em 1939. Aqueles dos trabalhadores foram 487 em 1935; 538 em 1936; 810 em 1938; 1043 em 1939. Dados em L. W. Vianna, *Liberalismo e Sindicato no Brasil...*, 285.

Enfim, foi uma longa e complexa incorporação da *Carta del Lavoro*, separada do seu rígido contexto totalitário, em uma extensa legislação social, concebida tendo em vista a nova dimensão dos conflitos coletivos de trabalho, e focada na ideologia do «trabalhismo», plasmada no paternalismo generoso de Getúlio Vargas, «pai dos pobres».

Por estas razões, é extremamente simplificador falar de uma «cópia» *tout court* do corporativismo fascista, porque se é verdade que a estrutura básica do modelo sindical brasileiro foi o sindicalismo corporativo italiano, é também verdade que o rígido estatismo dirigista de Rocco foi adaptado de forma específica para o nacional-desenvolvimento industrialista de cunho autoritário, criando também alguns direitos trabalhistas fundamentais, ao passo que as leis em matéria de proteção do trabalho ao longo da I República eram poucas e atrasadas.

Conclusões

Nossa tese é que o fascismo atualizou o autoritarismo instrumental de Vianna, intelectual e funcionário em busca de um novo modelo de organização dos processos de modernização que estavam atravessando o Brasil entre o final dos anos 20 e 30.

Seu autoritarismo mostrou-se disponível a receber a novidade do modelo corporativo fascista, tirando assim a sua matriz totalitária. Nesta perspetiva, podemos dizer que Vianna assume o conceito de corporativismo «puro» e «integral» de Manoilescu, enquanto não assume a simbiose entre corporativismo e totalitarismo de Rocco, com o qual, todavia, compartilha o conceito de matriz positiva e nacionalista do Estado sindical-corporativo, que incorpora a questão «social» em nome de seus interesses superiores. Esta contaminação – não privada de contradições ligadas também à exigência de defender sua ação de intelectual e de técnico comprometido com o Ministério do Trabalho da acusação de ter imitado a Carta do trabalho fascista – serve seja para recuperar o que é útil para modelar um caminho nacional ao corporativismo respeitoso dos caracteres específicos do Brasil, seja para operar a soldagem entre o «País legal» da Constituição de 1891 e o «País real», da pobreza e da falta de espírito associativo. Nesta perspetiva, são as corporações que garantem a intermediação entre Estado e sociedade, na convicção, como acontece no pensamento de Rocco, que é o Estado o depositário da soberania, não o povo. Serão a Revolução de 30 e o Estado Novo de Vargas que realizaram seu desenho de «autoritarismo instrumental» de matriz nacional-corporativa, baseado na ideia de que o único percurso para dar ao

Uma apropriação criativa. Fascismo e corporativismo no pensamento de Oliveira Vianna

Brasil uma formação nacional é a criação de um Estado forte, capaz de organizar as massas através uma legislação social, primeira etapa daquela «democracia social-corporativa», que constitui o ponto de chegada da «utopia» de Oliveira Vianna.

Leandro Pereira Gonçalves

Capítulo 10

O integralismo de Plínio Salgado e a busca de uma proposta corporativista para o Brasil

Numa aldeia indígena da Amazônia, uma índia se casa com um importante cacique. No princípio, não havia noite – ela estava adormecida no fundo das águas – mas somente dia. A filha da Cobra-Grande (pajé) casou-se com um cacique muito bom e bonito que possuía três servos muito fiéis. Como a moça não queria dormir com o marido – pois a noite jamais chegaria – o moço ordena aos três servos que se dirijam, pelo rio, à casa do pai dela, o qual tinha o poder de criar as trevas. Ao chegar à habitação da Cobra-Grande, ele lhes entrega um caroço de tucumã, bem fechado, com proibição expressa aos condutores de não o abrir. Mas o caroço emitia diversos ruídos e sons de animais que viviam nas trevas. Não suportando a curiosidade, um dos índios resolve abrir o coco. Imediatamente tudo se transforma em trevas. A índia percebe o que ocorreu, retira um fio de seus cabelos e, segurando nas suas extremidades, atravessa com ele a escuridão e consegue dividir o dia e a noite. Como castigo, os servos são transformados em macacos por toda a eternidade.[1] Essa lenda indígena tupi, proveniente do Norte do Brasil, conta como se deu o nascimento da noite e mostra as consequências da desobediência humana.

Quando se investiga a Ação Integralista Brasileira (AIB), é necessário recorrer a lendas e mitologias por uma razão: os líderes integralistas dirigiam-se à sociedade supondo que, entre os cidadãos, existiam pessoas apavoradas e eles teriam a solução para salvar essa sociedade. Seus discursos eram sempre mitológicos. Os integralistas não teriam existido sem a criação de inúmeros mitos sobre o medo.

---

[1] José Coutinho Oliveira, *Folclore Amazônico: Lendas* (Belém: São José, 1951), 9-11.

A Vaga Corporativa

Para compreender o discurso dos integralistas, é fundamental ter em mente que eles falavam para um público considerado inseguro e à espera de um grande líder que lhes oferecesse proteção. Posicionavam-se como se soubessem as causas dos males do mundo moderno. Supunham poder impedir que a nação entrasse num futuro perigoso. Como na lenda indígena, os integralistas achavam que as trevas estavam sobre o Brasil, o caroço de tucumã estava aberto e os males imperavam sobre a sociedade. E eles, os integralistas, em tom profético, colocavam-se como os únicos capazes de fechar o coco e colocar ordem no país. Para os integralistas, o caroço de tucumã havia sido aberto no Brasil. Quando isso aconteceu, espalharam-se os males: o liberalismo e o comunismo, responsáveis por todos os desvios da humanidade.

A formação do integralismo brasileiro deu-se no início da década de 1930, sob a liderança de Plínio Salgado. Em outubro de 1932, divulgou o *Manifesto de Outubro*, propondo a formação de um grande movimento nacional e expondo seus propósitos para o Brasil. O autor e político deixou explícita no Manifesto sua posição política: um nacionalismo baseado no conservadorismo, tendo a manutenção da propriedade como forma de organização social e a aversão ao cosmopolitismo como sustentáculo da defesa de uma sociedade forte e organizada dentro de um contexto autoritário.[2]

A AIB, resultante de um contexto permeado pelas mais diversas tensões políticas, sociais e econômicas das décadas de 20 e 30 no Brasil, não pode ser vista ou estudada como um movimento de origens doutrinárias uniformes e monolíticas; no entanto, não há dúvidas de que a principal composição política do movimento integralista esteve presente no pensamento do líder, Plínio Salgado. Pertencente a uma família conservadora e tradicional do interior paulista, nasceu em 1895, na cidade de São Bento do Sapucaí. Ainda jovem foi para São Paulo onde se destacou nos anos de 1920 no modernismo; para posteriormente formar, na década seguinte, o primeiro movimento de massa do Brasil: a AIB.

O pensamento de Plínio Salgado nasceu da influência do Integralismo Lusitano (IL): um movimento de cunho nacionalista da direita radical que teve sua formação embasada na precursora do conservadorismo, a *Action Française*, que, assim como todos os grupos políticos do princípio do século XX, estabelecera uma resposta prática à teoria proferida pelo Papa Leão XIII, em 1891, através da *Rerum Novarum*, bem como de alguns aspectos da doutrina e prática do Fascismo italiano, regime do qual

---

[2] Plínio Salgado, *Manifesto de Outubro de 1932* (Rio de Janeiro: Secretaria Nacional de Propaganda, 1932).

O integralismo de Plínio Salgado e a busca de uma proposta corporativista para o Brasil

adotou o modelo do partido único e o corporativismo de Estado. Dentro dessas conceções, aliadas ao autodidatismo nacionalista-cristão, além da influência familiar de Plínio Salgado e a necessidade de um discurso de vanguarda, nasceu a AIB.[3] Em resposta ao caos generalizado, Plínio Salgado, propõe a ordem. A ordem normatizadora, que suprime as vontades individuais em prol de um bem maior: a unidade do Brasil, sob um Estado Integral. Para tanto, seria necessária a criação de estratégias de arregimentação de massas através de recursos propagandísticos. Recursos, então avançados para a época, que além de englobarem a oratória e a retórica tradicionais dos comícios, um complexo organismo de propaganda e uma imprensa própria,[4] também contava com a ação do segundo grande nome do movimento, o Presidente da Academia Brasileira de Letras e fundador do Museu Histórico Nacional, Gustavo Barroso, além do jovem advogado Miguel Reale, terceiro nome do integralismo, responsável pela doutrina do movimento e pela organização da Juventude Integralista.

E como ápice dessa estrutura, apresentavam-se os apoteóticos desfiles dos «camisas-verdes», que representavam, por si só, a sociedade coesa e organizada proposta pelo integralismo, reproduzindo em suas paradas cívicas a estrutura hierárquica firmada na autoridade, pela qual almejava--se tornar o Brasil «integral». Importante frisar que dentro do próprio movimento as opiniões divergiam sobre os contornos que deveria tomar o «Estado integral» a ser implantado. Correntes de pensamento eram criadas a partir dos escritos dos três principais formadores de opinião: Salgado, Barroso e Reale, ainda que a doutrina fosse virtualmente incontestável pelos membros, emanando de uma só fonte, o Chefe Nacional, conforme o art. 11.º dos *Protocollos e Rituaes*.[5]

As vertentes, obviamente, convergiam para uma mesma finalidade. Buscavam, através do integralismo, uma saída para o liberalismo desenfreado, para a ameaça comunista, para a perda da tradição e da hierarquia. Defendiam a disciplina, a reconquista do espírito em face ao materialismo, defendiam o retorno de posturas éticas, conservadoras, nacionalistas, exaltavam a unidade, a supremacia do Estado, a obediência a Deus, a ligação com a família. Portanto, esse resgate não significava uma con-

---

[3] Leandro Pereira Gonçalves, «The integralism of Plínio Salgado: luso-brazilian relations». *Portuguese Studies*, vol. 30 (2014), 67-93.
[4] Cf. Leandro Pereira Gonçalves e Renata Duarte Simões, orgs., *Entre Tipos e Recortes: Histórias da Imprensa Integralista*, 2 v. (Guaíba: Sob Medida, 2011-2012).
[5] Plínio Salgado, *Protocollos e Rituaes: Regulamento* (Niterói: Edição do Núcleo Municipal de Niterói), 1937.

tinuidade com a política republicana em questão, mas sim uma rutura, ao modo integralista de reflexão.[6]

Assim sendo, seus intelectuais mantinham suas particularidades. Plínio Salgado, o Chefe Nacional, detentor do maior posto dentro da hierarquia integralista, se apresentava através do carácter doutrinário católico, defendendo a revolução espiritual, agindo no compromisso de revigorar a alma brasileira e resgatar as raízes nacionais.

Em Miguel Reale[7] a reflexão jurídico-política do intelectual se faz evidente, o que o fez imprescindível ao movimento e ao momento, buscando, através do integralismo, uma meditação sobre os problemas brasileiros em suas especificidades. Foi na doutrina do jovem de 22 anos, quando aderiu à AIB, que residiu a principal matriz no que tange a organização do Estado, entretanto, a opção da investigação caminhou no sentido de compreender o pensamento de Plínio Salgado por ter sido a doutrinação central no movimento dos anos 30.

No corporativismo de Miguel Reale é possível perceber um aspeto mais técnico, até por razão de seu papel enquanto fundamentador da questão no movimento, ele assume carácter diferente nos outros dois líderes integralistas. Dessa maneira, a questão do corporativismo acaba por ser uma matriz e variação das especificidades de cada líder-intelectual, que assumiam também correntes internas, como é possível notar no aspeto espiritualista estabelecido em Plínio Salgado e no sentido e fundamentação profundamente militante e antissemita em Gustavo Barroso.[8]

---

[6] Leandro Pereira Gonçalves e Pedro Ivo Dias Tanagino, «O Homem Integral: uma contribuição para a construção do conceito através da análise dos Protocollos e Rituaes da Ação Integralista Brasileira (1937)», *Revista Portuguesa de Ciência Política: Portuguese Journal of Political Science*, vol. 2 (2012): 61-74.

[7] Sobre o pensamento integralista de Miguel Reale, cf. Ricardo Benzaquen de Araújo, In *Medio Virtus: Uma Análise da Obra Integralista de Miguel Reale* (Rio de Janeiro: FGV, 1988); Rodrigo Maiollini Rebello Pinho, *Miguel Reale: Política e História (1931-1969)*, dissertação de mestrado em História [São Paulo: Pontifícia Universidade Católica de São Paulo (PUC-SP), 2008]; Alexandre Pinheiro Ramos, «Estado, corporativismo e utopia no pensamento integralista de Miguel Reale (1932-1937)», *Intellèctus*, vol. 7 (2008): 24, 32, 98-100, 208, 366, 414, 421, 464, 477, 497, 523-535, 552, 658, 728-730; Manuel Palácios da Cunha e Melo, «O Integralismo de Miguel Reale», *Dados: Revista de Ciências Sociais*, vol. 37, n.º 1 (1994): 125-152.

[8] Sobre o pensamento integralista de Gustavo Barroso, cf. Roney Cytrynowicz, *Integralismo e Anti-Semitismo nos Textos de Gustavo Barroso na Década de 30*, dissertação de mestrado em História, Universidade de São Paulo (1992); Marcos Chor Maio, *Nem Rotschild nem Trotsky: O Pensamento Anti-Semita de Gustavo Barroso* (Rio de Janeiro: Imago, 1992); Antônio Rago Filho, *A Crítica Romântica à Miséria Brasileira: O Integralismo de Gustavo Barroso*, dissertação de mestrado em História (Pontifícia Universidade Católica de São Paulo, São Paulo, 1989).

O integralismo de Plínio Salgado e a busca de uma proposta corporativista para o Brasil

Barroso, longe de condenar o sionismo por seu carácter étnico-racial, o acusava das influências económicas que os judeus promoveram no Brasil desde a sua independência, relacionando a situação precária dos anos de 1930 com um passado de dívidas e empréstimos aos banqueiros judeus, chegando até mesmo a traduzir *Os Protocolos dos Sábios de Sião*, um possível plano de dominação mundial realizado pelos judeus, identificada como «a melhor tradução do mito de conspiração mundial judaica».[9]

A quase totalidade das obras integralistas de Gustavo Barroso foram dedicadas à difusão de um discurso antissemita e da tentativa de compreender as ramificações e os dilemas dessa questão na especificidade brasileira, fosse como aspeto central ou plano secundário. Questões como a organização dos trabalhadores, o papel de um possível Estado integralista, ou, mesmo, as finalidades do corporativismo para a nação brasileira, passam, necessariamente, na visão de Barroso pela instância do saneamento da atividade perniciosa dos judeus no Brasil.

Não há dúvidas de que a matriz política do movimento integralista esteve presente no pensamento do líder, Plínio Salgado. Após a influência primária lusitana na formação do pensamento pliniano e na idealização do integralismo, novamente Portugal foi um destaque na organização doutrinária de Plínio Salgado, quando passou os anos de 1939 a 1946 no exílio, durante o período do Estado Novo getulista, momento que utilizou para reordenar o seu pensamento, ações e articulações políticas, tendo a vertente do espiritualismo católico como força central. Após o fim do período ditatorial varguista, retornou para o Brasil com a afirmação de ser um luso-brasileiro, passando a ser um defensor supremo da política de António de Oliveira Salazar, imagem que o seguiu até o fim da vida.[10]

Pautado no conceito de transnacionalismo, entende-se a relação entre os dois países e a trajetória de Plínio Salgado no âmbito da circularidade cultural. Verifica-se como um processo pelo qual os imigrantes constroem campos sociais que vinculam seu país de origem com o de assentamento, considerando transimigrantes aqueles que constroem estes campos sociais, mantendo múltiplas relações e unindo fronteiras entre países.[11]

---

[9] Marcos Chor Maio, *Nem Rotschild nem Trotsky...*, 65.
[10] Cf. Leandro Pereira Gonçalves, *Entre Brasil e Portugal: Trajetória e Pensamento de Plínio Salgado e a Influência do Conservadorismo Português*, tese de doutorado em História (Pontifícia Universidade Católica de São Paulo, São Paulo, 2012); Leandro Pereira Gonçalves «Plínio Salgado e a Guerra Fria: uma análise entre Brasil e Portugal no âmbito das Guerras Coloniais», *Cahiers des Amériques Latines*, vol. 79 (2015): 31-54.
[11] Nina Glick Schiller, Linda Basch e Cristina Szanton Blanc, «From immigrant to transmigrant: theorizing transnational migration», *Anthropological Quarterly*, vol. 68 (1995): 48-63.

A relação estabelecida com Portugal em torno da circularidade envolvida é identificada pela criação de um espaço social transnacional, que consiste em uma combinação prolongada de laços sociais e símbolos reforçados, seus conteúdos, posições em redes e organizações que podem encontrar-se em numerosos Estados.[12]

O poder de uma criação mística em torno da política passou a ser um fator visto como necessário para o líder do integralismo. Percebe-se que determinadas teorias estiveram presentes no pensamento pliniano. Verifica-se que o autor não seguiu uma linha lógica de raciocínio e pensamento teórico em toda a sua vida intelectual. O que se viu foi um pensamento marcado por ramificações, ou seja, o autor, por possuir uma circularidade de apropriação,[13] foi utilizando uma série de ideias coletadas e identificadas ao longo da vida para criar e segmentar uma doutrina defendida por ele como inovadora, única e autêntica.

Os integralismos (IL e AIB) não possuem a mesma significação, nem tampouco podem ser colocados como similares de forma totalizante. No entanto, é visível que o movimento lusitano serviu de abertura para o pensamento do congênere brasileiro. O conservadorismo português estava inserido em uma série de circularidades de ideias e práticas que promoveu a sua inspiração política. Através de uma associação entre as matrizes vindas da infância, da juventude e da interlocução com os modernistas, o autor iniciou uma série de apropriações de ideias que estavam disponíveis no seu tempo. Havia uma circularidade cultural em que o conservadorismo português e o brasileiro estavam inseridos. Com essa relação, vê-se a constituição da trajetória histórica do sujeito político que foi Plínio Salgado.[14]

Um elemento de ligação entre os movimentos conservadores radicais foi o aspeto religioso e espiritual. O discurso de um movimento revolucionário de cunho cristão esteve presente com mais clareza no período da AIB e o pensamento de Plínio alcançou um processo de consolidação na década de 1930. A denominada revolução espiritual era o caminho

---

[12] Thomas Faist, *The Volume and Dynamics of International Migration and Transnational Social Spaces* (Oxford: Oxford University Press, 2000).

[13] Para Roger Chartier, entre o texto e o sujeito que lê, coloca-se uma teoria da leitura capaz de compreender a apropriação dos discursos, a maneira como estes afetam e o conduzem a uma nova forma de compreensão. Cf. Roger Chartier, *Formas e Sentido: Cultura Escrita, entre Distinção e Apropriação* (Campinas/São Paulo: Mercado de Letras/Associação de Leitura do Brasil, 2003); e Roger Chartier, *A História Cultural: Entre Práticas e Representações* (Lisboa: Difel, 1990).

[14] Para uma análise mais detalhada, cf. Leandro Pereira Gonçalves, *Entre Brasil e Portugal...*

O integralismo de Plínio Salgado e a busca de uma proposta corporativista para o Brasil

defendido por ele para alcançar o poder, principalmente nos primeiros anos de AIB, já que em 1935 o grupo atingiu a posição de partido político, visando às eleições presidenciais.

A revolução integralista tinha, como alvo de combate, elementos como o materialismo, que passou a ser a principal crítica do movimento. Definia: «o inconsciente não erra»[15] sendo que «não é movido por uma vontade interior, mas pela vontade exterior de um interferente, que é de um modo absoluto, Deus e, de um modo relativo, o homem».[16] Esse discurso tinha como propósito criar um mecanismo intelectualizado para chegar ao mesmo ponto, a luta contra o comunismo, pois, ao criar uma defesa de aversão materialista e uma defesa do inconsciente pautado em Deus, o espiritualismo, que era a defesa do integralismo, seria alcançado na sociedade. O autor dizia que: «A ideia revolucionária, portanto, transcende ao materialismo histórico e ao determinismo evolucionista.»[17]

Nessa conceção, utilizou um discurso baseado no intelecto e na cultura, pois para ele: «O movimento armado pode ser simplesmente reflexo; o movimento das ideias é sempre consciente.»[18] Vê-se, assim, a causa da defesa educacional para o Brasil, pois, com a leitura e reflexões, enxergava o combate do liberalismo e do materialismo no campo das ideias, alcançando, assim, a vitória integral: «No Brasil não se lê, é essa a razão do nosso atraso, agravado pela confusão estabelecida pelos homens de meias letras, metidos a dar opinião, a conquistar lugares relevantes, que o oligarquismo da liberal-democracia facilita.»[19]

Afirmou que a revolução de base espiritualista se opera «segundo os impositivos do Pensamento e este processa sua evolução segundo seu plano próprio, e seu próprio ritmo, conquanto aparentemente se revista de formas estruturadas pelas próprias características de um período considerado».[20] O pensamento e a prática cultural eram a saída revolucionária para o autor que afirmava ser a revolução

[...] o dom da palavra das Nacionalidades. Quando uma Pátria aprende a falar, dá-se uma revolução. Foi o que aconteceu agora. A revolução de 30 era apenas uma voz desconexa. O Integralismo é uma palavra. Em 30, tí-

---

[15] Plínio Salgado, *Psycologia da Revolução*, 2.ª ed. (Rio de Janeiro: José Olympio, 1935), 20.
[16] *Ibid.*, 20.
[17] *Ibid.*
[18] *Ibid.*, 42.
[19] Plínio Salgado, «O paiz que não lê», in *Despertemos a Nação!* (Rio de Janeiro: José Olympio, 1935), 177.
[20] Plínio Salgado, *Psycologia da Revolução...*, 21.

A Vaga Corporativa

nhamos a onomatopeia. Em 33, temos a proposição com sentido lógico. O Brasil aprendeu a falar.[21]

Com a criação e ascensão do integralismo, Plínio Salgado definiu que «A revolução começou»[22] e que o inconsciente, através do movimento, estava sendo preparado para a revolução espiritualista. Tais questões foram objeto de reflexões no romance lançado em 1933, *O Cavaleiro de Itararé*. A obra que foi lançada dois meses após a divulgação do *Manifesto de Outubro* tem como enredo questões unicamente políticas. O romance marca o momento de abandono da literatura, ou seja, a obra é um panfleto político, cujo propósito é analisar as revoluções existentes até então, com o objetivo claro de mostrar que a verdadeira revolução, a espiritual, deve ser consolidada.[23]

O romance tem como enredo duas crianças, trocadas no nascimento, uma delas aristocrata e a outra pertencente a uma família modesta e humilde e, a partir dessa tragédia, o autor inicia uma série de críticas à sociedade brasileira, explicitando o carácter destruidor que está por trás das revoluções armadas no Brasil. Em entrevista o autor disse que:

> O Cavaleiro de Itararé é um fantasma que aparece de madrugada e bate nas portas das fazendas e onde ele vai, no dia seguinte vem a peste, vêm as moléstias, todas as desgraças. Então eu simbolizo nele as revoluções brasileiras. É o fantasma. Tem sido constantemente o fantasma. Como análise, é o melhor dos meus livros.[24]

O Cavaleiro de Itararé passou a ser apontado como uma antítese a Luís Carlos Prestes, o Cavaleiro da Esperança, no sentido visível de contrapor o integralismo ao comunismo. Para Plínio Salgado, a saída revolucionária caminhava em direção aos aspetos educativos, que nada mais eram do que catequizadores. Na obra ficcional, o autor demonstrou que as revoluções existentes até o momento tinham como único propósito a derrubada de governos, e ele se apresentava, assim, como o líder de um novo processo revolucionário: «a revolução interior, a revolução espiritual. Nós sabemos que ela se processará devagar porque estamos encharcados dos vícios de uma educação materialista [...] Re-

---

[21] Plínio Salgado, «Revolução Integralista», in *Palavra Nova dos Tempos Novos* (Rio de Janeiro: José Olympio, 1936), 44.
[22] *Ibid.*, 45.
[23] Hélgio Trindade, *Integralismo: O Fascismo Brasileiro da Década de 30*, 2.ª ed. (Porto Alegre: Difel/UFRGS, 1979), 65.
[24] Plínio Salgado (entrevista), *in* Trindade..., 67.

volução cultural. Há no Integralismo uma revolução subjetiva e outra objetiva».[25] A base de todo o seu processo revolucionário foi desenvolvida na obra *Psicologia da Revolução*, que possui uma nota de rodapé escrita pelo autor a partir da segunda edição: «Bem depois de publicada a 1.ª edição deste livro, e após Miguel Reale ter explanado com clareza este pensamento, estudando o «mundo do ser» e o mundo do «deve ser» em «O Estado Moderno», encontrei a mesma conceção em Maritain».[26] Mais uma vez, o tom mimético e de influências pode ser observado. Plínio não admitiu inicialmente, mas, a partir de uma observação interna de Miguel Reale, assumiu matrizes semelhantes à de Jacques Maritain,[27] elemento que figurou o seu novo modelo a partir do exílio em Portugal no componente da Democracia Cristã, e que antes havia sido representante da *Action Française*.

O seu pensamento revolucionário espiritualista foi analisado inicialmente, em 1931, em Conferência pronunciada na Faculdade de Direito de São Paulo, palestra que está inserida na obra *A Quarta Humanidade*, com o título «Politeísmo-Monoteísmo-Ateísmo- Integralismo». Nessa reflexão, a ideia do autor é que a humanidade produziu três tipos de sociedade: «A Primeira Humanidade veio da caverna até a criação do Politeísmo; a Segunda vem do Politeísmo ao Monoteísmo; a Terceira vem do Monoteísmo ao Ateísmo.»[28] Uma quarta humanidade precisava ser construída, a integralista, para isso reflete:

> Dissemos que a Primeira Humanidade, Politeísta, Panteísta, teve um caráter de adição. A Segunda, Monoteísta, tem um carácter de fusão. A Terceira, a Ateísta, tem uma índole de dissociação, de desagregação. [...] não há etapas cronológicas para estas três humanidades. [...] E não podemos negar hoje que foi o Ateísmo que construiu o mundo moderno. Sim, foram os 'filhos do homem', e não foram os «filhos de Deus».[29]

---

[25] Plínio Salgado, «Sentido e rythmo da nossa revolução», in *A Doutrina do Sigma* (São Paulo: Revista dos Tribunais, 1935), 18-19.

[26] Plínio Salgado, *Psycologia da Revolução...*, 17.

[27] Filósofo francês de orientação tomista teve relevante participação na Action Française, mas após divergências com Charles Maurras e com o pensamento doutrinário, iniciou novas organizações teóricas em torno da democracia cristã e principalmente em defesa dos direitos humanos. No contexto brasileiro, cf. Olivier Compagnon, *Jacques Maritain et l'Amérique du Sud: le modèle malgré lui* (Villeneuve-d'Ascq: Presses Universitaires du Septentrion, 2003).

[28] Plínio Salgado, «Politeísmo-Monoteísmo-Ateísmo-Integralismo», in *A Quarta Humanidade*, 5.ª ed. (São Paulo: GRD, 1995), 9.

[29] *Ibid.*, 23-24.

A Vaga Corporativa

Segundo Plínio, o ateísmo construiu o mundo moderno, sendo necessário retomar o período áureo da sociedade, o medievalismo, que tinha a composição cristã como máquina de desenvolvimento da humanidade. O alvo central das suas críticas faz afirmar que: «O autor de *O Capital* espera o Messias, que não é um homem, mas uma classe.»[30] Era preciso um homem para salvar a sociedade e, segundo Plínio Salgado, «a Terceira Humanidade que encerra o seu ciclo. [...] Que doloroso quadro o dessa triste Humanidade!»[31] e apontava que «Das trevas dessa nova Idade Média, de que Nicolas Berdieff *(Un nouveau Moyen Âge)* desdobra o panorama de angústias, vai nascer uma nova Humanidade».[32] A quarta humanidade nasceria do medievalismo – o mesmo medievalismo defendido pelos confrades lusitanos (IL)[33] – e, com essa composição, a revolução espiritual de alteração da sociedade como um todo ocorreria de uma forma natural, tendo o aspeto doutrinador do integralismo como fonte de transição para a nova conceção social.

Essa revolução tinha como mérito a organização de uma sociedade corporativista, autoritária e radical com base nos preceitos do cristianismo. Justamente essa conceção cristã e um discurso de força religiosa no movimento transformaram o integralismo em uma organização política que recebeu apoio não só da Igreja Católica, como de outros grupos religiosos.[34] Ressalta-se a importância que os movimentos católicos con-

---

[30] *Ibid.*, 34.
[31] *Ibid.*, 37.
[32] *Ibid.*, 35.
[33] Sobre a formação e pensamento ideológico do Integralismo Lusitano, cf. José Manuel Quintas, *Filhos de Ramires: As Origens do Integralismo Lusitano* (Lisboa: Nova Ática, 2004).
[34] Havia diversos segmentos religiosos no apoio e defesa do integralismo, principalmente a Igreja Católica, que possuía diversos grupos intelectuais que exaltavam a organização de Plínio Salgado, mas diferentemente do IL, o brasileiro, não era unicamente católico, havia um ecumenismo no movimento, exemplo ocorreu na cidade de Juiz de Fora, Minas Gerais, em que a AIB teve sua semente plantada dentro de uma instituição religiosa metodista, um grande centro educacional secular denominado Instituto Granbery. Através da força dos líderes e doutrinadores metodistas, nasceu o integralismo juizforano, com a integração do discurso integralista conservador ao discurso metodista do contexto religioso da década de 1930. Cf. Leandro Pereira Gonçalves, «Tradição e cristianismo: o nascimento do integralismo em Juiz de Fora», in *Estudos do Integralismo no Brasil*, org. Giselda Brito Silva (Recife: Editora da UFRPE, 2007); Leandro Pereira Gonçalves, e Maurício de Castro Correa, «Ação Integralista Brasileira: seus reflexos em Juiz de Fora, um resgate historiográfico», in *Entre Tipos e Recortes*, vol. 1, orgs. Leandro Pereira Gonçalves e Renata Duarte Simões. No entanto, a temática gerou inúmeras divergências no movimento, pois constantemente os protestantes questionavam a supremacia católica no integralismo, conforme publicação: «Oficializar ou tornar *oficiosa* determinada religião vai um grande passo que o integralismo não procurou encetar, porque um movimento que

O integralismo de Plínio Salgado e a busca de uma proposta corporativista para o Brasil

cederam ao integralismo, principalmente em relação à trilogia Deus, Pátria e Família, que era vista como elemento central da fé cristã no Brasil. Em praticamente todas as suas obras e dos outros teóricos do movimento, havia menções ou citações à Igreja Católica, exemplo a obra *Integralismo e Catolicismo*[35] do integralista Gustavo Barroso que teve a pretensão de realizar reflexões entre o movimento político e o movimento conservador brasileiro, além de diversos materiais editados pela Secretaria Nacional de Propaganda da AIB, como *Os Catholicos e o Integralismo*[36] de 1937, com vários excertos de figuras de destaque do catolicismo brasileiro, exaltando o integralismo e, consequentemente, Plínio Salgado, que constantemente discursava mensagens de exaltação à doutrina: «Maria Santíssima é a grande salvadora das nações. O seu culto é o ponto inicial da ressurreição dos povos»,[37] afirmou em carácter salvacionista em *Maria: Salvação do Mundo!*

O discurso feito pelos integralistas em relação ao catolicismo não era uma via de mão dupla. Tais questões não passaram despercebidas pelo Vaticano, que desenvolveu uma série de investigações sobre Plínio Salgado e a AIB. No *Archivio Segreto Vaticano*, documentos[38] que mostram o Vaticano, através do papa Pio XI, ressaltando atenção ao discurso religioso de Plínio Salgado. O primeiro documento foi escrito por D. Gastão Liberal Pinto, bispo de São Carlos, São Paulo e foi enviado ao núncio apostólico no Brasil, D. Benedetto, para ser avaliado e publicado, mas a

---

pretende revolucionar um continente não pode basear-se no que este ou aquele acham que *deveria ser* e, sim, no que efetivamente *pode ser* (Acervo Documental AIB/PRP-DEL-FOS-PUCRS – Ação Integralista Brasileira/Partido de Representação Popular – Espaço de Documentação e Memória Cultural da Pontifícia Universidade Católica do Rio Grande do Sul. Fundo PRP-Brasil. Série 1, Emílio Otto. 15). Inclusive o movimento kardecista esteve presente no movimento integralista brasileiro. Em 1937, Alberto Silvares, ex-intendente municipal, secretário de propaganda do Andaraí (AIB) e membro da Câmara dos Quatrocentos lançou o livro *O Communismo e seu Contra-Veneno*. O autor dedicou o livro a Deus, Plínio Salgado e «ao grande mestre e insigne missionário Alan Kardec, codificador da mais sublime das doutrinas, o Espiritismo.» Alberto Silvares, *O Communismo e seu Contra-Veneno* (Rio de Janeiro: Minerva, 1937).
[35] Gustavo Barroso, *Integralismo e Catolicismo*, 2.ª ed. (Rio de Janeiro: ABC, 1937).
[36] Tristão Athayde *et al.*, *Os Catholicos e o Integralismo* (Rio de Janeiro: Secretaria Nacional de Propaganda, 1937).
[37] Plínio Salgado, *Maria: Salvação do Mundo!* (APHRC/FPS – Arquivo Público e Histórico de Rio Claro/Fundo Plínio Salgado-011.001.002).
[38] *Breves Observações sobre a Ortodoxia da Doutrina Integralista Perante a Igreja Católica* (Sacra Congregazione degli affari ecclesistici straordinari anno 1938 – Pos. 529-531 – FASC. 50) e *Ortodoxia della Dottrina integralista nel Brasile?* (Sacra Congregazione degli affari ecclesistici straordinari anno 1938 – Pos. 529-531 – FASC. 50)

publicação não ocorreu.[39] O segundo, de um especialista que o núncio pediu para ler. Os dois textos foram enviados pelo Núncio Benedetto ao Secretário de Estado do papa, Eugenio Pacelli, futuro Pio XII, e nestes materiais verifica-se que a AIB não era tão bem-vista, oposto ao discurso que Plínio Salgado e seus correligionários faziam, colocando o movimento integralista e o catolicismo como elementos de congregação.

A proposta do integralismo pliniano tem como fundamento central a aproximação do discurso integralista do discurso católico em direção à constituição de um corporativismo espiritual de matiz católica, promovendo de forma paulatina um afastamento do discurso corporativista fascista de matiz político e de contornos laicos. A inspiração em aspectos da doutrina e prática do fascismo italiano foi moderada pela existência da doutrina do catolicismo social, sendo que o corporativismo representou uma evidente convergência entre a política integralista, notadamente a pliniana, e a Igreja Católica. Apesar de algumas divergências, o que prevaleceu foi a reciprocidade, pois havia outros interesses além de uma questão religiosa, e foi criado um núcleo de ideias e de organização política em torno da defesa do corporativismo, anticomunismo, antiliberalismo e demais interesses convergentes entre a Igreja Católica e a AIB.

No documento *Breves Observações sobre a Ortodoxia da Doutrina Integralista perante a Igreja Católica*, verifica-se que havia certo temor por parte do clero em relação ao discurso religioso contido no movimento integralista, principalmente pelo crescimento da AIB e do discurso religioso nele contido:

> Nas condições presentes da sociedade brasileira, urge adquirir a exata significação da doutrina integralista e, uma vez esclarecida semelhante filosofia, torna-se mister julgar da sua ortodoxia em relação ao ensino da Igreja Católica. Uma doutrina que no dizer de seus adeptos vai empolgando a mentalidade das multidões não deve ficar desconhecida, principalmente daqueles que por missão devem ser os mentores da sociedade cristã. Acresce que o integralismo prega ser sua doutrina a única salvação da sociedade e da Igreja no momento presente, antepõe seus métodos às medidas apregoadas pelos Papas, aconselhando de preferência seus processos à Ação Católica.[40]

Em *Ortodoxia della Dottrina integralista nel Brasile?* a publicação do primeiro documento foi desaconselhada, ficando à disposição do clero. No

---

[39] Posteriormente publicada *in* Gastão Liberal Pinto, «Carta de Dom Gastão Liberal Pinto aos Bispos do Brasil sobre o integralismo: breves observações sobre a ortodoxia da doutrina integralista perante a Igreja Católica», *Boletim do Centro de Pesquisas e Estudos da História da Igreja no Brasil*, a. 6, vol. 3, n.º 22 (1984): 3-9.

[40] *Breves Observações sobre a Ortodoxia...*

O integralismo de Plínio Salgado e a busca de uma proposta corporativista para o Brasil

relato, afirma-se certa injustiça em um possível conhecimento público do documento: «Além de ser inoportuna, parece-me também que a publicação poderia produzir a impressão de ser *unilateral* e *injusta*».[41] A injustiça vista pelo documento do Vaticano está no facto de uma possível condenação e crítica feita em *Breves Observações sobre a Ortodoxia da Doutrina Integralista perante a Igreja Católica*. Foi afirmado no documento escrito pelo Bispo de São Carlos que o discurso integralista apresentava erros, por abusar da religião na organização política:

> Evidentemente este modo é um erro. É abusar da religião, dizia Leão XIII, arrastar a Igreja para um partido e empenhar-se para que ela dê a força de seu braço para vencer os adversários políticos *(Sapientiaa christianae)*; porque sempre da identificação da religião com um partido, os adversários deste partido tornam-se adversários da Igreja e os políticos acabam por substituir os ideais da religião. Como também nenhum partido, por mais respeitável que seja, não tem o monopólio da defesa dos interesses religiosos. Leão XIII assim lembrava aos cardeais franceses (8-5-1892): os homens que tudo subordinassem ao prévio triunfo de seu partido, mesmo sob o pretexto de ser ele o mais apto para a defesa religiosa, estariam com as ideias transtornadas, anteporiam a política que divide à religião que une.[42]

O documento, que não foi indicado para publicação, chegou ao conhecimento de Plínio Salgado através do Arcebispo de Belo Horizonte, D. Antônio dos Santos Cabral, que solicitou ao chefe integralista uma impressão em relação aos dizeres de D. Gastão Liberal Pinto. O documento, com 46 páginas dactilografadas, nunca foi publicado e está depositado no Fundo Plínio Salgado no Arquivo Público e Histórico de Rio Claro (FPS/APHRC), sendo nele visível a ira do autor, apontando inclusive erros de dactilografia ou ortografia: «Onde havia uma vírgula, pôs-se o ponto final.»[43] Plínio Salgado em relação ao documento disse:

> Não tenho coragem de publicar este estudo crítico, a respeito de um trabalho de um dos Exmos. e Revmos Srs. Bispos brasileiros. Tenho, porém, coragem de o remeter a S. Ex.ª, para evitar que aquilo, que faço ocultamente,

---

[41] *Ortodoxia della Dottrina integralista nel Brasile?* (Ttradução minha.) «Oltre ad essere inopportuna, mi pare anche, che la pubblicazione potrebbe produrre l'impressione d'essere *unilaterale* ed *ingiusta*.»
[42] *Breves Observações sobre a Ortodoxia...*
[43] Plínio Salgado, *Apreciação das «Impressões sôbre a Ortodoxia da Doutrina Integralista Perante a Igreja Católica»*, de S. Excia Revdma. D. Gastão Liberal Pinto (APHRC/FPS--103.007.003).

A Vaga Corporativa

possa ser alardeado, na imprensa, por um outro, que, mais ardoso na defesa do integralismo, oblitere o respeito a um ilustre prelado.[44]

Nele, o líder integralista iniciou a análise, justificando não concordar com as palavras de D. Gastão, e afirmou estar disposto a possíveis condenações. Ele sabia que isso não ocorreria, até porque o documento com as impressões foi escrito em 1938, após o aconselhamento do Vaticano em não agir contra o integralismo, e tal posição chegou ao conhecimento do líder integralista, pois o próprio deixou claro, no documento, logo na primeira página, ao escrever: «este trabalho não vai ser publicado».[45] O trecho «não vai ser publicado» foi riscado pelo autor na versão original, querendo, assim, transparecer na versão oficial do documento que estava sendo corajoso e autêntico, por defender seus ideais; quando, na verdade, ele já conhecia o resultado da Igreja, mais uma exemplificação do oportunismo pliniano de se aproveitar de todos os momentos e situações para engrandecer-se:

> Lamentando embora ter de discordar de S. Excia. Reva., não me esquivo nem à obediência, nem à franqueza sincera, com que costumo expor convicções. Como este trabalho [não vai ser publicado] tem um cunho exclusivo de intimidade, tomei a liberdade de ser, às vezes, rudemente franco. Declaro, entretanto, que jamais me vem à mente a ideia de faltar ao respeito devido a um ilustre prelado brasileiro, a quem pessoalmente acato. E estou inteiramente disposto a aceitar quaisquer observações ou mesmo, se for o caso, castigos que me sejam dados.[46]

O documento escrito por D. Gastão Liberal Pinto faz uma análise de vários trechos e documentos das suas obras e de outros integralistas, como Gustavo Barroso.[47] Nas reflexões, o Bispo de São Carlos tentou «desmascarar» o integralismo e a originalidade nele pregada:

> Plínio Salgado na Quarta Humanidade faz um longo histórico da evolução das diversas correntes filosóficas que o mundo tem conhecido em todas as épocas e lugares. Referindo-se ao integralismo que no seu dizer será a filosofia da humanidade futura, afirma que o integralismo não repudia ne-

---

[44] *Ibid.*
[45] *Ibid.*
[46] *Ibid.*
[47] Sobre a crítica proferida por Dom Gastão Liberal Pinto a Gustavo Barroso, conferir o estudo realizado em 1989 pelo historiador Antônio Rago Filho que analisou o documento com o propósito de contextualizar a oposição católica ao pensamento barrosiano. Antônio Rago Filho..., 213-215..

nhum sistema filosófico anterior. [...] Terminando pode-se afirmar, a) a filosofia do integralismo, ao contrário do que apregoa, não é uma filosofia nova, é uma mescla de todas as filosofias antigas e modernas, pretende fundir todas as verdades e erros que brotaram até hoje da inteligência: b) Maldizentes às vezes a política ou a economia do século passado, o integralismo não rompe com que este século passado teve de pior as suas filosofias. Condenando os erros do século XIX, o integralismo se apega a um dos mais graves erros: o ecletismo.[48]

Esta crítica foi recebida duramente por ele, que demonstrou uma incoerência ao dizer:

[...] os livros e artigos não têm valor doutrinário oficial. Ainda mesmo os subscritos por autoridades do movimento. Podem exprimir a doutrina de alguns integralistas fundamentados, naturalmente na doutrina integralista. Mas não são a doutrina do integralismo. Serão opiniões pessoais, comentários nesta doutrina.[49]

Comprovando que criava discursos de acordo com o momento e com a necessidade que a ocasião exigia, dois anos antes, em 1936, Plínio Salgado, em 5 de julho, escreveu um artigo intitulado «Em face do dilúvio» para o jornal *A Offensiva,* em que afirmou, ao analisar o integralismo frente o comunismo, justamente o contrário, valorizando sobremaneira as suas obras literárias e produção cultural e intelectual. As mesmas que foram usadas como base para a crítica do Bispo de São Carlos e agora atacadas por ele:

Contra a mística do bolchevismo, só a mística do integralismo. Essa mística já existe e levei dez anos para torná-la uma realidade. Tenho sentido essa realidade, falando ao rádio. Toda a carta geográfica da Pátria me escuta e aos telegramas que em seguida recebo passam diante de meus olhos como uma parada de almas despertas, uma a uma, iluminadas, nesta obra firme de ressurreição nacional. Como se criou isso? Realizei milhares de conferências; publiquei 18 livros, escrevi milhares de artigos; atravessei centenas de noites em claro, doutrinando os moços, ou trabalhando; viajei a minha Pátria, de trem de ferro, de navio, de automóvel, de canoa, a cavalo, de avião; estive em comícios tumultuosos, perdi companheiros em conflitos, realizei dezenas de congressos; lancei no país centenas de oradores, de escritores; temos quase 100 jornais semanários, 8 diários, uma revista ilustrada e uma de alta cultura;

---

[48] *Breves Observações sobre a Ortodoxia...*
[49] Plínio Salgado, *Apreciação das...*

A Vaga Corporativa

estruturei uma vasta organização de assistência social e fundei mais de 3000 núcleos onde se faz doutrina e se executa um ritual uniforme, que identifica os espíritos; canções, hinos são cantados desde o Acre ao Rio Grande do Sul, todas palpitando na mesma mística; mais de 1000 escolas primárias integralistas alfabetizam e educam; a cultura física desperta a mocidade para um sentido otimista de vida; multiplicam-se as nossas bibliotecas; nos navios mercantes, em mares longínquos, nas capitais dos países da Europa e da América, há Núcleos Integralistas onde brasileiros saudosos da Pátria comungam, a mesmas horas, com o sertanejo de todos os sertões do Brasil, a mesma idéia, seguindo o mesmo ritual. Tudo isso está feito. Em 8 milhões de quilómetros quadrados, e ainda nos mares e nas terras estrangeiras.[50]

Valorizava a sua produção, até porque essa possuía elementos de catequização. Em 1937, ao publicar *Geografia Sentimental*, disse: «Quero que este livro seja lido pelos moços para que amem o Brasil e compreendam a grandeza deste vasto império»,[51] pensamento corroborado pelo integralismo, a grandeza da Pátria. Com o objetivo de encontrar erros no pensamento de D. Gastão, Plínio Salgado buscou aspetos que apresentavam falhas no relato do bispo e afirmou que: «Ninguém tem o direito de atacar ou defender o integralismo sem o conhecer bem e completamente.»[52]

Não aceitava o facto de o bispo não ter como base central de análise os documentos oficiais da AIB, logo, não atingindo a ideia central do pensamento integralista. No entanto, verifica-se que Plínio Salgado, em *Apreciação das «Impressões sôbre a Ortodoxia da Doutrina Integralista perante a Igreja Católica»*, escreveu 46 páginas tendo como referência máxima a análise do documento de suas próprias obras, dessa forma, com um discurso ambíguo mostrou-se presente. O autor ainda criticou que «este não pode nem deve ser atacado, nem defendido, com argumentos de ordem religiosa, mas somente de ordem política».[53] Essa afirmação foi baseada no relatório com que o Bispo de São Carlos demonstrou a incapacidade original do movimento integralista, ressaltando não haver um discurso novo e apontando para a mescla promovida por Plínio Salgado como um grande perigo ao catolicismo, uma vez que: «A filosofia integralista é claramente, essencialmente eclética, portanto anticatólica. Só poderão negá-lo os que não leram do integralismo.»[54]

---

[50] Plínio Salgado, «Em face do diluvio», in *Páginas de Combate* (Rio de Janeiro: Antunes, 1937), 37-39.
[51] Plínio Salgado *Geografia Sentimental*, 2.ª ed. (Rio de Janeiro: José Olympio, 1937), 8.
[52] Id. Plínio Salgado, *Apreciação das...*
[53] *Ibid.*
[54] *Breves Observações sobre a Ortodoxia...*

O integralismo de Plínio Salgado e a busca de uma proposta corporativista para o Brasil

Mas, como foi ressaltado, em *Ortodoxia della Dottrina integralista nel Brasile?*, a crítica ao integralismo foi duramente desaconselhada por membros do Vaticano, pois mesmo havendo uma sobreposição da política sobre a religião e sendo o discurso de Plínio Salgado apontado como não católico, e consequentemente não cristão, «A concepção de Deus contida no lema integralismo comporta até o panteísmo; Donde a conclusão de que o integralismo não pode ser considerado autenticamente cristão».[55] A doutrina integralista e as palavras de Plínio Salgado foram vistas como úteis para o período em que o mundo estava vivendo, enxergando a AIB como o fascismo brasileiro e, assim, auxiliando no combate aos inimigos do cristianismo, o comunismo. Dizia no documento que: «*Sobre este aspeto* o partido brasileiro do integralismo se encontra nas mesmas condições, como o fascismo de Mussolini, o integralismo de Salazar, o nacionalismo de Franco, que *por tal motivo*, nunca sofreram qualquer censura das autoridades eclesiásticas.»[56]

A relação entre política e religião era, sem dúvida, um elemento de grande debate no Vaticano; mas, mesmo existindo contradições ou até mesmo ambiguidades no movimento integralista, sob o olhar da Igreja, ele era visto como uma verdadeira profissão de fé, não sendo aconselhável a condenação, pois, ao contrário do que aconteceu com a *Action Française*, a AIB possuía um católico fervoroso na liderança, diferentemente de Charles Maurras,[57] que foi acusado de colocar a política acima da religião, ainda que o movimento possuísse uma forte base católica no seu programa: «Esbanjando-se na glória de suas credenciais católicas, a *Action Française* estava totalmente despreparada para a avalanche que a oprimiu menos de um ano depois de ela ter atingido o auge de seu prestígio eclesiástico.»[58] Dessa forma, em reflexão ao documento de críticas, apontou-se:

E porque esquecer a magnífica profissão de fé pública, feita pelo chefe integralista nas sessões solenes das cortes do Sigma, quando se proclamou a

---

[55] Ibid.
[56] *Ortodoxia della Dottrina integralista nel Brasile?* (Tradução minha.) «*Sotto questo aspetto* il partito Brasiliano dell'Integralismo trovasi nelle medesime condizioni, come il Fascismo di Mussolini, l'integralismo di Salazar, il Nazionalismo di Franco, che *per tal motivo* giammai soffrirono alcuna censura dalle autorità ecclesiastiche.»
[57] Para um amplo entendimento do pensamento maurrasiano, cf. Olivier Dard, *Charles Maurras. Le maître et l'action* (Paris: Armand Colin, 2013).
[58] Oscar L. Arnal, *Ambivalent Alliance: the Catholic Church and the Action Française 1899--1939* (Pittsburgh: University of Pittsburgh Press, 1985), 123 (tradução minha). «Basking in the glory of its Catholic credentials, the Action Française was totally unprepared for the deluge that overwhelmead it less than a year after it had reached the zenith of its ecclesiastical prestige.»

A Vaga Corporativa

sua candidatura a sucessão presidencial: este é o Estado Integral, como eu compreendo no retrocesso da minha consciência, nas horas de silêncio, nas quais me dirijo a Deus, suplicando-o, que faça feliz ao meu povo, para isto, é que quero vos fazer neste momento a profissão pública da minha fé.[59]

A Doutrina Social da Igreja apresentava um elemento de extrema importância para a fundamentação do pensamento pliniano e isso era visto com bons olhos pelo Vaticano, apesar de todos os receios contidos no relatório do Bispo de São Carlos, principalmente por querer iniciar um processo de críticas e condenação a um movimento que possuía um sólido discurso cristão e anticomunista, justamente o que Leão XIII sugeriu em 1891:

> A fim de julgar o integralismo com equidade, interpretar a sua atitude em face da Igreja e dar a uma ou outra expressão menos correta de seus escritos o significado justo, convém também não esquecer: a) que no programa de reforma social seguiu muito de perto toda a orientação doutrinária católica. *A Carta Nacional do Trabalho*, publicada recentemente, é um resumo das encíclicas *Rerum Novarum* de Leão XIII e *Quadragesimo Anno* de Pio XI; b) que o integralismo constitui atualmente uma das organizações na defesa de Deus, da Pátria e da Família contra o comunismo ateu, que na frase de Pio XI, constitui «a mais grave ameaça» à civilização cristã; c) que uma das suas aspirações, rica de consequências práticas, é: «fundar toda a moral brasileira nos sentimentos religiosos, base da honestidade e da disciplina social» (Plínio Salgado, *O que é Integralismo*, 4.ª ed., 133); d) que o integralismo nestes últimos tempos combateu com grande furor o comunismo, a maçonaria e todas as forças anticristãs de dissolução social. Essas posturas dizem muito e não podem ser esquecidas.[60]

---

[59] *Ortodoxia della Dottrina integralista nel Brasile?* (Tradução minha.) «E perché dimenticare la magnifica professione di fede pubblica, fatta pel Capo Integralista nella sessione solenne delle Corti del Sigma, quando si proclamò la sua candidatura alla successione presidenziale: «Questo é lo stato Integrale, come io lo comprendo nel recesso della mia coscienza, nelle ore silenziose, nelle quali mi dirigo a Dio, supplicandolo, che faccia felice il mio Popolo. Per ciò é, che io voglio farvi in questo momento la professione pubblica della mia fede.»

[60] *Ortodoxia della Dottrina integralista nel Brasile?* (tradução minha). Al fine di giudicare l'Integralismo con equità, interpretare il suo atteggiamento in faccia della Chiesa e dare ad una o altra espressione meno corretta dei suoi scritti la significazione giusta, conviene anche non dimenticare: a) che nel programma di riforme sociali ha seguito molto vicino tutta l'orientazione dottrinaria cattolica. *La carta Nazionale di Lavoro* pubblicata recentemente é un riassunto delle Encicliche *Rerum Novarum* di Leone XIII e *Quadragésimo anno* di Pio XI. b) Che l'Integralismo costituisce attualmente una delle organizzate nella difesa di Dio, della patria e della famiglia contro il Comunismo ateo, che nella frase di Pio XI costituisce 'la più grave minaccia' alla civilizzazione cristiana. c) Che una delle sue aspirazioni, ricche di conseguenze pratiche é: 'fondare tutta la moralità brasiliana nei sentimenti religiosi, che sono la base di onestà e della disciplina sociale' (Salgado, Plínio, *Ciò che é l'Integralismo*,

O integralismo de Plínio Salgado e a busca de uma proposta corporativista para o Brasil

Esse foi o mesmo argumento utilizado por Plínio Salgado que, no documento de resposta a D. Gastão, disse: «Muitas autoridades em matéria religiosa, tanto leigos, como sacerdotes e bispos, afirmam não haver oposição entre a doutrina social católica e a doutrina do Sigma, pelo menos nas partes essenciais da estrutura doutrinária do integralismo.»[61]

Verifica-se que o discurso anticomunista e a defesa de dogmas vindos da palavra cristã sobrepuseram-se a qualquer tipo de críticas oposicionistas ao pensamento de Plínio Salgado. Vê-se tal documento com grande relevância, pois ele foi elaborado em 1937, momento turbulento da política brasileira, que teve como consequência a implantação do Estado Novo getulista e a consequente ilegalidade da AIB. Assim, a atitude de não autorizar a publicação do documento do Bispo de São Carlos demonstra que Plínio Salgado constituiu, nesse momento, uma continuidade da defesa de um pensamento cristão e conservador, que foi fundamentado com eloquência no exílio em Portugal, período de extrema relevância para o entendimento do discurso religioso do líder integralista. A documentação do especialista do Vaticano concluiu, portanto, ser um erro a condenação da AIB:

> Assim, como me parece, as razões doutrinárias se unem aos motivos de oportunidade e de prudência para desaconselhar a publicação de *Breves Observações sobre a Ortodoxia da Doutrina Integralista*. Me parece mais seguro e vantajoso para a Igreja, na situação atual dos grupos políticos e nas suas posições doutrinárias até agora tomadas, nos conservar realmente fora e acima dos partidos: trabalhando, de modo que os bons germes que lá existem, se desenvolvam com vigor e nos esforçando a fim de amortecer os choques das discórdias partidárias com a irradiação conquistadora da caridade cristã.[62]

Vê-se que as matrizes culturais de Plínio Salgado, na década de 30, não eram suficientes no momento para uma nova organização política

---

4.ª ed. 133); d) Che l'Integralismo in questi ultimi tempi fu combattuto con grande furore dal Comunismo, dalla massoneria e da tutte le forze anticristiane di dissoluzione sociale. Questi atteggiamenti dicono molto e non possono essere dimenticati.

[61] Plínio Salgado, *Apreciação das...*

[62] *Ortodoxia della Dottrina integralista nel Brasile?* (Tradução minha.) «Cosi, come mi pare, le ragioni dottrinarie si uniscono ai motivi di opportunità e di prudenza per sconsigliare la pubblicazione delle «Brevi osservazioni sopra l'ortodossia della dottrina Integralista». Mi pare più sicuro e vantaggioso per la Chiesa, nella situazione attuale dei gruppi politici e nelle sue posizioni dottrinarie finora assunte, conservarci realmente fuori e sopra dei partiti: lavorando, affinché i buoni germi che vi esistono, si sviluppino con vigore, e sforzandoci infine di ammortizzare gli urti delle discordie faziose coll'irradiazione conquistatrice della carità Cristiana».

brasileira. Apropriações foram incorporadas e a busca do conhecimento foi estabelecida. Os movimentos conservadores radicais, além da Igreja Católica, foram sustentáculos para a construção de uma nova etapa do pensamento cultural do líder integralista; no entanto, independente de apoio ou não da Igreja, a revolução cultural e espiritual de Plínio Salgado caminhava de forma lenta, como ele próprio afirmava. Portanto, era preciso alterações das rotas políticas do movimento, principalmente em um contexto em que a conjuntura mundial era favorável aos ideais conservadores. Com isso a viabilidade de uma eleição presidencial, interrompida pelo golpe do Estado Novo de 1937, e o consequente exílio do autor em Portugal.

O líder integralista, desde o início das reflexões políticas na década de 1920, era defensor de um pensamento antipartidário. Em 1932, ano de fundação da AIB, afirmou: «Sendo os partidos políticos do Brasil constituídos por essa massa ignara, evidentemente não podem sistematizar campanhas de ideias, nem traçar quaisquer programas.»[63] Estabeleceu combates contra a existência dos partidos políticos no Brasil, como na obra *O que é Integralismo* quando afirmou: «o integralismo moverá [...] guerra de morte a todos os partidos, sejam eles quais forem».[64] Buscou em valores ufanistas a defesa de tais práticas, ao rememorar Duque de Caxias: «O Duque sempre dizia, quando os brasileiros brigavam e se separavam por causa dos partidos políticos: *Minha espada não tem partidos, por que ela serve a nação.*»[65] Nessa conceção contra os partidos políticos estava a base fascista do discurso que, através da defesa corporativista, impedia qualquer ação associada ao modelo liberal:

> Os partidos só podem se extinguir, organizando-se a verdadeira democracia cristã, que é o Estado Corporativo. Não haverá descontentes nem perseguidos, porque todos os homens que pertencem agora aos partidos são brasileiros e pertencem a uma profissão. Eles poderão, pois, entrando para a sua classe, ser elevados por ela, porque na classe as vontades são muito mais livres, pois estão a salvo de dependências humilhadoras.[66]

No modelo político em que a AIB estava inserida, existiam duas opções para alcançar o poder: a via insurrecional ou a eleitoral. A primeira foi o caminho teórico escolhido por ele ao organizar os ideais integralis-

---

[63] Plínio Salgado, «O paiz que não lê», in *Despertemos a Nação!...*, 176.
[64] Plínio Salgado, *O que é Integralismo*, 4.ª ed. (Rio de Janeiro: Schmidt, 1937), 133.
[65] Plínio Salgado, *Nosso Brasil*, 4.ª ed. (São Paulo: Voz do Oeste, 1981), 71.
[66] Plínio Salgado, «O problema da ordem», in *A doutrina do Sigma...*, 49.

O integralismo de Plínio Salgado e a busca de uma proposta corporativista para o Brasil

tas. Entretanto, em um contexto cultural e espiritualista, esse caminho era demasiado longo, uma vez que haveria a necessidade de mexer com as estruturas culturais e intelectuais do país, e o integralismo, por mais aceitação que tivesse em determinados meios, não possuía força capaz de vitória, por isso a saída encontrada foi a alteração do discurso político. Em um primeiro momento, autorizou a participação da AIB nas eleições de 1934, mesmo não sendo um partido constituído. Em dezembro desse ano, ficou radiante devido ao crescimento dos militantes e dos votos obtidos nas eleições:

> O integralismo é hoje uma forma nacional. Basta dizer que só no Estado de S. Paulo, durante o mês de novembro, organizaram-se 152 municípios, com sede, quartel, milícia, departamentos de estudos, etc. Há em S. Paulo, atualmente, 203 municípios integralizados, com um efetivo de 40 000 rapazes combatentes. As últimas eleições em nossa província deram-nos perto de 10 000 votos, sendo que determinei a entrada no pleito 23 dias antes, sem ter feito qualificação eleitoral, porque eu não queria desvirtuar o movimento, transformando-o num vulgar partido político. O mesmo se deu em todas as províncias. Mesmo assim, fiz eleger deputados no Amazonas, no Ceará, em Alagoas, no Espírito Santo, em S. Paulo e em Santa Catarina, sendo que esta, iremos decidir da escola do presidente do Estado, pois os dois grandes partidos empataram. Em todas as outras províncias, as votações foram elevadas, apesar do improviso da nossa intervenção. Levamos em todo o país, perto de 80 000 votos.[67]

Com certo sucesso alcançado, viu que era preciso entrar na «vulgaridade partidária», indo contra os seus ensinamentos. A trajetória para o poder fez com que fosse realizado, na cidade de Petrópolis,[68] em 7 de março de 1935, o 2.º Congresso Integralista Brasileiro,[69] quando ocorreu oficialmente a alteração jurídica do movimento, transformado em partido político. Para tanto, era preciso alterar o discurso feito até então. Dessa forma, o líder integralista afirmou, em artigo no mesmo ano do congresso, que a questão não era ser contra os partidos políticos, mas

---

[67] Correspondência de Plínio Salgado a Ribeiro Couto, 12 dez. 1934 – (FCRB – Fundação Casa de Rui Barbosa/APEB-Pop: 28177).

[68] Cf. Leandro Pereira Gonçalves, Alexandre Luís Oliveira e Priscila Musquim Alcântara, «A Ação Integralista Brasileira e o movimento operário na cidade de Petrópolis (RJ)», *Revista Ars Historica*, vol. 3 (2011): 1-16.

[69] Antes, ocorreu o 1.º Congresso Integralista Brasileiro na cidade de Vitória, capital do Espírito Santo, em março de 1934, em que a AIB adquiriu carácter verdadeiramente político através do estabelecimento como sociedade civil.

A Vaga Corporativa

sim contra os partidos políticos estaduais, que eram a base da velha oligarquia brasileira:

> Em artigo que publiquei há tempos, há bem tempos, condenei as ditaduras em termos veementes. Só os povos selvagens as toleram. Nós queremos um governo que esteja a salvo de agitações dos partidos que atentam periodicamente contra a segurança nacional. [...] A conclusão é a fatal: os que atentam periodicamente contra a segurança nacional *são os partidos estaduais, os políticos regionais*.[70]

Uma expressiva mudança. Um ano antes da aceitação partidária, combatia todos os partidos políticos, sem exceção. Na *Cartilha do Pliniano* afirmou:

> – Porque o integralismo combate os partidos políticos? – Porque os partidos políticos enfraquecem o Brasil em benefício próprio e dividiram em grupos inimigos o povo brasileiro. – Então os partidos políticos fazem mal ao Brasil? – Sim. Os partidos políticos fazem um grande mal ao Brasil e quem for um bom brasileiro não deve pertencer a essas agremiações. Os políticos liberais só querem o governo para proteger os amigos contra os interesses do povo. – O integralismo é um partido político? – Não. O integralismo é o Brasil que vai marchando aos hinos dos camisas verdes.[71]

Com a alteração política do movimento, preparava-se para uma ação política ousada: a candidatura à Presidência da República, em 1938, e afirmou:

> Registrei o integralismo como partido político, de âmbito nacional, não só para ir verificando, em cada eleição, o crescimento da consciência nova que estou criando, como para isolar os camisas-verdes das lutas de carácter local ou regional, o que é obra eminentemente educativa, no sentido da Unidade da Pátria. Além disso, faço os integralistas se submeterem dessa forma, às leis do país, demonstrando que nos utilizamos dos meios facultados pelo regime, na objetivação de reformas que reputamos indispensáveis à racionalização e fortalecimento da democracia. Basta ler os meus livros e os meus documentos políticos, para se verificar que sempre falei isso aos adeptos da Sigma e ao povo brasileiro.[72]

---

[70] Plínio Salgado, «O integralismo não é extremismo», in *A doutrina do Sigma...*, 193--194 (grifo nosso).
[71] Plínio Salgado, *Cartilha do Pliniano* (Rio Claro: Edição do núcleo municipal de Rio Claro, 1934). 4-6.
[72] Plínio Salgado, «Vejo-vos e estou alerta!», in *Páginas de Combate...*, 102-103.

Com um discurso salvacionista dos integralistas, que não teriam opção nas eleições de 1938, dizia ter alterado as bases intelectuais do movimento pelo bem integral:

> Hoje, no Brasil, só existe um partido nacional. É o integralismo, conforme há dias tornou patente o general Góes Monteiro. E esse partido não é nacional pelo simples facto de se haver registrado como tal perante a Justiça competente; é nacional porque todo o seu pensamento político, seu sentimento, sua mística, fundamentam-se naquelas aspirações gerais comuns a todos os brasileiros.[73]

Tentava impedir qualquer tipo de supremacia partidária oligárquica estadual, ou até mesmo entre opositores esquerdistas – os comunistas do Partido Comunista do Brasil (PCB), os aliancistas da Aliança Nacional Libertadora (ANL), criada no mesmo período de oficialização partidária da AIB e colocada na ilegalidade, em julho de 1935; ou até mesmo da Frente Única Antifascista (FUA), existente desde 1933. Sobre o Partido Integralista, Plínio Salgado afirmava que:

> Somos o único partido nacional registrado no Superior Tribunal Eleitoral. Como tal, temos comparecido às eleições. Realizamos pela doutrina, pela propaganda, pelo voto, pela cultura, pela disciplina moral que os integralistas aprendem na escola de civismo das nossas milícias desarmadas: a revolução legal.[74]

O momento era favorável à criação de organizações políticas, pois o período «democrático» discursado por Getúlio Vargas beneficiava o crescimento de grupos como a AIB e a ANL:

> O restabelecimento de uma ordem legal estimulou a participação política e fortaleceu o movimento social. Várias greves eclodiram no período e o processo político radicalizou-se. À direita e à esquerda surgiram duas organizações políticas não-partidárias que tiveram abrangência nacional e se tornaram bastante expressivas. Totalmente divergentes entre si, a Ação Integralista Brasileira (AIB) e a Aliança Nacional Libertadora (ANL) eram bem defendidas programaticamente e conseguiram produzir grande mobilização no país.[75]

---

[73] Plínio Salgado, «Mínimo múltiplo commum, in *Páginas de Combate...*, 167.
[74] Plínio Salgado, «A lei de segurança nacional», in *Enciclopédia do Integralismo*, vol. 6, *O Integralismo e a Justiça Brasileira* (Rio de Janeiro: Clássica brasileira, 1959), 19-40.
[75] Dulce Pandolfi, Os anos 1930: as incertezas do regime», in *O Brasil Republicano: o tempo do nacional-estatismo*, Jorge Ferreira e Lucília de Almeida Neves Delgado, vol. 2 (Rio de Janeiro: Civilização Brasileira, 2003), 31.

A Vaga Corporativa

A ANL foi um movimento inspirado na luta contra o fascismo e tinha como objetivo agrupar todos os sectores e instituições que se manifestassem contra a extrema-direita e contra os rumos que o movimento de 1930 tomou com Getúlio Vargas. «A organização congregava comunistas, socialistas e liberais desiludidos com o rumo assumido pelo processo revolucionário iniciado em 1930, e tinha como presidente de honra o ex-tenente e agora líder comunista Luís Carlos Prestes.»[76]

A ANL, também uma frente de luta contra o integralismo, passou a ter suas ações de expansão na década de 1930 – com auge em 1935 – na tentativa de um levante contra o governo de Getúlio Vargas. A partir da criação da ANL, a motivação anticomunista passou a ser ainda mais visível, principalmente após o episódio de novembro de 1935, quando um grupo de aliancistas, liderados por Luís Carlos Prestes e Olga Benário, iniciou um levante contra o governo, sendo debelado pelas tropas varguistas.[77] Organizações antifascistas criadas, principalmente, para combater o crescimento do integralismo, já eram de conhecimento nacional desde 1933, quando, em 25 de julho, diversos grupos políticos sociais[78] – o Partido Socialista Brasileiro (PSB) o Grêmio Universitário Socialista, a União dos Trabalhadores Gráficos, a Legião Cívica 5 de Julho, a Liga Comunista, a secção paulista do Partido Socialista Italiano, a Bandeira dos Dezoito, o Grupo Socialista «Giacomo Matteotti», o Grupo «Italia Libera», a revista *O Socialismo* e os jornais *O Homem Livre* e *A Rua*[79] – organizaram-se para a fundação da FUA.[80]

A partir dessa ramificação política nacional, os embates foram inevitáveis. Em pouco tempo os integralistas, e notadamente seu líder, passaram a ser ridicularizados publicamente pela oposição, formada por grupos intelectuais, como o humorista Aparício Fernando de Brinkerhoff Torelly, também conhecido por Apporelly e pelo falso título de nobreza de Barão de Itararé. Nas páginas do jornal carioca *A Manhã*, concedeu o

---

[76] *Ibid.* 31-32.

[77] Cf. Marly Vianna, *Revolucionários de 35: Sonho e Realidade* (São Paulo: Companhia das Letras), 1992.

[78] A única força política importante de esquerda que não participou da fundação foi o PCB. Essa ausência justifica-se pela posição política da secção brasileira da IC que se recusava a participar de qualquer organização frentista e desprezava as outras correntes políticas da esquerda. Ricardo Figueiredo de Castro, «A Frente Única Antifascista (FUA) e o antifascismo no Brasil (1933-1934)», *Topoi*, n.º 5 (2002): 360-361.

[79] Em torno desse núcleo, gravitavam os anarquistas, antifascistas independentes e outros grupos de esquerda como a Frente Negra Socialista, além das participações esporádicas do PCB. Ricardo Figueiredo de Castro..., 361.

[80] *Ibid.*, 360.

apelido de «galinhas verdes»[81] aos camisas verdes.[82] O escritor Rubem Braga buscou desacreditá-lo publicamente, chamando-o de desonesto, charlatão, descontrolado, orador de tolices, fora da realidade objetiva, um aleijado mental, além de ridicularizar seu bigode e sua magreza.[83] Rubem Braga perguntava e respondia o que seria o Brasil com Plínio Salgado: «Nas mãos magrelas deste homem, o Brasil seria o reino da estupidez, da nebulosidade, da opressão, da exploração. [...] Não tenho a menor dúvida de que Plínio é um odioso charlatão. Sua fraqueza moral, sua doutrina cheia de besteiras, seus fins mesquinhos são evidentes.»[84]
Os conflitos não ficaram restritos aos ataques verbais. O ano de 1934 foi marcado por confrontos armados entre forças antifascistas e integralistas, demarcando assim o perigo comunista visto por Plínio Salgado. No mês de outubro, em comemoração à fundação da AIB, ocorreram confrontos na cidade de Bauru, resultando na morte do integralista Nicola Rosica.[85] Quatro dias depois, em 7 de outubro, um desfile de dez mil camisas verdes foi programado, em direção à Praça da Sé, na capital de São Paulo, onde os integralistas fariam comício e prestariam juramento ao Chefe, em comemoração aos dois anos da AIB. No entanto, o confronto com a FUA, que também ocupava o espaço, foi inevitável e ocorreu a Batalha da Praça da Sé, com um saldo de vários mortos e feridos.[86]

---

[81] Anita Leocádia Prestes, ao analisar as consequências da Batalha da Praça da Sé, em depoimento, afirmou: «A partir dali, o integralismo perdeu muito a sua repercussão sua influência. Até porque correram. Segundo dizem as crônicas, correram de forma assim, muito covarde. Então isso levou a um desgaste muito grande. Tanto que eles foram batizados na época pelas forças da Aliança Nacional libertadora como galinhas verdes. Porque galinha é considerada um animal covarde que corre do inimigo. E eu me lembro, eu era pequena na época, eles realizaram um congresso, uma convenção, em pleno Teatro Municipal, aqui no Rio de Janeiro. Então os militantes comunistas espalharam milho nas escadarias e, na hora da chegada deles, soltaram as galinhas pintadas de verde.» Anita Leocádia Prestes, «Depoimento», in *Soldado de Deus*. Direção: Sérgio Sanz. Argumento e roteiro: Sérgio Sanz e Luiz Alberto Sanz. Produção: Júlia Moraes. Rio de Janeiro: Videofilmes Produções Artísticas, 2004 (87 min.).
[82] Mário Magalhães, «Sangue na Praça da Sé», *Folha de São Paulo*, São Paulo, 1 nov. 2009.
[83] *Folha do Povo*, 6 ago. 1935; *apud*, Jacira Cristina Santos Primo, *Tempos Vermelhos: A Aliança Nacional Libertadora e a Política Brasileira, 1934-1937*, dissertação de mestrado em História (Universidade Federal da Bahia, Salvador, 2006), 62.
[84] *Ibid*.
[85] Cf. Lídia Maria Vianna Possas, *O Trágico Três De Outubro: Estudo Histórico de um Evento* (Bauru: Universidade do Sagrado Coração, 1993).
[86] Cf. Eduardo Maffei, *A Batalha da Praça da Sé* (Rio de Janeiro: Philobiblion, 1984). Após a Batalha da Praça da Sé, os confrontos continuaram pelo Brasil, ocorrendo confrontos em diversas cidades, como em São Sebastião do Caí (RS), Petrópolis (RJ), Campos dos Goytacazes (RJ), entre outras cidades. Em cada morte, vinda através de confronto, o integralista era transformado em «Mártir Integralista». Segundo o *Monitor Integralista*,

A Vaga Corporativa

A partir desse momento, o anticomunismo pliniano passou a ser mais visível e a intensificação pelo poder passou por uma transformação política, resultado de uma mudança pela qual o Brasil vivia na década de 1930. Tal aversão ao comunismo foi intensificada com a ANL, daí a necessidade de novos projetos, pois a chamada «revolução espiritual» não seria capaz de alcançar um poder de facto em um Brasil insurrecional. Tem nesse contexto as raízes da busca pela legalização partidária e a eleição de 1938.

No entanto, seu projeto eleitoral sofreu mudanças através de alterações políticas promovidas por Getúlio Vargas, que, em 1937, decretou o golpe do Estado Novo, consolidando a ditadura. Dessa forma, todos os partidos e agremiações políticas foram extintos. O integralismo continuou a ter uma presença política discreta: «Até 1938, a ação dos integralistas contou com a tolerância governamental, não somente como contraofensiva ao Partido Comunista como também para a demolição do arcabouço liberal-burguês que era pretendido pelos construtores do Estado Novo».[87]

Getúlio Vargas utilizou preceitos centralizadores, e muitos «historiadores assinalaram ter sido o Estado-Novo Getuliano uma jogada para afastar Plínio Salgado do caminho do poder».[88] A relação entre os dois sempre foi de instabilidade:

> A relação entre a AIB e Getúlio Vargas foi marcada por momentos de aproximações e aparente caminhos em comum e outros de profundas ruturas. A aproximação existente entre ambos era amplamente dinamizada devido a inimigos em comum, expresso pelo discurso antiliberal e anticomunista, assim como algumas reivindicações e plataformas próximas, repletas de um evidente discurso nacionalista, com a defesa da implantação de um Estado forte e centralizador e o grande apelo às classes populares, em especial os trabalhadores. Esta relação, ao que tudo indica, parece não ter sido vista com desconfiança e ressalvas pela elite integralista. De fato, o golpe de Estado que instalou a ditadura do Estado-Novo contou com o apoio, em alguns momentos, de membros da AIB.[89]

---

havia 20 mártires integralistas: Nicola Rosica, Jaime Barbosa Guimarães, Caetano Spinelli, José Luis Schroeder, Alberto Sechin, Juvenal Falcão, José Gertrudes, Fernando de Andrade, Ricardo Strelown, Germano Sacht, João Seixas Brito, Manuel Duarte da Silva, Amadeu Faustino, Vicente Bernardino de Senna, José Firmino dos Santos, Ricardo Gruenwaldt, Amaro Miranda, José Antenor de Paula Barreto, Amaro Tavares, Antônio Bernardes. *Monitor Integralista* (Rio de Janeiro, 7 out. 1937).

[87] Manoel Maurício Albuquerque, *Pequena História da Formação Social Brasileira* (Rio de Janeiro: Graal, 1986), 591.

[88] Gilberto Felisberto Vasconcellos, «Apresentação», in *Entre Tipos e Recortes*, vol. 1, orgs. Leandro Pereira Gonçalves e Renata Duarte Simões.

[89] Odilon Caldeira Neto, *Integralismo, Neointegralismo e Antissemitismo: 5*, dissertação de mestrado em História (Universidade Estadual de Maringá, Maringá, 2011), 36.

O integralismo de Plínio Salgado e a busca de uma proposta corporativista para o Brasil

Com a divulgação do embuste conspiratório conhecido como Plano Cohen e o consequente Estado Novo getuliano, ocorria um questionamento entre os integralistas: «seria o momento do poder?» Com a presença de alguns deles na organização ditatorial de 1937, o objetivo de certo poder passava a ser vislumbrado por Plínio. As relações entre ele e Getúlio Vargas nunca foram as melhores, basta lembrar da Lei de Segurança Nacional, que o obrigou a alterar determinados componentes do movimento, como a extinção das milícias integralistas, e apontava Getúlio Vargas como o verdadeiro culpado pelas mudanças da organização da AIB:

> Sob o pretexto de premunir o país contra o comunismo, os políticos rotineiros, avessos a tudo o que signifique algo novo, começaram a confabular desde fins de 1934. E no ano de 1935 surgiu o projeto da Lei de Segurança Nacional. Aparentemente, inspirava-se nas precauções recomendadas pelos integralistas contra as manobras dos adeptos de Moscou. Na realidade, visava o próprio movimento integralista.[90]

O contacto com Getúlio Vargas ocorria através de relações de proximidades em torno dos inimigos em comum, mas a busca pelo poder supremo era um elemento gerador de divergências e, através da ânsia pelo poder, Vargas conseguiu manipulá-lo habilidosamente.[91] De qualquer forma, com as alterações políticas ocorridas através do golpe do Estado Novo em 1937 e a proposta de um projeto corporativo em torno da organização da sociedade brasileira através do autoritarismo de Getúlio Vargas, os integralistas passaram a enxergar uma possibilidade de avanço dos seus ideais, inclusive com articulações no governo.

Ao referenciar os acontecimentos de 10 de novembro de 1937, Anor Bluter Maciel, jurista e catedrático de História Econômica da América, da Faculdade de Ciências Políticas e Econômicas de Porto Alegre e membro fundador do núcleo AIB no Rio Grande do Sul, afirma que apesar de ocorrida uma mudança radical nos rumos políticos do Brasil, nenhum abalo ocorreu nas estruturas nacionais, principalmente porque ideias presentes na legislação do Estado Novo representavam anseios doutrinados

---

[90] Plínio Salgado, «A lei da segurança nacional»..., 16.
[91] Leandro Pereira Gonçalves, «O Estado Novo: fim da Ação Integralista Brasileira e prisão de Plínio Salgado», in *Presos Políticos e Perseguidos Estrangeiros na Era Vargas*, orgs. Marly de Almeida Gomes Vianna, Érica Sarmiento Silva e Leandro Pereira Gonçalves (Rio de Janeiro: Mauad X, 2014), 129-158.

A Vaga Corporativa

pela AIB desde 1932, como a supressão dos partidos políticos e a organização do trabalho nacional.[92]

Ao analisar a Constituição de 1937, os integralistas identificam-se como elementos visíveis da proposta e prática corporativista de seu arcabouço teórico. Ao estabelecer uma análise jurídica da legislação, Anor Bluter Maciel destaca a função nitidamente econômica do sindicato como órgão do Estado e delegado de funções do poder público. Não há críticas à proposta, mas a menção que a AIB possuía um programa mais amplo na organização do Estado Corporativo, que atribuía aos sindicatos outros elementos além do aparato econômico, como a atribuição de mais três funções: função política, função cultural e função moral, estabelecendo o sindicato preconizado na AIB que é do trabalhador integral.[93]

Mesmo com a negação posterior, devido a frustração e derrota política, no momento de implantação do Estado Novo, a constituição, que representa o corporativismo em sua ação política na proposta varguista, foi comemorada pelos integralistas, que identificavam certa influência e porque não, uma vitória do movimento em uma conceção ideológica, uma vez que foi rememorado em 1937, palavras de Plínio Salgado no momento de inauguração da AIB em 1932 com o Manifesto de Outubro: «Um governo que saia da livre vontade das classes é representativo da Pátria»,[94] pois para atender às necessidades nacionais, a AIB propõe a adoção do Estado corporativo.[95]

Essa relação que teve, como consequência, o afastamento e remodelações. Miguel Reale, por sua vez, supostamente não teria participado no processo que culminou com a tentativa de golpe contra o Estado Novo. Ainda assim, por ter visualizado a perspetiva de perseguição política, exilou-se durante um ano, na Itália. Ao retornar ao Brasil, Miguel Reale se afastou de militância integralista, seus demais líderes, e dedica-se às atividades acadêmicas e intelectuais. Gustavo Barroso, por outro lado, não exerceria atividade política em nível institucional após o seu desligamento com o integralismo. Além disso, o fim de sua trajetória integralista marca também o cessar de sua intensa atividade antissemita.

Após a legalidade, Plínio Salgado é marcado pelo exílio (1938-1946), algo de fundamental importância para o entendimento e compreensão

---

[92] Anor Butler Maciel, *Subsídios para o Estudo da Estrutura Política do Estado Novo* (Porto Alegre: Edição da Livraria do Globo, 1937), 3.
[93] *Ibid.* 8-9
[94] *Ibid.* 360.
[95] Anor Butler Maciel, *O Estado Corporativo* (Porto Alegre: Edição da Livraria do Globo, 1936), 32.

O integralismo de Plínio Salgado e a busca de uma proposta corporativista para o Brasil

de uma necessária alteração do seu discurso e pensamento político e até mesmo a formação de um novo discurso corporativista em um ambiente democrático. O exílio ocorreu no período da II Guerra Mundial, momento em que foi preciso reordenar determinadas ideias para a construção de um novo projeto que fosse compactuado com a realidade do Brasil e do mundo no pós-guerra.

De forma gradual, a prática corporativista fascista perdia espaço para a criação de um conceito corporativo cristão de democracia em torno de um ambiente conservador. Portugal, que teve anteriormente um papel fundamental para a sua formação política e intelectual, voltou a ter um papel de transformação e, principalmente, adaptação perante a nova situação vivida com o exílio e com a criação de uma composição política. Para isso Salazar passou a ser o seu foco de inspiração, no entanto, sua força política não foi mais a mesma. O momento auge, tanto de Plínio Salgado, quanto do integralismo brasileiro, ocorreu durante o período relativo à legalidade da AIB no contexto de fascitização que viveu o Brasil nos anos 1930. Sem a força do período entre guerras, Plínio Salgado continuou articulações,[96] demonstrando que o «caroço de tucumã» continuava aberto e que ações políticas com uma composição cristã eram necessárias para eliminar os males da sociedade, entretanto, nota-se que, investigar as propostas políticas do líder integralista representa pesquisar de certa forma a história de projetos fracassados no âmbito do modelo corporativista para a sociedade brasileira, mas que, obviamente, não invalida a necessidade de compreensão da doutrina pliniana, pois tais reflexões possibilitam a percepção de elementos centrais presentes na política conservadora brasileira do século XX.

---

[96] Plínio Salgado aposentou-se da vida pública em 1974 e faleceu no ano seguinte. Entretanto, a manutenção dos componentes nacionalistas de cunho autoritário permaneceu, influenciando, assim, o surgimento dos denominados neointegralistas, que vem provar ao cidadão do século XXI que ideias conservadoras, idealizadas nos anos 30 em torno da prática corporativista, ainda estão presentes no nosso meio.

Rogério Dultra dos Santos

Capítulo 11
Ditadura e corporativismo na Constituição de 1937: o projeto centralizador e antiliberal de Francisco Campos

Introdução

A organização política das classes populares, no decorrer do século XIX e na passagem para o século XX ameaçava diretamente a ordem instituída. A reação conservadora veio desenhada nos moldes de uma reforma do Estado. Em termos de organização da vida social, este embate significava, de um lado, a possibilidade de que os trabalhadores alcançassem o poder político, participando ou mesmo coordenando as decisões políticas fundamentais através da disputa eleitoral. Seu objetivo era controlar o processo de distribuição da riqueza e garantir uma vida melhor para as massas economicamente excluídas do processo produtivo. Por outro lado, os economicamente dominantes não desejavam que isto acontecesse, isto é, pretendiam evitar a ascensão política dos de baixo – seja por vias institucionais ou mesmo pela revolução – impedindo que as mesmas se tornassem autônomas em relação aos interesses políticos e econômicos predominantes.[1]

---

[1] As massas populares urbanas passam a integrar o centro das preocupações políticas especialmente com a ampliação da população eleitoral da Inglaterra, em meados do século XIX. Tal fenômeno gerou conseqüências não apenas políticas, mas inaugurou a temática das massas eleitorais para o debate da teoria social no resto da Europa. Vários fatores determinaram a alteração do cenário político da Inglaterra vitoriana. Em especial as alterações econômicas e institucionais, como os atos de reforma político-institucional entre os anos de 1832 (Primeiro ato de Reforma) e o *Ballot Act* de 1872 (que instituiu o voto secreto), a ampliação do eleitorado, o crescimento e a dominação global da economia inglesa (especialmente a partir do incremento das indústrias de jornais e ferroviária).

A Vaga Corporativa

A solução encontrada, a do Estado «forte» da primeira metade do século XX, difere, portanto, da solução do Constitucionalismo de matriz liberal. Ao restringir direitos individuais e políticos – impedindo a sua distribuição equitativa – torna-se capaz de blindar o espaço político à ascensão das classes trabalhadoras. Este modelo constitucional evita a revolução, paradoxalmente, garantindo direitos sociais e melhorando a vida da população de forma artificial e controlada. A consolidação do Estado Novo no Brasil (1937-1945) é um exemplo quase didático deste fenômeno. O conjunto histórico de ganhos em termos de direitos sociais é notoriamente reportado, por exemplo, pelo constitucionalista da época, Pontes de Miranda. Ele indica que em determinados momentos históricos há a tentativa de composição entre direitos individuais e políticos com direitos de natureza social, como é o exemplo da nossa Constituição de 1934, claramente uma «Constituição de compromisso».[2]

Este momento constitucional – de carácter híbrido – representava a resultante de uma disputa entre dois fortes projetos na história do constitucionalismo pátrio. Dois programas com um carácter certamente conservador, ambos flertando na história – em momentos diversos – com a autocracia e com a ditadura, mas com resultados institucionais e sociais bastante diversos. Um deles é o de centralização política, presente desde o Império – que o Governo Provisório de 1930 quer representar, mas que se consolida somente com o Estado Novo –, que considerava necessária a retirada de poderes das oligarquias provinciais em prol do governo central. Este processo de centralização orientou a estratégia dos publicistas brasileiros no Segundo Império (1840-1889). As reformas dos conservadores, desde o Ato Adicional de 1834, de Bernardo de Vasconcellos até à

Outros fatores foram os de natureza política, como a predominância dos partidos nas eleições, a nacionalização da ideia de representação, o processo de regulação dos votos dos membros do parlamento e a relação dos líderes partidários com o Gabinete de governo. Segundo Gary Cox, esse movimento político-institucional representou o momento histórico em que eleitores distritais deixaram de votar em pessoas e passaram a votar em partidos. As conseqüências deste processo extremamente complexo foram o incremento do Poder Executivo em definir os rumos das disputas eleitorais – em detrimento da força individual do Membro do Parlamento –, a verticalização da hierarquia partidária e a redução das dissidências internas, bem como a centralização geral do processo eleitoral. Cf. G. W. Cox, *The Efficient Secret – The Cabinet and the Development of Political Parties in Victorian England* (Cambridge: Cambridge University Press, 1987). (Political Economy of Institutions and Decisions); Ostrogorsky, *Democracy and Organization of Political Parties*, vols. 1-2 (Londres: MacMillan, 1902); R. Michels, *Para uma Sociologia dos Partidos Políticos na Democracia Moderna*, trad. José M. Justo (Lisboa: Antígona, 2001).

[2] Cf. F. C. Pontes de Miranda, *Comentários à Constituição Federal de 10 de Novembro de 1937*, t. 1: Arts. 1-37 (Rio de Janeiro: Irmãos Pongentti, 1938).

reforma administrativa do Visconde do Uruguai, nos anos 1860, organizam o aparato burocrático do Estado nesta direção. Concebe-se, então, que as instituições políticas estabelecidas constitucionalmente deveriam dirigir o processo civilizatório, que não ocorreria se deixado sob a responsabilidade da lógica individualista e privatista, centrada no latifúndio.

Outro projeto a disputar hegemonia na história do constitucionalismo brasileiro é descentralizador, mais propriamente liberal, que desde 1808 compreende de forma inversa o papel do Estado e de suas instituições. Este plano, de natureza centrípeta – de fuga do poder em direção aos Estados –, entende o crescimento do Estado como deletério, pois prejudicial e impeditivo ao desenvolvimento da iniciativa econômica privada. A herança do Estado português e do seu patrimonialismo aparecem como a imagem do que deve ser exterminado. Na Primeira República (1889-1930), o pacto dos Estados ou o «pacto dos governadores» como ficou conhecida a modelagem institucional feita pelo Presidente Campos Salles em 1902, estabelecia programaticamente o predomínio político das oligarquias locais sobre o poder da União. Campos Salles estatuiu que o processo de reconhecimento das legislaturas atuais no Congresso Nacional dependia da chancela dos títulos eleitorais dos recém-eleitos pelos componentes da legislatura anterior. Os representantes em fim de mandato chancelavam, na prática, quem deveria ser reconhecido como novo mandatário de seus estados de origem. Assim, mesmo aqueles que tivessem ganhado as eleições estaduais dependiam da aprovação do Congresso para verem efetivos os seus mandatos. Isto constituía, na perceção de Salles, a realização de um governo neutro e técnico, avesso às disputas político-partidárias. Na prática, a Primeira República operou a consolidação de um projeto descentralizador, que reforçava a autonomia das oligarquias estaduais sem abrir mão do estado de sítio, regularmente decretado nos seus 30 anos de duração.[3]

A Constituição de 10 de novembro de 1937 representou exatamente a recuperação do modelo centralizador do Império, sob um viés explicitamente antiliberal e ditatorial. Segundo o mesmo Pontes de Miranda, este ordenamento figura como a antítese de uma constituição de compromisso. Ele é sólida e exclusivamente social, estabelecendo-se em detrimento dos direitos individuais, pois sua configuração visa controlar o operariado através da «outorga» de direitos sociais, ao mesmo tempo re-

---

[3] Cf. G. S. Araújo, *Os Sentidos da Ordem: Abstração, Legitimidade e Interesse nos Liberais e Positivistas da Passagem da Monarquia à Primeira República*, tese de doutoramento (Rio de Janeiro: IUPERJ, 2007).

tirando dele a autonomia política, funcionando como uma ditadura. Esta, na verdade, é a fórmula ocidental do constitucionalismo antiliberal, influente na ideação das instituições jurídicas fascistas, nazistas, salazaristas, franquistas, etc. É uma centralização específica do poder político, que permite ao Estado a distribuição das benesses sociais a despeito, inclusive, das oligarquias estaduais. Todo este movimento de centralização chancelado *a posteriori* pela Constituição será realizado no Estado Novo brasileiro pela supressão do poder dessas forças locais, pela eliminação da figura do governador de Estado e pela sua substituição por interventores ligados ao poder central. Pode-se dizer que mesmo os interventores, sob o regime estadonovista, não tinham o poder que aparentavam, visto que o Presidente Getúlio Vargas estabeleceu o controle burocrático-administrativo das interventorias. Era um controle duplicado, que minava qualquer possibilidade de protagonismo político ou a ascensão de qualquer liderança política estadual – com exceção do governador do Estado de Minas Gerais, que foi mantido.[4]

Essa matriz constitucional antiliberal caracteriza-se por desqualificar a mediação institucional da representação política. Ela denuncia a forte influência que sofre – em seu carácter mais geral – da filosofia política platônica, porque há uma clara substituição do governo das instituições pelo governo dos líderes esclarecidos, especialmente quando reduzida a administração pública dos Estados a uma função meramente técnica, fechado o parlamento, extintos os partidos e restritas as eleições.

No núcleo ideativo deste constitucionalismo, o jurista alemão Carl Schmitt (1888-1985) argumenta que o voto não representa a expressão da vontade geral, visto que é individualizado e secreto e não coletivo e compartilhado, como as manifestações emocionais nas praças públicas, aclamando as lideranças políticas. Se uns não sabem dos votos dos outros, a publicidade e a imediatidade dos anseios políticos inexistem e comprometem a formação da vontade geral.[5] Schmitt é o responsável pela condensação do modelo teórico antiliberal, fundando-o na ideia de democracia substancial, e que acabou por se transformar no paradigma jurídico-constitucional das ditaduras ocidentais do século XX. Assim, ao lado da estrutura política dos Estados autoritários, se desenvolve uma

---

[4] Cf. K. Loewenstein, *Brazil under Vargas* (Nova Iorque: Macmillan 1942); R. D. Santos, «O conceito de totalitarismo em Azevedo Amaral», in *História e Direito: Instituições Políticas, Poder e Justiça*, orgs. A. P. Campos, E. A. Neves e G. L. Hansen, 1.ª ed. (Vitória: GM, 2012), 339-384.

[5] Cf. C. Schmitt, *Die Geistesgeschichtliche Lage des heutigen Parlamentarismus* (Berlim: Duncker & Humblot, 1996) (reimpressão da 2.ª ed., 1926).

O projeto centralizador e antiliberal de Francisco Campos

doutrina cujo alvo são as fraquezas constitucionais do Estado democrático-liberal cujo modelo clássico se delineia na Constituição de Weimar, de 1919. Em seu livro *Teoria da Constituição* (1928), Schmitt realiza um ataque analítico a cada instituição constitucional de perfil liberal, sendo o seu modelo de ordem política – que deriva das críticas a Weimar –, aclamado como a saída intelectual da crise das democracias contemporâneas, então ameaçadas pelo comunismo soviético.

Schmitt preconizava a representação como uma relação existencial de identidade entre um povo determinado e o seu Líder, independente de instituições intermediárias para se realizar. O processo de governo pela opinião pública acontece, então, não através da discussão parlamentar, mas pela aclamação. A lei se torna um ato de vontade do Líder, que procede a regulação administrativa da vida ordinária. A democracia substancial, percebida pelo autor como um princípio jurídico-formal que significa unidade, é a materialização do poder de governo do Estado. O Estado democrático, «povo em situação de unidade política», se diferencia de outros arranjos por demandar homogeneidade nacional. Essa identidade entre «dominadores e dominados» se realiza, portanto, através do processo de aclamação. Desta forma, a democracia substancial torna possível uma ditadura na medida em que o escopo e a amplitude da atuação jurídica e política do ditador dependem de seu critério pessoal.

A apropriação do constitucionalismo antiliberal no Brasil nos anos 30 indica não somente uma distinção entre a armação institucional do Estado Novo em relação aos momentos anteriores de centralização política no país, mas igualmente marca uma diferenciação entre as matrizes teóricas do autoritarismo do final do século XIX e início do século XX com a realidade política e institucional da chamada primeira Era Vargas (1930- -1945). Os «autoritários» da Primeira República a criticam por conta da relação de antinomia e distinção entre a tradição republicana e as instituições da democracia liberal, instauradas com a queda do império. Estes autores acreditam ser negativa para a história do Brasil a dissolução da Monarquia, especialmente no que respeita à força e à tradição do Estado sob esta ordem, alcançada depois de várias décadas de luta contra movimentos separatistas. Em segundo lugar, consideram que é um demérito a queda da Monarquia principalmente no que diz respeito à virtude dos homens políticos que foram forjados sob o seu modelo institucional. Tal virtude é relativa ao processo de legitimação da Monarquia, de natureza parlamentar à moda inglesa com o adendo do Poder Moderador. A crítica do constitucionalismo antiliberal dos anos 1930 à Primeira República difere da crítica dos «autoritários» porque está preocupada em organizar

A Vaga Corporativa

o Estado tendo consciência de uma questão de natureza sociológica completamente distinta, que não estava presente nos autores da Primeira República: a ascensão de uma sociedade urbanizada e de massas. Tal indagação implica em encaminhar a contento o problema da participação política ou o controle político dessas massas no processo de legitimação do Estado.

O objetivo deste texto é examinar como se refunda, a partir dos anos 1930 no Brasil, esta crítica ao constitucionalismo de matriz burguesa. Tido como centrífugo e poroso às aspirações políticas populares, o substrato liberal da Constituição republicana de 1891 é desconstruído, tijolo por tijolo, pelo autor da Constituição estadonovista, o jurista mineiro Francisco Campos (1891-1968).[6] Através da redação da Constituição de 10 de novembro de 1937, Campos rececionará e desenvolverá um mo-

---

[6] Francisco Luís da Silva Campos foi um dos políticos mais ativos na configuração do Estado brasileiro durante o século XX. Responsável pela reorganização dos sistemas educacional, legal e constitucional durante a Revolução de 30 e o Estado Novo, foi uma das figuras essenciais na elaboração do Ato Institucional n.º 1 que deu origem ao regime militar (1964-1985). De 1937 a 1942 ocupou o cargo de ministro da Justiça e Negócios Interiores, mantendo uma colaboração estreita, através de seus discursos, para a consolidação do modelo político do regime. Como personagem do Estado Novo, foi responsável pela reforma dos Códigos de Processo Civil, Penal e Processo Penal. Criou a Lei Orgânica dos Estados, que pretendia limitar o poder legislativo e administrativo, vinculando-os ao poder central; a Lei de Crimes contra a Economia Popular, a Lei de Segurança Nacional; as Leis de Naturalidade (naturalização, repressão política a estrangeiros, expulsão, extradição e imigração); a regulação da cobrança da dívida ativa da União; o Decreto-Lei contra o loteamento de terrenos; a Lei de Fronteiras, etc. De 1935 até 1937, quando deixou o cargo de secretário de Educação do antigo Distrito Federal para elaborar o Projeto da Constituição outorgada, Campos já era o jurista mais influente na política nacional. A produção intelectual de Campos reúne uma quantidade razoável de trabalhos técnicos referentes à educação, alguns deles coligidos em dois livros, *Pela Civilização Mineira: Documentos de Governo 1926-1930* (1930) e *Educação e Cultura* (1940), algumas compilações de seus discursos parlamentares, presentes nos livros *Antecipações à Reforma Política* (1940) e *Discursos Parlamentares* (1979) e trabalhos de natureza técnico-jurídica nas áreas de Direito Constitucional, Administrativo, Comercial, Penal e Processual Penal. No que respeita a trabalhos jurídicos de âmbito mais geral, escreveu o livro o *Animus na Posse* (1918), sobre Direito Reais, e o livro *Introdução Crítica à Filosofia do Direito* (1918), no qual examina o papel da filosofia e da sociologia do direito a partir da discussão do neokantismo. Publica, ainda em 1916, um trabalho sobre economia política *(A Doutrina da População)*, em que critica Marx e Malthus. Livros de carácter ensaístico e literário também são publicados no decorrer da sua vida, destacando-se *Ciclo de Helena* (1932) e *Atualidade de D. Quixote* (1948), o primeiro utilizado para uma candidatura infrutífera a uma vaga na Academia Brasileira de Letras. O seu livro mais influente foi publicado quando já era ministro da Justiça, *O Estado Nacional: Sua Estrutura e Seu Conteúdo Ideológico* (1940). Neste livro, além de sua conferência no salão de Bellas Artes, *A Política e o Nosso Tempo* (1935), estão agrupados inúmeros artigos, entrevistas e discursos oficiais.

delo teórico-jurídico de Estado antiliberal, como encontrado na *Teoria da Constituição* do jurista alemão Carl Schmitt.

Realizando uma apreciação sociológica sofisticada do advento das sociedades de massas, Campos será o responsável por sintetizar tanto as aspirações de Vargas quanto por condensar as visões autoritárias implicadas na condução política do regime estadonovista, direcionando-as para a recepção de um novo modelo de Estado. Ministro da Fazenda e dos Negócios Interiores do Estado Novo, Francisco Campos tinha diante de si não somente a tarefa de fundamentar juridicamente o novo regime, mas a de garantir que a modelagem institucional de carácter corporativo – alinhavada politicamente pelo Presidente – encontrasse guarida na nova Constituição. Assim, o entusiasta de um regime que legitimava juridicamente a ditadura precisava encontrar espaço em seu vocabulário teórico-político para os direitos sociais, para a ideia de representação profissional e para a integração política de forças econômicas não alinhadas como uma simples massa popular irracional.[7] O presente texto alinha a trajetória intelectual de Campos com a composição dos argumentos que justificam e fundamentam a Constituição de perfil antiliberal desenhada por ele.

A oposição entre liberalismo e ordem na obra de Francisco Campos: centralização política como projeto

Se por um lado vislumbra-se um ator político que despontou nacionalmente pelo seu trabalho à frente da pasta da Educação – entre 1931 e 1932 –, percebe-se neste personagem o constitucionalista das duas fases ditatoriais do Brasil: o Estado Novo e a ditadura militar de 1964. No ainda parlamentar mineiro, transparece a receção da cultura política norte-americana, que dá vazão à sua aposta no direito como instrumento

---

[7] Embora se possa dizer que o jurista e sociólogo Francisco José de Oliveira Vianna (1883-1951) e o jornalista Antônio José de Azevedo Amaral (1881-1942) foram os responsáveis pela introdução da solução corporativista no Brasil, através de numerosos livros, ensaios e projetos de envergadura da legislação trabalhista – da lavra intelectual de Oliveira Vianna –, Campos é o operador da solução corporativa na ordem constitucional do Estado Novo (R. D. Santos, «Oliveira Vianna e a origem corporativa do Estado Novo: Estado Antiliberal, Direitos Sociais e Representação Política», *Revista Sequência*, vol. 31, n.º 61 (2011): 273-310; R. D. Santos, «O Conceito de totalitarismo em Azevedo Amaral»., in *História e Direito: Instituições Políticas, Poder e Justiça*, orgs. A. P. Campos, E. A. Neves e G. L. Hansen, 1..ª ed. (Vitória: GM, 2012), 339-384.

A Vaga Corporativa

capaz de proporcionar a segurança necessária para o avanço social e para a sedimentação da ideia de nação. No ideólogo da ditadura, a força da cultura reacionária europeia guia a avaliação perturbadora dos desígnios de um tempo de irracionalidade e violência.

A vida pública de Francisco Campos vagueia quase que permanentemente entre estes dois extremos: o jurista e educador ligado aparentemente aos dogmas do liberalismo e o político de ortodoxia assumidamente antiliberal. Em ambos, transparece o pano de fundo filosófico, marcado profundamente pelo estigma da autoridade e por uma avaliação sociológica subtil da contemporaneidade. Assim, não se pode deixar de dizer que Francisco Campos é orientado por uma filosofia da ordem. É, no fundo – como já disseram –, um hobbesiano,[8] e seu modelo de sociedade civil, a sua análise da situação epocal, o colocam como um pensador que acompanha a visão de mundo de Carl Schmitt, não só pela identidade temática e às vezes textual, mas pela profundidade teórica de seu pensamento, por ser, enfim, um representante digno do espírito do tempo, autor original e ao mesmo tempo alinhado às correntes de pensamento suas contemporâneas. A incorporação de elementos liberais no discurso e na atividade política de Campos não representa, assim, um conflito ou uma tensão internos ao seu pensamento, mas sim, a incorporação instrumental do liberalismo ou, especificamente, de alguns de seus elementos. Esse *liberalismo instrumental* de Campos é sazonal e sofre constantes variações, transparecendo com maior intensidade nos seus discursos educacionais e quando percebe no direito um meio para a implementação de uma certa ordem cultural adaptada às sociedades de massas, que chamará de espírito nacional.

Quando ainda vivia sobre a situação política da Primeira República, o jovem Campos não manifestava traço algum de uma perspetiva corporativa. Flertava com o jurisdicismo usual da elite – liberal e positivista ao mesmo tempo – sem abdicar da finalidade máxima da vida social que, para ele, era a realização da ordem.[9] Assim, a inquietude existente nas primeiras manifestações políticas e intelectuais do futuro ministro do Estado Novo é uma tensão percebida por ele como de natureza histórica, estabelecida no Brasil pela receção acrítica do federalismo estadunidense.

---

[8] Jarbas Medeiros, *Ideologia Autoritária no Brasil, 1930/1945*, pref. de Raymundo Faoro (Rio de Janeiro: Editora Fundação Getúlio Vargas, 1978), 11; P. Bonavides, «Francisco Campos – o antiliberal», in *Discursos Parlamentares*, seleção e introdução de Paulo Bonavides (Brasília: Câmara dos Deputados, 1979), xiv.

[9] Cf. R. D. Santos, «Francisco Campos e os fundamentos do constitucionalismo antiliberal no Brasil». *Dados: Revista de Ciências Sociais*, vol. 50 (2007): 281-323.

O projeto centralizador e antiliberal de Francisco Campos

O autor aceita o facto de que a queda da Monarquia foi incontornável, mas considera a República e seu andamento como um conjunto de erros que desprezam as necessidades de unidade e ordem social e política, erros que dizem respeito ao ideário da democracia liberal. Para o autor, a questão é compreender como é possível moldar uma realidade que está imersa no processo histórico de tensão entre a tradição dos interesses de âmbito nacional e a fragmentação causada pelo federalismo radical. Isto num momento em que a doutrina e as instituições políticas liberais são um dado desta realidade.

Campos percebe que não há como não conviver com as ideias do republicanismo desagregador da Primeira República, com o espírito democrático do liberalismo. É uma realidade incontornável. Mas é uma realidade estranha ao autor como um fenômeno político por não comportar a essência do poder e de sua dinâmica. O problema é que, na República, a democracia liberal é importada sem que se faça uma mediação com os dados da vida social, sem que haja adaptação principiológica ou institucional às idiossincrasias nacionais. Ante a iminência do desastre desagregador, ele propõe a conciliação. Para Campos, a democracia liberal pode ser incorporada a um projeto político por necessidade histórica, mas passa a estar vinculada ao princípio nacional da unidade da autoridade. É o que chama em seu texto *Democracia e Unidade Nacional* de «a adaptação do federalismo à autoridade, o acordo da democracia com a nação, pela nacionalização da democracia e a incorporação de suas instituições ao espírito nacional».[10]

Quando sustenta que é preciso «a educação do espírito democrático pelo respeito à autoridade, e a conseqüente formação de uma opinião coletiva, que dê às instituições democráticas uma responsabilidade nacional»,[11] o autor não está incorporando a democracia liberal – isto é, o liberalismo federalista – como elemento formador de sua conceção de mundo. Muito pelo contrário, ele está propondo um programa de tutela ideológica. Se posteriormente se observa na sua obra a utilização de elementos do liberalismo no estabelecimento de políticas de carácter variado, se são utilizados os princípios liberais de um direito que institucionaliza a «responsabilidade nacional» e a ordem social, esse uso é puramente instrumental. O liberalismo é o meio de que ele dispõe, e

---

[10] F. Campos, «Democracia e unidade nacional», in *Antecipações à Reforma Política* (Rio de Janeiro: Livraria José Olympio Editora, 1940 [1914]), 12; R. D. Santos, «Francisco Campos e os fundamentos do constitucionalismo antiliberal no Brasil», *Dados: Revista de Ciências Sociais*, vol. 50 (2007): 286 e segs.
[11] F. Campos, «Democracia e Unidade Nacional»..., 12.

A Vaga Corporativa

que é oferecido pelo momento histórico em que a República domina a política, para materializar a ideia de autoridade. Campos deve, então, operar o liberalismo como instrumento através do qual se deve produzir ordem, autoridade e nacionalidade. Alguns anos depois, Carl Schmitt iria dizer, sobre a capacidade da Igreja Católica Romana de operacionalizar ideologias em constante oposição que, «[s]ob o ponto de vista de uma visão de mundo *(Weltanschauung)* todas as formas políticas e suas possibilidades são simples instrumentos de realização da ideia».[12] Em Campos a interpretação da oposição entre democracia liberal e ordem tradicional é idêntica à que se encontra presente em *Catolicismo Romano e Forma Política* de Schmitt. É preciso integrar as operacionalizações opostas do mundo político em um complexo que não significa propriamente uma síntese, mas uma conciliação que mantém de certa forma a integridade dos opostos. Assim, não há fusão entre liberalismo e autoridade, mas uma composição entre ambos orientada pela ideia maior que é a realização da nacionalidade. Os dois instrumentos políticos, opostos de facto, necessitam conviver no mesmo tempo. É preciso deixar claro, contudo, que esta é uma composição onde a autoridade deve se sobrepor à liberdade. É somente a partir de uma visão de mundo que lhes dê sentido conjunto, aproveitando o que de melhor ambos têm a oferecer e sem descaracterizá-los como unidades distintas, que será possível a atribuição de sentido para «um desígnio nacional consciente e voluntário, corrigindo a instabilidade do nível democrático e dando à política um centro de aplicação e de exercício nacionais». Daí Campos falar de harmonização, de «direção legal dos conflitos entre os interesses» e da «influência dos seus legistas na orientação das correntes nacionais». Se Schmitt, referindo-se à força teológica da Bíblia cristã, diz «Velho e Novo testamento valem um ao lado do outro», pode dizer igualmente Francisco Campos, quando define o programa social das academias de direito, formadoras dos legistas pátrios, que o seu maior objetivo é a realização do «acordo da democracia com a nação».[13]

Assim, compreender a presença do elemento corporativo no discurso constitucional de Campos implica na consciência desta ressalva: a partir de sua participação na vida pública como autor político, nem sempre se poderá observar um defensor cioso dos princípios fundamentais que re-

---

[12] C. Schmitt, *Römischer Katholizismus und politische Form* (Stuttgart: Klerr-Cotta, 1984), 9 (reimpressão da 2.ª ed., 1925).
[13] F. Campos, «Democracia e Unidade Nacional»..., 8-12.

gulam sua perceção de mundo. Francisco Campos é, antes de tudo, um *ator* interessado. O problema hermenêutico na aproximação aos textos de Francisco Campos – como de resto, em qualquer figura pública do período – é saber exatamente onde termina o ideólogo e começa o político. Mas talvez este problema seja contornado se se considerar que a articulação entre o núcleo ideológico do autor e sua intervenção enquanto ator político não sejam excludentes. A obra de Campos faz pensar, ao contrário, que existe um platô sobre o qual desfilam seus posicionamentos e suas argumentações na arena política. É a ideia se sobrepondo às possibilidades de instrumentalização da política. Em se refinando mais a aproximação deste com Schmitt, tem-se aqui o que o historiador alemão Reinhart Koselleck denominou de estrutura pré-compreensiva, isto é, o conjunto específico de ideias que estão circulando no tempo histórico, e que definem a possibilidade de atribuição de sentido para os fenômenos sociopolíticos. Nesses termos, na aceção do que foi dito acima, Campos não está funcionando exclusivamente a partir de seus interesses políticos imediatos. A sua compreensão da realidade se vincula a uma estrutura conceitual prévia, externa e historicamente anterior à formação de seu entendimento do mundo e que vai presidir este juízo, e que é incorporada e re-significada por ele.

Esta estrutura pré-compreensiva, esse conjunto de conceitos que indicam para o autor determinadas formas de interpretar a realidade está definido por uma aproximação intelectual, classificável como um diagnóstico do sentido histórico contemporâneo. No caso de autores brasileiros que são alinhados com Francisco Campos no que concerne a uma leitura classificada como autoritária da realidade política nacional, argumenta Marcelo Jasmin que o «realismo» autoritário se posiciona como denúncia da ilusão liberal em sua conceção de realidade. Assim, o diagnóstico autoritário se posiciona como aquele capaz não só de verter para um entendimento intelectual os fenômenos políticos, mas igualmente influenciar na sua fabulação. Para Jasmin, «[a]qui um dos temas privilegiados é o da Constituição, dado que aí se traduz, com a máxima exemplaridade, esse movimento de retórica realista que afirma representar o existente, ao mesmo tempo em que o reinventa e o re-conforma».[14]

É no movimento de uma tradição antiliberal que se deve compreender a figuração de Campos como ator político. A sua relação com o liberalismo é de oposição ideativa, mas, ao mesmo tempo, não ignorando a

---

[14] Cf. M. G. Jasmin, *Mímesis e Receção: Encontros Transatlânticos do Pensamento Autoritário Brasileiro da Década de 1930* (Rio de Janeiro: IUPERJ, 2004), fls. 12 e segs. mimeo.

A Vaga Corporativa

existência de suas instituições enquanto ainda não é possível se desfazer delas por cima, a partir de um movimento reconstitutivo da realidade existente. Daí o constitucionalismo de Campos se maturar nos anos 1930 como antiliberal. O autor absorve instrumentalmente o liberalismo e suas instituições e se utiliza de ambos para realizar os seus objetivos de natureza política e também ideológica. Não se está, portanto, ante um ator ingênuo, mas de alguém que identifica com precisão quais são seus inimigos e se comporta em relação a eles como um estratego, que sabe compor e atacar de acordo com as circunstâncias.

É nesses termos que se torna viável uma aproximação analítica ao constitucionalismo de Campos. Na sua fase de maturidade – já como ministro de Educação do Governo Provisório de Getúlio Vargas e depois do claro fracasso da composição política articulada através da constituinte de 1933 e da Constituição de 1934 –, Campos inaugura a sua conceção do que se pode chamar de um constitucionalismo antiliberal. A partir deste momento, a figura do ministro da Justiça e do autor da Constituição de 1937 toma vulto.

A sociologia das massas como pressuposto da proposta corporativa e antiliberal da Constituição de 1937

A crítica de Francisco Campos às instituições da democracia liberal não só se concretizará na defesa de uma constituição de corte cesarista e corporativa. Ela toma, no seu fundamento, uma perspetiva sociológica, ao colocar em pauta a questão das massas urbanas como um problema não somente estratégico, mas indicador de uma mudança de carácter epocal. Assim, no seu discurso «A política e o nosso tempo» (1935) não é seu objetivo imediato saber como as massas se organizam efetivamente. Na verdade, o que o autor vislumbra como destino do clima histórico das massas é o recrudescimento das tensões sociais, o que revela a incapacidade da tentativa liberal de racionalização do processo político. O que Campos entende é o surgimento de um «novo ciclo de cultura», que se coloca para a humanidade, e que indica a necessidade de perceber que a contemporaneidade enfrenta o desafio de uma forma espiritual nova.

Seguindo um diagnóstico da formação cultural dos séculos que compõem a modernidade – que está presente em Carl Schmitt, mas que remonta a Auguste Comte – Campos identifica pelo menos duas fases de integração política anteriores ao mundo contemporâneo: a da integração pela fé «nas épocas de religião» e a da tentativa de integração política pela razão. O carácter técnico da ação política numa sociedade de massas é intrínseco, e a sua utilização corriqueira no serviço de interesses irracionais só se clarifica quando a mobilização das massas torna-se um problema logístico de monta. Assim, as grandes tensões políticas que são evocadas pelo clima das massas «não se deixam resolver em termos intelectuais, nem em polêmica de ideias. O seu processo dialético não obedece às regras do jogo parlamentar e desconhece as premissas racionalistas do liberalismo».[15] Nesse novo momento espiritual, portanto, quando as massas predominam e passam a jogar um papel fundamental na arena política, o seu controle é o objetivo do embate político. No processo de mobilização das massas, a integração política pelas forças irracionais é uma integração total, porque o absoluto é uma categoria arcaica do espírito humano. A política transforma-se, desta maneira, em teologia. Não há formas relativas de integração política, e o homem pertence, alma e corpo, à Nação, ao Estado, ao partido. Isso significa dizer que as formas políticas de integração parcial, como a política democrática da deliberação parlamentar, por sua fraqueza e incompletude acabam necessariamente dando lugar a um modelo de democracia dissociado do liberalismo: a ditadura. Nesse sentido, o constitucionalismo liberal traz, dentro de si, elementos caros ao regime ditatorial:

> As decisões políticas fundamentais são declaradas tabu e integralmente subtraídas ao princípio da livre discussão. O sistema constitucional é dotado de um novo dogma, que consiste em pressupor acima da constituição escrita uma constituição não escrita, na qual se contém a regra fundamental de que os direitos de liberdade são concedidos sob a reserva de se não envolverem no seu exercício os dogmas básicos ou as decisões constitucionais relativas à substância do regime. À opinião demarca-se, dessa maneira, um campo reduzido de opção, no qual tão-somente se encontram as decisões secundárias ou os temas partidários que não interessa aos polos extremos do processo político, exatamente aqueles em torno dos quais se organizam e concentram as constelações de interesse e de emoção de maior poder ou de mais intensa carga dinâmica.[16]

A dogmatização da dinâmica política, à imagem e semelhança das teologias políticas antiliberais, significa a permanência de uma exterioridade de assentimento e conformidade. A democracia, destituída de sua capa

---

[15] F. Campos, «A política e o nosso tempo», in *O Estado Nacional: Sua Estrutura, Seu Conteúdo Ideológico* (Rio de Janeiro: José Olympio, 1940 [1935]), 14 e segs.
[16] *Ibid.*, 21.

liberal pela dinâmica da sociedade de massas, assume o aspeto de um «sistema monista de integração política» através da imputação das decisões fundamentais a um centro de vontade, cujo carácter irracional equivale ao processo decisionista ditatorial. O resultado do histórico funcionamento da dinâmica liberal sob uma situação de predominância das massas é que a sua existência força uma «brusca mutação» em direção às técnicas do Estado totalitário.[17]

Como no discurso de Schmitt, *A Era das Neutralizações e Despolitizações*, de 1929, a noção de relativização do conhecimento histórico e a ideia de falência das instituições liberais estão ligadas à alteração dos elementos culturais centrais da sociedade: da compreensão de mundo dominada pela matriz teológica no século XVI até o jusnaturalismo do século XVIII, o economicismo do século XIX e o discurso técnico do século XX, a modernidade política observou, segundo o autor alemão, um caminhar em direção ao velamento do conflito político – e, por conseqüência, da situação existencial de disputa por sobrevivência –, sob o viés de um discurso aparentemente despolitizado e neutro.[18] O diagnóstico de Campos é análogo ao de Schmitt: a neutralização da esfera política pela sua transformação em uma questão de natureza meramente técnica. Se Schmitt visualiza a ideia de neutralização dos conflitos políticos pela contemporânea fé no progresso técnico, e a paradoxal impossibilidade de pacificação dos conflitos políticos através da técnica – por ser a técnica um instrumento de poder –, não é outra a perceção de Campos sobre o mesmo objeto:

> As prodigiosas conquistas científicas e técnicas, que costumam ser um dos temas preferidos do otimismo beato nas suas exaltadas esperanças em relação à espécie humana e ao seu aperfeiçoamento moral e político, conferiram ao império do irracional poderes verdadeiramente extraordinários, mágicos ou surpreendentes. Aí está mais uma das antinomias que parecem inerentes à estrutura do espírito humano: a inteligência contribuindo para tornar mais irracional, ou ininteligível, o processo político. É possível hoje, efetivamente, e é o que acontece, transformar a tranqüila opinião pública do século passado em um estado de delírio ou de alucinação coletiva mediante os instrumentos de propagação, de intensificação e de contágio de emoções, tornadas possíveis precisamente graças aos progressos técnicos, que nos deram a im-

---

[17] Cf. F. Campos, «A política e o nosso tempo»..., 22 e segs.
[18] Cf. C. Schmitt, «Das Zeitalter der Neutralisierungen und Entpolitisierungen», in *Der Begriff des politischen: text von 1932 mit einem Vorwort und drei Corollarien* (Berlim: Duncker & Humblot, 1996 [1932]), 79-95.

O projeto centralizador e antiliberal de Francisco Campos

prensa de grande tiragem, com sua nova técnica de apresentação e de apreciação dos factos, a radiodifusão, o cinema, os recentes processos de comunicação que conferem ao homem um tom aproximado ao da ubiqüidade, e, dentro em pouco, a televisão, tornando possível a nossa presença simultânea em diferentes pontos do espaço. Não é necessário o contacto físico para que haja multidão. Durante toda a fase de campanha ou de propaganda política toda a nação é mobilizada em estado multitudinário. Nessa atmosfera de contemplação emotiva, seria ridículo admitir que os pronunciamentos da opinião possam ter outro carácter que não sejam o ditado por preferências ou tendências de ordem absolutamente irracional.[19]

Pervertem-se, desta forma, tanto as tentativas de atribuir um carácter benéfico ao progresso técnico da humanidade quanto a perspetiva de que, através da técnica, é possível operar uma dessacralização da política. Em Campos – como em Schmitt –, a ciência e a técnica operam no sentido de potencializar a capacidade de a irracionalidade operar no processo político, pois que servem como instrumento cego para que a mítica contemporânea consiga o intento de mobilização das massas. Assim como Schmitt diz em 1929 que «a técnica em si mesma permanece, se posso dizer desta forma, culturalmente cega», em 1936, Campos reproduz com clareza: «[a] técnica, em si mesma, é, porém, indiferente aos valores».[20] Para Campos, a técnica e a ciência operam uma espécie de reforço do encantamento do mundo, proporcionam o controle mágico das maiorias pela «utilização da substância irracional de que se compõe o tecido difuso e incoerente da opinião». Esta preponderância do irracional e do apego ao mito como fórmula que substitui a razão pela mobilização das paixões será interpretado por Campos como um processo que culmina em uma técnica de golpe de Estado, que irá classificar como «primado do inconsciente coletivo».[21]

A opinião pública, por ser o alvo natural da atividade política, comporta originariamente o modo de dominação estratégica, que sempre utiliza elementos irracionais: «os processos democráticos nunca se destinam a convencer da verdade o adversário, mas a conquistar a maioria para, por intermédio da sua força, dominar ou governar o adversário». Portanto, esteja a dinâmica mítica encoberta ou não com a capa liberal, a diferença de situações consiste não na essência irracional, mas no «des-

---

[19] F. Campos, «A política e o nosso tempo»..., 24.
[20] C. Schmitt, *Das Zeitalter der Neutralisierungen und Entpolitisierungen*, 90; Campos, 1940a [1936], 152.
[21] F. Campos, «A política e o nosso tempo»..., 21, 12.

A Vaga Corporativa

locamento do centro de decisão política», que em princípio pode ser vislumbrado no sistema representativo e que, numa sociedade de massas, assenta no mito da greve geral, no mito nacionalista ou, preferencialmente, dada a sua força polarizadora, no mito do Líder.[22] Entre as massas e o mito não há intermediário operante que não os instrumentos e as técnicas facilitadoras da propagação do mito. O meio é a propagação da mensagem mítica. O mito pode operar como *mito da racionalidade*, seja, por exemplo, como o mito da racionalidade da dinâmica parlamentar, seja como o mito da racionalidade das trocas de mercado. O que marca o texto de Campos é o carácter polêmico que atribui ao fenômeno político. Para ele, «[a]s grandes tensões políticas não se deixam resolver em termos intelectuais, nem em polêmica de ideias».[23] A dinâmica das instituições políticas liberais, como o parlamento, ao dizer operar no sentido oposto, no da composição persuasiva, torna-se incapacitada de conduzir a opinião pública massificada. Campos se interessa, portanto, essencialmente pela *natureza* do conflito, pois a partir dela será possível compreender de que forma o mesmo pode ser integrado socialmente na sua irracionalidade congênita. E, para o autor, esta forma de integração não se pode realizar pelos instrumentos da democracia procedimental característica do constitucionalismo liberal.

Antiliberalismo e corporativismo sob a perspetiva constitucional de Francisco Campos

O golpe de 10 de novembro de 1937 se deu sob o fundamento central de que o Brasil estava às portas da revolução comunista. A Constituição do Estado Novo é posta para sepultar as fragilidades do regime demo-liberal da ordem jurídica de 1934 e a propalada incapacidade de se opor à ameaça comunista. Tanto Francisco Campos quanto Getúlio Vargas justificam o golpe de Estado como um remédio para a doença das «democracias de partidos, que nada mais são virtualmente do que a guerra civil organizada e codificada». O regime representativo e o parlamento – sua expressão institucional –, são considerados viciados por interesses escusos e incapazes de realizar as suas funções primordiais de legislar e elaborar o orçamento. Campos, ainda em novembro de 1937, adverte que Vargas,

---

[22] *Ibid.*, 27-8.
[23] *Ibid.*, 21.

na justificação do regime, expõe uma situação de crise que se aprofunda quando o Estado passa a controlar e influenciar cada vez mais os rumos da economia, a ponto de a demagogia partidária – ávida pelos votos das maiorias eventuais – ser «substituída pela perspetiva incomparavelmente mais sombria da luta de classes».[24]

O autor defende que sob o regime de representação da Constituição de 1934 nem mesmo as corporações profissionais conseguiam operar de forma responsável, dadas as condições de funcionamento do parlamento. Assim, critica a dinâmica representativa das associações profissionais diante das necessidades organizativas do Estado interventor e da incapacidade normativa do Poder Legislativo. Este último paralisado por abstrações constitucionais e por interesses privatísticos que se colocavam acima dos nacionais. Para ele, o país «reclamava decisão e só lhe davam intermináveis discussões sobre princípios em que nenhum dos controversistas acreditava». De órgão político – peculiar a um Estado sem papel interventivo –, o parlamento é demandado a funcionar ativamente, como um órgão técnico, visto a legislação ser «hoje uma imensa técnica de controle da vida nacional, em todas as suas manifestações». Modificação radical do Estado e do parlamento que, no seu ver, retira da atividade parlamentar o «seu carácter representativo», ou de «órgão de expressão da opinião pública», dadas as novas «técnicas de expressão e de comunicação do pensamento» e justifica, portanto, a delegação da atividade legislativa – e a iniciativa da legislação – para o Poder Executivo.[25]

O projeto constitucional de Francisco Campos – de carácter centralizador e ditatorial –, não ataca exclusivamente a democracia liberal representativa, os partidos políticos e o parlamento. O Poder Judiciário, em sua perspetiva, deve também ser limitado na capacidade de aplicar a lei, pois a interpretação judicial não se coaduna com «os desígnios econômicos, políticos ou sociais do governo, em benefício da Nação». O fundamento para a limitação do alcance da atividade judicial é a independência interpretativa dos juízes, que podem se orientar por «critérios puramente formais, ou inspirados na evocação de um mundo que já morrera». Para o autor, amparado pelo realismo jurídico de Oliver Wendell Holmes, os tribunais tendem a interpretar a Constituição – e, portanto, conformar o mundo –, a partir de uma perspetiva filosófica idiossincrática em relação à vida econômica e social. E se a interpretação

---

[24] F. Campos, «Directrizes do Estado nacional», in *O Estado Nacional...*, 1940 [1937], 39.
[25] *Ibid.*, 47 e segs.

A Vaga Corporativa

judicial «não dispõe de processos objetivos e infalíveis» não pode ser considerada definitiva, já que «não dá garantia objetiva de seu acerto».[26] Esta justificativa teórica se materializa no texto constitucional. O parágrafo único do art.º 96.º da Constituição de 1937 determinava que se uma lei fosse declarada inconstitucional pelo Judiciário, poderia o Presidente da República submetê-la novamente ao exame do Parlamento, tornando eventualmente sem efeito a decisão do Tribunal. Isto se, segundo o juízo do Presidente da República, tal lei «necessária ao bem-estar do povo, à promoção ou defesa de interesse nacional de alta monta» fosse garantida por dois terços de votos em cada uma das Câmaras. Na prática, Campos optou por eliminar do Judiciário a competência do controle de constitucionalidade das leis e, consequentemente, o seu carácter de guarda da Constituição. O autor, em entrevista publicada sob o título *Problemas do Brasil e soluções do regime*, defende a medida considerando que o Poder Judiciário existe mesmo quando não porta a «prerrogativa» de declarar a inconstitucionalidade de uma lei ou recusar a sua execução. Ele ainda indica que o controle judicial de constitucionalidade das leis está ligado historicamente ao carácter conservador do constitucionalismo norte-americano. Argumenta que a supremacia política do órgão judicial se daria – sob a hipótese de decidir o sentido final e a interpretação decisiva da lei – em oposição ao poder do povo. Tal precedência do Judiciário seria uma espécie de sobrevivência residual do Poder Moderador da monarquia brasileira, voltada, portanto, para «impedir ou moderar as reivindicações populares».[27]

Neste ponto encontra-se o elemento jurídico que define o Estado Novo como um regime de carácter ditatorial ou de exceção. Trata-se da possibilidade de suspensão da ordem constitucional pelo Chefe do Poder Executivo. Não é Campos que inaugura esta técnica de conformação de uma «ditadura constitucional». Alguns anos antes, no seu livro *O Guardião da Constituição* (1931), Carl Schmitt defende esta tese a partir de uma interpretação extensiva do art.º 48.º da Constituição de Weimar, que previa a possibilidade da declaração do estado de necessidade pelo Presidente do *Reich*. Segundo Schmitt, as «medidas necessárias» previstas na primeira parte do § 2 do art.º 48.º para debelar a situação de crise não poderiam ser limitadas pela estipulação, no mesmo parágrafo, dos direitos a serem suspensos pelo Presidente, se este tem o aval do *Reichstag* (Parlamento). Com a autorização parlamentar o Presidente poderia soberanamente in-

---

[26] F. Campos, «Directrizes do Estado nacional»..., 56-57.
[27] F. Campos, «Problemas do Brasil e soluções do regime», in *O Estado Nacional*,... 1940 [1938], 103 e segs.

fringir a maioria dos artigos da Constituição que se tornassem impedimento para a restauração da ordem social.[28] Em Schmitt, da mesma forma que o art.º 96.º da Constituição de Campos, determinar as circunstâncias em que o estado de necessidade pode ocorrer depende de uma *decisão* de carácter *pessoal*. Isso significa que, com a teoria schmittiana, o direito passa a demandar uma validade substancial e não meramente formal. A legitimação de uma Constituição situa-se, desta forma, fora de funcionamento, dependendo especificamente da ordem política que o autoriza. Não é por acaso, portanto, que o art.º 94.º da Constituição de 1937 fixa que é vedado ao Poder Judiciário «conhecer de questões exclusivamente políticas».

Sendo a Constituição de 1937 monoliticamente antiliberal, ela não somente elimina o funcionamento de partidos políticos, restringe o sufrágio, atribui poder legislativo à administração e submete a si própria e ao Judiciário ao Chefe do Executivo. A necessidade de defender um Estado interventor atinge diretamente os direitos de perfil liberal, como a propriedade privada e a liberdade negocial. Para Campos, restringir direitos individuais não é o mesmo que limitar a liberdade. Para ele, a liberdade só se realiza materialmente e de forma republicana – isto é, com finalidade pública e não apenas nominalmente – quando controlada, organizada e orientada pelo Estado. A liberdade, ao permitir o «feudalismo econômico», estimula «poderes irresponsáveis que, aproveitando-se da chance ou das circunstâncias favoráveis», impõem o «domínio sobre a nação». A consequência é que «o liberalismo político e econômico conduz ao comunismo».[29]

Utilizando-se de uma crítica equivalente à realizada ao liberalismo político e suas instituições, o autor sustenta que o liberalismo econômico e a liberdade individual centrada na força – e, portanto, na violência – são os antípodas do corporativismo. Ele concebe o corporativismo como o resultado de um Estado protetor e árbitro, capaz de conduzir o domínio da economia sob a lógica do bem comum e não do interesse individual. Vai além. Considera que a existência de uma organização política e econômica de natureza corporativa suprime a possibilidade do desenvolvimento do comunismo sem abolir a liberdade – não a liberdade individualista liberal, mas a liberdade da iniciativa do indivíduo, nos limites da instituição corporativa. Para ele,

O corporativismo mata o comunismo como o liberalismo gera o comunismo. O corporativismo interrompe o processo de decomposição do

---

[28] Cf. C. Schmitt, *Der Hüter der Verfassung* (Berlin: Duncker & Humblot, 1996 [1931]).
[29] F. Campos, «Directrizes do Estado nacional»..., 60-61.

mundo capitalista previsto por Marx como resultante da anarquia liberal. As grandes revoluções políticas do século XX desmentiram a profecia de Marx e desmoralizaram a dialética marxista. A vontade dos homens e as suas decisões podem, portanto, pôr termo à suposta evolução necessária do capitalismo para o comunismo. Essa evolução parou com o fim que o mundo contemporâneo prescreveu à anarquia liberal do século passado.[30]

Diante de Campos está a necessidade da consolidação de uma ordem política voltada para os problemas característicos de uma sociedade industrializada ou em processo de industrialização e agitada pelas movimentações políticas operárias. A previsão constitucional de um Conselho Econômico Nacional, órgão encarregado de realizar na prática a vocação legislativa da organização social de natureza corporativa, deve se subordinar – para Campos – à discricionariedade do Presidente da República. O regime corporativo, pela sua natureza dinâmica, somente deve cristalizar-se nas instituições brasileiras a partir da experiência de seu funcionamento concreto. Não deve, segundo o seu argumento, derivar a sua força de uma decisão artificial do Chefe do governo.[31] Coadunando-se com o sentido mais duradouro do movimento histórico de centralização política, Campos investe os seus argumentos em explicitar o investimento e a atenção que o Estado Novo dá à economia. As corporações devem ter capacidade jurídica e autonomia públicas garantidas e protegidas pelo Estado para regular-se e governar-se, e isto é exatamente o oposto à «indiferença do Estado pela economia». Para ele, se o inimigo mediato do corporativismo é o comunismo. Por outro lado, o combate atual e imediato é à especulação desenfreada do financismo e à sua capacidade de manipulação dissimulada da política, pois «Sob a pressão dos interesses políticos e eleitorais, estreitamente ligados à finança, o Estado tomava sobre si os prejuízos, distribuindo pela economia nacional as conseqüências das loucuras individuais de alguns aventureiros».[32]

Nas poucas páginas que dedica ao tema do corporativismo, este aparece como um sinônimo da participação do Estado na vida econômica e financeira do país, sob a lógica dos direitos sociais e da igualização das condições materiais das massas proletárias. Embora chame a atenção para

---

[30] *Ibid.*, 60-62.
[31] *Ibid.*, 85-86.
[32] *Ibid.*, 63. E ainda: «Na organização corporativa, o poder econômico tem expressão legal: não precisa negociar e corromper, insinuar-se nos interstícios ou usar de meios oblíquos e clandestinos. Tendo o poder, tem a responsabilidade, e o seu poder e a sua responsabilidade encontram limite e sanção no Estado independente, autoritário e justo» (*Ibid.*, 64).

O projeto centralizador e antiliberal de Francisco Campos

o carácter legislativo que os conselhos corporativos podem tomar no Estado Novo, Campos ressalta o elemento de inclusão social, de formalização do trabalho e controle da economia. Na posição de ministro do Estado Novo – e, portanto, no período que interessa explicitar a sua compreensão da Constituição de 1937 –, surpreendentemente dedica escasso espaço ao tema do corporativismo. No entanto, *a posteriori* pode notar-se que a sua interpretação do tema é uma forte indicação dos caminhos traçados pelo regime, independentemente das fundamentações doutrinárias e teóricas que inundaram o debate sobre a forma do Estado brasileiro nos anos 1930. O mais interessante é que, como ator político responsável pela regulação da vida econômica e política nacional, posição que lhe permitiu realizar um profundo e complexo movimento de modernização do Estado, Campos reverbera o que de positivo o regime ditatorial de Vargas legou para a história do país em termos econômicos e sociais.

Considerações finais

Um problema da bibliografia especializada é classificar o Estado Novo dentro dos paradigmas existentes. Ter-se-ia, dentro das características usuais, uma ditadura cesarista, pois ao lado do controle concentrado dos instrumentos clássicos de regulação – exército, burocracia, polícia e judiciário – se somaria a necessidade de um suporte popular.[33] Como Vargas tomara o poder com o apoio de uma larga coalizão, havia a necessidade política de garantir a continuidade desse apoio, independentemente de sua liderança carismática. Embora com problemas formais de vigência, a Constituição se prestava a esse papel, orientando largamente a produção legislativa do Estado Novo. Assim, o regime varguista não pode ser visto nem como uma simples usurpação tirânica do poder político, e nem como um modelo de Estado autoritário vinculado exclusiva ou majoritariamente à ideologia corporativista.

Práticas plebiscitárias previstas por um regime que se arroga o título de constitucional, necessidade da aceitação popular e concentração do poder na figura do Presidente, são características de uma forma de governo que está atenta à possibilidade de articulação política das massas. Tal articulação se produzira ainda na década de 20 através dos movimen-

---

[33] Cf. F. Neumann, «Notes on the theory of dictatorship», *The Democratic and the Authoritarian State: Essays in Political and Legal Theory. Edited and with a Preface by Herbert Marcuse* (Nova Iorque e Londres: The Free Press/Collier-Macmillan Company, 1957), 236.

tos associativos dos trabalhadores urbanos. A solução do regime foi a de integrar – de forma subserviente – estas manifestações num programa corporativista organizado pelo Estado. Evitava-se a capacidade mobilizadora do mito da greve geral, como diria Francisco Campos, pelo estímulo da propaganda do grande Líder, do homem do destino. Para além da ideia de um populismo que exaltaria a mobilização nacionalista do povo em detrimento da organização institucional, o Estado Novo recorreu grandemente à legitimação proporcionada pelas regras jurídicas.

Não podendo ser simplesmente classificado como um modelo de Estado autoritário, por não se aproximar do arcabouço teórico que define em extensão e profundidade essa aceção, o regime aponta para uma incógnita. Se efetivamente Francisco Campos pode ser considerado o autor que deu forma jurídico-política para o Estado Novo, este irá se destacar dos outros regimes de exceção que estavam a ocorrer tanto na América Latina quanto no resto dos países ocidentais. A onda autoritária que varreu o mundo após a quebra da Bolsa de Valores em 1929 não ocorreu sempre dentro dos mesmos parâmetros. No Brasil, o Estado Novo não representou nem somente uma centralização dos poderes no Executivo, nem uma mera organização política de carácter corporativo. As vias hermenêuticas do corporativismo não dão conta da construção discursiva de legitimação da ordem estadonovista. A incorporação social e cultural das massas, a crítica pormenorizada das instituições e da metafísica liberal, a oposição entre democracia liberal e democracia substantiva, a configuração constitucional de um presidencialismo de corte cesarista e a crítica à Primeira República a partir de uma filosofia da história de carácter decadentista são todos elementos que não se encontram nem mesmo na tradição autoritária que nasce da crítica à Primeira República. Esses caracteres são constitutivos do Estado Novo, seja como institutos constitucionais, seja como elementos discursivos presentes no processo de legitimação pública do regime.

Federico Finchelstein

Capítulo 12
Corporativismo, ditadura e populismo na Argentina

Na década de 1920, Hans Kelsen, célebre pensador da área jurídica, afirmou que o corporativismo viera substituir a forma democrática de representação parlamentar por uma diferente configuração que se encontrava mais próxima do poder ditatorial. Kelsen discordava daqueles que continuavam convictos de que o corporativismo podia funcionar como um reforço da democracia. Defendia, de facto, a posição oposta. O corporativismo servia apenas os interesses daqueles que tinham deixado de se identificar com as constituições democráticas. Um desejo de domínio vertical estava subjacente aos seus apelos oportunistas a uma participação «orgânica» no governo de todos os grupos ocupacionais. No entender de Kelsen, o corporativismo era potencialmente ditatorial, mas sempre intrinsecamente autocrático – um inimigo da democracia.[1]

Atualmente, a perspetiva de Kelsen goza de ampla aceitação por parte dos académicos da área. Na sua maioria, os estudiosos do corporativismo associam-no com frequência a governos autoritários, ou, em termos mais gerais, a limitações da participação dos cidadãos na esfera política. De facto, numa das mais influentes definições de corporativismo, a de Philippe Schmitter, este sistema não apresenta muitos atributos de emancipação democrática. Schmitter enfatiza as suas dimensões e compulsões hierárquicas, associando-o a um entendimento homogeneizador das unidades sociais constituintes:

> O corporativismo pode ser definido como um sistema de representação de interesses no qual as unidades constituintes [isto é, os sectores sociais e

---

[1] Ver Hans Kelsen, *The Essence and Value of Democracy*, eds. Nadia Urbinati e Carlo Invernizzi Accetti (Lanham: Rowman & Littlefield Publishers, 2013), 63-66. O livro foi originariamente publicado em 1920 e atualizado em 1929.

económicos] se organizam num número limitado de categorias singulares, obrigatórias, não concorrenciais, hierarquicamente ordenadas e funcionalmente diferenciadas, reconhecidas ou licenciadas (ou mesmo criadas) pelo Estado e às quais é deliberadamente concedido um monopólio representativo dentro das suas respetivas categorias em troca da observância de determinados controlos.[2]

Como sublinha Schmitter, o corporativismo possui uma longa história que remonta à Idade Média. Esta história inclui pensadores tão diversos como Hegel, Marx, os papas Leão XIII e Pio XI, Georges Sorel, Lord Keynes e Charles Maurras, entre muitos outros, da esquerda à direita.[3] A esta extensa lista haveria que acrescentar uma série de pensadores latino-americanos que Schmitter omite – como, por exemplo, o marxista peruano José Carlos Mariategui, o escritor mexicano José Vasconcelos ou o argentino Leopoldo Lugones, entre muitos outros.[4] As ideias e as práticas do corporativismo não estavam circunscritas ao mundo europeu. Por outras palavras, o corporativismo estendeu-se às regiões periféricas do globo, onde, em muitos casos, seria reformulado. No presente capítulo, proponho-me analisar este processo de reformulação tal como foi concebido pelos intelectuais fascistas argentinos no período entre as duas guerras mundiais. Subsequentemente, apresentarei uma perspetiva sobre a genealogia intelectual de uma das mais bem-sucedidas experiências corporativistas do pós-guerra: o peronismo. Como veremos, o fascismo ajuda a explicar o como e o porquê da transformação do corporativismo tal como ocorreu, em particular, na Argentina do pós-guerra. Aqui, o sistema que tinha sido um dos elementos-chave da teoria fascista da ditadura converter-se-ia num dos alicerces da versão populista de democracia autoritária surgida no início da Guerra Fria.

O corporativismo ditatorial num contexto global

Atualmente, os teóricos políticos corroboram a perspetiva defendida por Kelsen no período entre as guerras relativamente à antítese histórica entre corporativismo e democracia. Pierre Rosanvallon, por exemplo, ar-

---

[2] Philippe C. Schmitter, «Still the century of corporatism?», *The Review of Politics*, vol. 36, n.º 1 (1974): 93-94; Stanley G. Payne, *A History of Fascism 1914-1945* (Madison: University of Wisconsin Press, 1995) 38-39.

[3] Philippe C. Schmitter, «Still the century of corporatism?»..., 87.

[4] Sobre o corporativismo na América Latina, ver Patricia Funes, *Historia Mínima de las Ideas Políticas en América Latina* (México: Colegio de México, 2014) e *Salvar La Nación* (Buenos Aires: Prometeo, 2006); Leslie Bethell, *Ideas and Ideologies in Twentieth-Century Latin America* (Cambridge: Cambridge University Press, 1996), 99-205.

gumenta que a representação democrática se desenvolve em tensão dialética com o corporativismo, ou, mais especificamente, com aquilo a que chama o «corporativismo do universal».[5] Mas se Rosanvallon destaca sobretudo a história de longo prazo desta tensão, eu opto por regressar à intuição original de Kelsen relativamente à natureza crescentemente antagónica entre democracia e autocracia no contexto da crise do liberalismo que marcou o período entre as guerras.

O corporativismo constituiu, nesse mesmo período, uma dimensão-chave da reação global à democracia liberal. Evidentemente, o sistema corporativista tinha já vários séculos de existência e nem sempre se circunscreveu ao campo antidemocrático. E, enquanto função do Estado, foi muitas vezes um elemento fundamental da remodelação da burguesia europeia nos anos que intermediaram as guerras.[6] Porém, enquanto proposta ideológica, o corporativismo estreitou cada vez mais os laços com o fascismo, tornando-se parte integrante da reação ditatorial à democracia liberal, a qual, para muitos fascistas, não era senão um prelúdio do comunismo.

Esta versão antiliberal e anticomunista do corporativismo constituía um elemento-chave da circulação global do fascismo. Enfatizar esta situação contextual permite-nos uma perspetiva mais complexa sobre ambos os fenómenos. Como observa António Costa Pinto: «Poderosos processos de transferências institucionais foram uma marca distintiva das ditaduras de entre as guerras [...] o corporativismo estava na primeira linha deste processo, não apenas como uma nova forma organizada da representação de interesses, mas também como uma alternativa autoritária à democracia parlamentar. A difusão do corporativismo político e social, que constitui, a par do regime de partido único, a marca distintiva das transferências institucionais entre as ditaduras europeias, desafia algumas das interpretações rigidamente dicotómicas do fascismo de entre as guerras.»[7]

Em termos gerais, o fascismo emergiu como uma reacção ao legado do Iluminismo, rejeitando a democracia liberal e substituindo-a pela ditadura, tanto em termos práticos como teóricos. Embora persistam dú-

---

[5] Pierre Rosanvallon, *Democratic Legitimacy: Impartiality, Reflexivity, Proximity* (Princeton: Princeton University Press, 2011), 48-43; Étienne Balibar, *We, the People of Europe?: Reflections on Transnational Citizenship* (Princeton: Princeton University Press, 2004), 254.
[6] Charles Maier, *Recasting Bourgeois Europe* (Princeton: *Princeton* University Press, 1988).
[7] António Costa Pinto, *The Nature of Fascism Revisited* (Nova Iorque: Columbia University Press, 2012), XIX.

vidas significativas relativamente à real aplicação das práticas corporativistas, poucos historiadores discordarão quanto à centralidade das ideias corporativistas nos círculos ideológicos do fascismo e nos regimes fascistas. Dito de outro modo, o corporativismo era central à ideologia fascista, inclusive na América Latina.[8]

A partir da década de 1920, o corporativismo tornou-se cada vez mais um sinónimo de formas de governo ditatoriais antiliberais e anticomunistas. Durante este período, Mussolini apontou-o como um elemento central do fascismo. O corporativismo era parte de uma «nova síntese» que «suplanta o socialismo e o liberalismo».[9] Mussolini não estava só. A sua «terceira via» corporativista entre o liberalismo e o socialismo tornou-se um veículo global para a difusão e reformulação das ideias fascistas. Assim, o corporativismo tornou-se também um dos argumentos dos fascistas transatlânticos, bem como dos representantes das «ditaduras híbridas» que floresceram durante esse período.[10] Para estes regimes, o corporativismo representava uma forma de legitimação da soberania que estabelecia um sistema de representação o qual não limitava de modo significativo a autoridade do ditador. Em termos mais gerais, a ditadura assentava numa noção trinitária de soberania popular segundo a qual o líder incarnava a nação e o povo, ou, para citar o lema dos fascistas, «um homem, um povo, uma nação», e o corporativismo fornecia uma teoria para a regulação de conflitos sob o arbitramento supremo do líder. Se nas formas de representação não ditatoriais o corporativismo apresentava o Estado como o árbitro dos conflitos de interesses, sob o corporativismo totalitário não havia qualquer diferença entre o líder e o Estado em geral, incluindo no que dizia respeito à organização corporativista. Em teoria, o corporativismo funcionava como um meio ideológico para a legitimação do ditador. Mas seria apenas um *bluff* teórico, ou estariam realmente os fascistas a falar a sério? Na perspetiva do historiador italiano Matteo Pasetti, o corporativismo não era um *bluff* nem uma verdadeira mudança revolucionária na organização do Estado. Similarmente, Alessio Gagliardi sublinhou a necessidade de entender este projeto falhado como uma efi-

---

[8] Para o caso brasileiro, ver Fabio Gentile, «O Estado Corporativo Fascista e sua apropriação na era Vargas», in *Ditaduras – a Desmesura do Poder*, eds. Nildo Avelino, Ana Montoia e Telma Dias Fernandes (São Paulo: Intermeios, 2015).

[9] «Il *corporativismo* è l'economia disciplinata, e quindi anche controllata, perché non si può pensare a una disciplina che non abbia un controllo. Il *corporativismo* supera il socialismo e supera il liberalismo, crea una *nuova sintesi*.» Ver Benito Mussolini, *Opera Omnia* (Florença: La Fenice, 1951-1962), vol. XXVI, 95.

[10] António Costa Pinto, *The Nature of Fascism Revisited...*, XII.

Corporativismo, ditadura e populismo na Argentina

caz forma de legitimação.[11] Este poder legitimador da ditadura corporativista foi criado para durar, constituindo de facto, como defende convincentemente António Costa Pinto, um elemento fundamental da resposta ditatorial europeia ao liberalismo: «o corporativismo marcou de modo indelével as primeiras décadas do século XX, não só como um conjunto de instituições criadas através da integração forçada no Estado dos interesses organizados (sobretudo os sindicatos independentes), mas também como uma alternativa orgânico-estatista à democracia liberal».[12] Esta resposta corporativista antiliberal (e anticomunista) extravasou também as fronteiras europeias. A dimensão argentina dessa resposta é o tópico da secção que se segue.

Fascismo e corporativismo anticomunista na Argentina

Na Argentina, o período entre 1930 e 1946 foi marcado por profundas transformações que incluíram a lenta agonia do liberalismo e a emergência de uma nova Argentina cada vez mais alicerçada em ideias corporativistas antiliberais e anticomunistas. Em 1930, o golpe militar do general José Felix Uriburu inicia o período em causa, que termina com a eleição como Presidente do general Juan Domingo Perón. Em termos de corporativismo, o período começa com uma ditadura corporativista e termina com a emergência de uma democracia autoritária corporativista. Durante estes anos, o movimento nacionalista – a versão argentina do fascismo – foi o principal paladino do corporativismo no país.[13] Este movimento aliava o antissemitismo dos nazis à violência «proletária» e estetizada do

---

[11] Matteo Passetti, «Neither bluff nor revolution: The corporations and the consolidation of the fascist regime (1925-1926)», in *In the Society of Fascists: Acclamation, Acquiescence, and Agency in Mussolini's Italy*, eds. Giulia Albanese e Roberta Pergher (Basingstoke: Palgrave Macmillan, 2012); Alessio Gagliardi, *Il Corportivismo Fascista* (Roma: Laterza, 2010). Sobre o corporativismo fascista, ver também Philip Morgan, «Corporatism and the economic order», in R. J. B. Bosworth, *The Oxford Handbook of Fascism* (Oxford: Oxford University Press, 2019), 150-165.

[12] António Costa Pinto, «Fascism, corporatism and the crafting of authoritarian institutions in interwar European dictatorships», in *Rethinking Fascism and Dictatorship in Europe*, eds. Antonio Costa Pinto e Aristotle Kallis (Londres: Palgrave, 2014), 87.

[13] Sobre fascismo e populismo na Argentina, ver o meu livro *The Ideological Origins of the Dirty War. Fascism, Populism, and Dictatorship in twentieth century Argentina* (Nova Iorque: Oxford University Press, 2014). Ver também Alberto Spektorowski, *The Origins of Argentina's Revolution of the Right* (Notre Dame: University of Notre Dame Press, 2003); Sandra McGee Deutsch, *Las Derechas: the Extreme Right in Argentina, Brazil, and Chile, 1890-1939* (Stanford: Stanford University Press, 1999).

A Vaga Corporativa

fascismo italiano e ao militarismo ultracatólico do fascismo espanhol. Em 1943, uma segunda ditadura militar deu aos fascistas argentinos uma nova oportunidade de introduzirem no Estado um corporativismo de pendor fascista. Porém, os resultados desta tentativa não foram exatamente os esperados. Afastando-se cada vez mais das ideias defendidas por Uriburu, Lugones e muitos outros fascistas argentinos no período entre as guerras, a ditadura de 1943, que apoiava a sua síntese de militarismo e corporativismo «social», acabaria por conduzir, depois de 1945, a algo de muito diferente do fascismo: o populismo peronista.

Contudo, no período anterior à emergência do peronismo, o movimento fascista argentino foi o *locus* das ideias corporativistas no país. O movimento nacionalista contava com intelectuais argentinos de renome, bem como com alguns dos mais destacados representantes da Igreja Católica e das Forças Armadas. Todos estes sectores do fascismo argentino apoiavam unanimemente o corporativismo enquanto forma autoritária de democracia, um regime político que eles associavam também à ditadura de tipo fascista. De facto, os fascistas argentinos entendiam a ditadura como a melhor forma de representação política, na qual os diferentes sectores da sociedade podiam ser arbitrados bem como submetidos aos ditames de um poder executivo autocrático.

O sistema que os antifascistas entendiam simplesmente como uma impiedosa ditadura fascista era apresentado pelos fascistas argentinos como uma verdadeira forma de democracia. Para estes, o corporativismo, enquanto instrumento legitimador, constituía uma forma eficaz de conciliar a contradição entre ditadura e representação. Guido Glave, por exemplo, membro da organização fascista Unión Patriótica Argentina, apresentava o corporativismo como uma verdadeira democracia. Glave vaticinava a erradicação da representação eleitoral livre e universal e entendia o corporativismo como o elemento-chave da defesa contra os supostos inimigos da nação: o liberalismo, o comunismo e o judaísmo.[14] Os fascistas da Legión Cívica Argentina (LCA) também apoiavam esta ideia. Organização com mais de 200 mil seguidores, fundada pelo general Uriburu, a LCA defendia a imposição pela força, ou através de persuasão ideológica, de um sistema corporativista sem partidos políticos. Os seus representantes acreditavam que a conquista da «consciência» dos argentinos tornaria desnecessária a sua representação eleitoral. De facto, para eles, a «implantação da verdadeira democracia» nada tinha que ver com

---

[14] Guido Glave, *Economía Dirigida de la Democracia Corporativa Argentina* (Buenos Aires: Imprenta L. L. Gotelli, 1936), 7, 25, 30, 135-136.

votos, mas sim com um tipo de representação corporativista.[15] Similarmente, Enrique Osés, um dos mais célebres líderes fascistas argentinos, defendia que o sistema corporativista era «mais autenticamente» popular e democrático pelo facto de ter superado o estádio «infantil» da democracia que ele identificava com o liberalismo e a representação democrática.[16] Em termos gerais, os fascistas argentinos acreditavam que o corporativismo conferia um grau substancial de legitimidade a uma forma de representação ditatorial alicerçada em formas de soberania popular, embora não eleitoral. Identificavam este corporativismo ditatorial com uma muito particular e idiossincrática noção fascista de democracia. Por outras palavras, na perspetiva dos fascistas argentinos, a verdadeira democracia era de facto uma ditadura corporativista. E, para eles, este sistema corporativista transnacional devia ser essencialmente argentino: tinha de ter em conta a «alma nacional».[17]

Tais ideias sobre o corporativismo, a ditadura e o autoritarismo eram igualmente apoiadas por um dos mais influentes sacerdotes argentinos, o padre Gustavo Franceschi, editor da revista *Criterio*, a mais destacada publicação católica do país. Franceschi sublinhava a necessidade da criação de um Estado corporativo próximo das experiências fascistas europeias, mas capaz de se adequar às «idiossincrasias» do país.[18] Outros importantes clérigos fascistas secundavam estas convicções. Todos eles enfatizavam também, à semelhança de Mussolini, que o corporativismo representava uma oposição radical ao liberalismo e ao socialismo. Como sustentava o influente clérigo fascista Alberto Ezcurra Medrano, esta oposição era central à definição sintética do nacionalismo: «Se tivéssemos de caracterizar sucintamente o movimento nacionalista, diríamos que advoga um governo forte, um regime corporativista como reação ao liberalismo individualista, e o culto de Deus e da Pátria e a exaltação de valores morais

---

[15] AGN (*Archivo General* de la Nación Argentina), Arquivo Agustín P. Justo, cx. 36, doc. 277, *Reacción*, jun. 1935, n.º 1. «La Legión Cívica Argentina».
[16] AGN, Arquivo Agustín P. Justo, cx. 104, doc. 151. 28 fev. 1942.
[17] AGN, Arquivo Agustín P. Justo, cx. 49, doc. 29. *Nueva Idea*, ano 1, n.º 1, 19 jan. 1935; Héctor Bernardo, *El Régimen Corporativo y el Mundo Actual* (Buenos Aires: Adsum, 1943), 52-54.
[18] Gustavo J. Franceschi, «Equívoco», *Criterio*, 31 maio 1934, 102; Gustavo J. Franceschi, «Laicismo», *Criterio*, 21 jun. 1934, 173-176; Gustavo J. Franceschi, «Patria y tradición», *Criterio*, 28 jun. 1934, 197-199; Gustavo J. Franceschi, «Balance de un cincuentenario», *Criterio*, 26 jul. 1934, 293-296; Gustavo J. Franceschi, «La inquietud de esta hora», *Criterio*, 2 ago. 1934, 318; Gustavo J. Franceschi, Religión y moral, *Criterio*, 29 nov. 1934, 369-370; Gustavo J. Franceschi, «Una dictadura inaceptable». Comentarios, *Criterio*, 30 set. 1937, 101--103; Gustavo J. Franceschi, «Un gesto inoportuno», *Criterio*, 2 dez. 1937, 317-321. Ver também Justo Franco, «El peligro de la escuela laica», *Criterio*, 10 dez. 1931, 337.

A Vaga Corporativa

como oposição ao ateísmo, ao internacionalismo e ao materialismo marxistas.» O padre Julio Meinvielle, ícone do fascismo argentino do século passado, defendia também uma forma fascista de representação política corporativista. À semelhança de muitos dos seus pares argentinos, atribuía ao sistema raízes teológicas. No seu entender, a «democracia pura» não era «aceitável» e o único sistema legítimo na Argentina era um «regime corporativista e autoritário».[19] Regra geral, os fascistas argentinos acreditavam que o país tinha de criar a sua própria forma de fascismo, a qual devia incluir uma versão nacional de corporativismo que enfatizasse a versão clérico-fascista do fascismo predominante no país.[20]

Seria o general Uriburu, o primeiro ditador argentino moderno, a pôr em marcha este processo de transferência e reformulação. Uriburu tinha lido a *Carta del Lavoro* e admirava o corporativismo fascista.[21] Era também leitor assíduo de publicações fascistas como a *Criterio* e concordava com os fascistas argentinos quanto à necessidade de uma reforma corporativista do Estado. Em 1931 tentou implementar esta reforma, mas falhou, ao sair derrotado de uma eleição pseudoplebiscitária na província de Buenos Aires. O general enfrentaria também uma insurreição militar radical, bem como a crescente oposição de elementos mais conservadores das forças armadas. A revolução corporativista de Uriburu, orientada do topo para a base, acabaria por fracassar. No início de 1932, Uriburu abandonou não só o poder como também o país. Morreria em França alguns meses depois. Na fase final do seu regime, o general tinha revelado mais abertamente a sua preferência por uma forma fascista de corporativismo. Acreditava que os seus seguidores continuariam a combater a «causa do mal». Uriburu visava destruir a democracia liberal. Fora este o objetivo do seu regime, mas a sua ditadura «não tivera o tempo necessário para difundir as suas ideias e formar esta consciência pública», já que «a gravidade das circunstâncias e o perigo iminente que ameaçava o país precipitaram os acontecimentos e tornaram a solução heróica inevitavelmente urgente». Para Uriburu, foi esta situação excecional que impossibilitou uma verdadeira reforma do Estado: «expor nesse momento novas ideias políticas para a arena social, enquanto o país sofria em todas as frentes, teria sido ingénuo e absurdo».[22] Uriburu reconhecia as suas próprias limitações, teó-

---

[19] Julio Meinvielle, *Concepción Católica de la Política* (Buenos Aires: Cursos de Cultura Católica, 1941), 187.
[20] Sobre o clérico-fascismo, veja-se o meu livro *Transatlantic Fascism. Ideology, Violence and the Sacred in Argentina and Italy, 1919-1945* (Durham: Duke University Press, 2010).
[21] Juan E. Carulla, *Al filo del Medio Siglo* (Buenos Aires: Huemul, 1964), 250.
[22] AGN, Arquivo Uriburu. Maço 20, Sala VII 2596, pasta de recortes s. n.

ricas e práticas, na definição do projeto político da ditadura: «Não consigo exprimir [...] neste manifesto de despedida as minhas ideias [...] sobre um melhor sistema eleitoral», mas, ainda assim, declarou: «Quero predizer aquilo que alguns dos homens que estiveram a meu lado irão apoiar e desenvolver relativamente à ação política que deve ser implementada.» E afirmou também: «Consideramos absurda a implantação neste país de um sistema monárquico. Este país assenta em alicerces republicanos; preferimos falar de alicerces republicanos e não de alicerces democráticos.»[23]

A noção de alicerces autoritários republicanos vinha substituir-se à ideia de democracia tal como o ditador a entendia. Como observou Uriburu: «A palavra Democracia com D maiúsculo deixou de ter sentido para nós. [...] Isto não significa que não sejamos democratas, mas apenas que esperamos, muito sinceramente, que a determinada altura a democracia com letra pequena, porém orgânica e verdadeira, se substitua à desajustada demagogia que tanto mal nos causou.»[24] Uriburu era, acima de tudo, um antiliberal. Aspirava a um tipo ditatorial de «democracia» baseado em formas corporativistas de organização do estado. O ditador considerava a democracia liberal um sistema do passado. E advertia aqueles que acreditavam «que a última palavra em política é o sufrágio universal [...] como se nada de novo existisse debaixo do sol, as corporações deram grandeza e esplendor às Comunas Italianas dos séculos XII e XIII, degenerando mais tarde devido ao predomínio dos Príncipes». Para Uriburu, o fascismo era uma nova atualização de uma tradição secular: «A união corporativista não é uma descoberta do fascismo, mas sim a adaptação modernizada de um sistema cujos resultados durante um período alargado da história justificam o seu ressurgimento.»

Uriburu acreditava que o fascismo tinha modernizado o corporativismo. No seu entender, esta modernização esvaziara o legado do Iluminismo e legitimara a sua revolução, na Argentina, contra a herança da Revolução Francesa. Assim, o ditador rejeitava o vocabulário democrático da revolução de 1789 e advertia contra o seu uso na Argentina por parte dos judeus nacionais. Opunha a Revolução Francesa e os judeus ao corporativismo tal como ele o entendia: «Os revolucionários argentinos de 1930 não podem levar a sério a acusação de que somos reacionários. [Uma acusação feita] com a linguagem e as ideias da Revolução

---

[23] *Ibid.* Ver também J. M. Espigares Moreno, *Lo que me Dijo el Gral. Uriburu* (Buenos Aires: Durruty y Kaplan, 1933), 138; e Pablo Calatayud, «El Pensamiento político del general», *Aduna*, 6 setembro 1934, 3; AGN, Arquivo Uriburu, mç. 20, Sala VII, 2596.

[24] AGN, Arquivo Uriburu, mç. 20, Sala VII, 2596, pasta de recortes s. n.

A Vaga Corporativa

Francesa [...] não podemos levar a sério que um punhado de cidadãos naturalizados que viveram a angústia de opressões longínquas se escandalizem com o alegado propósito que maliciosamente nos atribuem de desejarmos importar sistemas eleitorais estrangeiros.»[25] Para Uriburu, o dilema político argentino não era a opção entre fascismo e comunismo, mas antes a sobreposição à realidade argentina de ideias estrangeiras, que ele associava à democracia liberal e ao comunismo. «A nossa lealdade leva-nos a declarar sem hesitações que, se fôssemos obrigados a decidir entre o fascismo italiano e o comunismo russo ou, vergonhosamente, os chamados partidos políticos de esquerda, a nossa escolha seria certa. Felizmente, nada nem ninguém nos impõe semelhante dilema.»[26]

Leopoldo Lugones, amigo pessoal de Uriburu, seria o intelectual que desenvolveria uma verdadeira teoria corporativista da ditadura a partir das limitadas ideias do general sobre fascismo e corporativismo. Lugones discordava de Uriburu no sentido em que acreditava veementemente que o «dilema» entre fascismo e comunismo podia ser evitado. No seu entender, esta oposição era o ponto de partida de qualquer moderna teoria do Estado. Para Lugones, o corporativismo pertencia quase exclusivamente à política do fascismo global, mas ele propunha também uma versão nacional argentina do mesmo. Fora Lugones que redigira a proclamação original do golpe de Estado de 1930.[27] Subsequentemente, escreveria a teoria da ditadura de Uriburu enquanto esta decorria, e, após 1932, tornar-se-ia o principal teórico do projeto corporativista fascista argentino que Uriburu anunciara mas que jamais lograra definir ou realizar de modo cabal.

Nas teorias corporativistas de Lugones estão patentes os objetivos, mas não os atos, da ditadura. Ou seja, Lugones apresentava a ditadura tal como gostaria que ela fosse. Descrevia o regime de Uriburu como essencialmente antipolítico e identificava a forma revolucionária da política fascista com a ausência de política enquanto tal. Para Lugones, a ditadura, enquanto necessário processo histórico de reforma política, não era a expressão do conservadorismo ou, em termos mais gerais, um retorno ao passado, mas sim uma tentativa «revolucionária» de modificar radicalmente a organização do Estado de um modo «autoritário reacionário». No seu entender, tais propósitos transcendiam a esfera política. Lugones entendia o autoritarismo reacionário como uma reação contra a «crise

---

[25] AGN, Arquivo Uriburu, mç. 20, Sala VII, 2596, pasta de recortes s. n.
[26] AGN, Arquivo Uriburu, mç. 20, Sala VII, 2596, pasta de recortes s. n.
[27] Ver o texto da proclamação in *La Fronda*, 7 set. 1930. Ver também Leopoldo Lugones Filho, *Mi Padre: Biografía de Leopoldo Lugones* (Buenos Aires: Centurión, 1949), 347.

universal do liberalismo» que, na Argentina, assumira a forma de uma democracia radical com o Presidente Hipólito Yrigoyen (1916-1922 e 1928-1930). Foi sobretudo no período 1931-1932 que Lugones desenvolveu o seu plano de reforma política, o qual estava em notável sintonia com as ideias do próprio Uriburu, se bem que não com as suas práticas políticas. Para Lugones, a esquerda socialista estava intrinsecamente ligada ao liberalismo, ou, como ele escreveria mais tarde, «o socialismo é uma degeneração do liberalismo».[28]

A reorganização do estado defendida por Lugones incluía o restabelecimento do crédito, a expulsão de «agitadores estrangeiros», a imposição da defesa nacional em termos económicos e militares e, mais importante ainda, a reforma do sistema eleitoral no sentido de estruturas corporativas de governo, ou aquilo a que Lugones chamava, com autoproclamada «objetividade impessoal», «representação funcional». No seu entender, esta representação funcional, com voto universal mas qualificado e organizado em corporações e grupos ocupacionais, era o tipo de nacionalismo mais adequado às necessidades da Argentina. Seriam os argentinos, e não as «massas amorfas», os eleitores deste sistema político. Lugones identificava a política comum com a democracia liberal, e, em contraste, entendia o sistema corporativista como parte da reação fascista global contra a representação eleitoral. Contudo, divergia do fascismo italiano no sentido em que, para ele, uma corporação em particular – as Forças Armadas – devia reinar suprema, inclusive acima do ditador. Lugones defendia a «imposição da técnica militar à esfera governamental» e um Estado transcendentalmente separado da política comum. Esta dimensão mítica estava na base da sua insistência numa «reorganização autoritária» [*reorganización autoritaria*] do Estado.[29]

Já em 1924, no seu célebre discurso em Ayacucho, Peru, Lugones tinha defendido a «hora da espada», que ele identificava com a sua peculiar equação antiliberal e anticomunista de militarismo, ditadura, fascismo e corporativismo. A hora da espada, como afirmava abertamente Lugones, suplantaria a democracia e as suas «consequências naturais: a demagogia ou o socialismo». A democracia tinha coartado o conceito argentino de hierarquia, mas a espada inauguraria uma nova ordem capaz de complementar «a única coisa que verdadeiramente conseguimos até ao mo-

---

[28] Leopoldo Lugones, *El Estado Equitativo (Ensayo sobre la Realidad Argentina)* (Buenos Aires: La Editora Argentina, 1932), 11.
[29] Leopoldo Lugones, *Política Revolucionaria* (Buenos Aires: Anaconda, 1931), 52-53, 65-66; Leopoldo Lugones, *El Estado Equitativo...*, 1932, 9, 11.

mento: a independência».[30] Posteriormente, num programa fascista que escreveu em 1931, Lugones afirmaria que a constituição argentina «já não existe. Foi invalidada pela Revolução [isto é, a ditadura de Uriburu] sem dificuldade». Porém, não deixava de advertir os argentinos contra a ameaça à nação por parte do inimigo interno e a intenção deste de colonizar a alma argentina. A nação, afirmava Lugones, «permanece sob a dupla ocupação da ideologia estrangeira e da conspiração comunista, ou seja, com este inimigo interno, instalado não apenas dentro do território como também dentro da alma, há que manter em estado militante e vigilante a consciência nacional e as espadas argentinas».[31]

Lugones enquadrava este Estado militar corporativo no contexto do fascismo global. Na sua perspectiva, Mussolini representava uma «síntese maquiavélica». Mais do que particularmente italiano, o fascismo era um padrão universal das «democracias militares». A «reconcentração e a defesa» do Estado pareciam representar, para Lugones, um dos princípios fundamentais do fascismo na Itália; contudo, eram também sintomas de tendências ditatoriais mais amplas. O fascismo era exemplar, mas não um modelo. Todavia, a realidade corporativista da Itália era realmente importante para Lugones. No seu entender, Mussolini tinha transformado um «país subalterno e proletário» num «potentado». Era esta potência que possibilitava a «criação de um novo tipo de Estado». Lugones via o fascismo tal como desejava que ele fosse: uma «ditadura democrática».[32] Por outras palavras, na sua perspetiva, o fascismo era muito similar à sua própria proposta para o Estado argentino: uma ditadura corporativista militarista, que ele entendia também, sintomaticamente, como uma forma militar de democracia.[33]

Claramente, alguns membros poderosos das forças armadas estavam atentos aos apelos, por parte de Lugones e de outros fascistas argentinos, a uma ditadura militar corporativista inspirada no fascismo trans-

---

[30] «Así como ésta hizo lo único enteramente logrado que tenemos hasta ahora, y es la independencia, hará el orden necesario, implantará la jerarquía indispensable que la democracia ha malogrado hasta hoy, fatalmente derivada, porque ésa es su consecuencia natural, hacia la demagogia o el socialismo.» Lugones, Leopoldo, «La hora de la espada», in *La patria fuerte* (Buenos Aires: Circulo Militar-Biblioteca del oficial, 1930), 13-19.

[31] Acción Republicana, «Preámbulo y Programa, 9 de julho de 1931», in *El Pensamiento Político Nacionalista. Antologia*, vol. 2., Julio Irazusta (Buenos Aires: Obligado Editora, 1975), 169-171.

[32] Leopoldo Lugones, «Un voto en blanco», *La Nación*, 3 dez. 1922. Ver também Leopoldo Lugones, *Escritos Políticos* (Buenos Aires: Losada, 2009), 191.

[33] Leopoldo Lugones, «Ante una nueva perspectiva del gobierno del mundo». *La Fronda*, 16 jan. 1933, 7.

atlântico.³⁴ Na sua maioria, os oficiais do exército argentino admiravam o fascismo europeu, e nacionalistas argentinos como Lugones e os padres Franceschi e Meinvielle, entre muitos outros, forneceram-lhes o enquadramento teórico para o articularem em termos nacionais. Todos acreditavam que as forças armadas argentinas eram as verdadeiras representantes dos interesses corporativos do país. Os militares organizados no grupo secreto GOU (um grupo de «oficiais unidos») tinham tomado nota desta mensagem e aguardavam o momento certo para agir. O golpe de Estado militar de 1943 articulou os seus objetivos em termos corporativistas anticomunistas. O mais importante membro do GOU, o coronel Juan Perón, defendia novas formas de política social, e acabaria por se tornar o poderoso árbitro do Estado nas relações entre as corporações de trabalhadores e de patrões. Como afirmou Perón em 1943: «Os patrões, os trabalhadores e o Estado constituem as partes de qualquer problema social, e aqueles que o resolverem terão o mérito de bloquear a intromissão da especulação política ou a confusão organizada em questões sindicais [cuestiones gremiales].» No seu discurso de tomada de posse, Perón sublinhou que tencionava «reforçar a fé nos sentimentos dos trabalhadores»³⁵ e, subsequentemente, procurou afastar o liberalismo e a esquerda da resolução das questões corporativistas.

Tanto os fascistas argentinos como a Igreja Católica apoiaram o golpe como uma causa sagrada.³⁶ Inicialmente, o GOU identificava-se com a política dos nacionalistas e concebeu um programa destinado a eliminar os derradeiros vestígios de democracia liberal. Os princípios fundamentais da filosofia corporativista e política de Perón estão patentes em documentos do GOU provavelmente ditados por ele. Nestes documentos

---

³⁴ «Las fuerzas armadas están para defender a la Nación», *Crisol*, 7 out. 1936. Ver também «Respeto al Ejército», *Choque*, 3 jan. 1941, 1; «El gran Ejército para la realidad de la Grande Argentina». *El Federal*, 18 nov. 1944; Carlos M. Silveyra, «¡Viva la Patria salvada por el Ejército!», *Clarinada*, jul. 1943.
³⁵ «Acerca de la labor de la Secretaría de Trabajo y Previsión», 1 dez. 1943, in *Obras Completas*, vol. 6, Juan Domingo Perón (Buenos Aires: Docencia, 1998), 113-114.
³⁶ Sobre o golpe de estado, Perón e a Igreja Católica, ver Loris Zanatta, *Perón y el Mito de la Nación Católica*; Lila Caimari, *Perón y la Iglesia Católica. Religión, Estado y Sociedad en la Argentina (1943-1955)* (Buenos Aires: Ariel, 1995); Susana Bianchi, *Catolicismo y Peronismo: Religión y Política en la Argentina, 1943-1955* (Tandil: Instituto de Estudios Historico Sociales, 2001). O padre Franceschi, o principal ideólogo da Igreja argentina entre 1930 e 1950, deu o seu apoio à ditadura na revista católica *Criterio*, e o chefe das Forças Armadas general Ramirez respondeu com a confirmação da centralidade da Cruz. «Carta al editor», *Criterio*, 1 jul. 1943; Gustavo Franceschi, «Un grave problema Argentino imaginario», *Criterio*, 27 jan. 1944. Ver também Alberto Ciria, *Partidos y Poder en la Argentina Moderna* (Buenos Aires: Hyspamerica, 1986), 121.

A Vaga Corporativa

secretos, os jovens oficiais nacionalistas propunham-se reformar o Estado de um modo orgânico e defender a pátria contra os «inimigos internos e externos» e, em particular, contra a «pseudodemocracia» representada pelas frentes populares, ou seja, as alianças globais e locais do liberalismo e da esquerda. Para os membros do GOU, a «frente popular tem de ser destruída antes ou durante o seu êxito político de modo a evitar-se a guerra civil, a qual não tememos mas que temos a obrigação de evitar».[37] A história do GOU e da ditadura militar é, em grande medida, a odisseia de Perón para se apropriar do seu comando. O GOU surgiu sob o medo de que a Argentina estivesse a assistir a «uma situação similar à de Espanha» antes da Guerra Civil. Durante o golpe militar, autodefiniu-se como o veículo de uma revolução contra o comunismo. Contudo, perante o sucesso do golpe, acabaria por ter de «manter um novo sistema» em substituição da «caótica situação interna».[38] O GOU propunha-se neutralizar os políticos que estavam «ao serviço» de «empresas estrangeiras» e de «empresários judeus exploradores», declarando que «a solução é precisamente a supressão do intermediário político, social e económico. Para tanto, é necessário que o Estado se torne o órgão regulador da riqueza, diretor da política e harmonizador social».[39] Tais mudanças foram realizadas no contexto de algo a que os estudiosos chamam uma «revolução dentro da revolução», na qual jovens oficiais liderados por Perón acabaram por aproveitar a oportunidade propiciada pelo golpe para reformularem as bases institucionais do país em termos anticomunistas, corporativistas e religiosos. Durante este período, a ideologia era constantemente reformulada para se adequar aos objetivos multifacetados dos diferentes atores sociais e políticos «peronistas», desde os fascistas militares e civis até aos sindicatos e à classe trabalhadora de tendência esquerdista. Perón, que se tornara secretário do Trabalho da ditadura militar, logrou desenvolver um programa estatal de reforma social que aca-

---

[37] Ver Arquivo Cedinci, documentos do GOU. Sobre Perón e o GOU, ver Robert Potash, *El Ejercito y la Política en la Argentina I 1928-1945* (Buenos Aires: Hyspamerica, 1985), 263- -340; Juan Domingo Perón, *Obras Completas*, vol. 6; Tulio Halperín Donghi, *La República imposible (1930-1945)* (Buenos Aires, Ariel, 2004), 300-315; Alberto Spektorowski, *Argentina's Revolution of the Right* (Notre Dame: University of Notre Dame Press, 2003), 176-200; Zannata, Loris, *Breve Historia del Peronismo Clásico* (Buenos Aires: Sudamericana, 2009).

[38] Documentos del GOU, in Juan Domingo Perón, *Obras Completas*, vol. 6, 40, 43, 57- -64.

[39] «*La solución está precisamente en la supresión* del intermediario político, social y económico. Para lo cual es necesario que el Estado se convierta en órgano regulador de la riqueza, director de la política y armonizador social», documentos del GOU, in Juan Domingo Perón, *Obras Completas*, vol. 6, 58-59.

baria por lhe valer o apoio de uma massa de trabalhadores e dirigentes sindicais, os quais compreenderam as vantagens dos conceitos sociais peronistas. Assim, a partir do seu cargo governamental, Perón pôde estabelecer alianças dinâmicas com o sindicalismo revolucionário e estatal que acabariam por permitir um novo pacto corporativista hegemónico para a nação. As eficazes reformas laborais que implementou eram uma fusão eclética de corporativismo e assistência social.[40]

Desde o início, as Bases do GOU afirmaram a natureza antipolítica do movimento tal como Perón e os seus companheiros o entendiam. Tratava-se de uma «defesa contra a política». Segundo o GOU, «*As derivações da política moderna,* com os seus avanços no campo social e institucional, trouxeram como consequência a necessidade de os exércitos penetrarem, mais do que a própria política, os propósitos dos políticos que põem em perigo a própria existência do Estado e do Exército».[41] Se, inicialmente, o GOU defendia a tese lugoniana do primado político da corporação militar, a liderança de Perón acabaria por se substituir à supremacia dos militares. É certo que o GOU começou por ser uma ditadura militar corporativista; porém, com o desaparecimento dos poderes fascistas na Europa, Perón depressa compreendeu que, para garantir o sucesso do regime no novo contexto do pós-guerra, teria de submeter o seu Estado corporativista a uma reformulação democrática. Ao mesmo tempo, Perón via-se a si mesmo como o único condutor desse empreendimento. Em 1945, a ditadura convocou eleições livres, das quais Perón sairia vencedor. Assim, em 1946, a ditadura corporativista reformulou-se a partir do topo e o resultado foi uma nova forma de corporativismo anticomunista, agora baseado na democracia eleitoral.

Conclusão: o peronismo e um novo corporativismo pós-ditatorial

No seu percurso argentino, o corporativismo sofreu uma metamorfose: começando por ser uma das dimensões chave da legitimação da ditadura (que os fascistas, idiossincraticamente, entendiam como a verda-

---

[40] Ver Federico Finchelstein, *The Ideological Origins of the Dirty War*, cap. 5.
[41] «*Las derivaciones de la política moderna,* con sus avances en el campo social e institucional, han traído como consecuencia la necesidad de que los ejércitos lleguen a penetrar, más que la política misma, los designios de los políticos, que ponen en peligro la existencia misma del Estado y el Ejército», documentos del GOU, *in* Juan Domingo Perón, *Obras Completas,* vol. 6, 39.

deira forma da democracia), converter-se-ia na base da «comunidade organizada» populista sob o regime do general Juan Perón (1946-1955).

Nos primeiros anos da Guerra Fria, Perón assumiu-se como a incarnação de um novo Estado corporativista, democraticamente eleito mas verticalmente dirigido. À semelhança das experiências corporativistas do período entre as guerras, este regime combinava a representação social com noções unitárias do povo, diluindo as fronteiras entre o Estado e a sociedade civil.[42] No contexto da Guerra Fria, o estado corporativista de Perón representava uma versão autoritária da democracia. O governo era equiparado à união dos diversos sectores sociais e o líder promovido ao estatuto de dirigente visionário. Em 1946, Perón perguntava, retoricamente: «O que é um governo orgânico?» E respondia: «É um agregado de forças solidamente unidas que tem à cabeça um homem de Estado que não necessita de ser um génio ou um sábio, mas apenas um homem ao qual a natureza concedeu o especial dom de abarcar todo um panorama invisível aos demais.»[43]

Para Perón, após a derrota do Eixo, este «panorama» incluía a necessidade de reformular o antiliberalismo e o anticomunismo de modo a legitimá-los num novo contexto em que as ditaduras fascistas já não eram possíveis, sustentáveis ou legítimas. Tal era uma das dimensões constitutivas da sua «terceira via» [*tercera posición*]. Porém, isto não significava que Perón tivesse rejeitado por completo os projetos corporativistas do período entre as guerras. Propunha, isso sim, um trabalho de adaptação e integração. O Presidente afirmava que, embora não temesse ideologias estrangeiras, «desejava estabelecer a felicidade argentina através de um método argentino». Perón acreditava estar a combater a «oligarquia» no plano nacional e o colonialismo no plano internacional. Para o líder argentino, o colonialismo tinha duas variantes que ele identificava com o comunismo e o liberalismo.[44] Alguns anos mais tarde, durante o seu exílio na Espanha de Franco, Perón ponderava ainda as continuidades e as mudanças relativamente ao fascismo e ao nazismo. A luta comum contra a aliança entre o comunismo e o liberalismo tinha persistido para além

---

[42] Ver Luis Alberto Romero, «El Estado y las corporaciones», in Roberto di Stefano, Hilda Sábato, Luis Alberto Romero e José Luis Moreno, *De las Cofradías a las Organizaciones de la Sociedad Civil: Historia de la Iniciativa Asociativa en Argentina, 1776-1990* (Buenos Aires: Gadis: 2002), 210-211.

[43] Juan Domingo Perón, «En la ciudad de Santa Fe. 1 de janeiro de 1946», in Juan Domingo Perón, *Obras Completas*, vol. 8, 18.

[44] Ver Juan Domingo Perón, «La justicia social llegará a la clase media argentina. 28 de Julho de 1944», in *El Pueblo Quiere Saber de que se Trata* (Buenos Aires: s. n., 1944), 125.

de 1945, mas o campo de batalha mudara radicalmente. A antiga resistência contra o «demoliberalismo» ocorria agora no Terceiro Mundo.[45] Tratava-se, uma vez mais, da luta nacional contra o colonialismo e em prol da independência económica que Lugones e outros tinham defendido, mas agora enquadrada num contexto radicalmente diferente. Já em 1944 Perón sublinhava que as suas ideias corporativistas não faziam dele um nazi. Ele não era ideológico, no sentido estrangeiro do termo. Insistia que, mais do que em palavras e promessas, estava concentrado em «fazer coisas», e tencionava alterar radicalmente a história da política argentina mediante atos argentinos: «Assistimos durante cem anos a uma batalha integral dentro do país.» No seu entender, tinha chegado a hora de unir os argentinos sob uma ideologia nacional: «Assistimos a uma luta política entre fações de argentinos que defendiam diferentes bandeiras, as quais são sempre anacrónicas num país como o nosso, que tem uma única bandeira: a argentina.»[46] Proclamou: «Chegou a hora de não ter outra ideologia que não a pátria, nem outro partido que não a própria pátria».[47]

No período entre as guerras, as ideias anticomunistas e antiliberais da ditadura corporativista são centrais à compreensão das genealogias transatlânticas do peronismo e do populismo latino-americano. De facto, como o entendeu o fundador argentino da experiência populista moderna no período entre as guerras, o comunismo foi uma das principais causas do peronismo. Porém, o peronismo não foi um resultado do comunismo, mas sim a sua nova antítese no contexto da Guerra Fria. De facto, Perón concebia o seu próprio movimento como uma reação antiliberal e anticomunista ao demoliberalismo, a qual estava enraizada na experiência do corporativismo. Para Perón, o seu movimento era uma formação nacional com implicações globais. Acreditava que a sua «doutrina» era «a verdade política, económica e social da nossa pátria» e, idiossincraticamente, garantia aos seus apoiantes estar a fornecer-lhes uma verdadeira «educação política» que haveria de permanecer durante séculos no espírito de milhões de peronistas argentinos e de milhões de seguidores a nível

---

[45] Ver «Entrevista con 'Primera Plana', 21 de Abril de 1964», *in* Juan Domingo Perón, *Obras Completas*, vol. 24, 138-139. Ver também, no mesmo volume, «Para la historia política argentina de los últimos veinte años», 81.
[46] «*Hemos asistido durante cien años* a una lucha integral dentro del país [...] Hemos asistido a una lucha política entre *facciones* de argentinos que defendían distintas *banderas*, que son siempre anacrónicas en un país como el nuestro, en que hay una sola *bandera* que es la argentina.» Veja-se «En la concentración de obreros realizada en San Nicolás. 20 de agosto de 1944», Juan Domingo Perón, *El Pueblo Quiere Saber de que se Trata*, 155 e 132.
[47] «*Ha llegado la hora* de no tener más ideología que la patria ni más partido que la *patria misma*», *ibid*, 155.

mundial.[48] Esta nova resposta de «terceira via» ao comunismo e à democracia liberal era reconhecida por muitos líderes anticomunistas corporativistas de todo o mundo, fornecendo novas alternativas geopolíticas àqueles que ainda se identificavam com as experiências fascistas anticomunistas de Mussolini e Hitler, entretanto derrotadas. Os fascistas italianos viam no peronismo um valoroso sucessor das ideias de Mussolini no mundo do pós-guerra.[49] Nesses primeiros anos do pós-guerra, também o ditador espanhol Francisco Franco descrevia Perón como «o grande cavaleiro que, nos tempos de passividade geral, recusou apoiar a conspiração comunista contra nós».[50] Para Franco, seguramente, o peronismo era fundamental à vida material e política da sua ditadura.[51] Mas a sua afirmação representa também as expectativas dos anticomunistas corporativistas dessa época relativamente ao peronismo. Franco e outros esperavam que o peronismo pudesse contrabalançar a hegemonia emergente dos EUA e da União Soviética. E era exactamente deste modo que Perón entendia o seu próprio contributo para a política global do anticomunismo corporativista. Contudo, ao contrário de Franco e de muitos outros anticomunistas, o peronismo rejeitou a ditadura e estabeleceu uma nova forma de democracia anticomunista corporativista. Esta democracia assentava também num tipo autoritário de liderança, na ênfase sobre as estruturas corporativas e na expansão dos direitos sociais. Era uma nova forma de democracia corporativista, que apresentava continuidades, mas também ruturas significativas, relativamente aos anteriores regimes ditatoriais anticomunistas.

Surgido como uma resposta de direita à derrota global do fascismo, o populismo iria reformular o corporativismo ao longo dos anos que se seguiram. No entanto, o populismo peronista manteve ligações significativas com o seu passado ditatorial. Além de ter sido o líder de uma ditadura militar, Perón era também profundamente influenciado por ideias locais e globais de ditadura corporativista. Nas suas afinidades eletivas

---

[48] Ver AGN, Fundo Documental da Secretaria Técnica, mç. 484, mensagens presidenciais, discurso do general Juan Perón na Escola Superior Peronista, 25-8-53, 11-12. Ver também Juan Domingo Perón, *Temas de Doctrina, Materias Fundamentales Básicas y Complementarias* (Buenos Aires: Editorial Mundo Peronista, 1955), 89.
[49] Ver *L'Antidiario*, 9-16 jul. 1950, e *L'Antidiario*, 16-23 jul. 1950, 342-343.
[50] Ver Francisco Franco, *Franco ha Dicho* (Madrid: Ediciones Voz, 1949), 296.
[51] Sobre o modo como o peronismo salvou a ditadura franquista, ver Raanan Rein, *The Franco-Perón Alliance: Relations between Spain and Argentina, 1946-1955* (Pittsburgh: University of Pittsburgh Press, 1993). Ver também Antonio Cazorla Sánchez, *Franco. Biografía del Mito* (Madrid: Alianza, 2015), 198. Sobre a exportação do peronismo, ver Loris Zanatta, *La Internacional Justicialista: Auge y Ocaso de los Sueños Imperiales de Perón* (Buenos Aires: Sudamericana, 2013).

com as ideias de Lugones e de outros nacionalistas, Perón concebia a grande pátria (a *Grande Argentina*) como o resultado da subordinação nacionalista e corporativa da luta de classes. Na «Grande Argentina» não havia lugar para ideologias comunistas ou liberais. Assim como Lugones, Perón enfatizava a necessidade de ir além da ideologia. Ambos identificavam o corporativismo com uma forma de antipolítica transcendental. Para Lugones, a verdadeira política não podia coexistir com políticos.[52] Para Perón, a «revolução triunfante e transcendente» que ele liderou não estava interessada em partidos políticos. De facto, Perón estabelecia uma distinção entre representação partidária (que representava interesses particulares) e o movimento que ele encarnava e que representava a «unidade nacional».[53] Em 1933, Lugones declarara que, se a independência tinha promovido a emancipação nacional, o nacionalismo argentino devia «apoiá-la e completá-la».[54] Para Perón, a ausência de uma «doutrina firme» significava que a Argentina, não obstante a sua independência política, não fora «capaz de alcançar, ao fim de muitos anos, a sua independência económica, a qual deveria complementar a sua independência política». Na sua perspetiva, o golpe militar de Uriburu de 1930, assim como o seu próprio golpe de 1943, fora motivado pela falta de independência económica.[55] Igualmente importante era a necessidade de derrotar um «demoliberalismo» que ele sempre considerara estar «intimamente ligado» ao marxismo internacional. Este anticomunismo corporativista antiliberal – o medo de uma revolução de esquerda causada pela democracia liberal – constitui um elemento fundamental do corporativismo peronista. À semelhança de Lugones e dos fascistas argentinos, Perón acreditava que a democracia liberal era a fonte do comunismo. O discurso que proferiu na Bolsa do Comércio em Agosto de 1944 é celebremente revelador dessa convergência ideológica. A mensagem de Perón aos empresários era a da necessidade do papel do Estado enquanto árbitro das relações entre o capital e os trabalhadores, de modo a evitar uma revolução e a eliminar a luta de classes. Nesse discurso, Perón advertia que, se nada fosse feito, «essas massas inorgânicas» eram «suscetíveis de

---

[52] Ver carta de Leopoldo Lugones a Lucas Ayarragaray, *in* Lucas Ayarragaray, *Cuestiones y Problemas Argentinos Contemporáneos*, t. 1 (Buenos Aires: L. J. Rosso, 1937), 184.
[53] Ver «En defensa de la economía popular. 31 de julio de 1944», *in* Juan Domingo Perón, *El Pueblo Quiere Saber de que se Trata*, 132 e também 32, 121, 126, 141, 142,153, 155, 156; Juan Domingo Perón, *Perón Expone su Doctrina*, 351.
[54] Archivo privado de Leopoldo Lugones, documentos e *dossiers* de Leopoldo Lugones. *Guardia Argentina. Propósitos*.
[55] Juan Domingo Perón, *Perón Expone su Doctrina* (Buenos Aires: Presidencia de la Nación, Subsecretaría de Informaciones), 155.

A Vaga Corporativa

serem manipuladas por agitadores profissionais estrangeiros».[56] Se por um lado o anticomunismo corporativista definiu a postura ideológica de Perón, por outro representou uma nova escolha no período do pós--guerra: entre o capitalismo reformado (corporativo e autoritário, mas não fascista ou racista) e o comunismo. Neste sentido, ao adaptar o que restara do corporativismo fascista a um novo contexto que impossibilitava a sua aplicação integral, o peronismo é talvez um dos primeiros produtos ideológicos da Guerra Fria. O resultado dessa adaptação representou um novo capítulo na longa história do corporativismo.

---

[56] Juan Domingo Perón, «En la Bolsa de Comercio. 25 de agosto de 1944», in *El Pueblo Quiere Saber de que se Trata*, Buenos Aires, 1944, 157-168.

Helwar Hernando Figueroa Salamanca

Capítulo 13

Um projeto corporativo na Colômbia: Laureano Gómez entre os grémios económicos e o clero (1934-1952)

Entre 1934 e 1952 ocorreram condições políticas e sociais na Colômbia que permitiram que os novos grémios económicos e um importante sector da Igreja entrassem em acordo no sentido de tentar criar um Estado de cariz corporativo.[1] Proposta que continuou a influenciar a cultura política colombiana até á atualidade, e que tem as suas origens ou perfilhamento nos meados do século XX. Por isso, num primeiro momento explicar-se-á como se constituiu a ideia corporativa e de que maneira chegou ao país, no contexto dos anos de 1930 e 1940. Depois analisar-se-á como a Igreja Católica defendeu a ideia corporativa, baseada nos princípios políticos orientados pela Ação Social Católica (Acción Social Católica) e nas memórias medievais. E, por último, descrever-se-á a ação política do Presidente conservador Laureano Gómez (1950-1953), na sua tentativa de estabelecer um Estado corporativo, em 1952.

A difusão das ideias corporativas

Quando os grémios económicos colocam os seus interesses particulares acima dos interesses públicos constitui-se na prática um Estado que se poderá definir como corporativo. Uma situação política que Philipe Schmitter define como um sistema de «representação de interesses», onde

---

[1] A primeira versão deste texto foi publicada em espanhol com o título «El Estado corporativo colombiano: una propuesta de derechas», em colaboração com o professor Carlos Tuta, *Anuario Colombiano de Historia Social y de la Cultura* (Bogotá. Universidad Nacional de Colombia, n.º 32, 2005), 99-148.

a legitimidade e o funcionamento estatal dependem das organizações corporativas e do seu poder de negociação. Segundo Schmitter existem múltiplos matizes deste sistema, o qual se pôs em prática em diferentes períodos e países: Suécia, Suíça, Países Baixos, Noruega, Dinamarca, Áustria, Espanha, Portugal, Brasil, Chile, Peru, Grécia e México. Além disso, o Estado corporativo formado por um parlamento composto por partidos e grémios, segundo o mesmo autor, não se terá realizado apesar dos vários esforços para tentar pô-lo em prática. Ainda assim, afirma que no Brasil de Getúlio Vargas e no Portugal de Oliveira Salazar foi possível a sua realização como consequência do autoritarismo e do tradicionalismo destas figuras.[2] os quais em associação com os sectores mais reacionários da Igreja Católica enfrentaram as ideias liberais ou comunistas. Poderá dizer-se que o corporativismo era a terceira via, em resposta aos extremos que ameaçavam destruir a ordem estabelecida ou acabar com os Estados liberais. Para Schmitter o corporativismo é um sistema político:

> [...] de representação de interesses no qual unidades constitutivas estão organizadas num número limitado de categorias singulares, obrigatórias, não competitivas, hierarquicamente ordenadas e funcionalmente diferenciadas, reconhecidas ou autorizadas (senão criadas) pelo Estado, às quais se concede um deliberado monopólio representativo dentro da suas respetivas categorias, em troca de observar certo controlo sobre a seleção dos seus dirigentes e a articulação de seus pedidos e apoios.[3]

Contudo, Schmitter divide o corporativismo em duas subcategorias: o corporativismo societal e o corporativismo estatal. No primeiro, as corporações penetram o Estado e estão ordenadas hierarquicamente; e, no segundo, é o Estado que as cria como auxiliares, para poder levar a cabo as suas políticas modernizadoras, uma espécie de cogoverno sombra. Tendo em conta esta definição podemos afirmar que na Colômbia durante as décadas de 1930 e 1940 deram-se todas as condições para que os grémios económicos, em associação com um sector importante da Igreja

---

[2] O historiador britânico Eric Hobsbawm, ao explicar o papel e a ideologia do fascismo europeu, mostra as profundas relações entre a Igreja, surgida no Concílio Vaticano I (1870), e a Igreja da década de 40 do século XX, em relação ao seu ódio à Modernidade e suas propostas democráticas. «O nexo entre a Igreja, os antigos reacionários e os fascistas era o ódio comum à ilustração do século XVIII, à Revolução Francesa e a tudo o que acreditavam ser fruto desta última: a democracia, o liberalismo e especialmente o comunismo ateu», E. Hobsbawm, *Historia del Siglo XX* (Barcelona: Crítica, 2000), 121.

[3] P. Schmitter, «¿Continua el siglo del corporativismo», in *El Fin del Siglo del Corporativismo* (Caracas: Nueva Sociedad, 1998), 75.

Um projeto corporativo na Colômbia

Católica, propusessem o estabelecimento de um Estado semicorporativo. Sem esquecer, que o peso do clero mais conservador na política colombiana contribuiu com a sua ideologia medieval (com uma forte componente orgânica e hierárquica). Com ele pretendia responder à luta de classes e ao liberalismo modernizador e secularizado. Por esta razão fazia alusão a uma Idade Média imaginada, sustentada no pensamento aristotélico de Tomás de Aquino e na sua visão orgânica de uma sociedade cimentada num homem por natureza social e defensor do bem comum. Isto é, este tipo de corporativismo de cariz confessional entendia o homem, no seu sentido individualista burguês, como expressão de uma comunidade compacta e sem dissidência. Estas ideias convinham aos principais grémios do país que temiam os sindicatos de influência comunista associados à Central de Trabalhadores da Colômbia (Central de Trabajadores de Colombia) fundada em 1936.[4]

Nas décadas de 1930 e 1940, as condições económicas favoráveis do país permitiram que alguns grémios económicos recém-constituídos começassem a disputar o poder político com o Estado. Estratégia que já os unira em torno da Ação Patriótica Económica Nacional (APEN – Acción Patriótica Económica Nacional), fundada em 1934, com o propósito de defender os interesses latifundiários, industriais e financeiros, perante os intentos modernizadores nas relações capital-trabalho propostas pelo governo do liberal Alfonso López Pumeiro (1934-1938). Em menor medida, estas ações também foram postas em prática pelos agricultores capitalistas que se encontravam representados na Sociedade Agrícola da Colômbia (SAC – Sociedad Agrícola de Colombia), fundada em 1928. A resposta ao reformismo liberal no campo das relações entre o capital e os trabalhadores também foi liderada pela Federação Nacional de Comerciantes (FENALCO – Federación Nacional de Comerciantes), fundada em 1944; pela Federação dos Cafeeiros (FEDECAFE – *Federación de Cafeteros*) que existia desde 1927; e, pela Associação Nacional de Industriais (ANDI – Asociación Nacional de Industriales) fundada em 1944.

O crescimento de 148% no sector agrícola, entre 1929 e 1945, com uma alta participação do sector cafeeiro (entre 1945 e 1950 alcançou 75% do total das exportações do país) deu a este sector um lugar privilegiado para negociar frente a um Estado pobre. Por outro lado, o aumento da produtividade do sector semi-industrial em 395% (de 1929 a 1945) e de

---

[4] H. H. Figueroa Salamanca, *Tradicionalismo, Hispanismo Y Corporativismo. Una Aproximación a las Relaciones non Sanctas entre Religión y Política en Colombia (1930-1952)* (Bogotá: Universidad de San Buenaventura, 2009).

A Vaga Corporativa

162% no período de 1945-1950, também contribuiu para que este grémio confrontasse o Estado.⁵ Certamente, as empresas que dinamizaram este desenvolvimento estavam concentradas nos sectores dos têxteis, alimentos, bebidas e construção. As principais cidades protagonistas deste processo foram Medellín, Bogotá, Barranquilha e Cali, nas quais se deu um crescimento significativo da sua população. Durante o período estudado quase duplicaram a sua população, num contexto de urbanização crescente do país. No censo de 1938, a Colômbia contava com 8 702 000 habitantes, dos quais 28,8% viviam nas principais cidades do país. Esta percentagem contrasta com os 12% que viviam nas cidades segundo o censo de 1905 (com uma população total de 4 319 000 habitantes).⁶ Contudo, foi nas décadas de 40 e 50 que a percentagem dos habitantes da cidade ultrapassou a dos que viviam no campo.

Os maiores investimentos neste desenvolvimento económico provinham de capitais estrangeiros e da burguesia agroindustrial de Antioquia; destes últimos, encontramos capitais nas principais indústrias de Medellín, Bogotá, Barranquilla e Caldas, e na cada vez mais influente banca. Esta influência percebia-se claramente nos anos 40 com a criação do Instituto de Fomento Industrial (1940), do Banco Industrial da Colômbia (1945) e da ANDI. Particularmente por meio desta última, os industriais pressionavam políticas estatais para proteção da indústria nacional; pretenderam também criar na sociedade colombiana um sentimento nacionalista e católico em torno da indústria, através de uma forte campanha publicitária, nos jornais e na rádio.

Relativamente à ANDI, pode dizer-se que sempre esteve dirigida por figuras próximas à política tradicional e comprometida com os sectores da direita do partido conservador. O historiador Sáenz Rovner faz uma análise detalhada destes vínculos, centrando-se no Presidente Mariano Ospina Pérez (1946-1950), que apesar de ser um líder natural dos cafeeiros, acabou por beneficiar os industriais com as suas políticas económicas, em detrimento do sector agroexportador.⁷

---

⁵ E. Sáenz Rovner, *Colombia Años 50. Industriales, Política y Diplomacia* (Bogotá: Universidad Nacional de Colombia, 2002), 37.

⁶ A. Pardo, *Geografía Económica y Humana de Colombia* (Bogotá: Tercer Mundo, 1972).

⁷ Ospina Pérez é um exemplo da infinidade de líderes, funcionários e assessores que passavam do sector privado para o sector público ou vice-versa. Esta situação possibilitou historicamente que na Colômbia este tipo de personagem aproveitasse a sua posição oficial para pressionar ou orientar políticas publicas que finalmente beneficiaram o sector privado do qual haviam emergido. Para um estudo detalhado deste processo ver o texto de Enrique Ogliastri, que através do conceito «polivados» demonstra como atuam estas personagens no seu trânsito entre o sector privado e o sector público; E. Ogliastri, *Los*

Um projeto corporativo na Colômbia

Naqueles anos, o poder dos grémios era tão evidente que intelectuais como Antonio García evidenciavam o seu crescente poder frente aos partidos tradicionais graças à sua função modernizadora. «Surge assim uma ordem que, por não existirem organizações corporativas com interesses comuns, havia dado uma forma *rigidamente* oligárquica ao capitalismo nacional.»[8] Embora reconheça que as relações dentro dos grémios sejam profundamente hierárquicas, explica ainda que o seu poder lhe permitia interferir nas decisões oficiais através dos Conselhos Gremiais e restantes mecanismos de pressão.[9]

Perante este poder, Antonio García propôs a criação de cooperativas que teriam a missão de defender os interesses de todos os pequenos produtores e dos consumidores.[10] Estava de acordo com o socialismo de Estado em oposição à *República senhorial* que havia governado o país clientelar e caciquista.[11] Criticava fortemente os partidos porque eram os principais responsáveis pelas guerras civis que se travaram naqueles anos. Para além disso, questionava a «ética católica» que professavam os membros da ANDI.[12]

O clero tradicionalista e a sua afinidade gremialista

As primeiras aproximações ao corporativismo e a sua problematização, na Colômbia dos anos 30 coincidem com o estabelecimento da República liberal (1930-1946) e com a resposta intransigente do clero perante uma nova ordem que ameaçava destruir a «cristandade republicana» conseguida durante o período de 1886 a 1930. Um *Regime de Cristandade*[13] que permitiu à Igreja Católica adquirir um poder inquestionável, tendo

---

Polivados, Sector Público y Sector Privado en la Clase Dirigente Colombiana al Final del Frente Nacional, 1972-1978 (Bogotá: Universidad de los Andes, 1995).
[8] A. García, *Bases de la Economía Contemporánea* (Bogotá: FRIOC, 1948), 384.
[9] A. García,, *Bases de la Economía Contemporánea*, 394.
[10] A. García, *Régimen Cooperativo y Economía Latinoamericana* (Bogotá: Espiral, 1946), 384.
[11] A. García, *Presencia del Socialismo Colombiano* (Bogotá: Los Andes, 1954).
[12] A. Mayor, *Ética, trabajo y productividad en Antioquia* (Bogotá: Tercer Mundo, 1984).
[13] Por *Regime de Cristandade* compreende-se «[...] uma forma determinada de relação entre a Igreja e a sociedade civil, regulada pelo Estado. Isto é, por Regime de Cristandade compreendemos a forma de governo através do qual o Estado entrega à Igreja Católica o poder de vigiar a moral cristã através de instituições tipicamente estatais. Nesta mediação, tanto o Estado como a Igreja se fortalecem e, graças a esses vínculos, criam uma ordem tradicional e conservadora. Para os conservadores esta imposição foi a melhor maneira de sustentar uma ordem social e coadjuvar na construção de um Estado centra-

A Vaga Corporativa

em conta que se converteu na mediadora natural entre o Estado conservador e a sociedade. A sacralização do Estado realizada pelos conservadores era oposta às propostas seculares do liberalismo. Com o novo governo dos liberais Enrique Olaya Herrera (1930-1934) e Alfonso López Pumerajo (1934-1938) o problema político-religioso voltou com mais força, dado que os liberais tradicionalmente pretendiam separar a Igreja Católica das funções sociais do Estado. Desta maneira, as reações do clero secular e regular estiveram mediadas entre a intransigência oitocentista, liderada pelos bispos, como Miguel Ángel Builes, e a tolerância orientada por Monsenhor Ismael Perdomo, Arcebispo de Bogotá e Primado da Colômbia, durante as décadas de 1930 e 1940. Todavia, apesar das diferenças, é claro que toda a Igreja Católica colombiana se mantinha coesa por meio do neotomismo e da escolástica divulgada, entre outros, pelos sacerdotes Rafael María Carrasquilla e Cayo Leonidas Peñuela, que foram considerados como ideólogos da intransigência desde os finais do século XIX até meados do século XX. Uma proposta teológica que se foi concretizando, nos campos político e económico, através do corporativismo confessional. O seu principal divulgador e defensor foi o jesuíta Félix Restrepo, que por meio da *Revista Javeriana* (1934) se encarregou durante quase duas décadas de liderar este debate; uma tarefa que desempenhou impetuosamente a par das suas funções como assessor espiritual do sindicalismo confessional (UTC – Unión de Trabajadores Católicos, 1944), defesa do hispanismo franquista e das suas funções educativas na Universidade Javeriana.[14]

Neste contexto, poderá dizer-se que a Igreja Católica colombiana, da década de 30, tinha de fazer oposição ao liberalismo, através da intransigência oitocentista, e ao comunismo e à sua proposta de luta de classes, com o catolicismo social.[15] Neste sentido, a Ação Católica herdeira das doutrinas sociais de Leão XIII (encíclica *Rerum Novarum*, 1891) respondeu à crescente influência dos socialistas e dos comunistas por meio das suas atividades políticas nos movimentos sociais da época. Por outro lado, a

---

lizado e identificado com a religião católica; P. Richard, *Morte das Cristandades e Nascimento da Igreja. Análise Histórica e Interpretação Teológica na América Latina* (São Paulo: Edições Paulinas, 1984), 10.

[14] H. H. Figueroa Salamanca, *Tradicionalismo, Hispanismo y Corporativismo*.

[15] H. H. Figueroa Salamanca, «Corrientes del catolicismo frente a la guerra y la paz en Colombia en el siglo XX», in *Historia del Cristianismo en Colombia. Corrientes y Diversidad*, ed. Ana María Bidegain (Bogotá: Taurus, 2004), 73-421; H. H. Figueroa Salamanca, «Cambio de enemigo: de liberales a comunistas. Religión y política en los años cuarenta», in *Globalización y Diversidad Religiosa en Colombia*, ed. Ana María Bidegain (Bogotá: Universidad Nacional de Colombia, 2005), 167-196.

proposta de um Estado corporativo – enunciada por Leão XIII e desenvolvida por Pio XI – foi a resposta de Pio XI, no campo económico, à Revolução Russa e aos seus postulados socialistas de colectivização da propriedade e à crise económica de 1929, que pôs em questão o modelo capitalista. Finalmente, no campo cultural a encíclica *Rerum Novarum* orientava o clero para que adaptasse alguns programas sociais aos novos tempos (a modernidade e a secularização), que ameaçavam deixar a Igreja Católica fora do comboio da história.

Em consequência, o debate corporativista chegou à Colômbia nos anos 30 com a difusão da encíclica *Quadragesimo Anno* (ditada por Pio XI, em homenagem à *Rerum Novarum*) e as suas respetivas interpretações. Inicialmente, os principais divulgadores das orientações papais, ao lado do clero secular, foram os jesuítas, que começaram a publicar os seus fundamentos desde os primeiros números da *Revista Javeriana*, em consonância com as publicações da editora jesuíta de origem espanhola *Razón e Fe*. Estas edições tinham a função de fomentar a cultura cristã, ligada ao hispanismo e ao corporativismo dos seus principais divulgadores na Colômbia.[16]

Uma obra da época que guiou o estudo e o debate do corporativismo foi *El Estado Corporativo*, de Joaquín Azpiazu, editado por *Razón y Fe* (1934) e divulgado rapidamente na Colômbia por jesuítas. Os primeiros argumentos para justificar a proposta corporativa foram as debilidades dos regimes liberais e socialistas. Do liberalismo criticou o excessivo individualismo que ia contra a sociedade orgânica e cristã: «[...] nesta ordem moral a sociedade é algo substantivo e existente por si só. Isto é, a sociedade não é um mero agrupamento de pessoas – como os individualistas radicais afirmam – sendo, sim, algo novo, criado e formado pelas mesmas pessoas».[17] Do socialismo, criticou as suas origens materiais e o desrespeito à propriedade privada. Azpiazu retratava o homem como um ser social por natureza[18] – daí deriva o «direito natural» – que tinha ainda a obrigação de formar-se por meio da educação, e neste caso, católica. O carácter social do homem leva a delimitar uma propriedade pri-

---

[16] H. H. Figueroa Salamanca, *Tradicionalismo, Hispanismo y Corporativismo...*
[17] J. Azpiazu, *El Estado Corporativo* (Madrid: Razón y Fe, 1934), 18.
[18] O direito natural converteu-se na doutrina que justificou todo o pensamento social da Igreja, pois por meio dele pretendia-se defender a propriedade privada (direito natural) como anterior a qualquer organização social; por ele, as organizações surgidas posteriormente, estavam obrigadas a defender a propriedade privada surgida do direito natural. O «direito natural» estava acima do direito contratualista ou positivo, criado pelos homens; R. Bernal Jiménez, «Los fines del Estado», *Revista colombiana*, n.º 160 (1943): 85-89.

vada centrada no bem comum, mas sem atentar contra a propriedade privada. Esta ordem estaria determinada por uma sociedade orgânica que nega a divisão e a iniquidade social. Uma sociedade baseada no pensamento de Tomás de Aquino que a definia em três momentos: a justiça comutativa, a justiça distributiva e a justiça legal. Estes principais postulados, económicos e éticos, tinham por objeto o bem-estar coletivo do conjunto da sociedade, entendida esta como um só organismo. Esta teoria do bem comum, objeto da justiça social, evidencia segundo Tomás de Aquino, que o indivíduo não pode ser bom, «se não se aplica ao bem comum» e que «[...] a quem apetece o bem comum há de apetecer também o bem próprio no seu conteúdo».[19] O bem individual repercute-se no bem social e a caridade é o símbolo do amor dos ricos pelos pobres. Depois desta doutrinação cristã, Azpiazu apresenta o corporativismo como a resposta mais adequada ao individualismo e ao socialismo.

Para Azpiazu e os restantes apoiantes do corporativismo, o Estado e as próprias organizações sociais eram posteriores ao estado de natureza (criado por leis divinas); por ele, o Estado e as corporações deviam estar ao serviço de grupos naturais como a família. Um modelo que havia funcionado para a Igreja Católica, posto que durante a Idade Média estava encarregada de fazer a mediação entre as diferentes corporações. Com a criação dos Estados modernos estas relações podiam regular-se por meio do «direito natural». Por último, o texto de Azpiazu dedica uma parte à análise da encíclica *Quadragesimo Anno*, ressaltando a necessidade de reformar as instituições em consonância com os postulados da *Rerum Novarum*, para além disso, destaca a análise da realidade social dos trabalhadores dos finais do século XIX.[20]

Assim recorda Azpiazu citando as palavras de Pio XI, a respeito da encíclica de Leão XIII:

> É-vos, Veneráveis Irmãos e amados filhos, conhecida e muita familiar a admirável doutrina, com a qual para sempre ficou célebre a encíclica *Rerum Novarum*. O bondoso Pastor, dolorido por tão grande parte dos homens se encontrar *mergulhada indignamente numa miserável e calamitosa situação*, havia tomado para si o esforço de defender a causa dos operários, já que o tempo os havia entregue *sós e indefesos* à desumanidade dos seus patrões e à ambição e concorrentes implacáveis. Não pediu auxílio nem ao liberalismo nem ao socialismo: o primeiro tinha-se mostrado completamente impotente para dar uma solução legítima à questão social; e o segundo propunha um remé-

---

[19] R. Bernal Jiménez, «Los fines del Estado»..., 52.
[20] V. Arbeola, *Socialismo y Anticlericalismo* (Madrid: Taurus, 1973), 21.

dio que, ao ser muito pior que o mesmo mal, tivesse lançado a sociedade humana a maiores perigos.[21]

Finalmente, a *Quadragesimo Anno* convidava à reconciliação das classes pela ajuda mútua entre estas e a superação do individualismo através das corporações. Desta maneira, poderia regressar-se a uma vida social natural onde o bem comum estivesse acima dos interesses privados. Uma organização estatal baseada nos grémios – hierarquicamente estabelecidos – permitiria ao Estado poder realizar as suas funções de vigilância e controlo, permitindo às associações solucionar os seus problemas internamente: «[...] quanto mais vigorosamente reine a ordem hierárquica entre as diversas associações, ficando de pé este princípio da função supletiva do Estado, tanto mais firme será a autoridade e o poder social, e tanto mais próspera e feliz a condição do Estado».[22] Depois de evidenciar a pertinência do Estado orgânico e hierárquico, Pio XI propôs a criação de corporações profissionais que conciliem os confrontos classistas:

> Como todos veem, a tão gravíssimo mal, que precipita a sociedade humana para a ruína, urge aplicar um remédio quanto antes. Pois bem: a perfeita cura não se obterá senão quando, retirada do meio dessa luta, se formem membros do corpo social bem organizados; isto é, ordens ou profissões que se unam aos homens, não segundo o cargo que tenham no mercado de trabalho, mas segundo as diversas funções sociais que cada um exerce.[23]

Todos os textos relacionados com o corporativismo são unânimes em considerar as profissões como o espaço natural mais adequado para organizar a sociedade hierarquicamente, daí que tivessem dado grande importância à função social dos grémios profissionais para favorecer a ajuda mútua; e, para além disso, confiavam que as fórmulas naturais de assumir o trabalho criariam uma mesma identidade social, que estaria acima das diferenças sociais. Uma ideia que foi amplamente defendida por Félix Restrepo nos seus vários escritos sobre o tema e publicados na *Revista Javeriana*:

> Para acelerar, enquanto seja possível, a marcha do país pelos caminhos do corporativismo, devemos fomentar estes organismos e fazer uma campanha ativa de difusão destas novas ideias. E devemos, sobretudo, fomentar a fundação de sindicatos católicos, de sindicatos distantes da luta de classes e livres

---

[21] Pio XI, *Quadragesimo Anno. Colección de Encíclicas y Documentos Pontificios* (Madrid: Acción Católica Española, 1955), 391-392.
[22] Pio XI, *Quadragesimo Anno*...
[23] Pio XI, *Quadragesimo Anno*...

A Vaga Corporativa

do veneno comunista. Quando tivermos por todo o país uma rede de associações profissionais, de operários e de agricultores, por um lado, e, por outro lado, de empresários, e tivermos uma série de federações destes sindicatos e uma confederação nacional de todos eles, poderemos então pensar num lei que crie corporações, defina as suas funções e o modo como devem estar representadas no governo, e realize, enfim, plenamente o que hoje apenas conseguimos ver à distância como um sonho dourado; a organização do Estado corporativo.[24]

Como se observa, todos estes debates foram ampliados e sustentados pela maioria das publicações católicas colombianas, das quais se destacaram a *Revista Javeriana* (jesuíta) e a *Revista Colombiana* (revista de carácter conservador fundada em 1933). A divulgação massiva destas ideias confessionais esteve ao encargo do intelectual conservador Laureano Gómez, que a partir o seu jornal *El Siglo* (1936) fustigava permanentemente com as suas críticas demolidoras as reformas liberais e defendia o regresso ao regime conservador e católico.

O corporativismo colombiano: uma reforma falhada

Laureano Gómez reiterava permanentemente que as suas doutrinas estavam baseadas na defesa do cristianismo católico e que as suas ideias eram incólumes, pois falava a partir de um critério único e imodificável: «Eu falo em nome dos princípios da doutrina católica, que estão expressos nas obras filosóficas de São Tomás, que disse como se deve organizar um Estado, para que todos os direitos dos cidadãos sejam respeitáveis e respeitados».[25] Quando defendia a sua proposta de estabelecer uma cidadania católica, insistia que esta tinha por objeto criar uma «sociedade orgânica», na qual havia espaço para outras ideias: liberais, maçónicas, fascistas ou comunistas.

> Nós os Católicos, que temos um sistema total, que temos também a convicção religiosa e a doutrina filosófica e o sistema político, temos condições como homens de estudo de confrontar friamente os nossos princípios religiosos, filosóficos e políticos, com os princípios filosóficos, religiosos e políticos de outros sistemas. [...] O fenómeno que apresenta o universo é o da indignidade dos católicos, os comunistas estão a fazer-se matar por uma dou-

---

[24] F. Restrepo, «Corporativismo de Estado y corporativismo gremial», *Revista Javeriana*, n.º 49 (1938): 233.
[25] L. Gómez, *Obras Completas*, t. 4, vol. 3 (Bogotá: Instituto Caro y Cuervo, 1984), 344.

trina falsa, por uma conceção materialista cuja falácia não é possível demonstrar. Os nazis estão a fazer-se matar por dogmas que não resistem à confrontação científica, nem podem ter adesão unânime da humanidade.[26]

Neste discurso não podia deixar de fora os liberais, os quais considerava como os principais inimigos, «Os democráticos, incrédulos e maçons, matam-se por essas logomaquias que não satisfazem os anseios da alma humana e que traíram como consequência inelutável da sua aplicação ao sangue e à ruína do universo contemporâneo».[27] Estes argumentos eram acompanhados por uma crítica loquaz à democracia e ao sufrágio universal, o qual considerava negativo para o bem-estar da cultura colombiana; ideia expressa permanentemente durante toda a sua vida política. Não se deve esquecer que estas ideias eram enunciadas num momento em que o país vivia um dos períodos mais violentos do século XX. Um período em que foram perseguidos, reprimidos e massacrados milhares de camponeses por organismos estatais e para-estatais, numa guerra bipartida que assolava com diferentes intensidades todo o país.[28] Voltando ao pensamento de Laureano Gómez, vale a pena ler as suas ideias sobre o povo que sofria durante aqueles anos o indizível:

> O sufrágio universal generalizado exclui a excelência da direção política e nem sequer permite a mediocridade: impõe a inferioridade. O estudo da sociedade humana demonstra que os sujeitos de inteligência excelsa, e realmente justos, numa povoação são muito escassos. Mais numerosos são os que exibem tais qualidades num grau medíocre, mas extrapola e excede a multidão dos tontos e deslumbrados, os de moral baixa e de conduta viciosa ou extraviada. O sufrágio universal soma os excelentes e muito poucos com o infinito número de estultos, e proclama que o critério da verdade e da justiça é a *metade mais um* das opiniões desta adição extravagante.[29]

De facto, mostrar o povo como «inepto vulgo» foi um dos argumentos mais característicos do pensamento da direita. Esta tradição remonta às posturas ideológicas que assumiram os defensores do tradicionalismo conservador para criticar os efeitos da Revolução Francesa, a qual havia outorgado ao povo um papel fundamental nos desígnios do Estado: ser o soberano. Ao lado desta forma de interpretar a história, não podia faltar a componente católica e tomista:

---

[26] L. Gómez, *Obras Completas...*, 345.
[27] L. Gómez, *Obras Completas...*, 347.
[28] H. H. Figueroa Salamanca, *Tradicionalismo, Hispanismo y Corporativismo...*
[29] L. Gómez, *Los Efectos de la Reforma de 1953* (Bogotá: Imprenta Nacional, 1953), 14.

A Vaga Corporativa

As gerações conservadoras dos anos 50 puseram valentemente de lado os sofismas e as divagações enciclopedistas de onde brotou o sufrágio como um remédio, e encontraram antes e sobre esses embustes o pensamento de filósofos cristãos que criaram a doutrina do *bem comum*, extraída do infindável canteiro da filosofia eterna (tomista), e que nos pensadores hispânicos aprenderam a clara noção das leis injustas e do exército tirânico da autoridade. [...] As Constituintes de 1953, ao sacudirem a tristeza dos preconceitos que desde o século XVIII haviam carcomido os alicerces cristãos da nossa sociedade, deram o grande passo libertador que fez possível assentar a tranquilidade política na Colômbia.[30]

O tempo verbal deste manifesto – conjugado no passado – foi utilizado por Laureano Gómez porque estava convencido de que apesar da «violência» do país e da ilegitimidade da sua administração, as condições estavam dadas para que o projeto de reforma fosse aprovado e perdurasse indefinidamente. Por outro lado, nesta manifestação, uma vez mais Gómez punha em evidência as suas convicções tomistas e a doutrina social da Igreja.

Desde a chegada de Laureano Gómez ao poder, em 1950, esperava-se um governo de partido de acordo com as suas convicções mais profundas; estas não se fizeram esperar, pois propôs uma reforma profunda que foi muito além do estabelecido pela Constituição de 1886. Com efeito, a contrarreforma conservadora, liderada por sectores mais reacionários do Partido Conservador,[31] pretendia restabelecer todos os privilégios eclesiásticos existentes na Constituição de 1886 e que haviam sido suprimidos pelos liberais na reforma constitucional de 1936.

Os argumentos para justificar a dita reforma tinham como primeira referência a «violência» extrema do país, o avanço do comunismo – o suposto culpado dos acontecimentos violentos de 9 de abril de 1948 (consequência do assassinato do líder populista, de origem liberal, Jorge Eliecer Gaitán) – e a *politiquice*, que converteu o Senado num dos palcos de sangrentos confrontos – politização supostamente gerada pelo mau uso do sufrágio universal. Estas questões eram suficientes para restaurar os princípios doutrinários da Constituição de 1886, que, segundo o discurso ideológico dos conservadores, havia permitido mais de quarenta

---

[30] L. Gómez, *Obras Completas...*, 15.
[31] Segundo Roberto Herrera, os principais defensores do corporativismo na Colômbia foram: Félix Restrepo S. J., Juan de Dios Restrepo, Lucio Pabón Núñez, Marino Dávales, Rafael Bernal Jiménez, Alcibiades Riaño Rodríguez, William Namen Habeich e Carlos María Londoño. Estes foram os que mais se destacaram, tendo em conta que a lista é vasta.

anos de paz. Contudo, para torná-la corporativa foi necessário mudar mais de metade dos seus artigos. Para levar a cabo esta reforma constitucional, o Senado, dirigido por Laureano Gómez, convocou a Assembleia Nacional Constituinte a 9 de dezembro de 1952. E na convocatória da Constituinte percebia-se o carácter filosófico que determinaria a futura constituição de tipo corporativista. O que se percebe pelo número e pelas origens dos deputados que a formavam: um senador e representante da Câmara por cada departamento; seis representantes, de cada partido, eleitos pelo Presidente da República; quatro membros de cada partido, eleitos pela *Corte eleitoral*; dois ex-magistados da *Corte*; dois ex-conselheiros do Estado; e um representante das seguintes agremiações: Sociedade de Agricultores da Colômbia (Sociedad de Agricultures de Colombia), Federação dos Criadores de Gado (Federacíon de Ganaderos), Associação de Banqueiros (Asociación de Banqueros), Associação Nacional dos Industriais (Asociación Nacional de Industriales), Federação dos Cafeeiros (Federación de Cafeteros), Federação Nacional de Comerciantes (Federación Nacional de Comerciantes), Federação Nacional de Cooperativas (Federación Nacional de Cooperativas), sindicatos de operários, imprensa e universidades.[32] A composição homogénea da comissão encarregue de propor o projeto de reforma,[33] perante a não aceitação dos liberais que participarem nela, demonstrou o carácter sectário e excludente do governo de Laureano Gómez, tendo em conta, especialmente, que a convocatória se fez num ambiente muito polarizado, que se manifestava pela deslocação e morte de um grande número de colombianos: vítimas do confronto bipartidário, onde o governo e várias instituições do Estado, como a Polícia, tinham pouca responsabilidade. Embora inicialmente Laureano Gómez de maneira hábil tenha nomeado uma Comissão formada por conservadores e liberais, estes últimos tiveram de se escusar de participar nela, argumentando que a imposição desta reforma ia contra o ideário liberal: «A eliminação da responsabilidade presidencial, a abolição das Assembleias, a reforma do quociente eleitoral, a implantação do voto qualificado, a origem corporativa de uma parte, pelo menos, do Senado da República, o estudo sobre a origem dos Concelhos

---

[32] Convocatória da Assembleia Nacional Constituinte, 9 de dezembro de 1952.
[33] Conservadores: Álvaro Gómez Hurtado, Rafael Bernal Jiménez, Eleuterio Serna, Ignacio Escalón, Eusebio Cabrales, Francisco de Paula Pérez, Carlos Vega, Evaristo Sourdis, Alfredo Araujo Grau, Arcesio Londoño, Abel Naranjo, Luis Caro, Jorge Hernán Latorre y Darío Marín Vanegas; liberais: Carlos Arango Vélez, Alfonso López Michelsen, Abelardo Forero, Antonio Rocha, José Umaña Bernal, Alfonso Araujo, Ricardo Bonilla e Julio César Turbay.

A Vaga Corporativa

Municipais».[34] O regresso aos princípios conservadores da Constituição de 1886, nas relações Igreja-Estado, e a falta de garantias eleitorais para a oposição foram os motivos que argumentaram os liberais para se absterem de participar na Comissão de Estudos Constitucionais. Ao fazer um estudo das discussões abordadas pela Comissão, que funcionou entre 12 de agosto de 1952 e 10 de fevereiro de 1953, sobressai um dos principais documentos que encabeçaram as atas e os pareceres: o projeto de reforma constitucional apresentado pelo Arcebispo de Bogotá e Primado da Colômbia, Crisanto Luque. A proposta eclesiástica tinha por objetivo restabelecer os princípios constitucionais de 1886, os quais permitiam à Igreja Católica ser a religião da nação, vigiar a moral cristã, controlar a educação, manter a jurisdição eclesiástica e ter exceções tributárias. O Antigo Regime voltava a aparecer na história da Colômbia: «A Religião Católica, Apostólica, Romana, é a da Nação. Os poderes públicos a protegerão e farão com que seja respeitada como elemento essencial da ordem social. O Estado tributará a Deus culto público (art.º 38.º, Constituição de 1886). Entende-se que a Igreja Católica não é nem será oficial e conservará a sua independência.»[35]

Diante do proposto pela instituição eclesiástica, a Comissão mostrou-se plenamente convencida e aceitou-o. Proponham a reincorporação dos artigos 38.º, 39.º, 40.º, 53.º e 55.º, abolidos pela reforma constitucional de 1936. Do conjunto destes artigos, o controlo da educação (artigo 41.º) por parte da Igreja Católica é um dos mais claros a reafirmar a contrarreforma conservadora em defesa dos princípios cristãos da família e da sociedade.

Desde o início da instalação da Comissão de Estudos Constitucionais que houve um debate, e embora todos os intervenientes fossem conservadores, pertenciam a fações diferentes, não obstante, os grupos mais tradicionalistas tinham o controlo da Assembleia. A tendência laurianista era profundamente intolerante e alguns dos seus membros defenderam a ideia que mais tarde a ditadura de Rojas poria em execução, como proibir a atividade legal do Partido Comunista Colombiano, o que originou perseguições e pressões a quem possuía livros de Marx e de Lenine. Para além disso, proibiram os protestantes de qualquer manifestação pública das suas crenças. A Constituinte de Gómez negava então o pluralismo político e também social, ao estigmatizar a Confederação dos Trabalha-

---

[34] Ministerio de Gobierno, *Estudios Constitucionales*, t. 1 (Bogotá: Imprenta Nacional, 1953), 46.
[35] «Conferencia Episcopal», Bogotá, 21 nov. 1951, 58.

dores da Colômbia (Confederacíon de Trabajadores de Colombia) como portadora do comunismo e, inclusive, do ateísmo.

Dos grémios económicos ao poder político

Um tema central, que chama a atenção pelo seu carácter corporativista – a matriz da reforma – é a questão social, tratada amplamente em diferentes artigos relacionados com o direito ao trabalho e sua relação com o capital. O responsável por liderar este debate foi Rafael Benal Jiménez,[36] conhecido pelas suas ideias corporativas. Os argumentos centraram-se em torno da discussão sobre o direito à greve, reconhecido constitucionalmente (artigo 18.º). Na Comissão era consensual a necessidade de limitá-la normativamente, enfatizando propositadamente o seu elemento individualista: a responsabilidade que tem o Estado de defender a liberdade de trabalhar daqueles que não querem participar na greve. De igual forma, a intervenção estatal, em matéria industrial, para obter uma racionalização da produção, distribuição e consumo das riquezas (artigo 32.º), estava justificada com o pensamento social católico.

O espírito cristão e social da instituição eclesiástica foi suporte doutrinário da reforma e acompanhou a proposta da reorganização estatal que tinha como propósito criar as bases políticas para a implantação do corporativismo. Neste sentido, o principal componente corporativista foi a centralização do poder executivo e a criação de um senado formado por representantes das organizações gremiais mais importantes do país. O argumento mais utilizado para mostrar a pertinência de um poder centralizado no executivo tinha duas componentes: por um lado, apresentavam-se exemplos da Europa, nos quais o poder estava fortemente centralizado e o Senado cumpria uma função mais política, elitista e conservadora do *statu quo* que administrativa. O tradicional presidencialismo latino americano transformava-se na Colômbia numa presidência absolutista, onde se perdia o controlo legislativo sobre o executivo e se destruía o equilíbrio dos poderes, que é uma das bases da democracia.

---

[36] As ideias de Rafael Bernal Jiménez em torno do corporativismo e o seu pensamento social cristão podem observar-se nos seguintes trabalhos: Bernal Jiménez, Rafael, «Hacia un orden social cristiano», *Universidad Católica Bolivariana*, n.º 2, jul. 1938; *Cuestión Social y la Lucha de Clases: El Liberalismo, el Comunismo, el Fascismo y el Orden Cristiano Social ante el Conflicto Clasista y la Estructura del Estado* (Bogotá: Centro, 1940); «Política social de la Rerum Novarum», *Revista Colombiana*, n.º 145, jul. 1941; *Hacia una Democracia Orgánica* (Madrid: Afrodisio, 1951).

A Vaga Corporativa

O outro argumento evidenciava como o Senado era uma instituição amorfa, clientelar e burocrática e, em certa medida, responsável pela violência que atravessava o país. A única maneira de superar esta dificuldade era dar mais poder ao executivo. Esta caracterização realizada pelo historiador James Henderson demonstra a imposição de um sistema autoritário.[37] A excessiva politização do Senado explicavam como os constituintes eram produto da reforma de 1945, que estabeleceu o sufrágio universal para ambas as câmaras. Argumentavam que o excesso democratizador do voto favorecia a chegada de indivíduos sem nenhuma formação intelectual e que só representavam uma parte do país político, construído sobre os poderes dos caciques locais e regionais.

Somente uma *Câmara Alta*, constituída por representantes do mais excelso da cultura colombiana e das suas organizações, poderia orientar bem as tradições colombianas. Será então uma corporação «[...] que exercite a função conservadora da sociedade, ponha o travão indispensável que é tão valioso e nobre como o impulso em si».[38] A proposta pretendia formar um Senado heterogéneo, onde houvesse participação dos sectores populares, vistos como «inepto vulgo», mas que podiam ser guiados pelos sectores médios, as academias e os grémios económicos, muito mais preparados para reger os destinos da nação; por isso, o Congresso deveria ser constituído por:

> Uma Câmara Baixa indiscriminada, onde os requerimentos sejam mínimos para assistir a ela, eleita popularmente por voto direto dos cidadãos, e um Senado com senadores eleitos em segundo ou terceiro grau, com representação dos grémios, assistência dos ex-Presidentes da República e senadores vitalícios, em número limitado, assim se constituirá um parlamento colombiano à altura das nossas tradições.[39]

A eleição por segundo ou terceiro grau organizar-se-ia por meio das Assembleias Departamentais, procedimento que não era inédito na época. Estas instituições convocavam-se especialmente para esse fim. Os representantes dos diferentes grémios seriam eleitos pelas sua respetivas organizações, as quais tinham dois anos para a entrada em funcionamento estatutário. A nomeação de senadores vitalícios era proposta seguindo o modelo inglês.

---

[37] J. Henderson, «El proyecto de reforma constitucional conservadora de 1953 en Colombia», *Anuario de Historia Social y de la Cultura*, n.os 13-14 (1985-1986), 264.
[38] Projecto de Reforma Constitucional de 1953, 205.
[39] *Ibid.*, 207.

Um projeto corporativo na Colômbia

Depois dos debates em torno do Senado corporativo, foi aceite a iniciativa de Bernal Jiménez, que propôs a sua composição orgânica. A composição do Senado seria a seguinte: um senador por cada duzentos mil habitantes e mais um por cada fração não inferior a cem mil habitantes; não poderá haver menos de dois senadores nem mais de cinco por departamento (artigo 93.º). Os senadores seriam eleitos a cada seis anos por um Colégio Eleitoral de cinco representantes e funcionaria na capital de departamento. Os lugares no Senado Corporativo repartir-se-iam em igual número (quinze membros) entre os designados corporativamente, e os senadores eleitos da mesma maneira indireta nos departamentos. A representação corporativa distribuir-se-ia da seguinte forma: Industriais, criadores de gado, comerciantes: 1 representante por cada organização. Agricultores: 2 representantes; trabalhadores do Estado, da indústria e do comércio: 1 representante por cada organização. Trabalhadores agrícolas: 2 representantes; universidades, clero, profissões liberais, institutos académicos e científicos, corpo docente em todos os graus: 1 representante por cada organização.

Para além disso, estabelecia que para poder ser senador corporativo «[...] requeria-se ser colombiano de nascimento, cidadão não suspenso, não ter sido condenado por delito que mereça pena corporal, ter cumprido 35 anos de idade, e ainda, exercer ocupação principal e habitual de profissão ou ofício que represente». Relativamente ao funcionamento dos grémios, este estaria orientado pelas disposições legislativas: «O legislador expedirá o estatuto que há de regular a organização e funcionamento dos grémios, profissionais e instituições, com direito a delegação no Senado, com a finalidade de facilitar e garantir a autêntica e livre representação dos interesses profissionais.» Para terminar, quem tivesse ocupado a Presidência da República por um período superior a seis meses podia ser senador vitalício. Por último, o sufrágio universal nesta reforma não era abolido totalmente, mas sendo restringido o seu papel e onde os homens chefes de família tinham um sufrágio duplo.

Conclusão

A proposta de criação de um Estado corporativo em meados do século XX na Colômbia, obedece a um contexto no qual os grémios económicos encontraram o apoio de importantes sectores do clero, que viam na ideia corporativa a melhor arma contra o liberalismo, económico e político. Era igualmente uma ferramenta ideológica adequada para utili-

A Vaga Corporativa

zar perante as ideias de um socialismo de Estado, que naqueles anos ameaçava tirar-lhe fiéis.

Laureano Gómez quis eclipsar os conservadores moderados, representados no ospinismo e noutros sectores mais tradicionalistas e nacionalistas, que não estavam de acordo com a sua liderança. Não obstante, a proximidade com a Igreja Católica permitiu-lhe manter a comunicação fluida com esses sectores. Nesse cenário sentiu-se com a força suficiente para pôr em prática um corporativismo de cariz evidentemente autoritário e que era conforme ao seu pensamento tomista e tradicionalista.

A Igreja Católica, apesar das suas afinidades com as ideias de Laureano Gómez, em certas ocasiões distanciava-se um pouco dele, sendo que o seu discurso era tremendamente polarizador, não lhe interessando distanciar-se demasiado do liberalismo, que, afinal, radicava no partido político que mais adeptos tinha no país. Contudo, o clericalismo corporativista, neste cenário político, como se viu, foi a melhor arma que teve a Igreja para tentar adaptar-se aos novos tempos. Além disso, durante este período ocorreram na instituição eclesiástica as condições necessárias para um *aggiornamento*, que a obrigava a comprometer-se com os pobres, em clara resposta à excessiva proximidade ao poder, e que a tinha caracterizado durante séculos.

Como se observou atrás, os grémios económicos, a Igreja Católica (entendida como uma corporação secular) e um sector importante do Partido Conservador pretenderam aliar-se para negociar frente a um Estado débil e pobre, que durante esse período tinha sido sobrecarregado pela violência. Para além do mais, nestes anos é evidente o desenvolvimento económico do país, liderado pela ANDI e a FEDECAFE, devido aos preços internacionais do café e a um incipiente desenvolvimento de uma pequena indústria nacional, o que permitia a estes grémios afirmar «que o país ia mal, mas a economia bem». Por último, o que resultou evidente neste período era que para mudar a relação de forças não bastava a reorganização corporativa do Estado, porque agudizava a crise política num contexto internacional de guerra fria e de violência interna. Foi necessário implementar um acordo bipartidista dos liberais com o sector conservador de Ospina Pérez, que acabou por apoiar o golpe de Estado do general Rojas Pinilla, que depôs Laureno Gómez e a sua proposta corporativa.